BECK'SCHE SONDERAUSG.

WILLIAM PRESCOTT

DIE EROBERUNG MEXIKOS

MIT 16 FARBIGEN
INDIANISCHEN ABBILDUNGEN

VERLAG C.H. BECK MÜNCHEN

Originaltitel: History of the Conquest of Mexico

Unter Benutzung der Übersetzung von J. H. Eberty
aus dem Amerikanischen von Barbara Cramer-Nauhaus

Mit einem Nachwort von Ursula Schlenther

ISBN 3 406 09050 8
Lizenzausgabe für die Bundesrepublik Deutschland, Berlin-West,
die Schweiz und Österreich
Verlag C. H. Beck München 1984
© 1972 Dieterich'sche Verlagsbuchhandlung Leipzig
Lichtsatz: INTERDRUCK Graphischer Großbetrieb Leipzig
Druck- und Bindearbeiten: Offizin Andersen Nexö,
Graphischer Großbetrieb, Leipzig
Schrift: Garamond-Antiqua
Gestaltung: Horst Adler
Printed in the German Democratic Republic

ENTDECKUNG MEXIKOS

Zwei Karten: ›Der Marsch der Spanier nach dem Hochtal von Mexiko‹ und ›Das Hochtal von Mexiko zur Zeit der Eroberung‹ finden sich nach Seite 357

I

Zu Beginn des 16. Jahrhunderts nahm Spanien wohl die hervorragendste Stelle auf dem Schauplatz Europa ein. Die vielen Staaten, in die es so lange geteilt gewesen, wurden zu einem Königreich vereinigt. Der mohammedanische Halbmond, der acht Jahrhunderte dort geherrscht hatte, verschwand von seinen Grenzen. Die Macht der Krone stellte noch nicht wie in späteren Zeiten die unteren Stände des Reiches in den Schatten. Das Volk genoß den unschätzbaren Vorzug einer Ständevertretung und machte mit mannhafter Unabhängigkeit davon Gebrauch. Es konnte sich eines so hohen Maßes verbriefter Freiheit rühmen wie damals kaum ein anderes in der Christenheit. Unter dem Einfluß heilsamer Gesetze und einer gerechten Verwaltung war die innere Ruhe gesichert, das öffentliche Ansehen gefestigt, begannen Handel, Gewerbe und sogar die feineren Künste sich zu entfalten, während eine höhere Bildung die ersten Blüten einer Literatur trieb, die noch vor dem Ende des Jahrhunderts zu einer so reichen Ernte heranreifen sollte. Die Waffen draußen hielten Schritt mit den Künsten daheim. Spanien sah sein Reich plötzlich um wichtige Erwerbungen in Europa und Afrika vergrößert, während ihm eine neue Welt jenseits des Meeres unermeßlichen Reichtum in den Schoß schüttete und rühmlichem Unternehmungsgeist ein unbegrenztes Feld eröffnete.

So stand es um das Königreich am Ende der langen und glorreichen Regierungszeit Ferdinands und Isabellas, als am 23. Januar 1516 das Zepter in die Hände ihrer Tochter Johanna, oder vielmehr ihres Enkels, Karls V., überging, der während des langen und umtrübten Daseins seiner unglücklichen Mutter das Königreich allein regierte. Während der ersten zwei Jahre nach Ferdinands Tod führte in Karls Abwesenheit Kardinal Ximenes die Regentschaft, ein

Mann, bei dem sich Unerschrockenheit, außerordentliche Gaben und Unternehmungsgeist mit einem hochmütigen Sinn verbanden, der ihn allzu sorglos in der Wahl seiner Mittel machte. Bei seiner gänzlichen Mißachtung der äußeren Formen war seine Regentschaft trotz der Redlichkeit seiner Absichten der verfassungsmäßigen Freiheit nicht günstig; denn die Achtung vor Formen ist ein wesentlicher Bestandteil der Freiheit. Indessen war Ximenes bei all seinen Fehlern doch ein Spanier, und vor allem anderen lag ihm das Wohl seines Vaterlandes am Herzen.

Anders war es bei der Ankunft Karls, der im November 1517 nach langer Abwesenheit als Fremder in das Land seiner Väter kam. In seinen Sitten, seinen Neigungen, selbst in seiner Sprache war er ein Fremder; denn er sprach das Kastilische nur mit Mühe. Er wußte wenig von seinem Geburtsland, vom Charakter des Volkes oder seinen öffentlichen Einrichtungen. Noch geringer schien sein Interesse dafür; und die ihm eigene Zurückhaltung schloß jene Freiheit der Mitteilung aus, die wenigstens einigermaßen den Fehlern der Erziehung hätte entgegenwirken können. Kurz, er war in allen Stücken ein Fremder und überließ sich der Leitung seiner flämischen Ratgeber mit einer Gefügigkeit, die kaum auf seine künftige Größe hindeutete.

Bei seinem Einzug in Kastilien war der junge Herrscher von einer Schar höfischer Schmeichler begleitet, die sich gleich einem Heuschreckenschwarm auf jeder einträglichen und ehrenvollen Stelle im ganzen Königreich niederließen. Ein Flame wurde zum Großkanzler von Kastilien gemacht, ein andrer auf den erzbischöflichen Stuhl von Toledo gesetzt. Sie versuchten sogar, die Heiligkeit der Cortes zu entweihen, indem sie sich in deren Beratungen eindrängten. Allein diese Körperschaft unterwarf sich nicht etwa demütig solchen Übergriffen, sondern machte ihrer Entrüstung in einer Sprache Luft, wie sie den Vertretern eines freien Volkes geziemte.

Das Verhalten Karls, so verschieden von allem, was die Spanier unter der milden Regierung Ferdinands und Isabellas gewohnt waren, verschloß ihm die Herzen aller; und statt der spontanen Treuekundgebungen, die gewöhnlich die Thronbesteigung eines neuen und jugendlichen Herrschers begleiten, begegneten ihm überall Widerstand und Unwillen. In Kastilien und später in Aragonien, Katalonien und Valencia trugen die Bürger Bedenken, ihm zu Lebzeiten seiner Mutter den Königstitel zuzuerkennen, und obwohl sie schließlich hierin nachgaben und seine Herrscherwürde neben der ihrigen gelten ließen, bewilligten sie doch nur widerstrebend die von ihm geforderten Abgaben und wachten so sorgsam über deren Verwendung, daß ihm nur wenig übrigblieb, die Habgier der Flamen zu befriedigen. Die Sprache der gesetzgebenden Körperschaft, obwohl maßvoll und ehrerbietig, atmet bei solchen Gelegenheiten einen Geist entschlossener Unabhängigkeit, wie man ihn kaum in den Zeugnissen anderer Volksvertretungen jener Zeit findet. Kein Wunder, daß Karl schon frühzeitig eine Abneigung gegen diese Volksversammlungen faßte — die einzigen Körperschaften, aus denen so widerwärtige Wahrheiten ihren Weg zum Ohr des Herrschers finden konnten. Unglücklicherweise hatten sie keinen Einfluß auf sein Verhalten, bis die Unzufriedenheit, die man lange im geheimen hatte schwelen lassen, jene unseligen Aufstände der Comunidades entfachte, die den Staat bis in seine Grundfesten erschütterten und mit der Unterjochung seiner Freiheiten endeten.

Derselbe verderbliche fremde Einfluß machte sich, wenn auch in viel geringerem Ausmaß, in der Verwaltung der Pflanzstaaten bemerkbar. Diese war unter der vorangegangenen Regierung der unmittelbaren Aufsicht der beiden großen Instanzen unterstellt, nämlich dem Indienrat und der Casa de la Contratación, dem königlichen Handelshaus in Sevilla. Es war ihre Aufgabe, die Entdeckungen voranzutreiben, über die neuen Niederlassungen zu wachen und die dort etwa entstehenden Streitigkeiten zu schlichten. Aber die einzelnen Abenteurern gewährten Freiheiten förderten die Sache der Entdeckung mehr als der Schutz der Krone und ihrer Beamten. Der lange Friede, dessen sich Spanien mit nur geringer Unterbrechung am Anfang des 16. Jahrhunderts erfreute, kam dem sehr zugute, und der ruhelose Edelmann, der keine Lorbeeren mehr auf den Schlachtfeldern Afrikas und Europas erringen konnte, wandte sich begierig der glänzenden Laufbahn zu, die sich ihm jenseits des Meeres eröffnete.

Es ist schwer für einen Menschen unserer Zeit, der von Kindheit an mit den entferntesten Teilen des Erdballs so vertraut ist wie mit seiner Nachbarschaft, sich die Gefühle der Menschen im 16. Jahrhundert vorzustellen. Das furchtbare Geheimnis, das so lange über dem Weltmeer geschwebt hatte, war in der Tat gelüftet worden. Es war nicht mehr von unbestimmten Schrecken umwittert wie damals, als Kolumbus sein kühnes Fahrzeug in die finsteren und unbekannten Gewässer lenkte. Eine neue und wunderbare Welt hatte sich aufgetan. Aber von der genauen Lage dieser Welt, von ihrem Ausmaß, ihrer Geschichte, ob sie eine Insel war oder Festland — von alledem hatte man nur unsichere und verworrene Vorstellungen. Viele folgten in ihrer Unwissenheit blindlings dem Trugschluß, zu dem der große Admiral, wenn auch durch höhere Kenntnis, verführt worden war — daß nämlich die neuen Länder ein Teil von Asien seien; und wenn der Seemann zwischen den Bahama-Inseln kreuzte oder seine Karavelle über das Karibische Meer steuerte, dann glaubte er die köstlichen Wohlgerüche der Gewürzinseln im Indischen Ozean einzuatmen. So diente jede neue Entdeckung, die er sich mit Hilfe jenes ersten Trugschlusses ausdeutete, nur dazu, ihn in seinem Irrtum zu bestärken oder doch zumindest neue Verwirrung zu stiften.

Die Laufbahn, die sich hier auftat, hatte das Verführerische des gewagten Glücksspiels, auf das der Abenteurer alle seine Hoffnungen auf Reichtum und Ruhm und selbst das Leben setzte. Nicht oft freilich errang er die reiche Beute, nach der er am meisten trachtete; aber wenigstens der Lohn des Ruhmes war ihm gewiß, der seinem ritterlichen Sinn kaum weniger galt; und wenn er es erlebte, in die Heimat zurückzukehren, dann hatte er wunderbare Geschichten zu erzählen von gefährlichen Wagnissen unter dem fremden Volke, das er besucht, und den brennenden Himmelsstrichen, deren üppige Fruchtbarkeit und verschwenderische Vegetation alles, was er in seinem Vaterlande gesehen, weit übertrafen. Diese Berichte schürten die Einbildungskraft, die schon erhitzt war durch Rittergeschichten, die Lieblingslektüre der Spanier jener Zeit. So wirkten Dichtung und Wahrheit um die Wette, und der Spanier steigerte sich in eine so hohe Begeisterung hinein, daß er die schrecklichen Prüfungen zu bestehen vermochte, die sich auf der Bahn des Entdeckers fanden. In der Tat war das Leben des Ritters jener Zeit verwirklichte Dichtung. Seine Abenteuer in der Neuen Welt bilden eins der merkwürdigsten Blätter in der Geschichte der Menschheit.

Dank diesem ritterlichen Unternehmungsgeist hatten sich die Entdeckungen zu Beginn der Regierung Karls V. vom Golf von Honduras, den gewundenen Küsten Dariens und des südamerikanischen Festlandes folgend, bis zum Rio de la Plata ausgedehnt. Núñez de Balboa, der nur Kolumbus in dieser tapferen Schar der ›Weltmeer-Ritterschaft‹ nachstand, hatte die mächtige Schranke der Landenge erklommen und den Stillen Ozean erspäht. Die Bahamas und die Karibischen Inseln sowie die Halbinsel Florida auf dem nördlichen Festland waren durchforscht worden. Bis dorthin war Sebastian Cabot im Jahre 1497 gekommen, als er von Labrador aus der Küste südwärts folgte. So waren also vor 1518, dem Zeitpunkt, wo unsere Erzählung beginnt, die östlichen Küsten der beiden großen Kontinente fast in ihrer ganzen Ausdehnung in Augenschein genommen worden. Die Ufer des großen mexikanischen Golfes jedoch, die in einem weiten Rund zurückweichen, und die prächtigen Reiche dahinter blieben dem Auge des Seefahrers noch verborgen. Die Zeit ihrer Entdeckung war jetzt gekommen.

Die Kolonisation hatte mit den Entdeckungen Schritt gehalten. Auf mehreren Inseln und in verschiedenen Teilen des Festlandes und in Darien waren Siedlungen gegründet worden unter der Aufsicht von Gouverneuren, die sich Pomp und Macht von Vizekönigen anmaßten. Den Siedlern wurde Grund und Boden zugeteilt, auf welchem sie die landesüblichen Produkte anbauten, vor allem aber dem von den Kanarischen Inseln eingeführten Zuckerrohr ihre Aufmerksamkeit zuwandten. Denn Zucker sowie die schönen Farbhölzer und Edelmetalle des Landes waren fast die einzigen Ausfuhrgüter der jungen Pflanzstaaten. Doch die Edelmetalle, mühsam aus ein paar dürftigen Quellen zusammengetragen, würden ohne die unentgeltliche Arbeit der Indianer nur wenig eingebracht haben.

Die grausame Einrichtung der Repartimientos, das heißt die Verteilung der Indianer als Sklaven unter die Eroberer, war durch Isabella abgeschafft worden. Obgleich sie späterhin wieder von der Regierung geduldet wurde, so geschah dies doch unter sorgsamer Beschränkung. Aber es geht nicht an, ein Verbrechen auch nur halb zuzulassen – zu Unrecht überhaupt zu ermächtigen und dabei zu hoffen, das Ausmaß regulieren zu können. Die eindringlichen Proteste der Dominikaner – zumal des Las Casas –, die sich dem guten Werke der Bekehrung in der Neuen Welt mit dem gleichen Eifer widmeten, den sie bei Ketzerverfolgungen in der Alten zeigten, bewogen den Regenten Ximenes, eine Kommission auszuschicken, um die geschilderten Mißstände zu prüfen und ihnen abzuhelfen. Sie war überdies ermächtigt, das Verhalten der Beamten zu untersuchen und jeden Amtsmißbrauch zu unterbinden. Diese außerordentliche Kommission bestand aus drei hieronymitischen Mönchen und einem ausgezeichneten Rechtsgelehrten, kundigen Männern von makelloser Frömmigkeit.

Von den Inseln war Kuba als zweite entdeckt worden; aber man hatte nicht den Versuch gemacht, dort einen Pflanzstaat zu gründen, solange Kolumbus lebte, der, nachdem er die südliche Küste in ihrer ganzen Ausdehnung umschifft hatte, in der Überzeugung starb, daß sie ein Teil des Festlandes sei. Im Jahre 1511 endlich fand Diego, der Sohn und Nachfolger des Admirals, der noch den Sitz der Regierung auf Española beibehielt, die Goldminen dort sehr erschöpft und machte den Vorschlag, die benachbarte Insel Kuba oder Fernandina, wie sie zu Ehren des spanischen Königs genannt wurde, zu besetzen. Er rüstete eine kleine Kriegsmacht zur Eroberung aus, die er unter den Befehl von Diego Velázquez stellte, eines Mannes, der nach dem Zeugnis eines Zeitgenossen »überaus erfahren war in Kriegsangelegenheiten, da er siebzehn Jahre lang in den europäischen Kriegen gedient hatte, redlich, hervorragend durch Herkunft und Ruf, begierig nach Ruhm und noch etwas begieriger nach Reichtum«. Das Bild ist von keiner unfreundlichen Hand entworfen.

Velázquez, oder vielmehr sein Begleiter Narváez, der es auf sich nahm, das Land zu durchstreifen, stieß auf keinen ernsthaften Widerstand bei den Bewohnern, die vom selben Schlage wie die verweichlichten Eingeborenen von Española waren. Dank der barmherzigen Fürsprache von Las Casas, dem ›Beschützer der Indianer‹, der das Heer auf seinem Zuge begleitete, wurde die Insel ohne viel Blutvergießen erobert. Ein Häuptling jedoch, namens Hatuey, der ursprünglich von Santo Domingo geflohen war, um dem Regiment der Eindringlinge zu entgehen, leistete verzweifelten Widerstand und wurde von Velázquez zum Feuertod verurteilt. Von ihm stammt jene denkwürdige Antwort, die mehr sagt, als ein ganzer Band voller Schmähungen. Als er, schon an den Pfahl gebunden, aufgefordert wurde, das Christentum anzunehmen, damit seine Seele in den Himmel komme, fragte er, ob die weißen Männer auch dorthin kämen. Als man dies bejahte, rief er aus: »Dann will ich kein Christ werden; denn nie wieder möchte ich an einen Ort, wo ich so grausame Menschen finden muß!«

Nach der Eroberung war Velázquez, nun zum Gouverneur ernannt, emsig bemüht, einen wirtschaftlichen Aufschwung der Insel herbeizuführen. Er gründete mehrere Siedlungen, welche die gleichen Namen wie die heutigen Städte trugen, und machte Santiago, am südöstlichen Ende, zum Sitz der Regierung. Durch freigebige Bewilligung von Land und Sklaven lockte er Ansiedler herbei. Er munterte sie auf, den Boden zu bebauen, und schenkte dem Zuckerrohr, diesem so einträglichen Handelsartikel späterer Zeiten, besondere Aufmerksamkeit. Vor allem war er darauf bedacht, die Goldminen auszubeuten, die einen besseren Ertrag zu liefern versprachen als die von Española. Seine Verwaltungsgeschäfte hinderten ihn indessen nicht, manchen sehnsüchtigen Blick auf das Festland und die dort fortschreitenden Entdeckungen zu werfen, und er wartete nur auf eine Möglichkeit, sich selbst an diesen goldenen Unternehmungen zu beteiligen. Der Zufall verschaffte ihm die erwünschte Gelegenheit.

Ein Hidalgo von Kuba namens Fernández de Córdoba unternahm mit drei Schiffen eine Fahrt nach einer der benachbarten Bahama-Inseln, um Sklaven zu suchen (8. Februar 1517). Er geriet in eine Reihe schwerer Stürme, die ihn weit von seinem Kurs abdrängten, und nach drei Wochen befand er sich an einer fremden, unbekannten Küste. Als er nach dem Namen des Landes fragte, antworteten ihm die Eingeborenen: »Tectetan«, das heißt ›Ich verstehe dich nicht‹, was aber die Spanier fälschlich für den Namen des Ortes hielten und in Yukatan verdrehten.

Córdoba war am nordöstlichen Ende der Halbinsel, am Kap Catoche, gelandet. Er war erstaunt über die Größe und Festigkeit der aus Stein und Mörtel errichteten Häuser, die sich so sehr unterschieden von den leichten Behausungen aus Schilf und Binsen, die den Inselbewohnern als Obdach dienten. Auch war er überrascht von der Höhe der Bodenkultur und von der feinen Beschaffenheit der baumwollenen Kleidung und des goldenen Zierats der Eingeborenen. Alles deutete auf eine Kultur, die weit übertraf, was ihm bisher in der Neuen Welt begegnet war. Überdies schien ihm der kriegerische Geist des Volkes zu beweisen, daß er es hier mit einem ganz anderen Menschenschlag zu tun habe. Vielleicht waren ihnen schon Gerüchte von den Spaniern vorangegangen, denn man fragte sie wiederholt, ob sie aus dem Osten kämen; und wo sie auch landen mochten, trat man ihnen mit tödlicher Feindschaft entgegen. Córdoba selbst empfing in einem Scharmützel mit den Indianern mehr als ein Dutzend Wunden, und nur ein einziger von seinen Gefährten kam unverletzt davon. Endlich, nachdem er die Küste der Halbinsel bis Campeche entlanggesegelt war, kehrte er nach Kuba zurück und erreichte es nach einer Abwesenheit von mehreren Monaten, nach all den Unbilden, denen jene Pioniere des Ozeans zuweilen ausgesetzt waren und die nur der Mutigste zu überstehen vermochte. Bei dieser Expedition kam die Hälfte der ursprünglich 110 Männer ums Leben, ihren tapferen Befehlshaber eingeschlossen, der bald nach seiner Rückkehr starb. Die Berichte über das Land, die er mitgebracht hatte, und mehr noch die Proben von merkwürdig bearbeitetem Gold überzeugten Velázquez von der Wichtigkeit dieser Entdeckung, und er bereitete sich eiligst vor, Nutzen daraus zu ziehen.

Er rüstete also ein kleines Geschwader von vier Schiffen nach den neuentdeckten Ländern aus und stellte es unter den Befehl seines Neffen Juan de Grijalba, eines Mannes, auf dessen Redlichkeit, Umsicht und Ergebenheit er bauen konnte. Die Flotte verließ den Hafen Santiago de Kuba am 1. Mai 1518. Sie schlug den von Córdoba verfolgten Kurs ein, wurde aber etwas nach Süden abgetrieben; denn das erste Land, auf das sie stieß, war die Insel Cozumel. Von hier aus fuhr Grijalba bald zum Festland hinüber und segelte die Küste der Halbinsel entlang, dieselben Orte anlaufend wie sein Vorgänger. Auch er war überall betroffen von den Zeugnissen einer hohen Kultur, vor allem in der Baukunst. Hierdurch an sein Vaterland erinnert, gab er der Halbinsel den Namen ›Neuspanien‹, ein Name, der später einem viel größeren Gebiet beigelegt worden ist.

Überall, wo Grijalba landete, widerfuhr ihm derselbe unfreundliche Empfang wie Córdoba; nur erlitt er, weil besser darauf vorbereitet, weniger Verluste. Auf dem Rio de Tabasco (oder Rio de Grijalba, wie er oft nach ihm genannt wird) hatte er eine freundschaftliche Zusammenkunft mit einem Häuptling, der ihm eine Anzahl goldener Platten schenkte, die zu einer Art Rüstung zusammengefügt waren. Als er die mexikanische Küste umschiffte, fuhr einer seiner Hauptleute, Pedro de Alvarado, der später bei der Eroberung berühmt werden sollte, in einen Fluß ein, dem er ebenfalls seinen eigenen Namen hinterließ. Auf einem Nebenfluß, genannt Rio de Banderas oder ›Fluß der Banner‹ wegen der Fahnen, welche die Eingeborenen an den Ufern entfalteten, hatte Grijalba die erste Begegnung mit den Mexikanern selbst.

Der Kazike, der über dieses Gebiet regierte, hatte Nachricht vom Herannahen der Europäer und von ihrem ungewöhnlichen Aussehen erhalten. Er war ängstlich bemüht, soviel wie möglich über sie und die Beweggründe ihres Besuchs zu erfahren, um seinem Herrn, dem aztekischen Kaiser, davon zu berichten. Eine freundliche Unterhandlung fand zwischen beiden Teilen an der Küste statt, wo Grijalba mit seiner ganzen Streitmacht landete, um einen gebührenden Eindruck auf den indianischen Häuptling zu machen. Die Zusammenkunft dauerte einige Stunden, obgleich man sich nur durch Zeichen verständlich machen konnte, da keiner der Sprache der Gegenseite kundig war. Doch tauschten sie Geschenke aus, und die Spanier hatten die Genugtuung, für etwas wertlosen Tand und Flitterkram einen reichen Schatz von Edelsteinen, goldenem Zierat und wunderbar geformten und bearbeiteten Gefäßen davonzutragen.

Nun glaubte Grijalba, er habe mit diesem vorteilhaften Handel, der seine kühnsten Erwartungen übertraf, den Hauptzweck seiner Mission erfüllt. Er wies die dringenden Bitten seiner Begleiter, an diesem Ort eine Niederlassung zu gründen, beharrlich zurück; denn er glaubte, damit seinem Auftrag zuwiderzuhandeln, der ihm lediglich erlaubte, mit den Eingeborenen Tauschhandel zu treiben. Er sandte daher Alvarado auf einer der Karavellen mit dem Schatz und der Kunde von dem großen Reich im Innern des Landes nach Kuba zurück. Er selbst langte nach einer weiteren Entdeckungsreise längs der Küste nach fast sechsmonatiger Abwesenheit wohlbehalten wieder in Kuba an. Grijalba gebührt der Ruhm, der erste Seefahrer zu sein, der den Fuß auf mexikanischen Boden gesetzt und einen Verkehr mit den Azteken eröffnet hat.

Als er die Insel erreichte, erfuhr er zu seiner Überraschung, daß eine neue und gewaltigere Streitmacht ausgerüstet worden sei, um seine Entdeckungen weiterzuverfolgen, und fand zugleich die nicht gerade höflich abgefaßte Weisung des Gouverneurs vor, er solle sich unverzüglich nach Santiago begeben. Er wurde von diesem Herrn nicht nur mit Kälte, sondern auch mit Vorwürfen empfangen, daß er eine so schöne Gelegenheit versäumt habe, eine Ansiedlung in dem von ihm entdeckten Lande zu begründen. Velázquez war einer von jenen tadelsüchtigen Leuten, die, wenn die Dinge nicht genau nach ihrem Sinn gehen, allemal die Verantwortung für den Fehlschlag von ihren eigenen Schultern auf die der anderen abwälzen.

Als Alvarado mit seiner goldenen Fracht nach Kuba zurückgekehrt war und berichtete, was er von den Eingeborenen über das prächtige Reich Mexiko erfahren hatte, geriet das Herz des Gouverneurs in Entzücken, da er die Erfüllung seiner ehrgeizigen und habgierigen Träume so nahe sah. Ungeduldig über die lange Abwesenheit Grijalbas, sandte er ein Schiff nach ihm aus unter dem Befehl Olids, eines Edelmannes, der später bei der Eroberung eine wichtige Rolle spielte. Endlich beschloß er, eine neue Streitmacht von hinreichender Stärke auszurüsten, um die Unterjochung des Landes zu sichern.

Er erwirkte vorher die Erlaubnis dazu bei der Hieronymitenkommission in Santo Domingo. Dann schickte er seinen Kaplan nach Spanien, ausgestattet mit dem königlichen Anteil an dem Gold aus Mexiko und einem ausführlichen Bericht über alles, was er von dort gehört hatte. Er rühmte seine eigenen mannigfachen Dienste und erbat vom Hof die Vollmacht, mit der Eroberung und Besiedlung der neuentdeckten Gebiete fortzufahren. Ohne eine Antwort abzuwarten, begann er schon mit der Ausrüstung einer Flotte und versuchte vor allem, den rechten Mann zu finden, der einen Teil der Kosten und den Oberbefehl übernehmen sollte. Diesen fand er nach einigem Bemühen endlich in Hernando Cortez, einem Manne, der besser als jeder andere geeignet war, dieses große Unternehmen auszuführen; jedoch der letzte, dem Velázquez es anvertraut haben würde, wenn er die Folgen hätte voraussehen können.

2

Hernando Cortez wurde in Medellín, einer Stadt im südöstlichen Winkel von Estremadura, im Jahre 1485 geboren. Er stammte aus einer alten, angesehenen Familie, und Geschichtsschreiber haben dem Nationalstolz geschmeichelt, indem sie seinen Stammbaum auf die lombardischen Könige zurückführten, deren Nachkommen über die Pyrenäen gingen und sich in Aragonien unter der Gotenherrschaft niederließen. Diese königliche Abstammung wurde erst entdeckt, als Cortez sich einen Namen gemacht hatte, der jedem Stammbaum, und sei er noch so erlaucht, zur Ehre gereicht hätte. Sein Vater, Martín Cortez de Monroy, war Hauptmann beim Fußvolk, mäßig begütert, aber ein untadeliger Ehrenmann, und er wie seine Frau, Doña Catalina Pizarro Altamirano, scheinen wegen ihrer trefflichen Eigenschaften in hohem Ansehen gestanden zu haben.

In seiner Kindheit soll Cortez eine schwache Konstitution gehabt haben, die sich kräftigte, als er älter wurde. Mit vierzehn Jahren wurde er nach Salamanca geschickt, da sein Vater, der große Hoffnungen auf seinen wachen, glänzenden Verstand setzte, ihn zum Rechtsgelehrten bestimmt hatte; ein Beruf, der dem jungen Mann bessere Aussichten gewährte als jeder andere. Der Sohn war jedoch anderer Meinung. Er fand wenig Gefallen an Büchern, und nachdem er zwei Jahre auf der Universität vertan hatte, kehrte er zum großen

Verdruß seiner Eltern nach Hause zurück. Doch war diese Zeit nicht gänzlich vergeudet, da er sich etwas Latein angeeignet und gelernt hatte, gute Prosa und sogar Verse zu schreiben — ›Verse von einigem Wert‹ wie ein alter Skribent spitzfindig bemerkt, ›wenn man bedenkt, daß Cortez sie verfaßt hat‹. Er verbrachte nun seine Tage auf die müßige und unnütze Art eines Menschen, der, zu eigenwillig, um sich von anderen leiten zu lassen, sich doch kein eigenes Ziel setzt. Sein lebhaftes Temperament brach ständig in losen Streichen und Kapricen hervor, die ganz im Gegensatz standen zu der geordneten Lebensweise im väterlichen Hause. Er zeigte besondere Neigung zum Soldatenstand, oder vielmehr zum Abenteurerleben, daß der Soldatenberuf in jener Zeit mit Sicherheit in sich schloß. Und als er sich mit siebzehn Jahren unter den Fahnen des ›Großen Kapitäns‹* anwerben lassen wollte, wendeten seine Eltern nichts dagegen ein, weil sie wohl dachten, ein Leben draußen voll Mühsal und Gefahr sei einem müßigen in der Heimat vorzuziehen.

Doch der junge Herr schwankte noch, ob er sein Glück unter jenem siegreichen Befehlshaber oder in der Neuen Welt versuchen sollte, wo sowohl Gold als auch Ruhm zu gewinnen war und wo gerade den Gefahren etwas Geheimnisvolles und Phantastisches innewohnte, das einen unbeschreiblichen Reiz für die jugendliche Einbildungskraft hatte. Es machten sich daher die Hitzköpfe damals nach dieser Richtung hin Luft, besonders in dem Teil des Landes, wo Cortez lebte, der Nachbarschaft von Sevilla und Cadiz, dem Mittelpunkt nautischen Unternehmungsgeistes. Cortez entschied sich für die letztere Laufbahn.

Eines Tages bot sich ihm eine Gelegenheit durch die Abfahrt eines kleinen Geschwaders nach den Westindischen Inseln. Er war neunzehn Jahre alt, als er im Jahre 1504 seinem Vaterland Lebewohl sagte, im selben Jahr, in dem Spanien die beste und größte Zierde seiner langen Herrscherreihe verlor, Isabella die Katholische.

Das Schiff, auf dem Cortez fuhr, wurde von einem gewissen Alonso Quintero befehligt. Die Flotte lief die Kanarischen Inseln an, wie es bei Überseefahrten gebräuchlich war. Während die anderen Schiffe dort noch durch das Einnehmen von Vorräten aufgehalten wurden, stahl sich Quintero bei Nacht von der Insel fort in der Absicht, Española zu erreichen und sich vor der Ankunft seiner Gefährten den Markt zu sichern. Ein heftiger Sturm, der ihn traf, entmastete

* Córdoba

aber sein Schiff, und er war genötigt, in den Hafen zurückzukehren und es instand zu setzen. Die anderen willigten darein, auf den unwürdigen Gefährten zu warten, und nach einem kurzen Aufenthalt segelten sie alle miteinander wieder ab. Aber als sie sich den Inseln näherten, benutzte der treulose Quintero noch einmal die Dunkelheit der Nacht, um das Geschwader in derselben Absicht wie vorher zu verlassen. Unglücklicherweise begegnete ihm eine Reihe schwerer Stürme und Gegenwinde, die ihn von seinem Kurs abtrieben, und er verlor jede Orientierung. Viele Tage lang wurde das Schiff umhergeworfen, und jedermann an Bord war von Sorge erfüllt und nicht wenig entrüstet über den Urheber seines Mißgeschicks. Endlich wurden sie eines Morgens durch den Anblick einer weißen Taube ermutigt, die sich, von ihrem Flug ermüdet, auf der Stenge niederließ. Cortez' Biographen sprechen davon als von einem Wunder. Doch glücklicherweise war es kein Wunder, sondern ein ganz natürliches Ereignis, welches unbestreitbar bewies, daß Land in der Nähe war. In kurzer Zeit erreichten sie, dem Vogelflug folgend, die Insel Española, und als sie in den Hafen einliefen, mußte der wackere Quintero feststellen, daß seine Gefährten schon vor ihm angekommen waren und ihre Ladungen bereits verkauft hatten.

Unmittelbar nach der Landung begab sich Cortez zum Hause des Gouverneurs Ovando, mit dem er in Spanien persönlich bekannt gewesen war. Dieser befand sich gerade auf einer Unternehmung im Landesinneren, aber der junge Mann wurde von seinem Schreiber freundlich aufgenommen, der ihm versicherte, man werde ihm ohne Zweifel großzügig Land zum Siedeln übertragen. »Ich bin aber gekommen, um Gold zu gewinnen«, erwiderte Cortez, »nicht, um wie ein Bauer den Acker zu pflügen.«

Bei der Rückkehr des Gouverneurs erklärte sich Cortez bereit, wenigstens vorläufig seine Abenteurerpläne aufzugeben, da jener ihn davon zu überzeugen suchte, daß er seine Wünsche viel eher durch den zwar langsamen, aber sicheren Ertrag des Ackerbaus verwirklichen könne, wo der Pflanzer Boden und Arbeiter als freies Geschenk erhalte, als im Glücksspiel des Abenteuers, in dem so viele Nieten auf einen Gewinn kommen. Er erhielt also Land mit einem Repartimiento von Indianern und wurde zum Ratsschreiber der Stadt Azúa ernannt. Seine ernsteren Aufgaben hielten ihn indessen nicht von den verliebten Neigungen ab, wie sie unter dem warmen Himmelsstrich seiner Heimat gedeihen; und dies verwickelte ihn häufig in Ehrenhändel, aus denen er, obwohl ein gewandter Fechter, Narben davontrug, die ihn bis zum Grabe begleiteten. Überdies fand er hier und da Gelegenheit, die Einförmigkeit seines Lebens zu unterbrechen, indem er an Kriegszügen teilnahm, die unter dem Befehl von Ovandos Stellvertreter Diego Velázquez unternommen wurden, um Aufstände der Eingeborenen niederzuschlagen. In dieser Schule lernte der junge Abenteurer die wilden Kriegskünste der Indianer kennen; er wurde mit Mühsal und Gefahr vertraut und mit jenen Grausamkeiten, die leider nur allzu oft die glänzenden Wappenschilde der kastilischen Ritterschaft in der Neuen Welt befleckt haben. Nur Krankheit — und in diesem Fall eine höchst glückliche — hielt ihn davon ab, an dem Unternehmen Nicuesas teilzunehmen, einem Leidenskapitel, das in den Annalen der spanischen Entdeckungen nicht oft seinesgleichen gefunden hat. Das Schicksal hatte ihn höheren Zwecken vorbehalten.

Im Jahre 1511 endlich, als Velázquez die Eroberung von Kuba unternahm, tauschte Cortez bereitwillig sein ruhiges Leben gegen die Abenteuer ein, die sich ihm dort auftaten, und beteiligte sich an dem Unternehmen. Seine Tatkraft und sein Mut während des ganzen Kriegszuges erwarben ihm das Lob des Befehlshabers, während seine freie und freundliche Art, seine gute Laune und seine sprühenden Geistesblitze ihn zum Liebling der Soldaten machten.

Nach der Unterwerfung der Insel scheint Cortez bei Velázquez, der nun zu ihrem Gouverneur ernannt war, in großer Gunst gestanden zu haben. Nach Las Casas wurde er einer seiner Sekretäre. Noch immer hatte er einen Hang zu Liebesabenteuern, die durch sein ansehnliches Äußeres offensichtlich begünstigt wurden, die ihn aber früher doch mehr als einmal in mißliche Lagen gebracht hatten. Unter den Familien, die sich in Kuba niedergelassen hatten, befand sich auch eine Familie Suárez aus Granada in Altspanien. Sie bestand aus einem Bruder und vier Schwestern, die sich durch ihre Schönheit auszeichneten. Eine von ihnen, Catalina, entflammte das empfängliche Herz des jungen Kriegers. Wie weit dieses Verhältnis ging, wissen wir nicht. Es scheint jedoch, daß er ihr versprach, sie zu heiraten — ein Versprechen, das einzulösen er, als die Zeit herankam und vielleicht die Vernunft über die Leidenschaft gesiegt hatte, eben keine Eile zeigte. Er widerstand denn auch allen Mahnungen der Familie Suárez, die der Gouverneur noch bekräftigte, und zwar mit einem gewissen Nachdruck, weil einer der schönen Schwestern sein besonderes Interesse galt, das jene ihm nicht mit Undank vergolten haben soll.

Ob nun Velázquez' Tadel oder irgendein anderer Verdruß Cortez verstimmte, er wurde jedenfalls kühler gegen seinen Gönner und verband sich mit einer Gruppe von Mißvergnügten, die auf der Insel ziemlich zahlreich waren. Sie pflegten Versammlungen in seinem Hause abzuhalten und über den Ursachen ihrer Unzufriedenheit zu brüten, die sich offenbar vor allem auf die Meinung gründete, man habe ihnen ihre Dienste mit der Verteilung von Land und Ämtern nur schlecht vergolten. Es läßt sich denken, daß es für den Verwalter einer dieser Ansiedlungen, wie besonnen und wohlmeinend er auch sein mochte, nicht leicht war, die vagen Wünsche von Spekulanten und Abenteurern zu befriedigen, die wie die ausgehungerten Harpyien die Spur der Entdeckungen in der Neuen Welt umschwärmten.

Die Unzufriedenen beschlossen, ihre Beschwerden bei den vorgesetzten Behörden auf Española vorzubringen, von denen Velázquez seine Vollmacht erhalten hatte. Die Reise war mit einiger Gefahr verbunden, da in einem offenen Boot ein über fünfzig Meilen* breiter Meeresarm überquert werden mußte, und sie entschieden sich für Cortez, dessen furchtlosen Sinn sie wohl kannten, als den geeigneten Mann, die Fahrt zu wagen. Die Verschwörung wurde ruchbar und kam noch vor der Abfahrt des Sendboten dem Gouverneur zu Ohren, der Cortez augenblicklich ergreifen, in Fesseln legen und in strengen Gewahrsam nehmen ließ. Man sagt sogar, daß er ihn hätte hängen lassen, wenn seine Freunde sich nicht ins Mittel gelegt hätten. Die Sache ist nicht unwahrscheinlich. Die Gouverneure solcher kleinen Gebiete, die ja das Schicksal ihrer Untertanen ganz und gar in der Hand hatten, besaßen eine weitaus unumschränktere Macht als selbst der Landesherr. Sie waren gewöhnlich Leute von Rang und persönlichem Gewicht; die Entfernung vom Mutterland entzog ihr Verhalten jedoch der genauen Nachforschung, und gegebenenfalls standen ihnen hinreichende Bestechungsmittel zu Gebote, um sie vor Strafe zu schützen. Die spanische Kolonialgeschichte bietet in ihren Anfängen bestürzende Beispiele von der außerordentlichen Anmaßung und dem Machtmißbrauch dieser kleinen Gewalthaber. Nun scheint der Gouverneur von Kuba, obwohl von Natur reizbar und argwöhnisch, doch weder rachsüchtig noch besonders grausam gewesen zu sein. Im vorliegenden Fall ist es wirklich zweifelhaft, ob die Schuld nicht eher

* 1 englische Meile = 1,609 km

den unbegründeten Erwartungen seiner aufsässigen Landsleute als ihm selbst beizumessen war.

Cortez blieb nicht lange hinter Schloß und Riegel. Er versuchte, einen der Bolzen seiner Fesseln zurückzuschieben, und nachdem er seine Glieder befreit hatte, gelang es ihm, mit dem Eisen ein Fenster zu zerbrechen und so seine Flucht zu bewerkstelligen. Er befand sich im zweiten Stockwerk des Gebäudes und brachte es fertig, sich unbemerkt und unbeschädigt bis auf das Steinpflaster hinabzulassen. Hierauf begab er sich eilends in eine nahe gelegene Kirche, wo er das Recht der Freistatt für sich in Anspruch nahm.

Velázquez, obwohl aufgebracht über sein Entkommen, scheute sich doch, die Heiligkeit des Ortes durch Anwendung von Gewalt zu verletzen. Er stellte aber eine Wache in der Nähe auf, mit dem Befehl, den Flüchtling zu ergreifen, wenn er sich so weit vergessen sollte, die Freistatt zu verlassen. Dies geschah nach wenigen Tagen. Als Cortez unbedacht außerhalb der Mauern vor dem Gebäude stand, sprang ein Wächter plötzlich von hinten auf ihn los und fesselte ihm die Arme, während andere herzueilten und ihn in Gewahrsam nahmen. Jenen Wächter, einen gewissen Juan Escudero, ließ Cortez später wegen irgendeines Vergehens in Neuspanien hängen.

Der unglückliche Gefangene wurde wieder in Fesseln geschlagen und an Bord eines Schiffes gebracht, das am nächsten Morgen nach Española bestimmt war, wo er vor Gericht gestellt werden sollte. Das Glück begünstigte ihn noch einmal. Es gelang ihm unter großen Mühen und Schmerzen, seine Füße durch die Ringe zu zwängen, die sie umschlossen hielten. Vorsichtig gelangte er auf das Deck und stahl sich, beschirmt von der Dunkelheit der Nacht, leise die Seitenwand des Schiffes hinab in ein Boot, das auf dem Wasser lag. Mit so geringem Geräusch wie nur möglich stieß er vom Schiff ab. Als er der Küste nahe kam, wurde die Strömung rasch und ungestüm. Er scheute sich, ihr sein Boot anzuvertrauen, und da er ein trefflicher Schwimmer war, schickte er sich an, selbst gegen sie anzugehen, und stürzte sich kühn ins Wasser. Die Strömung war stark, aber der Arm des um sein Leben Ringenden war stärker; und nachdem er mit den Wellen gekämpft hatte, bis er fast erschöpft war, gelang es ihm, das Land zu erreichen, wo er dann in derselben Freistatt Zuflucht suchte, die ihm schon vorher Schutz gewährt hatte.

Aus irgendeinem nicht näher erklärten Grund — vielleicht aus Diplomatie — gab er nun seine Einwände gegen die Heirat mit Catalina

Suárez auf. Auf diese Weise sicherte er sich die Dienste ihrer Familie. Bald darauf ließ sich auch der Gouverneur erweichen und versöhnte sich mit seinem unglücklichen Feinde. Die Versöhnung war dauerhaft. Wenn auch Cortez nicht wieder in seine Stelle als Ratsschreiber eingesetzt wurde, erhielt er doch ein großzügiges Repartimiento von Indianern und ausgedehnten Landbesitz in der Nähe von Santiago und wurde dort bald darauf zum Alkalden gewählt. Nun lebte er fast ausschließlich auf seinen Pflanzungen und widmete sich dem Ackerbau mit größerem Eifer als vorher.

So lagen die Dinge, als Alvarado mit der Kunde von Grijalbas Entdeckungen und den reichen Früchten seines Handels mit den Eingeborenen nach Kuba zurückkehrte. Die Nachricht verbreitete sich wie ein Lauffeuer über die Insel; denn alle sahen darin die Verheißung großer Erfolge, bedeutsamer als alles bisher Erlangte. Der Gouverneur beschloß, wie schon erwähnt, die Spur der Entdeckung mit einer ansehnlichen Kriegsflotte zu verfolgen, und er sah sich nach einem Mann um, der geeignet wäre, sich an den Kosten zu beteiligen und den Befehl zu übernehmen.

Es meldeten sich mehrere Hidalgos, die er, einen nach dem andern, verwarf, weil ihnen entweder die Voraussetzungen fehlten oder weil er argwöhnte, sie könnten sich allzu selbständig machen. Es gab in Santiago zwei Männer, in die er großes Vertrauen setzte: Amador de Lares, der Contador oder königliche Schatzmeister, und sein eigener Sekretär, Andrés de Duero. Cortez stand mit beiden auf vertrautem Fuß und konnte sie überreden, ihn als einen für das Unternehmen passenden Mann zu empfehlen. Man sagt, er habe sein Ansinnen dadurch unterstützt, daß er ihnen einen reichen Anteil am Gewinn versprach. Wie dem auch sei, die beiden Gewährsmänner setzten sich mit aller ihnen zu Gebote stehenden Beredsamkeit beim Gouverneur für seine Wahl ein. Dieser kannte die Fähigkeiten und den Mut des Bewerbers zur Genüge. Auch wußte er, daß jener ein Vermögen erworben hatte, das ihn in den Stand setzen würde, zur Ausrüstung der Flotte erheblich beizutragen. Seine Beliebtheit auf der Insel würde schnell Anhänger unter seine Fahnen locken. Alle früheren Feindseligkeiten waren längst vergessen und begraben, und durch das Vertrauen, das er jetzt in ihn setzen wollte, würde er sich seine Treue und Dankbarkeit sichern. Er lieh daher der Empfehlung seiner Ratgeber ein williges Ohr, ließ Cortez zu sich bitten und eröffnete ihm, daß er ihn zum Oberbefehlshaber der Flotte ernennen wolle.

Cortez hatte nun das Ziel seiner Wünsche erreicht — das Ziel, nach dem seine Seele gedürstet, seit er den Fuß auf den Boden der Neuen Welt gesetzt hatte. Er sollte nun nicht länger zu einem Leben unwürdiger Plackerei verurteilt sein, nicht länger eingepfercht in die Grenzen einer winzigen Insel; vielmehr sollte er auf einen neuen, unabhängigen Schauplatz der Taten gestellt werden, und seinem Blick eröffnete sich eine grenzenlose Aussicht, die nicht nur die ausschweifendste Gewinnsucht befriedigen würde, sondern auch das bei einem so kühn ausgreifenden Geist weitaus gewichtigere Verlangen nach Ruhm.

Er wußte die Bedeutung der letzten Entdeckungen wohl zu würdigen und erriet dahinter die Existenz jenes großen Reiches im fernen Westen, von dem dunkle Andeutungen von Zeit zu Zeit nach den Inseln herübergedrungen waren, bis denen, die das Festland erreicht hatten, etwas deutlichere Einblicke zuteil wurden. Dies war das Land, das dem großen Admiral im Jahre 1502 bei seiner Landung in Honduras gewiesen worden war und das er erreicht haben würde, wenn er sich nördlicher gehalten hätte, anstatt gegen Süden eine imaginäre Meerenge zu suchen. Er hatte, wie er sich bitter ausdrückte, »nur das Tor geöffnet, durch das andere einziehen sollten«. Die Zeit dazu war nun endlich gekommen, und der junge Abenteurer, dessen Wunderlanze den Zauber lösen sollte, der so lange über diesen geheimnisvollen Gebieten gelegen hatte, stand bereit, das Wagnis auf sich zu nehmen.

Von dieser Stunde an schien in Cortez' Benehmen eine Veränderung einzutreten. Alles Geld verwendete er zum Ankauf von Schiffen, Lebensmitteln und Kriegsvorräten, und Soldaten warb er an, indem er denen, die zu arm waren, um sich selbst auszustatten, seine Unterstützung anbot und ihnen obendrein einen reichlichen Anteil an dem zu erwartenden Gewinn versprach.

In der kleinen Stadt Santiago herrschte nun überall Geschäftigkeit und Aufregung. Einige besserten emsig die Schiffe aus und machten sie seetüchtig; andere sorgten für Vorräte; wieder andere machten ihre Güter zu Geld, um sich auszurüsten; jeder schien eifrig bemüht, auf die eine oder andere Weise zum Gelingen des Unternehmens beizutragen. Sechs Schiffe, darunter mehrere von beträchtlicher Größe, lagen schon bereit, und im Laufe weniger Tage hatten sich dreihundert Mann anwerben lassen, begierig, ihr Glück unter dem Banner dieses kühnen und beliebten Anführers zu versuchen.

Man muß es Velázquez zugute halten, daß den Weisungen, die er für die Durchführung der Expedition erteilte, keinerlei kleinliche oder selbstsüchtige Motive nachgesagt werden können. Der erste Zweck der Reise war, Grijalba aufzufinden, und von dann ab sollten die beiden Befehlshaber gemeinsam vorgehen. Córdoba hatte bei der Rückkehr von seiner ersten Reise nach Yukatan das Gerücht mitgebracht, daß im Innern des Landes noch sechs Christen in Gefangenschaft schmachten sollten. Man vermutete, daß sie zur Mannschaft des unglücklichen Nicuesa gehörten, und es wurde befohlen, sie, wenn möglich, aufzufinden und wieder in Freiheit zu setzen. Aber der Hauptzweck der Unternehmung war der Tauschhandel mit den Eingeborenen. Dabei sollte man besonders darauf bedacht sein, daß ihnen kein Unrecht widerfahre, sondern daß sie mit Güte und Menschlichkeit behandelt würden. Cortez sollte vor allen Dingen stets daran denken, daß das Ziel, welches dem König von Spanien am meisten am Herzen liege, die Bekehrung der Indianer sei. Er sollte ihnen die Großmut und Güte seines königlichen Herrn einprägen, sie auffordern, ihm ihre Ergebenheit zu erklären und mit schönen Geschenken wie Gold, Perlen und Edelsteinen zu bekräftigen, so daß sie sich durch Bekundung ihres guten Willens seine Gunst und seinen Schutz sichern möchten. Ferner sollte er die Küste genau erforschen und ihre Buchten und Einschnitte ausloten zum Nutzen späterer Seefahrer. Er sollte sich mit den Naturprodukten des Landes, mit der Wesensart der verschiedenen Stämme, ihren Einrichtungen und ihrer Kultur bekannt machen; und über alles dies habe er genaue Berichte nach Hause zu senden mitsamt den Gegenständen, die er im Tauschhandel mit den Eingeborenen erlangen könne. Endlich sollte er auf das sorgfältigste darauf bedacht sein, nichts zu versäumen, was Gott oder seinem Landesherrn dienlich sein könne.

Dies war im wesentlichen der Inhalt der Weisungen, die Cortez erteilt wurden, und man muß zugeben, daß sie sowohl zum Besten von Wissenschaft und Menschlichkeit waren als auch im Interesse kaufmännischer Spekulation lagen. Wenn man allerdings bedenkt, wie unzufrieden Velázquez mit dem früheren Befehlshaber Grijalba gewesen war, weil dieser keine Ansiedlung gründete, mag es wundernehmen, keine diesbezüglichen Anweisungen zu finden. Aber er hatte von Spanien noch keine Ermächtigung erhalten, seine Beauftragten mit solchen Vollmachten zu versehen, und die, welche er von den Hieronymitenmönchen auf Española erlangt hatte, gestand nur das Recht zu, mit den Eingeborenen Handel zu treiben. Die Kommission bestätigte zugleich Cortez als Oberbefehlshaber der Expedition.

3

Die Bedeutung, die Cortez durch seine neue Stellung erhielt, und vielleicht auch ein etwas hochmütigeres Auftreten beunruhigten allmählich das von Natur argwöhnische Gemüt Velázquez', und er machte sich Sorgen, sein Beauftragter könnte, wenn er erst weit genug weg wäre, nicht nur die Macht, sondern auch die Neigung haben, seine Abhängigkeit von ihm gänzlich abzustreifen.

Auch fehlte es in der Umgebung Seiner Exzellenz nicht an Leuten, welche verstanden, die verborgene Glut der Eifersucht zur Flamme anzufachen. Durch ihre Einflüsterungen sowie durch Mißdeutungen von Cortez' derzeitigem Benehmen schürten sie Velázquez' Unruhe, so sehr, daß er beschloß, die Expedition anderen Händen anzuvertrauen.

Er teilte seine Absicht den vertrauten Ratgebern Lares und Duero mit, und diese Getreuen hinterbrachten sie auf der Stelle Cortez; »obgleich ein Mann von nur halb so großem Scharfblick wie dem seinen«, sagt Las Casas, »die Sache sogleich aus dem veränderten Benehmen des Gouverneurs erraten haben würde«. Die beiden Beamten rieten ihrem Freunde, die Dinge möglichst zu beschleunigen und seine Flotte unverzüglich segelfertig zu machen, wenn er den Befehl darüber behalten wolle. Cortez zeigte bei dieser Gelegenheit dieselbe rasche Entschlossenheit, die später mehr als einmal in entscheidenden Augenblicken sein Geschick steuerte.

Noch waren weder Mannschaft noch Schiffe vollzählig, und mit Vorräten aller Art war er nur sehr unzureichend versehen. Aber er beschloß, noch in derselben Nacht die Anker zu lichten. Er suchte seine Offiziere auf, teilte ihnen seine Absicht mit und wahrscheinlich auch die Veranlassung dazu; und um Mitternacht, als die Stadt in tiefem Schlaf lag, gingen sie alle geräuschlos an Bord, und das kleine Geschwader lief aus der Bucht aus. Vorher hatte Cortez jedoch den Mann aufgesucht, der den Ort mit Nahrungsmitteln zu versorgen pflegte, ihm alle verfügbaren Vorräte abgenommen, ungeachtet seiner Klage, daß die Stadt morgen darunter leiden würde, und ihm als

Bezahlung eine schwere goldene Kette von hohem Wert überlassen, die er um den Hals trug.

Groß war das Erstaunen der guten Bürger von Santiago, als sie in der Morgendämmerung sahen, daß die Flotte, die sie so schlecht vorbereitet zur Reise wußten, ihren Ankerplatz verlassen hatte und sich eilig davonmachte. Die Nachricht gelangte bald zu den Ohren des Gouverneurs, der aus dem Bett sprang, sich rasch ankleidete, sein Pferd bestieg und, von seinem Gefolge begleitet, zum Kai hinuntergaloppierte. Sobald Cortez die Nahenden entdeckte, bestieg er ein bewaffnetes Boot und näherte sich der Küste bis in Rufweite. »Auf solche Weise scheidet Ihr von mir?« rief Velázquez. »Wahrhaftig eine höfliche Art, Abschied zu nehmen!« — »Verzeiht«, antwortete Cortez, »die Zeit drängt, und es gibt Dinge, die getan sein sollten, ehe man auch nur daran denkt. Haben Euer Gnaden noch Befehle?« Aber der gekränkte Gouverneur hatte keine Befehle mehr zu geben; Cortez grüßte höflich mit der Hand zu ihm hinüber, kehrte zu seinem Schiff zurück, und die kleine Flotte ging augenblicklich unter Segel und nahm Kurs auf den ungefähr fünfzig Meilen entfernten Hafen von Macaca (18. November 1518).

Dort deckte Cortez sich aus den königlichen Pachtgütern mit allen möglichen Vorräten ein, die er, wie er sagte, als ›ein Darlehen des Königs‹ betrachtete, und fuhr weiter nach Trinidad, einer ansehnlichen Stadt an der Südküste von Kuba. Hier landete er, pflanzte seine Fahne vor seinem Quartier auf und erließ einen Aufruf mit großzügigen Versprechungen für alle, die sich dem Unternehmen anschließen wollten. Täglich meldeten sich Freiwillige, darunter über hundert von Grijalbas Leuten, die eben von ihrer Fahrt zurückgekehrt und bereit waren, unter einem wagemutigen Anführer die Entdeckung weiterzuverfolgen.

Cortez' Ruhm zog auch mehrere Edelleute von Rang und Herkunft an, von denen einige, da sie Grijalba begleitet hatten, viele für das gegenwärtige Unternehmen wertvolle Nachrichten mitbrachten. Unter diesen Hidalgos seien erwähnt: Pedro de Alvarado und seine Brüder, Cristóbal de Olid, Alonso de Ávila, Juan Velázquez de León — ein naher Verwandter des Gouverneurs —, Alonso Hernández de Puertocarrero und Gonzalo de Sandoval — alles Männer, die eine wichtige Rolle bei der Eroberung spielen sollten. Ihre Gegenwart war von großer Bedeutung, da sie dem Unternehmen Achtung verschaffte; und als sie das kleine Lager der Abenteurer betraten, zogen diese ihnen unter klingender Musik und Salutschüssen zur Bewillkommnung entgegen.

Unterdessen kaufte Cortez geschäftig Kriegsvorräte und Lebensmittel ein. Als er hörte, vor der Küste befinde sich ein Handelsschiff, beladen mit Getreide und anderen Waren für die Bergwerke, schickte er eine seiner Karavellen aus, sich desselben zu bemächtigen und es in den Hafen zu bringen. Er bezahlte dem Eigentümer, Sedeño mit Namen, Schiff und Ladung in Wechseln und überredete ihn sogar, sein ansehnliches Vermögen in der Unternehmung anzulegen. Er schickte auch einen seiner Offiziere, Diego de Ordaz, auf die Suche nach einem anderen Schiff, von dem er Kunde hatte, und wies ihn an, sich desselben auf die gleiche Weise zu bemächtigen und mit dem Schiff auf der Höhe vom Kap San Antonio, dem westlichsten Punkt der Insel, zu ihm zu stoßen. Hierdurch verfolgte er noch einen anderen Zweck, nämlich Ordaz loszuwerden, der zum Hause des Gouverneurs gehörte und bei seinem eigenen Tun ein lästiger Späher war.

Während Cortez so beschäftigt war, kamen Briefe von Velázquez an den Befehlshaber von Trinidad, worin dieser aufgefordert wurde, Cortez festzunehmen und in Haft zu halten, da ihm das Kommando über die Flotte entzogen und einem anderen übertragen worden sei. Dieser Beamte vertraute seine Instruktionen den ersten Offizieren der Expedition an, die ihm rieten, gar nicht erst den Versuch zu machen; ohne Zweifel würde das nur zu einem Aufruhr unter den Soldaten führen und könnte damit enden, daß sie die Stadt in einen Aschenhaufen verwandelten. Verdugo hielt es für angebracht, sich an diesen Rat zu halten.

Da Cortez nach weiteren Verstärkungen trachtete, wies er Alvarado an, mit einem kleinen Trupp quer durchs Land nach Havana zu ziehen, während er selbst um die westliche Spitze der Insel segeln und ihn dort mit dem Geschwader treffen wollte. In diesem Hafen entfaltete er wiederum seine Fahne und erließ den üblichen Aufruf. Er befahl, alle großen Geschütze ans Ufer zu bringen und samt den kleineren Waffen und Armbrüsten instand zu setzen. Da in dieser Gegend viel Baumwolle angebaut wurde, ließ er die Jacken der Soldaten dick damit auspolstern zum Schutz gegen die indianischen Pfeile, unter denen die Truppen bei den früheren Unternehmungen schwer gelitten hatten. Er teilte seine Leute in elf Hauptmannschaften ein, jede unter dem Befehl eines erfahrenen Offiziers; und es war offenbar, daß er alle Edelleute in seinem Dienst, obwohl etliche die persönli-

chen Freunde und sogar Verwandten von Velázquez waren, mit un-
eingeschränktem Vertrauen behandelte.

Seine Standarte aus schwarzem Samt war mit Gold bestickt und
trug als Wappenschmuck ein rotes Kreuz inmitten blauer und weißer
Flammen, darunter folgenden Wahlspruch in lateinischer Sprache:
›Freunde, laßt uns dem Kreuze folgen; und wenn wir gläubig sind,
werden wir unter diesem Zeichen siegen.‹ Cortez entfaltete nun mehr
Pracht in seiner äußeren Erscheinung und Lebensweise und stellte
eine größere Zahl von Dienstleuten und Beamten in seiner Haushal-
tung an, so wie es einem Mann in seiner hohen Stellung zukam. Diesen Aufwand behielt er für sein ganzes weiteres Leben bei.

Zu der Zeit war Cortez dreiunddreißig oder vielleicht vierunddrei-
ßig Jahre alt. Er war etwas über mittelgroß, von bleicher Gesichtsfarbe, und seine großen dunklen Augen verliehen ihm einen ernsten
Ausdruck, den man bei seiner heiteren Gemütsart nicht erwartet
hätte. Seine Gestalt war schlank, wenigstens in seinen jüngeren Jahren, die Brust gewölbt, die Schultern breit, sein Körper muskulös und
ebenmäßig. Er vereinte Behendigkeit und Kraft, so daß er alle Voraussetzungen besaß, sich im Fechten, Reiten und anderen ritterlichen
Künsten hervorzutun. Im Essen war er mäßig, unbekümmert darum,
was er zu sich nahm, und er trank wenig, während ihm Mühsal und
Entbehrung nicht das geringste auszumachen schienen. Seine Kleidung — denn er verschmähte nicht den Eindruck, den man durch so
nebensächliche Mittel hervorbringt — war von der Art, daß sie seine
ansehnliche Erscheinung vorteilhaft hervortreten ließ; weder prun-
kend noch auffällig, aber kostbar. Er trug wenig Schmuck und fast
immer denselben, aber dieser war von hohem Wert. Sein freimütiges
und soldatisches Auftreten verbarg einen äußerst kühlen und abwä-
genden Geist. In die heiterste Laune mischte sich eine ruhige Entschlossenheit, welche allen, die sich ihm näherten, Gehorsam abnö-
tigte und der Anhänglichkeit selbst der ergebensten Gefährten eine
gewisse Scheu beimengte. Eine solche Mischung, bei der Liebe von
Autorität gemäßigt wurde, war wohl am besten dazu angetan, den
rauhen und unruhigen Gemütern, unter welche ihn seine Bestimmung trieb, Hingebung einzuflößen. Dies ist das Bild, das uns die
Zeitgenossen von dem außergewöhnlichen Mann überliefert haben —
von dem Werkzeug, das die Vorsehung aussersah, Schrecken unter
den eingeborenen Herrschern der westlichen Welt zu verbreiten und
ihre Reiche in Schutt und Asche zu legen.

Am 10. Februar 1519 machte sich das kleine Geschwader denn auf den Weg und nahm Kurs auf Kap San Antonio, den verabredeten Sammelplatz. Als alle beisammen waren, bestand die Flotte aus elf Schiffen; eins davon, auf dem Cortez selbst fuhr, maß etwa hundert, drei andere siebzig bis achtzig Tonnen; die übrigen waren Karavellen und offene Brigantinen. Die ganze Flotte wurde der Führung Antón de Alaminos' anvertraut, eines erprobten Seefahrers, der schon Kolumbus auf seiner letzten Reise und Córdoba und Grijalba bei den früheren Unternehmungen als Lotse gedient hatte.

Als Cortez am Kap gelandet war und seine Streitmacht musterte, belief sie sich auf 110 Seeleute und 553 Soldaten, darunter 32 Armbrustschützen und 13 Hakenbüchsenschützen; dazu kamen 200 Indianer von der Insel und ein paar indianische Frauen für niedere Dienste. Er hatte zehn schwere Geschütze, vier leichtere, sogenannte Falkonette, und einen guten Vorrat an Munition. Überdies hatte er sechzehn Pferde. Diese zu beschaffen war nicht leicht; denn wegen der Schwierigkeit, sie in den leichten Fahrzeugen jener Zeit übers Meer zu bringen, waren sie auf den Inseln selten und unglaublich teuer. Aber Cortez wußte den Wert der Reiterei, wie gering an Zahl sie auch sein mochte, sehr wohl zu würdigen, einmal, weil sie auf dem Schlachtfeld von wirklichem Nutzen war, zum andern, weil sie die Eingeborenen in Schrecken versetzen würde. Mit einer so armseligen Streitmacht ließ er sich auf eine Eroberung ein, vor der unter solchen Umständen selbst sein standhaftes Herz zurückgebebt wäre, hätte er auch nur die Hälfte der Schwierigkeiten vorausgesehen.

Vor der Einschiffung wendete sich Cortez mit einer kurzen, aber feurigen Rede an seine Soldaten. Er sagte ihnen, sie ständen am Anfang eines erhabenen Unternehmens, das ihren Namen bis in ferne Zeiten berühmt machen werde. Er wolle sie in neue Länder führen, größer und reicher als alle, die Europäer je bisher betreten hätten. »Ich biete euch einen hohen Preis«, fuhr der Redner fort; »aber er ist nur durch unaufhörliche Mühe zu erringen. Große Dinge werden allein durch große Anstrengungen vollbracht, und Ruhm war nie der Lohn der Trägheit. Wenn ich keine Mühe scheute und alles an dieses Unternehmen setzte, so geschah es um jenes Ruhmes willen, der die edelste Belohnung des Mannes ist. Doch wenn einige unter euch mehr nach Reichtümern streben, so seid mir nur treu, wie ich es euch und unserem Vorhaben sein will, und ich will euch zu Schätzen verhelfen, von denen unsere Landsleute sich niemals haben träumen lassen. Ihr seid zwar gering an Zahl, aber stark in eurer Entschlossenheit; und wenn diese nicht wankt, so zweifelt nicht, daß der Allmächtige, der den Spanier im Kampfe mit den Ungläubigen noch nie verließ, euch beschirmen wird, wenn ihr auch von einem Schwarm von Feinden umringt seid; denn eure Sache ist eine gerechte Sache, und ihr werdet unter dem Banner des Kreuzes kämpfen. Vorwärts denn«, so schloß er, »mit heiterem Mut und Vertrauen; bringt das Werk, das so verheißungsvoll begann, zu einem glorreichen Ende!«

Die rauhe Beredsamkeit des Befehlshabers, die gleichermaßen die Saiten des Ehrgeizes, der Habsucht und des religiösen Eifers berührte, begeisterte die Herzen seiner kriegerischen Zuhörer; mit freudigem Beifall nahmen sie seine Worte auf und schienen begierig, unter einem Anführer vorwärts zu stürmen, der sie nicht so sehr zur Schlacht als zum Siege führen wollte. Hierauf wurde eine Messe zelebriert, mit alldem feierlichen Gepränge, wie es bei den spanischen Seefahrern zu Beginn ihrer Entdeckungsfahrten gebräuchlich war. Die Flotte wurde dem unmittelbaren Schutz des heiligen Petrus, Cortez' Schutzheiligen, befohlen, und die Anker lichtend, ging sie am 18. Februar 1519 nach der Küste von Yukatan unter Segel.

4

Die Schiffe hatten die Weisung, so nahe wie möglich beieinander zu bleiben und den Kurs der Capitana, des Admiralschiffes, zu nehmen, das während der Nacht ein Leuchtfeuer im Heck führte. Aber das Wetter, das zuerst günstig gewesen war, änderte sich bald nach ihrer Abfahrt, und es erhob sich einer jener Stürme, wie sie zu dieser Jahreszeit oft in den Breiten von Westindien vorkommen. Er fiel mit furchtbarer Gewalt über die kleine Flotte her, trieb sie weit auseinander, entmastete einige Schiffe und verschlug sie alle beträchtlich nach Süden.

Cortez, der zurückgeblieben war, um ein beschädigtes Schiff zu geleiten, erreichte die Insel Cozumel als letzter. Bei seiner Landung erfuhr er, daß einer seiner Hauptleute, Pedro de Alvarado, die kurze Frist dazu ausgenutzt habe, in die Tempel einzudringen, sich des wenigen Zierates zu bemächtigen und durch dieses gewaltsame Auftreten den arglosen Eingeborenen einen solchen Schrecken einzujagen, daß sie Schutz suchend ins Innere der Insel entflohen seien. Cortez, höchst aufgebracht über dieses unbesonnene Vorgehen, das der von ihm angestrebten Methode so sehr zuwiderlief, konnte sich nicht enthalten, seinen Offizier in Gegenwart des Heeres streng zu tadeln. Er ließ zwei Indianer, die Alvarado gefangengenommen hatte, zu sich bringen und erklärte ihnen die friedliche Absicht seines Besuchs. Dies tat er mit Hilfe seines Dolmetschers Melchorejo, eines Eingeborenen aus Yukatan, der von Grijalba mitgebracht worden war und während seines Aufenthaltes in Kuba einige Kenntnisse im Kastilischen gesammelt hatte. Dann entließ er sie, mit Geschenken überhäuft und mit einer Einladung an ihre Landsleute, ohne Furcht vor weiteren Störungen in ihre Wohnungen zurückzukehren. Diese menschliche Politik hatte Erfolg. Die Flüchtlinge kehrten alsbald beruhigt zurück, und ein freundschaftlicher Verkehr begann, wobei spanische Messerschmiedewaren und Flitterwerk gegen die goldenen Kostbarkeiten der Eingeborenen eingetauscht wurden; ein Handel, bei dem beide Teile — und ein Philosoph könnte meinen, mit gleichem Grund — sich dazu beglückwünschten, den anderen überlistet zu haben.

Cortez' erste Sorge war, etwas über die unglücklichen Christen zu erfahren, die noch immer auf dem benachbarten Festland in Gefangenschaft schmachten sollten. Von ein paar Kaufleuten, die auf den Inseln Handel trieben, wurde dieses Gerücht bestätigt, und er schickte daraufhin Diego de Ordaz mit zwei Brigantinen nach der gegenüberliegenden Küste von Yukatan mit der Anweisung, acht Tage dort zu bleiben. Einige Indianer fuhren als Boten mit und übernahmen es, den Gefangenen einen Brief zu überbringen, mit der Nachricht, ihre Landsleute seien mit einem ansehnlichen Lösegeld zu ihrer Befreiung auf der Insel Cozumel gelandet. Indessen beschloß der General, einen Streifzug nach den verschiedenen Teilen der Insel zu unternehmen, um den unruhigen Gemütern seiner Soldaten Beschäftigung zu geben und sich über die Reichtümer des Landes zu unterrichten.

Es war unergiebig und nur dünn besiedelt. Doch überall erkannte er die Zeichen einer höheren Kultur, als er sie bisher auf den indianischen Inseln wahrgenommen hatte. Die Häuser waren teils recht geräumig und oft aus Stein und Mörtel. Besonders beeindruckt war er von den Tempelanlagen mit mehrstöckigen hohen Türmen aus denselben festen Baustoffen. Im Hof eines Tempels erstaunte ihn der Anblick eines Kreuzes aus Stein und Mörtel, etwa zehn Handbreit hoch. Es war das Symbol des Regengottes.

Cortez' nächstes Ziel war es, die Eingeborenen von ihrem rohen Götzendienst abzubringen und ihn durch eine reinere Form des Gottesdienstes zu ersetzen. Um das zu erreichen, war er bereit, Gewalt anzuwenden, wenn mildere Maßnahmen ohne Erfolg bleiben sollten. Nichts lag der spanischen Regierung ernstlicher am Herzen als die Bekehrung der Indianer. Sie ist der ständige Kehrreim aller ihrer Weisungen und gab den kriegerischen Unternehmungen auf der westlichen Hemisphäre nahezu das Ansehen eines Kreuzzuges. Niemand teilte diese christlichen Gefühle mehr als Hernando Cortez. Er war in der Tat das wahre Abbild der Zeit, in der er lebte, und verkörperte — jedoch mit einer ihm allein eigenen Intensität — ihre buntscheckigen Eigentümlichkeiten, ihre spekulative Frömmigkeit und praktizierte Freiheit. Er war tief entrüstet über den öffentlich geübten Götzendienst der Bewohner von Cozumel, obgleich dieser, wie es schien, nicht mit Menschenopfern befleckt war. Mit Hilfe von zwei Geistlichen, die an der Expedition teilnahmen — des Lizentiaten Juan Díaz und des Paters Bartolomé de Olmedo —, bemühte er sich, sie zur Annahme eines besseren Glaubens zu bewegen. Der letztere dieser frommen Männer bot das in jedem Zeitalter seltene Beispiel für die Vereinigung von inbrünstigem Glaubenseifer und Barmherzigkeit, während er durch sein eigenes Verhalten seine Lehren aufs schönste veranschaulichte. Er blieb den ganzen Feldzug über beim Heer, und es gelang ihm oft, durch seine weisen und wohlwollenden Ratschläge die Grausamkeiten der Eroberer zu mildern und die Schärfe des Schwertes von den unglücklichen Eingeborenen abzuwenden.

Diese beiden Glaubensboten bemühten sich vergebens, die Bewohner von Cozumel zu bewegen, ihren Verirrungen zu entsagen und die indianischen Götzenbilder, in denen die Christen die Züge des leibhaftigen Satans erkannten, niederreißen und zerstören zu lassen. Die einfältigen Eingeborenen, entsetzt über die ihnen zugemutete Entweihung, riefen aus, ebendiese Götter schickten ihnen Sonnenschein und Sturm, und wenn man Gewalt brauchte, würden sie sich ganz gewiß rächen und ihre Blitze auf die Köpfe der Frevler herabschleudern.

Das Streiten mit Worten war vermutlich nicht so sehr Cortez' Sache. Jedenfalls zog er in diesem Fall das Handeln dem Verhandeln vor und dachte, man könne die Indianer am besten von ihrem Irrtum überzeugen, wenn man ihre Prophezeiung Lügen strafte. Er ließ daher ohne weitere Umstände unter dem Heulen und Wehklagen der

Eingeborenen die verehrten Götzenbilder die Treppen des großen Tempels hinabstürzen. Ein Altar wurde eiligst errichtet, das Bild der Jungfrau mit dem Kinde aufgestellt und vom Pater Olmedo und seinem geistlichen Gefährten zum ersten Mal innerhalb der Mauern eines Tempels in Neuspanien eine Messe zelebriert. Die geduldigen Priester versuchten noch einmal, das Licht des Evangeliums in die umnachteten Hirne der Inselbewohner zu gießen und ihnen die Wahrheiten des katholischen Glaubens nahezubringen. Der indianische Dolmetscher muß wohl einen ziemlich zweifelhaften Mittler so abstruser Lehren abgegeben haben. Sie fanden jedoch zuletzt Gunst bei ihren Zuhörern, die nun einwilligten, das Christentum anzunehmen, sei es, daß sie durch das kühne Auftreten der Eindringlinge eingeschüchtert, sei es, daß sie überzeugt waren von der Ohnmacht ihrer eigenen Gottheiten, die ihre Heiligtümer nicht vor Entweihung zu schützen vermochten.

Während Cortez so mit den Siegen des Kreuzes beschäftigt war, erfuhr er, daß Ordaz ohne irgendeine Nachricht über die spanischen Gefangenen von Yukatan zurückgekehrt sei. Obgleich der General sehr ungehalten darüber war, wollte er doch seine Abfahrt von Cozumel nicht länger aufschieben. Die Flotte war durch die hilfsbereiten Einwohner mit Vorräten gut versorgt worden, und nach Einschiffung seiner Truppen nahm Cortez Anfang März Abschied von den gastfreundlichen Küsten. Das Geschwader war jedoch noch nicht weit gekommen, als es durch ein Leck in einem der Schiffe genötigt wurde, in den Hafen zurückzukehren. Diese Verzögerung hatte so gewichtige Folgen, daß ein Geschichtsschreiber jener Zeit ›ein großes Geheimnis und Wunder‹ darin sieht.

Bald nach der Landung sah man ein Kanu mit einigen Indianern von den benachbarten Küsten Yukatans herüberkommen. Als es die Insel erreicht hatte, fragte einer der Männer in gebrochenem Kastilisch, ob er sich unter Christen befinde; und als man das bejahte, warf er sich auf die Knie und dankte dem Himmel für seine Befreiung. Er war einer von den unglücklichen Gefangenen, für deren Schicksal man so große Teilnahme empfunden hatte. Er hieß Jerónimo de Agnilar und stammte aus Écija in Altspanien, wo er für den geistlichen Stand erzogen worden war. Er war bei der Niederlassung in Darien eingesetzt worden und hatte auf einer Reise von dort nach Española in der Nähe der Küste von Yukatan Schiffbruch erlitten. Im Boot rettete er sich mit mehreren Gefährten, doch kamen einige durch Hunger und Entbehrung um, während andere bei ihrer Landung von den kannibalischen Eingeborenen geopfert wurden. Aguilar entging diesem traurigen Schicksal, indem er ins Landesinnere floh, wo er einem mächtigen Kaziken in die Hände fiel, der zwar sein Leben schonte, ihn aber zunächst mit der größten Härte behandelte. Die Geduld des Gefangenen und seine außergewöhnliche Demut rührten jedoch das Herz des Häuptlings, und er hätte Aguilar gern überredet, sich eine Frau aus seinem Volke zu nehmen; aber der Geistliche, seinem Gelübde treu, lehnte es standhaft ab. Ihm wurde nun die Sorge für das Haus und die zahlreichen Frauen seines Herrn übertragen. Er war ein ebenso kluger wie tugendhafter Mann, und seine Ratschläge bewährten sich so, daß er bei allen wichtigen Angelegenheiten zu Rate gezogen wurde. Kurz, Aguilar wurde ein großer Mann bei den Indianern.

Deshalb hörte sein Herr mit tiefem Bedauern, daß er zu seinen Landsleuten zurückkehren wollte, und nur der reiche Schatz von Glasperlen, Schellen und anderen Kleinodien gleichen Wertes, die man als Lösegeld für ihn schickte, konnte ihn verführen, seine Einwilligung zu geben. Als Aguilar zur Küste gelangt war, hatte er sich so verspätet, daß die Brigantinen schon abgesegelt waren, und er verdankte es nur der glücklichen Rückkehr der Flotte nach Cozumel, daß er sich ihr anschließen konnte.

Als der arme Mensch vor Cortez erschien, begrüßte er ihn auf indianische Weise, indem er die Erde mit der Hand berührte und sie dann zu seinem Kopf erhob. Der Befehlshaber richtete ihn auf, umarmte ihn freundlich und umhüllte ihn mit seinem eigenen Mantel, da Aguilar nur die landesübliche Kleidung trug, die für ein europäisches Auge etwas gar zu dürftig war. Aguilar hatte sich während seines langen Aufenthaltes im Lande mit den Mayadialekten Yukatans vertraut gemacht, und da er allmählich sein Kastilisch wieder auffrischte, wurde er als Dolmetscher von größter Wichtigkeit. Cortez erkannte den Vorteil von Anfang an, aber er konnte noch nicht ganz alle Folgen ermessen, die sich daraus ergeben sollten.

Als endlich die Schiffe wieder instand gesetzt waren, nahm der spanische Befehlshaber noch einmal Abschied von den freundlichen Eingeborenen von Cozumel und ging am 4. März unter Segel. Sich so nahe wie möglich an der Küste von Yukatan haltend, umschiffte er das Kap Catoche, fuhr mit vollen Segeln den weiten Golf von Campeche entlang und erreichte bald darauf die Mündung des Rio de Tabasco oder Grijalba, auf dem jener Seefahrer einen so einträglichen Handel betrieben hatte. Obgleich er des großen Zweckes seiner Reise — des Besuchs der aztekischen Gebiete — eingedenk war, lag ihm doch sehr daran, die Hilfsquellen dieses Landes kennenzulernen, und er beschloß, flußaufwärts zu fahren und die große Stadt an seinen Ufern zu besuchen.

Durch die Versandung der Flußmündung war das Wasser so seicht geworden, daß der Befehlshaber sich genötigt sah, die Schiffe vor Anker zu legen und sich mit nur einem Teil seiner Streitkräfte in die Boote zu begeben. Die Ufer waren dicht mit Mangrovenbäumen besetzt, die mit ihren schnell wachsenden und sich ineinander verflechtenden Wurzeln eine Art undurchdringliches Gitter oder Netzwerk bildeten, hinter dem man die dunklen Gestalten der Eingeborenen mit den bedrohlichsten Blicken und Gebärden hin und her huschen sah. Cortez war sehr überrascht von diesen unfreundlichen Zeichen, die seinen berechtigten Erwartungen so wenig entsprachen, und fuhr vorsichtig stromaufwärts. Als er an eine freie Uferstelle gelangte, wo viele Indianer versammelt waren, bat er durch seinen Dolmetscher um die Erlaubnis zu landen, indem er sie zugleich seiner freundschaftlichen Absichten versicherte. Aber die Indianer antworteten, ihre Waffen schwingend, nur mit Gebärden zorniger Herausforderung. Obwohl Cortez sehr aufgebracht darüber war, hielt er es doch für das beste, die Sache an diesem Abend nicht weiterzutreiben, und zog sich auf eine nahegelegene Insel zurück, wo er seine Truppen ausschiffte, entschlossen, am nächsten Morgen eine Landung durchzusetzen.

Bei Tagesanbruch sahen die Spanier, daß ein noch viel größeres Aufgebot als am vergangenen Abend die gegenüberliegenden Ufer säumte, während die Kanus längs der Küste von Haufen bewaffneter Krieger besetzt waren. Nun traf Cortez seine Vorbereitungen zum Angriff. Etwas weiter flußabwärts, an einer Stelle, die von einem dichten Palmenhain geschützt war, von wo, wie er wußte, ein Weg zu der Stadt Tabasco führte, landete er zuerst eine Abteilung von hundert Mann unter Alonso de Ávila und befahl seinen Offizieren, sogleich gegen den Ort vorzurücken, während er selbst ihn von der Flußseite her angreifen wollte.

Dann schiffte Cortez sich mit den übrigen Truppen ein und setzte vor den Augen des Feindes über den Fluß. Ehe er jedoch die Feindseligkeiten eröffnete, ließ er, um »dem Recht völlig Genüge zu tun und gemäß den Weisungen des Königlichen Rates zu handeln«, durch den Dolmetscher bekanntgeben, er verlange nur freien Durchzug für seine Leute und schlage vor, die freundlichen Beziehungen, die früher zwischen seinen Landsleuten und den Eingeborenen bestanden hätten, wiederherzustellen. Er versicherte ihnen, wenn Blut vergossen werde, so treffe allein sie die Schuld, und jeder Widerstand sei nutzlos, da er entschlossen sei, koste es, was es wolle, diese Nacht in der Stadt Tabasco sein Quartier aufzuschlagen. Die Erklärung, in hochfahrendem Ton vorgetragen und vom Notar ordnungsgemäß zu Protokoll genommen, wurde von den Indianern, die von zehn Worten vielleicht eins verstanden haben mochten, mit herausforderndem Geschrei und einem Hagel von Pfeilen beantwortet.

Nachdem nun Cortez allen Verpflichtungen eines königstreuen Edelmannes genügt und die Verantwortung von seinen eigenen Schultern auf die des Königlichen Rates abgewälzt hatte, brachte er seine Boote längsseits der indianischen Kanus. Ein hitziges Handgemenge entbrannte, und beide Parteien standen bald im Wasser, das ihnen bis über den Gürtel reichte. Der Kampf war nicht lang, aber verzweifelt. Die überlegene Stärke der Europäer behielt die Oberhand, und sie drängten die Feinde aufs Land zurück. Hier wurden diese jedoch von ihren Landsleuten unterstützt, die nun Wurfspeere, Pfeile und brennende Holzscheite auf die Köpfe der Eindringlinge herabschleuderten. Die Ufer waren weich und schlüpfrig, und nur mit Mühe faßten die Soldaten festen Fuß. Cortez verlor einen Riemenschuh im Morast, focht aber barfuß weiter und war großer Gefahr ausgesetzt, da die Indianer bald den Anführer herausgefunden hatten und einander zuriefen: »Schlagt den Häuptling tot!«

Endlich gewannen die Spanier das Ufer, konnten eine gewisse Ordnung in ihren Reihen herstellen und ein rasches Feuer aus ihren Hakenbüchsen und Armbrüsten eröffnen. Die Feinde, erschrocken über das Krachen und Blitzen der Feuerwaffen, das sie noch nie erlebt hatten, wichen und zogen sich hinter eine Brustwehr aus Baumstämmen zurück, die über den Weg geworfen waren. Die Spanier, hitzig in der Verfolgung, bemächtigten sich bald des rohen Befestigungswerkes und trieben die Indianer vor sich her auf die Stadt zu, wo diese wiederum hinter ihren Verschanzungen Zuflucht suchten.

Unterdessen war Ávila von der entgegengesetzten Seite angekommen, und die überrumpelten Eingeborenen versuchten keinen weiteren Widerstand, sondern überließen die Stadt den Christen. Vorher hatten sie ihre Familien und ihre Habe in Sicherheit gebracht. Einige Vorräte fielen den Siegern in die Hände, aber wenig Gold, ›ein Umstand‹, sagt Las Casas, ›der ihnen zu keiner besonderen Freude gereichte‹. Es war eine sehr volkreiche Stadt. Die Häuser bestanden größtenteils aus Lehm, die besseren aus Stein und Mörtel, was davon zeugte, daß die Einwohner hier auf einer höheren Kulturstufe standen als die Inselbewohner, so wie ihr hartnäckiger Widerstand ihre größere Tapferkeit bewiesen hatte.

Als sich Cortez auf diese Weise der Stadt bemächtigt hatte, ergriff er in aller Form Besitz davon für die kastilische Krone. Er hieb mit seinem Schwert drei Kerben in einen großen Ceibabaum, der in der Ortschaft wuchs, und verkündete laut, er nehme im Namen der katholischen Majestäten die Stadt in Besitz und wolle sie mit Schwert und Schild gegen alle behaupten und verteidigen, die Widerspruch dagegen erheben sollten. Die gleiche prahlerische Erklärung wurde auch von den Soldaten abgegeben und das Ganze vom Notar ordnungsgemäß aufgezeichnet und beglaubigt. Das war die gebräuchliche einfache, aber ritterliche Form, in der die spanischen Edelleute den königlichen Rechtsanspruch auf die eroberten Ländereien in der Neuen Welt geltend machten. Ohne Zweifel war es ein gültiges Dokument gegenüber den Ansprüchen irgendeines anderen europäischen Potentaten.

Der Befehlshaber schlug diese Nacht sein Quartier im Innenhof des Haupttempels auf. Er stellte seine Schildwachen auf und traf alle Vorsichtsmaßregeln, wie sie in Kriegen gegen einen zivilisierten Gegner üblich waren. Er hatte auch wirklich allen Grund dazu. Ein verdächtiges Schweigen schien über der ganzen Stadt und ihrer Umgebung zu liegen, und es kam die Kunde, daß der Dolmetscher Melchorejo entflohen sei, nachdem er seine spanische Kleidung an einen Baum gehängt habe. Cortez war durch die Flucht des Mannes beunruhigt; konnte dieser doch seine Landsleute nicht nur von der geringen Anzahl der Spanier unterrichten, sondern auch alle etwa bestehenden falschen Vorstellungen von ihrer Übernatürlichkeit zerstreuen.

Am nächsten Morgen, als keine Spur vom Feinde zu sehen war, sandte Cortez eine Abteilung unter Alvarado und eine andere unter Francisco de Lujo auf Kundschaft aus. Dieser hatte kaum drei Meilen zurückgelegt, als er der Stellung der Indianer durch einen heftigen Angriff gewahr wurde, der ihn nötigte, in einem großen steinernen

Gebäude Schutz zu suchen, wo man ihm hart zusetzte. Glücklicherweise drangen die lauten Kampfrufe der Angreifer, die gleich den meisten rohen Völkern durch ihr wildes Geschrei Schrecken einzujagen suchten, an die Ohren Alvarados und seiner Leute, die nun rasch ihren Gefährten zu Hilfe eilten und es ihnen ermöglichten, eine Bresche durch die Feinde zu schlagen. Beide Abteilungen zogen sich, die Feinde auf den Fersen, nach der Stadt zurück, bis Cortez, der zu ihrer Unterstützung ausrückte, den Gegner zum Rückzug nötigte.

Bei diesem Scharmützel wurden einige Gefangene gemacht. Durch sie fand Cortez seine ärgsten Befürchtungen bestätigt. Das Land stand überall in Waffen. Eine aus vielen Tausenden bestehende Streitmacht war aus den benachbarten Gebieten zusammengeströmt, und für den nächsten Tag war ein gemeinschaftlicher Angriff geplant. Auf die Frage des Befehlshabers, warum er auf so ganz andere Weise empfangen worden sei als sein Vorgänger Grijalba, antworteten sie, ihr Benehmen habe den anderen indianischen Stämmen damals sehr mißfallen; man habe ihnen Verrat und Feigheit vorgeworfen, so daß sie versprochen hätten, den weißen Männern, falls sie je wiederkommen sollten, ebenso Widerstand zu leisten wie ihre Nachbarn.

Cortez mochte es nun wohl bereuen, daß er sich erlaubt hatte, vom geraden Ziel seines Unternehmens abzuweichen; hatte er sich damit doch nur in einen zweifelhaften Krieg verwickelt, der zu einem mißlichen Ende führen konnte. Die Reue kam jedoch zu spät. Er hatte einmal den Schritt getan, und es blieb ihm keine andere Wahl, als weiter vorwärts zu gehen. Ein Rückzug würde seine Leute gleich am Anfang entmutigt, ihr Vertrauen zu ihrem Anführer erschüttert und seine Feinde in ihrer Anmaßung bestärkt haben; denn die Nachricht von ihrem Erfolg würde dann vielleicht seinem Heerzug voraneilen und zu noch größeren Demütigungen und Niederlagen führen. Er schwankte nicht, welchen Weg er einzuschlagen habe, sondern rief seine Offiziere zusammen und tat ihnen seinen Entschluß kund, dem Feind am nächsten Morgen eine Schlacht zu liefern.

Alle, die durch ihre Wunden kampfunfähig geworden waren, schickte er auf die Schiffe zurück und befahl dem Rest der Streitkräfte, sich im Lager einzufinden. Auch wurden sechs der schweren Geschütze von den Schiffen herbeigeschafft, und außerdem alle Pferde. Die Tiere waren durch die lange Gefangenschaft an Bord steif und schwerfällig geworden; aber wenige Stunden Bewegung gaben ihnen die gewohnte Kraft und Lebendigkeit zurück. Cortez übergab den Befehl über die Artillerie — wenn diese hochtrabende Bezeichnung erlaubt ist — einem Krieger namens Mesa, der sich als Geschützmeister in den italienischen Kriegen einige Erfahrung erworben hatte. Das Fußvolk unterstellte er dem Befehl von Diego de Ordaz, und die Reiterei übernahm er selbst. Diese bestand aus einigen der tapfersten Edelleute seiner kleinen Schar, unter denen Alvarado, Velázquez de León, Ávila, Puertocarrero, Olid und Montejo genannt zu werden verdienen. Nachdem er so alle notwendigen Vorbereitungen getroffen und seinen Schlachtplan entworfen hatte, zog er sich zur Ruhe, doch nicht zum Schlummer zurück. Sein fiebernder Geist war, wie sich denken läßt, von Sorge um den nächsten Tag erfüllt, der über das Schicksal seiner Unternehmung entscheiden konnte; und wie es bei solchen Gelegenheiten seine Gewohnheit war, machte er während der Nacht wiederholt die Runde und suchte die Schildwachen auf, um nachzusehen, ob auch niemand auf seinem Posten schlief.

Beim ersten Morgengrauen musterte er seine Streitkräfte und eröffnete ihnen seine Absicht, dem Feind sogleich entgegenzuziehen, statt eingeschlossen in der Stadt seinen Angriff abzuwarten. Denn er wußte wohl, daß der Mut mit der Tätigkeit wächst und der angreifende Teil eben aus dem Handeln eine Zuversicht schöpft, die dem nicht zuteil wird, der untätig oder gar ängstlich den Angriff erwartet. Die Indianer, hieß es, hatten wenige Meilen von der Stadt entfernt auf der sogenannten Ebene von Ceutla ihr Lager aufgeschlagen. Der General befahl Ordaz, mit Fußvolk und Geschütz auf dem kürzesten Wege durch das Land zu marschieren und den Feind von vorn anzugreifen, während er selbst mit der Reiterei einen Umweg machen wollte, um den Gegner, während er so gebunden war, von der Flanke her oder von hinten zu überrumpeln.

Als alle Vorkehrungen getroffen waren, hörte die kleine Schar die Messe und verließ dann die hölzernen Mauern Tabascos. Es war Mariä Verkündigung, der 25. März — ein denkwürdiger Tag in den Annalen Neuspaniens. Die Stadt war bundscheckig von Maisäckern und an tiefer gelegenen Stellen von Kakaopflanzungen umgeben, die das landesübliche Getränk und vielleicht auch, wie in Mexiko, die Landeswährung lieferten. Die Pflanzungen, die ständige Bewässerung brauchten, wurden durch zahlreiche Gräben und Wasserspeicher versorgt, so daß es sehr beschwerlich und mühsam war, das Land zu durchqueren. Es war jedoch von einem schmalen Weg oder Damm durchschnitten, auf dem das Geschütz fortgeschafft werden konnte.

Die Truppen rückten über drei Meilen auf ihrem beschwerlichen Wege vor, ohne den Feind zu entdecken. Das Wetter war schwül; doch waren nur wenige von der schweren Rüstung behindert, welche die europäischen Ritter damals trugen. Ihre dicken Baumwolljacken schützten hinlänglich vor den Pfeilen der Indianer, ohne die Bewegungsfreiheit zu beschränken, die bei einem abenteuerlichen Wanderleben in der Wildnis so unentbehrlich ist.

Endlich erblickten sie die weite Ebene von Ceutla und, so weit das Auge reichte, bis hin zum Horizont die dunklen Reihen der Feinde. Die Indianer hatten in der Wahl ihrer Stellung einige Klugheit bewiesen; und während die ermüdeten Spanier noch langsam durch den Morast heranwateten, erhoben die Eingeborenen ihr greuliches Kriegsgeschrei und empfingen sie mit Salven von Pfeilen, Steinen und anderen Wurfgeschossen, die wie Hagel auf die Schilde und Helme der Anrückenden niederprasselten. Viele wurden schwer verwundet, bevor sie festen Boden gewinnen konnten, wo sie indes bald Raum für sich schafften und heftiges Geschütz- und Gewehrfeuer auf die dichten Reihen des Feindes eröffneten, die den Kugeln ein sicheres Ziel boten. Scharenweise wurden sie mit jeder Salve niedergestreckt; aber die kühnen Horden, weit davon entfernt, sich einschüchtern zu lassen, warfen Staub und Blätter auf, um ihre Verluste zu verbergen, und schossen beim Schall ihrer kriegerischen Instrumente immer neue Schauer von Pfeilen auf den Feind ab.

Das Gefecht hatte schon über eine Stunde gedauert, und die hartbedrängten Spanier erwarteten, um aus ihrer gefährlichen Lage befreit zu werden, voller Sorge die Ankunft der Reiterei, die durch irgendwelche Hindernisse aufgehalten worden sein mußte. In diesem entscheidenden Augenblick bemerkte man, daß sich den entferntesten Heeressäulen der Indianer eine gewisse Aufregung und Verwirrung mitteilte, die sich rasch über die Riesenmenge ausbreitete. Nicht lange, und der ermutigende Kriegsruf »Santiago und San Pedro!« drang ans Ohr der Christen, und sie sahen die glänzenden Helme und Schwerter der kastilischen Reiter in den Strahlen der Morgensonne blitzen, während diese die Reihen der Feinde durchbrachen, nach rechts und links ihre Streiche führten und Entsetzen um sich her verbreiteten.

Cortez' Ankunft war durch die vielen Wassergräben sehr verzögert worden. Als er kam, waren die Indianer so hitzig im Gefecht, daß er auf sie eindrang, noch ehe sie sein Herannahen bemerkt hatten. Er befahl seinen Leuten, ihre Lanzen auf die Gesichter der Gegner zu richten, die nun, durch die ungeheuerlichen Erscheinungen verstört — denn sie hielten Reiter und Pferd, das sie noch nie zuvor gesehen hatten, für ein und dasselbe Wesen —, von panischem Schrecken ergriffen wurden. Ordaz nutzte die Gelegenheit zu einem Angriff auf der ganzen Linie, und die Indianer, von denen viele ihre Waffen fortwarfen, flohen, ohne weiteren Widerstand zu versuchen.

Cortez war zu sehr von seinem Sieg befriedigt, als daß ihm daran gelegen hätte, ihn weiter zu verfolgen und sein Schwert in das Blut der Flüchtenden zu tauchen. Er zog seine Leute in einem Palmengehölz zusammen, das sich an der Ebene entlangzog, und unter dem großen Laubdach brachten die Soldaten dem Allmächtigen ihre Dankgebete dar für den Sieg, den er ihnen verliehen hatte. Das Schlachtfeld wurde zum Baugrund für eine Stadt bestimmt, die man zu Ehren des Tages, an dem das Treffen stattgefunden hatte, Santa Maria de la Vitoria nannte, lange danach die Hauptstadt dieses Gebietes. Die Anzahl derer, die in der Schlacht mitgekämpft hatten oder gefallen waren, ist gänzlich zweifelhaft; und in der Tat ist nichts ungewisser als die Zahlenangaben primitiver Völker. Die meisten Berichte stimmen jedoch darin überein, daß die indianische Streitmacht aus fünf Schlachthaufen zu je achttausend Mann bestand. Größerer Widerstreit herrscht hinsichtlich der Zahl der Toten, die zwischen eintausend und dreißigtausend schwankt. Bei der ungeheuren Abweichung macht der allgemeine Hang zum Übertreiben uns eher geneigt, die Wahrheit in der Nähe der kleinsten Zahl zu suchen. Die Verluste der Christen waren unbeträchtlich und überstiegen nicht zwei Tote und noch nicht hundert Verwundete — wenn wir ihren eigenen Berichten glauben wollen, die vermutlich aus denselben Gründen die wahren Zahlen sehr verminderten.

In der Schlacht wurden verschiedene Gefangene gemacht, darunter zwei Häuptlinge. Cortez schenkte ihnen die Freiheit und übersandte durch sie ihren Landsleuten die Botschaft, daß er über das Vergangene hinwegsehen wolle, wenn sie auf der Stelle zu ihm kommen und sich ihm unterwerfen würden. Sonst werde er das Land durchziehen und alles, was darin lebe, Männer, Weiber und Kinder, über die Klinge springen lassen. Mit dieser furchtbaren Drohung, die ihnen noch lange in den Ohren gellte, zogen die Gesandten ab.

Aber die Bewohner von Tabasco hatten gar keine Lust zu weiteren Feindseligkeiten. Am nächsten Tag erschien eine Anzahl untergeordneter Häuptlinge, zum Zeichen ihrer Unterwerfung in dunkle Baumwollgewänder gekleidet, und erbaten die Erlaubnis, ihre Toten zu begraben. Cortez gewährte es ihnen unter vielen Versicherungen seiner freundlichen Gesinnung; aber gleichzeitig erklärte er ihnen, er erwarte ihre vornehmsten Kaziken, da er mit niemand anderem verhandeln wolle. Diese stellten sich bald ein, begleitet von einem langen Zug Untergebener, die mit zaghafter Neugier ins christliche Lager folgten. Unter ihren Versöhnungsgeschenken befanden sich zwanzig Sklavinnen, eine Gabe, die wegen der Rolle, die eine von ihnen noch spielen sollte, viel gewichtiger war, als Spanier oder Indianer damals ahnen konnten. Das Vertrauen war bald wiederhergestellt und hatte einen freundschaftlichen Verkehr zur Folge wie auch den Austausch spanischer Kleinigkeiten gegen die rohen Erzeugnisse des Landes, Nahrungsmittel, Baumwolle und einige goldene Schmuckgegenstände von geringem Wert. Als man sie fragte, woher die Edelmetalle kämen, wiesen die Eingeborenen nach Westen und antworteten: »Colhua«, »Mexiko«. Die Spanier sahen bald, daß dies nicht der rechte Ort für sie zum Handeltreiben oder zu längerem Aufenthalt sei. Hier waren sie jedoch nicht viele Meilen weit von einer mächtigen und reichen Stadt entfernt, wenigstens einer, die es ehemals war, dem alten Palenque. Aber ihr Glanz mag selbst damals schon verschwunden gewesen und ihr Name von den umgebenden Völkern vergessen worden sein.

Vor seinem Aufbruch versäumte der spanische Befehlshaber nicht, den einen großen Zweck seiner Unternehmung zu verfolgen, nämlich die Bekehrung der Indianer. Zunächst stellte er den Kaziken vor, er sei von einem mächtigen Herrscher jenseits des Meeres zu ihnen gesandt, in dessen Namen er jetzt ihre Huldigung zu verlangen das Recht habe. Dann ließ er durch die ehrwürdigen Väter Olmedo und Díaz ihren Geist, soweit möglich, mit den großen Wahrheiten der Offenbarung erleuchten und sie bestimmen, diese anstelle ihrer heidnischen Greuel anzunehmen. Die Indianer, die aus dem Vorangegangenen zweifellos eine Lehre gezogen hatten, setzten den beiden Vorschlägen nur schwachen Widerstand entgegen. Der nächste Tag war Palmsonntag, und Cortez beschloß, ihre Bekehrung mit pomphaftem Zeremoniell zu feiern, das bleibenden Eindruck auf ihre Gemüter machen sollte.

Das ganze Heer, die Geistlichen an der Spitze, bildete einen feierlichen Zug, und jeder Soldat trug einen Palmzweig in der Hand. Tausende von Indianern, Männer und Frauen, drängten hinzu und folgten dem Schauspiel mit neugierigem Erstaunen. Der lange Zug wand sich durch die blühende Savanne, welche die Ansiedlung umgrenzte, bis zum Haupttempel, wo ein Altar errichtet war und das heidnische Götzenbild dem Bildnis der Jungfrau mit dem Kinde hatte weichen müssen. Pater Olmedo zelebrierte eine Messe, und die Soldaten, soweit sie dazu fähig waren, stimmten in den feierlichen Gesang ein. Die Eingeborenen hörten in tiefem Schweigen zu und wurden, wenn wir dem Chronisten glauben dürfen, der es miterlebt hat, zu Tränen gerührt, während ihre Herzen von ehrfürchtiger Scheu vor dem Gott jener schrecklichen Wesen durchdrungen waren, die mit ihren eigenen Händen Donner und Blitz zu regieren schienen.

Als die Feierlichkeiten beendet waren, schickte Cortez sich an, zu den Schiffen zurückzukehren, sehr befriedigt von dem Eindruck, den er bei den Neubekehrten hinterlassen hatte, und von seinen Eroberungen für Kastilien und die Christenheit. Die Soldaten nahmen Abschied von ihren indianischen Freunden, bestiegen die Boote mit Palmzweigen in den Händen, fuhren flußabwärts und gingen wieder an Bord ihrer Schiffe, die an der Flußmündung vor Anker lagen. Eine günstige Brise wehte, und die kleine Flotte setzte die Segel und befand sich bald auf dem Wege zu den goldenen Küsten von Mexiko.

5

Die Flotte hielt sich so nahe an der Küste, daß man die Bewohner dort sehen konnte. Bald war sie auf der Höhe von San Juan de Ulúa, der von Grijalba so benannten Insel, angelangt. Das Wetter war mild und heiter, und Gruppen von Eingeborenen sammelten sich am Ufer des Festlandes und bestaunten das fremdartige Schauspiel, wie die Schiffe unter leichtem Segel auf der glatten Wasserfläche dahinglitten. Es war am Donnerstagabend der Karwoche. Ein angenehmer Wind wehte von der Küste her, und Cortez, der an der Stelle Gefallen fand, glaubte, im Schutz der Insel sicher vor Anker gehen zu können, da er dort vor den Nortes geschützt wäre, die im Winter und mitunter noch spät im Frühjahr mit verhängnisvoller Gewalt über diese Meere hinwegfegen.

Die Schiffe lagen noch nicht lange vor Anker, als eine leichte Piroge, mit Eingeborenen besetzt, vom nahen Festland abstieß und auf Cortez' Schiff zusteuerte, das sich durch die vom Mast herabwehende Flagge des kastilischen Königreiches auszeichnete. Die Indianer kamen mit offenem Vertrauen an Bord, das ihnen durch die Erzählungen ihrer Landsleute eingeflößt worden war, die mit Grijalba Handel getrieben hatten. Sie brachten Früchte und Blumen und kleine goldene Schmucksachen als Geschenke mit, die sie mit Freuden gegen den üblichen Flitterkram eintauschten. Cortez' Versuch, sich mit den Eingeborenen durch den Dolmetscher Aguilar zu verständigen, scheiterte, da dieser die Sprache nicht kannte; denn die Mayadialekte, mit denen er vertraut war, hatten zu wenig Ähnlichkeit mit dem Aztekischen. Die Indianer glichen diesen Mangel zwar so gut wie möglich durch die ungewöhnliche Lebhaftigkeit und Ausdruckskraft ihrer Gebärden aus — eine Bildersprache gewissermaßen —, aber der spanische Befehlshaber sah doch zu seinem Verdruß, in welche Schwierigkeiten er künftig geraten mußte, weil ihm ein vollkommeneres Verständigungsmittel fehlte. In dieser Verlegenheit hörte er, daß eine von den Sklavinnen, die ihm die Häuptlinge aus Tabasco geschenkt hatten, aus Mexiko stamme und die Sprache verstehe. Sie hieß Malintzin, nach spanischer Aussprache Malinche, aber die Spanier gaben ihr den Namen Marina; und da sie einen bedeutenden Einfluß auf ihr Schicksal auszuüben bestimmt war, ist es nötig, den Leser mit ihrem Charakter und ihrer Geschichte etwas bekannt zu machen.

Sie war in Painalla in der Provinz Coatzacoalco an der südöstlichen Grenze des mexikanischen Reiches geboren. Ihr Vater, ein reicher und mächtiger Kazike, starb, als sie noch sehr jung war. Ihre Mutter verheiratete sich wieder, und als sie einen Sohn bekam, faßte sie den schändlichen Plan, diesem Sprößling ihrer zweiten Ehe Marinas rechtmäßiges Erbteil zu sichern. Sie gab daher vor, ihre Tochter sei gestorben, überließ sie aber heimlich einigen umherziehenden Handelsleuten aus Xicalanco. Von den Kaufleuten wurde das indianische Mädchen an den Kaziken von Tabasco weiterverkauft, der sie, wie wir gesehen haben, den Spaniern übergab.

Von ihrem Geburtsort her war sie mit der mexikanischen Sprache vertraut und soll sie wirklich mit großer Vollkommenheit gesprochen haben. Ihr Aufenthalt in Tabasco machte sie mit den Mundarten dieses Landes bekannt, so daß sie mit Aguilar eine Unterhaltung führen

konnte, welche dieser wiederum ins Kastilische übersetzte. So eröffnete sich für Cortez ein verläßlicher, wenn auch etwas weitläufiger
Weg, sich mit den Azteken zu verständigen; ein Umstand von höchster Wichtigkeit für das Gelingen seines Unternehmens. Es währte indes nicht lange, bis Marina, die beweglichen Geistes war, das Kastilische so weit beherrschte, daß sie jeden anderen Sprachkundigen
überflüssig machte. Sie lernte es um so schneller, als es für sie die
Sprache der Liebe wurde.

Cortez, der von Anfang an den Wert ihrer Dienste zu schätzen
wußte, machte sie zu seinem Dolmetscher, dann zu seinem Schreiber
und, von ihren Reizen eingenommen, zu seiner Geliebten. Sie bekam
einen Sohn von ihm, Don Martín Cortez, später Comendador vom
Orden des Santiago, hervorstechend nicht so sehr durch seine Geburt
wie durch die unverdienten Verfolgungen, die ihm zuteil werden sollten. Marina stand zu dieser Zeit in der Blüte des Lebens. Sie soll eine
ungewöhnliche Anziehungskraft besessen haben, und ihre offenen,
ausdrucksvollen Züge offenbarten ihren edlen Charakter. Sie blieb
den Landsleuten ihrer Wahl stets treu, und weil sie Sprache und Sitten
der Mexikaner kannte, oft auch ihre Absichten durchschaute, gelang
es ihr mehr als einmal, die Spanier aus der mißlichsten und gefährlichsten Lage zu befreien.

Mit Hilfe seiner beiden klugen Dolmetscher ließ sich Cortez nun
auf eine Unterredung mit seinen indianischen Besuchern ein. Er erfuhr, daß sie Mexikaner oder vielmehr Untertanen des großen mexikanischen Reiches seien und daß ihr Stammesgebiet zu den jüngsten
Eroberungen jenes großen Reiches zähle. Das Land wurde von
einem mächtigen Herrscher regiert, Motecuhzoma — oder Montezuma, wie ihn die Europäer gewöhnlich nennen —, der auf den Hochebenen im Landesinneren, mehr als zweihundert Meilen von der Küste entfernt, residierte. Ihr eigenes Gebiet wurde von einem seiner
Edelleute namens Teuhtlile verwaltet, dessen Wohnsitz vierundzwanzig Meilen entfernt lag. Cortez erklärte ihnen seinerseits, er sei
nur in freundlicher Absicht in ihr Land gekommen und wünsche eine
Zusammenkunft mit dem aztekischen Statthalter. Dann entließ er sie
mit Geschenken beladen, nachdem er sich vergewissert hatte, daß es
im Landesinnern Gold im Überfluß gebe, von gleicher Beschaffenheit
wie die Proben, die sie mitgebracht hatten.

Cortez, dem das Verhalten der Eingeborenen und die günstigen Berichte vom Lande gefielen, beschloß, fürs erste dort zu bleiben.

Am nächsten Morgen, Karfreitag, dem 21. April, landete er mit seiner ganzen Streitmacht an ebender Stelle, wo jetzt die Stadt Veracruz steht. Der Eroberer ahnte es wohl nicht, daß auf dem verlassenen Strande, auf den er zuerst den Fuß setzte, dereinst eine blühende Stadt stehen sollte, der große Marktplatz des abendländischen und morgenländischen Handels, die Geschäftsmetropole Neuspaniens.

Es war eine weite Ebene, ausgenommen da, wo der Sand durch das ständige Blasen des Norte zu Hügeln aufgeweht war. Auf diesen Sandhügeln stellte Cortez seine kleine Batterie auf, so daß er damit das Land beherrschte. Hierauf ließ er die Soldaten kleine Bäume und Büsche fällen, die in der Nähe wuchsen, und einen Sonnenschutz errichten. Bei dieser Arbeit waren ihnen die Eingeborenen behilflich, die, wie es schien, vom Statthalter des Gebietes eigens geschickt worden waren, um den Spaniern beizustehen. Mit ihrer Hilfe wurden Pfähle in die Erde gerammt und mit Zweigen, Matten und baumwollenen Decken überdacht, die die freundlichen Eingeborenen mitbrachten. Auf diese Weise verfertigten sie in wenigen Tagen einen guten Schutz gegen die sengenden Sonnenstrahlen, die mit unerträglicher Glut auf den Sand herniederprallten. Der Ort war von Sumpfland umgeben, dessen Ausdünstungen, durch die Hitze zu verderbenbringender Fieberluft gesteigert, in späteren Zeiten mehr Europäer dahinrafften als alle Wirbelstürme an der Küste zusammengenommen.

Während diese Vorkehrungen getroffen wurden, strömten aus der nach dem Landesinneren zu ziemlich dicht besiedelten Umgebung die Eingeborenen herbei, von einer natürlichen Neugier getrieben, die fremden Wunderwesen zu sehen. Sie brachten Früchte, Gemüse, Blumen in Hülle und Fülle, Wildbret und viele nach der Landessitte zubereitete Speisen, auch kleine Gegenstände aus Gold und andere Schmucksachen. Durch einige Besucher erfuhr Cortez von der Absicht des Statthalters, ihn am folgenden Tage aufzusuchen.

Es war Ostern. Teuhtlile kam wie angekündigt am Vormittag in Begleitung eines großen Gefolges. Cortez ging ihm entgegen und führte ihn mit feierlichem Gepränge in sein Zelt, wo die vornehmsten Offiziere versammelt waren. Der aztekische Häuptling erwiderte ihre Begrüßungen mit feiner, wenn auch gemessener Höflichkeit. Zuerst wurde von Pater Olmedo eine Messe gelesen, und Teuhtlile und sein Gefolge lauschten dem Gottesdienst mit geziemender Ehrfurcht. Später wurde eine Mahlzeit aufgetragen, wobei der Befehlshaber seine Gäste mit spanischem Wein und eingemachten Früchten bewirtete. Dann erschienen die Dolmetscher, und eine Unterhaltung begann.

Die ersten Fragen Teuhtliles betrafen das Heimatland der Fremden und den Zweck ihres Besuchs. Cortez erklärte ihm, er sei der Untertan eines mächtigen Herrschers jenseits des Meeres, der über ein ungeheures Reich gebiete und Könige und Fürsten zu Vasallen habe. Da ihm die Größe des mexikanischen Kaisers bekannt sei, habe sein Herr den Wunsch, mit ihm in Verbindung zu treten, und er habe ihn als seinen Gesandten ausgeschickt, Montezuma als Zeichen seiner Zuneigung ein Geschenk zu überbringen und eine Botschaft, die er persönlich ausrichten müsse. Er schloß mit der Frage an Teuhtlile, wann er bei seinem Gebieter zur Audienz vorgelassen werden könne.

Hierauf antwortete der aztekische Edelmann etwas hochmütig: »Wie kommt es, daß du den Kaiser zu sehen verlangst und bist doch erst zwei Tage hier?« Dann fügte er höflicher hinzu, er höre zu seinem Erstaunen, daß es noch einen zweiten so mächtigen Herrscher wie Montezuma gebe; wenn dem aber so sei, dann zweifle er nicht, daß sein Herr sich freuen werde, mit ihm in Verbindung zu treten. Er wolle seine Eilboten mit dem königlichen Geschenk, daß der spanische Befehlshaber bringe, absenden und, sobald er Montezumas Antwort erhalten habe, ihm dieselbe mitteilen.

Teuhtlile befahl nun seinen Sklaven, das für den spanischen Befehlshaber bestimmte Geschenk herbeizubringen. Es bestand aus zehn Lasten feiner Baumwolle, einigen Überwürfen aus jenem kunstreichen Federmosaik, dessen satte und zarte Farbtöne mit der schönsten Malerei wetteifern konnten, und einem geflochtenen Korb voll goldener Schmucksachen, alles dazu angetan, den Spaniern einen hohen Begriff von dem Reichtum und der Kunstfertigkeit der Mexikaner zu vermitteln.

Cortez empfing die Geschenke mit gebührender Anerkennung und befahl nun seinen Dienern, dem Häuptling die für Montezuma bestimmten Gaben vorzulegen. Es waren ein reich geschnitzter und bemalter Armsessel, eine karmesinrote Tuchmütze mit einem goldenen Medaillon, auf dem der heilige Georg mit dem Drachen dargestellt war, und eine Menge Halsketten, Armbänder und andere Schmucksachen aus geschliffenem Glas, das in einem Lande, wo Glas nicht zu haben war, sehr wohl den Anspruch erheben durfte, echten Edelsteinen gleichgeachtet zu werden, und zweifellos von den unerfahrenen Mexikanern auch dafür gehalten wurde. Teuhtlile bemerkte im Lager einen Soldaten mit einem schimmernden vergoldeten Helm auf dem Kopf, der ihn, wie er sagte, an den Helm des mexikanischen Gottes Quetzalcoatl erinnere; und er äußerte den Wunsch, daß Montezuma ihn sehen möge. Die Ankunft der Spanier wurde, wie der Leser bald sehen wird, mit einer alten Überlieferung von ebendieser Gottheit in Verbindung gebracht. Cortez erklärte sich bereit, dem Kaiser den Helm zu übersenden, und ließ die Hoffnung durchblicken, man werde ihn gefüllt mit mexikanischem Goldstaub zurücksenden, damit er dessen Beschaffenheit mit dem spanischen Golde vergleichen könne. Außerdem erklärte er dem Statthalter, wie wir von seinem Kaplan wissen, daß die Spanier an einer Herzkrankheit litten, gegen welche Gold ein besonders geeignetes Mittel sei. ›Kurz‹, so sagt Las Casas, ›er gab dem Statthalter seinen Wunsch nach Gold sehr deutlich zu verstehen.‹

Unterdessen bemerkte Cortez einen aus Teuhtliles Gefolge, der geschäftig mit einem Pinsel hantierte, offensichtlich um irgend etwas auf ein Stück Stoff zu malen. Als er seine Arbeit betrachtete, sah er, daß es eine Skizze war, eine Darstellung der Spanier, ihrer Kleidung, ihrer Waffen, kurz aller auffallenden Gegenstände, von denen jeder die angemessene Form und Farbe erhalten hatte. Das war die berühmte Bilderschrift der Azteken, und wie Teuhtlile ihm erklärte, war der Mann angewiesen, die verschiedenen Gegenstände für das Auge Montezumas festzuhalten, der auf diese Weise eine lebendigere Vorstellung von ihrem Aussehen erhalten würde als durch jede mündliche Beschreibung. Cortez gefiel der Gedanke, und da er wußte, wie sehr die Wirkung gesteigert werden würde, wenn er das Stilleben in Tätigkeit verwandelte, befahl er die Reiterei zum Strand, dessen feuchter Sand den Pferden festen Halt gab. Die kühnen und raschen Bewegungen der Truppen bei ihren kriegerischen Übungen, die augenscheinliche Leichtigkeit, womit sie die feurigen Tiere tummelten, der Glanz ihrer Waffen und der gellende Ruf der Trompete: all das erfüllte die Zuschauer mit Erstaunen; als sie aber den Donner der Kanonen hörten, die Cortez alle zu gleicher Zeit abfeuern ließ, als sie die Rauch- und Feuermassen sahen, die aus den schrecklichen Geräten hervorbrachen, und den pfeifenden Ton der Kugeln hörten, die durch die Bäume des nahe gelegenen Waldes fegten und die

Zweige zerfetzten, da ergriff sie Bestürzung, und selbst der aztekische Häuptling blieb nicht ganz frei davon.

Nichts von alledem ging den Malern verloren, die nach ihrer Art jede Kleinigkeit getreulich wiedergaben; auch die Schiffe der Fremden vergaßen sie nicht, die ›Wasserhäuser‹, wie sie sie nannten, die sich, vom Wasser gespiegelt, mit ihren dunklen Rümpfen und schneeweißen Segeln auf der ruhigen Fläche des Meerbusens träge um den Anker drehten. Alles war mit einer Treue wiedergegeben, welche wiederum die Bewunderung der Spanier erregte, die freilich, da sie auf solche Kunstfertigkeit nicht vorbereitet waren, die Verdienste der Darstellung erheblich überschätzten.

Nach alledem zog sich Teuhtlile mit seinem Gefolge ebenso feierlich, wie er gekommen war, aus dem spanischen Lager zurück und hinterließ den Befehl, seine Leute sollten die Truppen mit Vorräten und allem versehen, was sie zu ihrer Bequemlichkeit brauchten, bis weitere Anordnungen aus der Hauptstadt einträfen.

6

Wir müssen nun vom spanischen Lager in der Tierra caliente Abschied nehmen und uns in die entfernte Hauptstadt von Mexiko versetzen, wo die Ankunft der fremden Wunderwesen an der Küste kein geringes Aufsehen erregte. Damals saß Montezuma II., ein Neffe des letzten und Enkel eines vorhergehenden Herrschers, auf dem aztekischen Thron. Er war 1502 zum Kaiser gewählt worden, bevorzugt vor seinen Brüdern wegen seiner ungewöhnlichen Fähigkeiten sowohl als Krieger wie als Priester — eine Vereinigung von Berufen, die sich zuweilen bei den mexikanischen, doch häufiger noch bei den ägyptischen Thronanwärtern findet. In früher Jugend hatte er tätigen Anteil an den Kriegen des Reiches genommen, doch in letzter Zeit hatte er sich ausschließlicher dem Tempeldienst gewidmet und beachtete gewissenhaft das ganze umständliche Zeremoniell des aztekischen Gottesdienstes. Er gab sich ernst und gemessen, sprach wenig und mit abwägender Besonnenheit. Sein Benehmen war darauf angelegt, den Eindruck erhabener Unnahbarkeit hervorzurufen.

Montezuma entfaltete zu Anfang seiner Regierung alle Kraft und Kühnheit, die man von ihm erwartet hatte. Sein erster Kriegszug gegen eine aufrührerische Nachbarprovinz war von Erfolg gekrönt, und im Triumph führte er eine Menge Gefangene heim zu den blutigen Opfern, die sein Krönungsfest zieren sollten. Dieses wurde mit ungewöhnlicher Pracht gefeiert. Spiele und feierliche Gottesdienste währten mehrere Tage, und unter den Zuschauern, die aus fernen Gegenden herbeiströmten, befanden sich auch einige vornehme Tlaxcalteken, die Erbfeinde Mexikos. Sie waren verkleidet und hofften, so der Entdeckung zu entgehen. Sie wurden jedoch erkannt und dem Kaiser gemeldet. Aber er bediente sich dieser Nachricht nur dazu, für ihre anständige Bewirtung und einen guten Platz beim Anschauen der Spiele zu sorgen. Das war eine edelmütige Handlung angesichts der lange gehegten Feindschaft zwischen beiden Völkern.

Während der ersten Regierungsjahre war Montezuma fortwährend in Kriege verwickelt und stand oft selbst an der Spitze seiner Heere. Man sah die aztekischen Banner in den fernsten Provinzen am Golf von Mexiko und in den entlegensten Gegenden von Nikaragua und Honduras. Die Unternehmungen waren im allgemeinen erfolgreich, und die Grenzen des Reichs wurden weiter ausgedehnt als zu irgendeiner früheren Zeit.

Indessen entzog der Herrscher den inneren Angelegenheiten des Landes nicht seine Aufmerksamkeit. Er bewirkte einige wichtige Veränderungen an den Gerichtshöfen und wachte sorgfältig über die Einhaltung der Gesetze, die er mit ernster Strenge erzwang.

Alle, die ihm dienten, belohnte er reichlich. Die gleiche Großzügigkeit zeigte er bei seinen öffentlichen Werken, wenn er Tempel erbaute und ausschmückte, Wasser durch einen neuen Kanal in die Hauptstadt führte oder in der Stadt Colhuacan ein Hospital oder Asyl für dienstunfähige Soldaten errichtete.

Diesen eines großen Fürsten würdigen Zügen hielten andere von entgegengesetzter Art die Waage. Die vor seiner Erhöhung so sichtbar zur Schau getragene Demut schlug in unerträgliche Anmaßung um. In seinen Lusthäusern, seiner Hofhaltung und Lebensweise entfaltete er eine Pracht, die seinen Vorgängern unbekannt gewesen war. Entweder entzog er sich der öffentlichen Beobachtung oder forderte, wenn er ausging, die sklavischste Unterwürfigkeit, und im Palast ließ er sich selbst die geringsten Dienste nur von Edelleuten leisten. Auch entließ er verschiedene Leute niederen Standes, vor allem arme, verdienstvolle Soldaten, aus den Ämtern, die sie in der nächsten Umgebung seines Vorgängers bekleidet hatten, da er ihre Dienste als eine Entehrung der Herrscherwürde betrachtete.

Während er seine Untertanen durch sein hochmütiges Benehmen verstimmte, entzog er sich ihre Zuneigung auch, indem er ihnen hohe Abgaben auferlegte. Sie wurden durch den verschwenderischen Aufwand seiner Hofhaltung nötig und drückten vor allem die eroberten Städte schwer. Dieser Druck führte häufig zu Widerstand und Aufruhr, und die letzten Jahre seiner Regierung bieten ein Schauspiel unaufhörlicher Feindseligkeiten, wobei die Streitkräfte der einen Hälfte des Reiches zur Unterdrückung der Aufstände in der anderen gebraucht wurden. Unglücklicherweise gab es nicht den Grundsatz der Verschmelzung, wodurch die neuen Erwerbungen dem alten Gebiet als Teile eines Ganzen hätten einverleibt werden können. So wurde das aztekische Reich nur schwächer, je weiter es sich ausdehnte; es glich einem großen, unausgewogenen Bauwerk, dessen einzelne Bestandteile, ohne Zusammenhang untereinander und wankend unter ihrem Eigengewicht, beim ersten Windstoß auseinanderzufallen drohen.

Im Jahre 1516 starb der König von Texcoco, Nezahualpilli, und Montezuma verlor in ihm seinen klügsten Ratgeber. Um die Thronfolge stritten sich seine beiden Söhne, Cacama und Ixtlilxochitl. Ersterer wurde von Montezuma unterstützt; letzterer, der jüngere der Prinzen, ein kühner ehrgeiziger Jüngling, appellierte an das Vaterlandsgefühl seines Volkes und suchte es zu überzeugen, daß sein Bruder allzusehr von Mexiko begünstigt werde, um seinem eignen Lande treu zu sein. Ein Bürgerkrieg entbrannte und endete mit einem Vergleich: Cacama erhielt die eine Hälfte des Königreichs mit der Hauptstadt, sein ehrgeiziger Nebenbuhler den nördlichen Teil. Von der Zeit an war Ixtlilxochitl der tödliche Feind Montezumas.

Ein noch furchtbarerer Feind war der kleine Freistaat Tlaxcala, der zwischen dem Tal von Mexiko und der Küste lag. Mehr als zwei Jahrhunderte lang hatte er seine Unabhängigkeit gegen die vereinten Streitkräfte des mexikanischen Reichs behauptet. Seine Hilfsquellen waren ungeschwächt, in der Gesittung war er seinen großen Nebenbuhlerstaaten kaum unterlegen, und an Mut und kriegerischer Meisterschaft konnte er es mit jedem der Völker Anahuacs aufnehmen.

So stand es um das Aztekenreich bei Cortez' Ankunft: das Volk mißmutig über die Anmaßung des Herrschers, die Provinzen und entfernten Städte entrüstet über die hohen Abgaben, während mächtige Feinde in der Nachbarschaft auf eine Gelegenheit lauerten, ihren furchtbaren Nebenbuhler anzugreifen. Jetzt war die Zeit gekommen, wo das unvollkommene Kriegshandwerk und die primitiven Waffen der Eingeborenen sich mit der Kriegskunst und den Feuerwaffen der überlegensten Völker des Erdballs messen sollten. In den letzten Regierungsjahren hatte Montezuma selten an kriegerischen Unternehmungen teilgenommen und sie meist seinen Feldherren überlassen, während er selbst sich hauptsächlich dem Priesteramt widmete. Unter keinem Fürsten hatte der Priesterstand größeres Ansehen und größere Vorrechte genossen. Die religiösen Feste und Gottesdienste wurden mit beispiellosem Gepränge gefeiert. Bei den alltäglichsten Gelegenheiten wurden die Orakel befragt, und die blutdürstigen Gottheiten wurden durch Hunderte von Opfern besänftigt, die aus den eroberten oder rebellischen Provinzen im Triumph nach der Hauptstadt geschleppt wurden. Die Frömmigkeit oder vielmehr der Aberglaube Montezumas erwies sich als Hauptursache seiner Mißgeschicke.

Nach alter mexikanischer Überlieferung schiffte sich Quetzalcoatl, die Gottheit mit heller Gesichtsfarbe und herabwallendem Bart, so ungleich der indianischen Gesichtsbildung, auf dem Atlantischen Ozean nach den geheimnisvollen Küsten von Tlapallan ein, nachdem er seine wohltätige Sendung bei den Azteken erfüllt hatte. Er versprach bei seiner Abfahrt, eines künftigen Tages mit seiner Nachkommenschaft zurückzukehren und sein Reich wieder in Besitz zu nehmen. Diesem Tage sah man mit Hoffnung oder Besorgnis entgegen, je nachdem was sich der Gläubige davon versprach; jedenfalls aber war man im ganzen weiten Gebiet Anahuacs überzeugt, daß der Tag kommen werde. Selbst nach der Eroberung harrten seiner noch die indianischen Stämme, die ihn so sehnlich herbeiwünschten wie die Juden die Ankunft des Messias.

Zur Zeit Montezumas scheint weithin die Überzeugung geherrscht zu haben, die Rückkehr des Gottes und die vollständige Erfüllung seines Versprechens stehe nahe bevor. Dieser Glaube soll durch verschiedene übernatürliche Ereignisse genährt worden sein, die mehr oder weniger umständlich von allen älteren Geschichtsschreibern berichtet werden. Naturkatastrophen ohne wahrnehmbare Ursache, Überschwemmung in der Hauptstadt, unlöschbarer Brand des großen Tempels, die Erscheinung dreier Kometen und unheimliche feurige Himmelszeichen im Osten schienen vor der Ankunft der Spanier ein fremdartiges, geheimnisvolles Unglück anzukündigen. Der aztekische Herrscher, erschrocken über die Erscheinungen am Himmel, suchte Rat bei Nezahualpilli, der in der schwierigen Wissenschaft der Sterndeutung sehr bewandert war. Aber der königliche Weise umwölkte seinen Geist noch mehr, da er in diesen Zeichen den baldigen Sturz des Reiches las.

So lauten die seltsamen Geschichten, die uns die Chronisten überliefert haben. Fast dreißig Jahre waren vergangen, seit Kolumbus die Inseln entdeckt, und mehr als zwanzig, seit er das amerikanische Festland betreten hatte. Mehr oder weniger bestimmte Gerüchte von den wundersamen weißen Männern, die Donner und Blitz in ihren Händen trugen und in vieler Hinsicht den überlieferten Vorstellungen von Quetzalcoatl entsprachen, mußten sich natürlich allenthalben unter den indianischen Stämmen verbreitet haben. Solche Gerüchte fanden ohne Zweifel lange vor der Landung der Spanier in Mexiko ihren Weg zu der großen Hochebene und erfüllten die Gemüter der Menschen mit der Vorahnung, daß die Zeit dicht bevorstehe, da die große Gottheit zurückkehren und ihr Eigentum einfordern werde. In dem aufgeregten Zustand der Einbildungskraft wurden Wunder alltäglich. Richtiger gesagt, Begebenheiten ganz alltäglicher Art wuchsen sich, durch das verfärbende Medium der Furcht gesehen, leicht zu Wundern aus.

Als die Nachricht von Grijalbas Landung an der Küste im Vorjahr in der Hauptstadt anlangte, wurde Montezumas Herz von Schrecken ergriffen. Ihm war, als sollte das Schicksal, das so lange drohend über dem mexikanischen Herrscherhaus geschwebt hatte, nun erfüllt und das Zepter seinem Hause auf immer entrissen werden. Der bilderschriftliche Bericht über die fremdartigen Besucher, der inzwischen nach der Hauptstadt gesandt worden war, ließ alle seine Befürchtungen wieder aufleben. Er rief unverzüglich seine vornehmsten Ratgeber zusammen, zu denen auch die Könige von Texcoco und Tlacopan gehörten, und beriet sich mit ihnen.

In dieser Versammlung scheinen die Meinungen geteilt gewesen zu sein. Einige waren für sofortigen Widerstand gegen die Fremden, entweder durch List oder durch offene Gewalt. Andere wandten ein, wenn sie übernatürliche Wesen seien, wären List und Gewalt gleich nutzlos. Daß sie nicht zur Familie des Quetzalcoatl gehörten, wurde daraus geschlossen, daß sie sich feindlich gegen seine Religion gezeigt hatten; denn wie es scheint, waren schon Nachrichten vom Vorgehen der Spanier in Tabasco nach der Hauptstadt gelangt. Unter denen, die dafür stimmten, ihnen einen freundlichen und ehrenvollen

Empfang zu bereiten, befand sich Cacama, der König von Texcoco.

Aber Montezuma, seinen eigenen unbestimmten Befürchtungen nachgebend, zog einen Mittelweg vor — wie gewöhnlich das unklügste. Er beschloß, eine Gesandtschaft mit so prachtvollen Geschenken an die Fremden abzusenden, daß sie von seiner Größe und seinem Reichtum tief beeindruckt werden mußten; gleichzeitig aber wollte er ihnen untersagen, sich der Hauptstadt zu nähern. Das hieß sowohl seinen Reichtum als auch seine Schwäche verraten.

Während der aztekische Hof durch die Ankunft der Spanier in so große Aufregung versetzt war, brachten diese ihre Zeit in der Tierra caliente zu, nicht wenig belästigt von der unerträglichen Hitze und der erstickenden Luft der Sandwildnis, wo sie lagerten. Doch wurde ihnen jede Erleichterung zuteil, welche die Aufmerksamkeit der freundlichen Eingeborenen ihnen gewähren konnte.

Nach sieben oder höchstens acht Tagen stellte sich die mexikanische Gesandtschaft vor dem Lager ein. Diese Zeitspanne muß unglaublich kurz anmuten, wenn man bedenkt, daß die Hauptstadt über zweihundert Meilen entfernt war. Die aus zwei vornehmen Azteken bestehende Abordnung war von dem Statthalter Teuhtlile und hundert Sklaven begleitet, welche die fürstlichen Geschenke Montezumas trugen.

Als die Abgesandten in das Zelt des Befehlshabers traten, begrüßten sie ihn und seine Offiziere mit allen Zeichen der Ehrerbietung, wie sie vor Personen hohen Ranges gebräuchlich waren: mit ihren Händen berührten sie den Boden und erhoben sie dann zum Kopf, während die Luft von Weihrauchduft erfüllt war, der aus den Räuchergefäßen ihrer Diener aufstieg. Dann wurden kunstvoll gearbeitete Matten, petates, entrollt, auf denen die Sklaven die verschiedenen Gegenstände ausbreiteten, die sie mitgebracht hatten. Sie waren mannigfacher Art: Schilde, Helme, Brustharnische mit Platten und Verzierungen aus reinem Gold; Hals- und Armbänder aus demselben Edelmetall, Riemenschuhe, Fächer, Helmbüsche und Helmschweife aus bunten Federn, mit Gold- und Silberfäden durchwirkt und mit Perlen und Edelsteinen übersät; höchst kunstvolle Nachbildungen von Vögeln und Tieren aus geschmiedetem und gegossenem Gold und Silber; Vorhänge, Decken und Gewänder aus Baumwolle, so fein wie Seide, von reicher Farbenpracht und mit Federwerk durchwoben, das der zartesten Malerei gleichkam. Außerdem waren noch über dreißig Lasten Baumwollgewebe dabei. Unter den Geschenken befand sich auch der nach der Hauptstadt gesandte Helm, der jetzt bis an den Rand mit Goldkörnern gefüllt war. Die größte Bewunderung aber erregten zwei runde Platten aus Gold und Silber, ›so groß wie Wagenräder‹. Die eine, welche die Sonne vorstellte, war reich mit Pflanzen und Tieren verziert, zweifellos eine bildliche Darstellung des aztekischen Kalenders. Die Spanier konnten angesichts solcher Schätze, die alles weit übertrafen, was sie sich erträumt hatten, ihr Entzücken nicht verbergen.

Als Cortez und seine Offiziere mit der Besichtigung fertig waren, richteten die Gesandten höflich die Botschaft Montezumas aus. Es gereiche ihrem Herrn zu großer Freude, sagten sie, die Verbindung mit einem so mächtigen Herrscher wie dem König von Spanien anzuknüpfen, vor dem er die größte Achtung hege. Er bedaure es sehr, daß er nicht persönlich mit den Spaniern zusammenkommen könne, aber die Entfernung bis zu seiner Hauptstadt sei zu groß; zahllose Schwierigkeiten und zu viele Gefahren von furchtbaren Feinden drohten unterwegs und machten die Reise dorthin unmöglich. Er könne daher nicht mehr tun, als die Fremden mit den ihnen gewährten Zeichen seiner freundlichen Gesinnung in ihr Vaterland zurückreisen zu lassen.

Bei aller Entrüstung über die entschiedene Weigerung Montezumas, ihn zu empfangen, verbarg Cortez doch seinen Verdruß so gut wie möglich und gab höflich seiner hohen Meinung von der Freigebigkeit des Kaisers Ausdruck. Sie mache es ihm nur noch wünschenswerter, sagte er, mit ihm persönlich zusammenzukommen. Es sei ihm in der Tat unmöglich, sich wieder vor seinem eigenen Landesherrn sehen zu lassen, ohne dieses große Ziel seiner Reise erreicht zu haben; und jemand, der viele tausend Meilen weit über den Ozean gesegelt sei, achte die Gefahren und Strapazen einer so kurzen Reise zu Lande gering. Er bat sie noch einmal, ihrem Herrn diese Botschaft zu überbringen, zusammen mit einem geringfügigen weiteren Zeichen seiner Hochachtung.

Dieses bestand aus einigen feinen holländischen Hemden, einem vergoldeten und merkwürdig emaillierten Florentiner Becher und ein paar Kleinigkeiten von geringem Wert — eine dürftige Gegengabe für die gediegene Pracht der kaiserlichen Geschenke. Als die Gesandten das kastilische Lager verließen, versicherten sie noch einmal, daß die Bitte des Befehlshabers vergeblich sein werde.

Der glänzende Schatz, der jetzt die Augen der Spanier blendete, weckte sehr unterschiedliche Gefühle bei ihnen, entsprechend der Verschiedenheit ihrer Gemütsart. Bei einigen erregte er den brennenden Wunsch, sogleich ins Innere vorzudringen und sich in den Besitz eines Landes zu setzen, das von so unermeßlichen Reichtümern strotzte. Andere erblickten darin das Zeugnis einer Macht, die viel zu gewaltig war, als daß man ihr mit einer so geringfügigen Streitmacht entgegentreten könnte. Sie hielten es deshalb für das klügste, umzukehren und dem Gouverneur von Kuba von ihrem Unternehmen zu berichten, damit dann die einem so großen Vorhaben angemessenen Vorbereitungen getroffen werden könnten. Cortez aber sagte vorsichtigerweise gar nichts — wenigstens nicht öffentlich —, da es ihm lieber war, wenn ein derart wichtiges Unternehmen der Entschlossenheit seines ganzen Heeres und nicht nur seinen eigenen Wünschen entsprang.

Unterdessen litten die Soldaten beträchtlich unter den Unbilden ihrer Stellung mitten im brennenden Sand und in den verpesteten Ausdünstungen der nahe gelegenen Sümpfe, während die giftigen Insekten dieser heißen Gegenden sie weder Tag noch Nacht in Ruhe ließen. Dreißig Leute waren schon erkrankt und gestorben; ein Verlust, der die kleine Schar ganz empfindlich traf. Zur Vermehrung ihrer Leiden hatte sich die kühle Haltung der mexikanischen Häuptlinge auch ihren Anhängern mitgeteilt, und die Lieferungen für das Lager wurden nicht nur sehr verringert, sondern auch die dafür geforderten Preise erheblich heraufgesetzt. Gleich ungünstig war die Lage für die Schiffe, die an ihrem ungeschützten Ankerplatz der Wut des ersten Norte ausgesetzt waren, der über den Golf von Mexiko fegen würde.

Durch diese Umstände sah sich der Befehlshaber genötigt, zwei Schiffe unter Francisco de Montejo, mit dem erfahrenen Alaminos als Lotsen, auszusenden, um die Küste in nördlicher Richtung zu untersuchen und zu prüfen, ob nicht ein sichererer Hafen und ein geeigneteres Quartier für das Heer zu finden sei.

Nach zehn Tagen kehrten die mexikanischen Gesandten zurück. Sie zogen mit der gleichen Förmlichkeit wie beim ersten Besuch in das spanische Lager ein und brachten wiederum prächtige Gewebe und metallenen Zierart als Geschenke mit, die, wenn auch an Wert geringer als die vorigen, doch auf dreitausend Unzen Gold geschätzt wurden. Außerdem befanden sich darunter vier Edelsteine von beträchtlicher Größe, Smaragden ähnlich, von den Eingeborenen chalchiuitl genannt, von denen ein jeder, wie sie den Spaniern versicherten, mehr als eine Last Gold wert sei und die ihr Gebieter als Zeichen besonderer Hochachtung dem König von Spanien zugedacht habe. Leider waren sie in Europa nicht einmal ebenso viele Lasten Erde wert.

Montezumas Antwort war im wesentlichen dieselbe wie vorher. Sie enthielt ein ausdrückliches Verbot für die Fremden, sich der Hauptstadt zu nähern, und gab der Hoffnung Ausdruck, daß sie jetzt, wo sie erhalten, was sie am meisten begehrten, ohne unnötigen Aufschub in ihr Vaterland zurückkehren würden. Cortez nahm die unerfreuliche Antwort zwar höflich, aber ziemlich kühl auf, und zu seinen Offizieren gewendet, rief er aus: »Das ist fürwahr ein reicher und mächtiger Fürst; aber es müßte merkwürdig zugehen, wenn wir ihm nicht doch eines Tages einen Besuch in seiner Hauptstadt machten!«

Während sie noch miteinander sprachen, läutete die Vesperglocke. Bei dem Klang warfen sich die Soldaten auf die Knie und verrichteten ihre Gebete vor dem im Sand eingepflanzten großen Holzkreuz. Da die aztekischen Häuptlinge dem Schauspiel mit neugierigem Erstaunen zusahen, hielt Cortez dies für eine günstige Gelegenheit, sie mit dem bekannt zu machen, was er als den Hauptzweck seines Besuches in ihrem Lande betrachtete. Daher erläuterte Pater Olmedo so kurz und klar, wie er es vermochte, die großen Lehren des Christentums, erwähnte das Sühneopfer, die Passion und die Auferstehung und versicherte zum Schluß seiner erstaunten Zuhörerschaft, es sei ihre Absicht, den Götzendienst auszurotten und an seine Stelle die reine Anbetung des wahren Gottes zu setzen. Hierauf übergab er ihnen ein kleines Bild der Jungfrau mit dem Kinde und forderte sie auf, es anstelle ihrer blutdürstigen Gottheiten in ihren Tempeln aufzustellen. Es ist indessen zu befürchten, daß der Same auf unfruchtbaren Boden fiel; denn als der gute Pater seine Predigt beendet hatte, entfernten sich die aztekischen Häuptlinge mit einer recht zweifelhaften Zurückhaltung, die ganz verschieden von dem freundlichen Benehmen bei ihrer ersten Zusammenkunft war. Noch in derselben Nacht wurden alle Hütten von den Eingeborenen verlassen, und die Spanier sahen sich plötzlich inmitten der einsamen Wildnis von jeder Zufuhr abgeschnitten.

Zur Freude des Heeres kam endlich Montejo nach zwölftägiger

Abwesenheit von seiner Erkundungsreise zurück. Er war den Golf entlang bis nach Panuco gesegelt, wo ihn bei dem Versuch, jenes Vorgebirge zu umschiffen, so schwere Stürme trafen, daß er zurückgetrieben wurde und beinahe Schiffbruch erlitten hätte. Auf der ganzen Fahrt hatte er nur einen einzigen gegen die Nordwinde leidlich geschützten Platz gefunden. Glücklicherweise bot das angrenzende Land, das durch Flüsse reich bewässert war, einen günstigen Lagerplatz, und nach einiger Überlegung beschloß man, dorthin überzusiedeln.

7

Keine Lage stellt die Geduld und Kriegszucht des Soldaten auf eine härtere Probe als ein müßiges Lagerleben, in dem jeder nur an sich selbst und seine Entbehrungen denkt. Dies war besonders jetzt der Fall, da die Truppen bei dürftigem Lebensunterhalt unter der entsetzlichen Hitze, unter Schwärmen giftiger Insekten und anderen tropischen Plagen litten. Zudem bildeten sie keineswegs eine reguläre Streitmacht, die an bedingungslosen Gehorsam gewöhnt ist. Sie waren Glücksritter, die sich mit ihrem Feldherrn auf das gleiche Abenteuer eingelassen hatten und den gleichen Anspruch auf Beute zu haben glaubten, denn sie hielten ihn für wenig mehr als ihresgleichen. So entstand unter den Leuten ein immer wachsendes Mißvergnügen. Das Heer spaltete sich in zwei Parteien: Die Anhänger des Gouverneurs von Kuba drängten zur Rückkehr dorthin, während Cortez und seine Freunde auf der Fortführung des bisher glücklich verlaufenen Eroberungszuges bestanden, wozu ihn die von Velázquez erhaltenen Vollmachten nicht berechtigten. Nur mit Mühe, unter Aufwand seiner glänzenden Überredungskunst und durch Versprechungen reichlicher Beute gelang es Cortez, den Streit zu schlichten. Er schloß seine Ansprache an die Truppen mit der Erklärung, daß er willens sei, über Velázquez' Kopf hinweg einen Pflanzstaat im Namen der spanischen Herrscher zu errichten und eine Obrigkeit zu ernennen. Die neue Stadt erhielt den Namen Villa Rica de Vera Cruz, ›die reiche Stadt des wahren Kreuzes‹. So wurde das Lager in eine bürgerliche Gemeinde umgewandelt, noch ehe die Lage der zu gründenden Stadt bekannt war. Zum Schein bot Cortez an, den Oberbefehl niederzulegen, da jetzt die Macht des Gouverneurs, aus dessen Hand er das Amt erhalten, erloschen und durch die neu ernannten Behörden von Veracruz ersetzt worden sei. Doch nahm das Heer seinen Rücktritt nicht an, sondern wählte ihn einstimmig im Namen der katholischen Majestäten weiterhin zum Oberbefehlshaber sowie zum Oberrichter des Pflanzstaates. Auch wurde er ermächtigt, ein Fünftel von dem Gold und Silber für sich selbst zu behalten, das von nun an durch Handel und Eroberung von den Eingeborenen zu erlangen sei. Jetzt konnte Cortez vorwärtsschreiten in seinen kühnen, hochstrebenden Plänen zur Eroberung des mexikanischen Reiches, ohne Furcht und Beaufsichtigung durch einen anderen Vorgesetzten als die Krone, von der allein er nunmehr seine Vollmacht zu haben behauptete.

Eines Morgens erschienen fünf Indianer im Lager und wurden zum Zelt des Befehlshabers geführt. In ihrer Kleidung und ihrem ganzen Äußeren unterschieden sie sich durchaus von den Mexikanern. Sie trugen goldene Ringe und Gemmen aus glänzendem blauem Stein in Ohren und Nase, während ein feingearbeitetes Goldblatt an der Unterlippe befestigt war. Marina war außerstande, ihre Sprache zu verstehen, aber als sie die Fremden aztekisch anredete, stellte sich heraus, daß sich zwei in dieser Sprache verständigen konnten. Sie sagten, sie seien aus Cempoala gebürtig, der Hauptstadt der Totonaken, eines mächtigen Volkes, das vor vielen Jahrhunderten auf die große Hochebene gekommen sei und, an ihrem östlichen Abhang niedersteigend, sich längs der Gebirgsketten und breiten Ebenen angesiedelt habe, die sich am mexikanischen Meerbusen nach Norden hinziehen. Ihr Land war eine der jüngsten Eroberungen der Azteken, und sie erfuhren so arge Bedrückungen von den Siegern, daß sie ungeduldig gegen das Joch aufbegehrten. Hiervon und von anderen Einzelheiten unterrichteten sie Cortez. Der Ruhm der Spanier war bis zu ihrem Herrn gedrungen, der sie als Boten absandte, um die wunderbaren Fremden nach seiner Hauptstadt einzuladen.

Diese Kunde hörte der Befehlshaber aufmerksam an. Eine bedeutsame Erkenntnis leuchtete jetzt in ihm auf, und sein scharfer Blick entdeckte in dem Geist des Mißvergnügens einen mächtigen Hebel, mit dessen Hilfe er hoffen durfte, dieses Barbarenreich zu stürzen. Er nahm die Botschaft der Totonaken sehr freundlich auf, und nachdem er sich so genau wie möglich über ihre Wesensart und ihre Hilfsquellen unterrichtet hatte, entließ er sie mit Geschenken und versprach, ihrem Gebieter bald einen Besuch abzustatten.

Danach ließ Cortez sein schweres Geschütz an Bord der Schiffe bringen und die Flotte längs der Küste nordwärts bis nach Chiahuitzalan segeln, dem Ort, in dessen Nähe die neu zu gründende Hafenstadt liegen sollte. Er selbst wollte sich an die Spitze seiner Truppen setzen und auf dem Marsch dorthin Cempoala besuchen. Der Weg führte einige Meilen weit durch die dürren Ebenen in der Nähe des heutigen Veracruz. In der sandigen Öde erquickte keine Spur von Vegetation ihr Auge. Bald aber, nachdem sie mit Mühe einen Fluß überquert hatten, tat sich eine ganz andere Landschaft vor ihnen auf — weitgestreckte Ebenen, mit einem dichten grünen Teppich bedeckt und von Hainen aus Kakaobäumen und gefiederten Palmen überschattet, durch deren hohe, schlanke Stämme man Hirsche sah und anderes Wild, das die Spanier nicht kannten.

Auf ihrem Wege kamen sie durch einige verödete Dörfer mit indianischen Tempeln, worin sie Räuchergefäße und andere kultische Geräte fanden und Schriftblätter aus Agavenfasern, auf denen vermutlich religiöse Bräuche in Bilderschrift niedergelegt waren. Hier bot sich auch der gräßliche — ihnen später so geläufige — Anblick verstümmelter Leichname, von Menschenopfern, die den abscheulichen Gottheiten des Landes dargebracht worden waren. Die Spanier wendeten sich mit Ekel und Entrüstung von dem Schauplatz der Metzelei, der einen schaurigen Gegensatz zu der schönen Szenerie bildete, die sie rings umgab.

Sie hielten sich längs des Flußufers, der Quelle zu, als sie zwölf Indianer trafen, die der Kazike von Cempoala abgesandt hatte, um ihnen den Weg nach seinem Wohnsitz zu zeigen. Nachts lagerten sie im Freien auf einer Wiese, wo sie von ihren neuen Freunden reichlich mit Lebensmitteln versorgt wurden. Am nächsten Morgen verließen sie den Fluß, durchquerten das Land nach Norden und gelangten auf eine weite fruchtbare und waldreiche Ebene, die in der ganzen Pracht tropischer Vegetation prangte. Die Zweige der stattlichen Bäume waren mit Weinreben voller dunkelroter Trauben, bunten Winden und anderen farbenprächtigen Schmarotzerpflanzen festlich umrankt. Der Unterwuchs von stacheliger Aloe, dicht mit wilden Rosen und Geißblatt durchflochten, bildete an manchen Stellen ein fast undurchdringliches Dickicht. Inmitten dieser Wildnis süßduftender Knospen und Blüten flatterten zahllose Vögel aus der Familie der Papageien und Schwärme von Schmetterlingen umher, deren buntschillernde Farben, nirgends so prächtig wie in der Tierra caliente, mit denen des Pflanzenreiches wetteiferten, während vorzügliche Sänger, der scharlachrote Kardinal und die wunderbare Spottdrossel, die in ihrem Gesang die ganze Musik des Waldes vereinigt, die Luft mit süßem Wohlklang erfüllten. Die Herzen der kriegerischen Eroberer waren nicht gerade empfänglich für die Schönheiten der Natur. Aber als sie durch dieses ›irdische Paradies‹, wie sie es nannten, wanderten, riß der Zauberreiz der Landschaft sie doch zu grenzenlosem Entzükken hin.

Als sie sich der indianischen Stadt näherten, erblickten sie zu beiden Seiten des Weges gepflegte Blumen- und Obstgärten, Zeugnisse einer hohen Gartenkunst. Nun begegneten ihnen Gruppen von Eingeborenen, deren Zahl zunahm, je näher sie der Stadt kamen. Frauen wie Männer mischten sich furchtlos unter die Soldaten; sie trugen Blumensträuße und Kränze, schmückten damit den Hals von Cortez' Schlachtroß und wanden einen Rosenkranz um seinen Helm. Blumen waren die Freude dieses Volkes. Viele von den Frauen schienen, nach ihrer reicheren Kleidung und zahlreichen Dienerschaft zu urteilen, von hohem Rang zu sein. Sie trugen seltsam bunte Gewänder aus feiner Baumwolle, die vom Halse — bei den niederen Ständen vom Gürtel — bis zum Knöchel reichten. Die Männer trugen eine Art Überwurf aus dem gleichen Stoff über den Schultern, à la Morisca, nach der Art der Mauren, und Binden oder Schärpen um die Lenden. Männer und Frauen hatten Juwelen oder goldenen Schmuck um den Hals, und in den durchbohrten Ohren und Nasenflügeln trugen sie Ringe aus demselben Edelmetall.

In der Stadt waren die vornehmeren Gebäude aus Stein und Mörtel oder an der Sonne getrockneten Ziegeln erbaut, die ärmlicheren aus Lehm. Alle waren mit Palmblättern gedeckt, die, obwohl dem Augenschein nach nur eine dürftige Überdachung für solche Gebäude, doch so dicht miteinander verflochten waren, daß sie hinreichenden Schutz gegen das Wetter boten.

Die Stadt soll zwanzig- bis dreißigtausend Einwohner gehabt haben. Dies ist die mäßigste und keineswegs unwahrscheinliche Schätzung. Langsam und schweigend zog das kleine Heer durch die engen, jetzt von Menschen wimmelnden Straßen von Cempoala und flößte den Eingeborenen kein größeres Erstaunen ein, als die Spanier selbst angesichts einer Lebensart und Gesittung empfanden, die alles weit übertraf, was sie bis dahin in der Neuen Welt gesehen hatten. Der Kazike trat vor seinen Palast, um sie zu empfangen. Er war ein großer, wohlbeleibter Mann und stützte sich auf zwei Diener, als er den Gästen entgegenging. Er empfing Cortez und seine Begleiter mit großer Höflichkeit, und nach einem kurzen Austausch von Artigkeiten wies er dem Heer Quartier in einem nahe gelegenen Tempel an, auf dessen geräumigem Hof eine Anzahl von Gemächern hinausging, welche den Soldaten eine vortreffliche Unterkunft gewährten.

Dort wurden die Spanier reichlich mit Lebensmitteln versorgt, mit Fleisch, nach der Sitte des Landes zubereitet, und Maisbroten. Auch empfing Cortez vom Kaziken ein Geschenk von beträchtlichem Wert, bestehend aus goldenem Schmuck und feinen Baumwollstoffen. Trotz dieser Freundschaftsbezeigungen ließ Cortez jedoch nicht in seiner gewohnten Wachsamkeit nach und vernachlässigte keine der Vorsichtsmaßnahmen eines guten Soldaten. So war er schon auf dem Weg immer in Schlachtordnung marschiert, wohl vorbereitet auf einen Überfall. In seinem neuen Quartier stellte er mit gleicher Sorgfalt seine Schildwachen auf, postierte die wenigen Geschütze so, daß sie den Eingang bestrichen, und verbot jedem Soldaten bei Todesstrafe, sich ohne Erlaubnis aus dem Lager zu entfernen.

Am nächsten Morgen stattete Cortez, begleitet von fünfzig seiner Leute, dem Herrscher von Cempoala einen Besuch in seinem Palast ab. Es war ein Gebäude aus Stein und Mörtel, das auf einem steilen Erdsockel stand, zu dem man über eine gemauerte Freitreppe gelangte. Cortez ließ seine Leute im Hof zurück und trat mit einem seiner Offiziere und seiner schönen Dolmetscherin, Doña Marina, in den Palast. In einer langen Unterredung erhielt der spanische Befehlshaber manchen Aufschluß über den Zustand des Landes. Er erklärte dem Häuptling zunächst, er sei der Untertan eines großen Herrschers jenseits des Meeres und zu den aztekischen Küsten gekommen, um den dort herrschenden unmenschlichen Götzendienst abzuschaffen und die Menschen mit dem wahren Gott bekannt zu machen. Der Kazike erwiderte, ihre Götter, die ihnen Sonnenschein und Regen schickten, seien gut genug für sie. Auch er sei einem mächtigen Herrscher untertan, dessen Hauptstadt inmitten eines Sees weit entfernt in den Bergen liege; es sei ein strenger Fürst, schonungslos in seinen Forderungen, und bei dem geringsten Widerstand oder Verstoß räche er sich, indem er ihre Jünglinge und Mädchen als Schlachtopfer für seine Götter wegschleppen lasse. Cortez versicherte ihm, daß er solchen Frevel niemals dulden werde; er sei von seinem Landesherrn ausgeschickt, Mißstände zu beseitigen und den Unterdrükker zu strafen, und wenn ihm die Totonaken treu blieben, dann wolle er ihnen helfen, daß verhaßte Joch der Azteken abzuschütteln.

Der Kazike fügte hinzu, das totonakische Gebiet umfasse etwa dreißig Städte und Dörfer, die an hunderttausend Krieger — eine sehr übertriebene Zahl — zusammenbringen könnten. Es gebe noch andere Provinzen des Reiches, sagte er, wo die aztekische Herrschaft ebenso verhaßt sei, und zwischen ihm und der Hauptstadt liege der kriegerische Freistaat Tlaxcala, der immer seine Unabhängigkeit von Mexiko behauptet habe. Den Spaniern sei ihr Ruhm vorangeeilt, und ihr furchtbarer Sieg bei Tabasco sei ihm wohl bekannt. Aber doch könne er nur mit Zweifel und Besorgnis an einen Bruch mit ›dem großen Montezuma‹, wie er ihn stets nannte, denken; bei der geringsten Herausforderung würden seine Heere aus den Bergregionen des Westens herniederströmen, einem Wirbelwind gleich über die Ebenen brausen und das unglückliche Volk zu Sklaverei und Opferung fortschleppen.

Cortez versuchte ihn zu beruhigen, indem er ihm versicherte, ein einziger Spanier sei stärker als ein ganzer Schwarm von Azteken. Trotzdem sei es ihm lieb zu wissen, welche Völker sich ihm anschließen würden, nicht so sehr seinet- wie ihretwegen, damit er Freund von Feind unterscheiden könne und wisse, wen er in diesem Vernichtungskrieg zu schonen habe. Nachdem er durch seine beruhigende und kluge Prahlerei das Vertrauen des bewundernden Häuptlings gestärkt hatte, nahm er freundlichen Abschied und versprach, in kurzer Zeit zurückzukehren und mit ihnen Maßnahmen für ihre künftigen Unternehmungen zu treffen, sobald er seine Schiffe im nahe gelegenen Hafen besucht und dort eine ständige Niederlassung gegründet hätte.

Was Cortez erfahren hatte, gewährte ihm große Genugtuung. Es bestätigte seine früheren Ansichten und zeigte in der Tat, daß im Inneren des Kaiserreichs viel verworrenere Zustände herrschten, als er geglaubt hatte.

Nachdem die Spanier am nächsten Tag von dem gastfreundlichen Indianer Abschied genommen, schlugen sie den Weg nach dem etwa zwölf Meilen entfernten Chiahuitzalan ein, in dessen Nähe sich der von Montejo entdeckte Hafen befand, wo ihre Schiffe jetzt vor Anker lagen. Zum Fortschaffen der Bagage hatte der Kazike ihnen vierhundert indianische Lastträger, sogenannte tamanes, zur Verfügung gestellt. Diese Leute trugen mit Leichtigkeit fünfzig Pfund fünfzehn bis zwanzig Meilen weit an einem Tage. Man bediente sich ihrer im ganzen mexikanischen Reich, und den Spaniern leisteten sie seitdem sehr gute Dienste, da sie den Soldaten diesen Teil ihrer Pflichten abnahmen. Sie kamen durch ein Land von derselben üppigen Fruchtbarkeit wie das, welches sie kurz vorher durchquert hatten, und gelangten früh am nächsten Morgen nach der indianischen Stadt, die gleich einer Festung auf einer schroffen, felsigen Höhe über dem Golf lag. Während die Spanier sich mit den Häuptlingen unterhielten, gesellte sich der würdige Kazike von Cempoala dazu, von seinen Dienern in einer Sänfte getragen. Er nahm eifrig Anteil an ihren Beratungen. Was Cortez hier erfuhr, bestätigte ihm, was ihm bereits über die Stimmung und die Hilfsquellen der Totonaken berichtet worden war.

Mitten in ihrer Beratung wurden sie durch eine Bewegung gestört, die sich unter den Leuten ausbreitete, und bald darauf erschienen fünf Männer auf dem großen Marktplatz, wo sie eben standen. Nach ihrer stolzen Haltung, ihrer eigentümlichen und viel prächtigeren Kleidung zu urteilen, schienen sie einem anderen Stamm anzugehören. Ihr dunkles, glänzendes Haar war auf dem Kopf zu einem Knoten geschlungen. Sie trugen Blumensträuße in der Hand und waren von mehreren Dienern begleitet, die mit Wedeln oder Fächern ihren vornehmen Gebietern Fliegen oder andere Insekten abwehrten. Als diese Männer über den Platz gingen, warfen sie einen hochmütigen Blick auf die Spanier und ließen sich kaum herab, ihren Gruß auch nur zu erwidern. Die totonakischen Häuptlinge folgten ihnen sogleich in großer Verwirrung und schienen ängstlich bemüht, sie durch jede Art von Aufmerksamkeit zu versöhnen.

Sehr erstaunt fragte der Befehlshaber Marina, was dies zu bedeuten habe. Sie erklärte ihm, es seien aztekische Edelleute, bevollmächtigt, den Tribut für Montezuma einzutreiben. Bald darauf kehrten die Häuptlinge zurück, und Schrecken malte sich auf ihren Gesichtern. Sie bestätigten die Angaben Marinas und fügten hinzu, daß die Azteken ihnen die Gastfreundschaft, die sie ohne Erlaubnis des Kaisers den Spaniern erwiesen, sehr verübelten und zur Sühne zwanzig junge Männer und Frauen als Opfer für die Götter forderten. Cortez zeigte die größte Entrüstung über diese Anmaßung. Er beschwor die Totonaken, nicht nur das Geforderte zu verweigern, sondern auch die Steuereintreiber festzunehmen und ins Gefängnis zu werfen. Die Häuptlinge waren unschlüssig, aber er bestand so energisch darauf,

Tlaxcallā

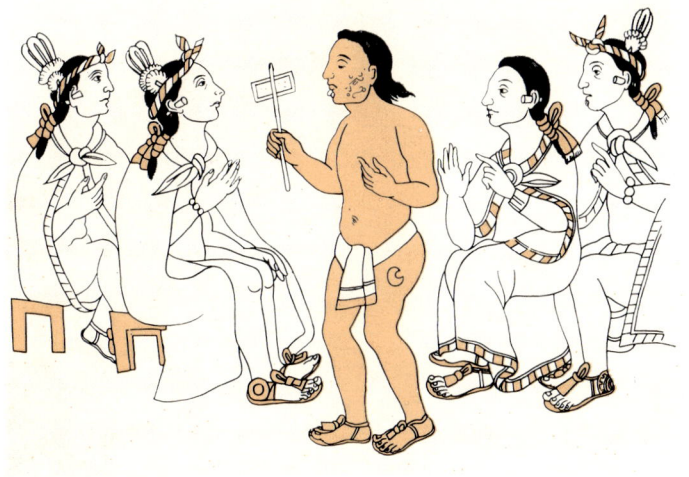

*Abb. 1   Die Fürsten Tlaxcalas empfangen einen Gesandten
der Spanier*

Abb. 2 Cortez nimmt die Geschenke der Tlaxcalteken entgegen

ycmoquayateq
que tlatoque

Abb. 3 Die Taufe der tlaxcaltekischen Fürsten

Abb. 4 Das Gemetzel von Cholula

daß sie endlich nachgaben; die Azteken wurden ergriffen, an Händen und Füßen gebunden und in Gewahrsam genommen.

In der Nacht ließ der spanische Befehlshaber zwei von ihnen befreien und heimlich zu sich bringen. Er drückte ihnen sein Bedauern über die schimpfliche Behandlung aus, die ihnen von den Totonaken widerfahren sei, und versprach ihnen, er werde ihnen Mittel zur Flucht verschaffen und sich am nächsten Tag bemühen, die Befreiung ihrer Gefährten zu erwirken. Er bat sie, dies ihrem Herrn zu berichten und ihn der hohen Achtung zu versichern, welche die Spanier vor ihm hegten, ungeachtet der Unfreundlichkeit, sie an seinen öden Küsten dem Hungertod auszuliefern. Dann sandte er die mexikanischen Edelleute zum Hafen hinab, von wo sie übers Wasser nach einem anderen Teil der Küste gebracht wurden, aus Furcht vor der Gewalttätigkeit der Totonaken. Diese waren über die Flucht der Gefangenen sehr aufgebracht und hätten die übrigen sofort als Opfer abgeschlachtet, wenn nicht der spanische Befehlshaber den größten Abscheu gegen dieses Vorhaben gezeigt und befohlen hätte, sie sicherheitshalber an Bord der Schiffe zu bringen. Bald darauf wurde den Gefangenen erlaubt, sich mit ihren Gefährten zu vereinen.

Auf Cortez' Befehl wurden Boten nach den anderen totonakischen Städten gesandt, um zu berichten, was vorgefallen, und sie aufzufordern, die Zahlung weiterer Steuern an Montezuma zu verweigern. Aber es bedurfte der Boten nicht. Die erschrockene Dienerschaft der aztekischen Edelleute war nach allen Richtungen geflohen, und die Kunde von der verwegenen Beleidigung der mexikanischen Majestät verbreitete sich wie ein Lauffeuer im ganzen Lande. Die erstaunten Indianer, von der süßen Hoffnung geschmeichelt, ihre alte Freiheit wiederzugewinnen, kamen in Scharen nach Chiahuitzalan, um die furchtbaren Fremden zu sehen und sich mit ihnen zu beraten. Nach einigem Zögern beschlossen sie, sich in den Schutz der Spanier zu begeben und den kühnen Versuch zu wagen, das mexikanische Joch abzuschütteln. Im Namen der spanischen Majestäten wurde den Häuptlingen der Treueid abgenommen und von Godoy, dem königlichen Notar, ordnungsgemäß aufgezeichnet. Cortez, zufrieden, der Krone so viele Vasallen gewonnen zu haben, machte sich bald darauf nach dem neuen Hafenplatz auf, nachdem er zuvor versprochen hatte, nach Cempoala zurückzukehren, wo seine Aufgabe erst teilweise erfüllt war.

Die für die neue Stadt ausgewählte Stelle lag nur anderthalb Meilen entfernt in einer weiten, fruchtbaren Ebene und bot einen geeigneten Hafen für die Flotte. Cortez brauchte nicht lange dazu, den Umfang der Mauern und die Bauplätze für das Fort, den Kornspeicher, das Rathaus, die Kirche und andere öffentliche Gebäude zu bestimmen. Die freundlichen Indianer halfen eifrig, indem sie Baustoffe wie Stein, Kalk, Holz und an der Sonne getrocknete Ziegel herbeischafften. Ein jeder legte mit Hand an. Der Befehlshaber arbeitete Seite an Seite mit dem geringsten Soldaten und feuerte seine Leute sowohl durch sein Beispiel wie durch seine Worte an. In wenigen Wochen war das Werk vollbracht, und es erhob sich eine Stadt, die, wenn auch ihres vielversprechenden Namens nicht ganz würdig, doch den meisten Zwecken, denen sie dienen sollte, vollauf entsprach. Sie war ein guter Stützpunkt für künftige Unternehmungen; ein Zufluchtsort sowohl für Dienstunfähige als auch für das ganze Heer im Falle einer Niederlage; ein Lagerort für Vorräte, für Güter, die etwa vom Mutterlande kamen oder dorthin befördert werden sollten; ein Hafen für die Flotte und schließlich eine Festung von hinreichender Stärke, um das angrenzende Land in Schach zu halten.

Es war die erste Pflanzstadt — die fruchtbare Stammutter so vieler anderer — in Neuspanien. Mit Genugtuung wurde sie von den arglosen Eingeborenen begrüßt, die unter ihrem Schutz und Schirm auf Ruhe und Sicherheit hofften. Ach! sie konnten nicht die Zukunft vorausahnen, sonst hätten sie wohl keinen Grund gefunden, über diesen Vorboten einer Umwälzung zu frohlocken, die schrecklicher war als alles von ihren Barden und Propheten Vorhergesagte. Es war nicht der gute Quetzalcoatl, der heimgekehrt war, um sein Eigentum zurückzufordern, und nun Frieden, Freiheit und Gesittung mit sich führte. Wohl sollte sich das Licht der Gesittung über ihr Land ergießen; aber es sollte das Licht eines verzehrenden Feuers sein, vor dem ihr wilder Ruhm, ihre öffentlichen Einrichtungen und selbst ihr Dasein und ihr Name vergehen und erlöschen sollten! Ihr Schicksal war besiegelt, sobald der weiße Mann den Fuß auf ihren Boden gesetzt hatte.

8

Während die Spanier mit ihrer neuen Niederlassung bschäftigt waren, wurden sie durch eine Gesandtschaft aus Mexiko überrascht. Sie bestand aus zwei Jünglingen, Montezumas Neffen, und vier alten

Edelleuten seines Hofes und überbrachte wiederum fürstliche Geschenke: Gold, prächtige Baumwollstoffe und schöne Überwürfe in plumaje oder Federmosaik. Als die Gesandten vor Cortez erschienen, überreichten sie ihm diese Gegenstände und bekundeten ihm zugleich die Dankbarkeit ihres Herrn für die freundliche Gesinnung, die er durch die Befreiung der gefangenen Edelleute, der kaiserlichen Steuereinnehmer, an den Tag gelegt habe. Montezuma sei indes überrascht und betrübt darüber, daß die Spanier seine treulosen Untertanen in ihrer Auflehnung unterstützt haben sollten. Er zweifle nicht daran, daß sie die durch Göttersprüche schon so lange angekündigten Fremden und der gleichen Abstammung wie er selbst seien. Aus Achtung vor ihnen wolle er, solange sie anwesend wären, die Totonaken verschonen; aber die Zeit der Rache werde kommen.

Cortez bewirtete die indianischen Häuptlinge mit freigebiger Gastfreundschaft. Zugleich war er darauf bedacht, seine Streitkräfte so zur Schau zu stellen, daß sie die Gäste nicht nur unterhielten, sondern auch einen tiefen Eindruck von seiner Macht zurückließen. Hierauf entließ er sie mit einigen geringfügigen Geschenken, einer versöhnlichen Botschaft an ihren Herrn und der Versicherung, daß er ihm bald in der Hauptstadt seine Aufwartung machen werde, wo dann alle Mißverständnisse zwischen ihnen schnell beseitigt werden würden.

Bei dem guten Einvernehmen mit den Leuten von Cempoala hielt Cortez die Zeit für gekommen, seine Bekehrungsabsicht zu verwirklichen. Er erklärte dem Kaziken, es sei der große Zweck seiner Sendung, die Eingeborenen ihrer heidnischen Greuel zu entwöhnen, und bat ihn um sein Einverständnis dazu, daß die Götzenbilder zerstört und die Sinnbilder des wahren Glaubens an ihre Stelle gesetzt würden.

Hierauf antwortete jener wie zuvor, seine Götter seien gut genug für ihn; und weder die Überredungskunst des Befehlshabers noch die Predigten Pater Olmedos konnten ihn umstimmen. Der Kazike erklärte den Spaniern unumwunden, er werde jedem gewaltsamen Vorgehen gegen seine Götter Widerstand leisten, und überdies würden die Götter den Frevel selbst rächen und ihre Feinde auf der Stelle vernichten.

Aber der Glaubenseifer der Christen war zu sehr entfacht, als daß er durch Protest oder Drohung hätte erstickt werden können. Sie waren während ihres Aufenthalts im Lande mehr als einmal Zeuge von den barbarischen Bräuchen der Eingeborenen gewesen, ihren grausamen Menschenopfern und ihren ekelhaften kannibalischen Mahlzeiten. Sie waren angewidert von diesen Greueln und beschlossen einstimmig, ihrem Befehlshaber beizustehen, als dieser ihnen erklärte, der Himmel würde ihrem Unternehmen niemals lächeln, wenn sie solche Scheußlichkeiten begünstigten, und er seinerseits sei entschlossen, die indianischen Götzenbilder noch in dieser Stunde zu stürzen, und wenn es ihn das Leben koste.

Seine Befehle kaum abwartend, brachen die Spanier nach einem der größten Teocallis auf, einem Tempel, der sich auf einem hohen pyramidenförmigen Sockel erhob, in dessen Mitte eine steile Steintreppe hinaufführte. Der Kazike erriet ihr Vorhaben und rief sogleich seine Leute zu den Waffen. Von allen Seiten strömten mit gellendem Geschrei und Waffengeklirr die Krieger herbei, während die Priester in ihren dunklen Baumwollgewändern mit aufgelösten, blutbefleckten Haarflechten, die ihnen wirr über die Schultern hingen, wie besessen unter den Eingeborenen umherstoben und sie aufriefen, ihre Götter vor Gewalt zu schützen. Alles war jetzt Verwirrung, Aufruhr und kriegerische Drohung, wo noch so kurz zuvor Friede und freundwillige Bruderschaft gewaltet hatten.

Rasch und entschieden wie immer traf Cortez seine Maßnahmen. Er ließ den Kaziken und einige der vornehmsten Einwohner und Priester durch seine Soldaten festnehmen. Dann befahl er ihnen, das Volk zu beruhigen; denn würde auch nur ein einziger Pfeil gegen einen Spanier abgeschossen, so sollte das einen jeden von ihnen das Leben kosten. Marina stellte ihnen zugleich die Unsinnigkeit ihres Widerstandes vor und gab dem Kaziken zu bedenken, daß er, wenn er sich jetzt die Gunst der Spanier verscherze, schutzlos der furchtbaren Rache Montezumas preisgegeben sein werde. Diese weltlichen Erwägungen scheinen bei dem totonakischen Häuptling mehr Gewicht gehabt zu haben als die geistlichen. Er bedeckte sein Gesicht mit den Händen und rief aus, die Götter selbst würden das ihnen zugefügte Unrecht rächen.

Die Christen zögerten nicht, von dieser stillschweigenden Einwilligung Gebrauch zu machen. Auf ein Zeichen ihres Befehlshabers stürmten fünfzig Soldaten die große Tempeltreppe hinauf, betraten oben das Gebäude, dessen Mauern schwarz von Menschenblut waren, rissen die riesigen hölzernen Idole von ihren Sockeln und schleiften sie bis an den Rand der Plattform. Die grotesken Gestalten und Grimassen der Götzenbilder, deren Symbolgehalt den Spaniern freilich unzugänglich war, erschienen ihren Augen nur als die scheußlichen Verkörperungen des Satans. Mit großer Behendigkeit rollten sie die riesigen Ungetüme die Stufen der Pyramide hinab, unter dem Jubelgeschrei ihrer Gefährten und dem Heulen und Wehklagen der Eingeborenen. Die Spanier vollendeten ihr Werk, indem sie die Abgötter in Gegenwart der versammelten Menge verbrannten.

Die Wirkung war die gleiche wie auf der Insel Cozumel. Als die Totonaken sahen, daß ihre Gottheiten die Entweihung ihrer Heiligtümer nicht zu verhüten oder auch nur zu bestrafen vermochten, achteten sie ihre Macht gering im Vergleich zu der jener geheimnisvollen und furchtbaren Fremden. Fußboden und Wände des Teocalli wurden nun auf Cortez' Befehl von ihren widerlichen Verunreinigungen befreit, von den indianischen Maurern frisch verputzt, und ein Altar, überragt von einem hohen Kreuz, wurde errichtet und mit Rosengewinden geschmückt. Dann fand ein feierlicher Umzug statt, bei dem einige der vornehmsten totonakischen Priester, nachdem sie ihre dunklen Überwürfe gegen weiße Gewänder vertauscht hatten, brennende Kerzen trugen, während ein Bild der Jungfrau, fast erdrückt unter der Last von Blumen, hinaufgetragen und, indem der Zug noch die Stufen des Tempels erstieg, über dem Altar angebracht wurde. Pater Olmedo las eine Messe, und die eindrucksvolle Zeremonie sowie die feurige Beredsamkeit des guten Priesters sprachen das Gefühl der buntgemischten Zuhörerschaft so sehr an, daß schließlich, wenn wir dem Chronisten glauben dürfen, Indianer wie Spanier bis zu Tränen und lautem Schluchzen gerührt waren.

Ein alter Soldat, Juan de Torres, durch körperliche Schwäche dienstuntauglich geworden, erklärte sich bereit, dort zu bleiben, über das Heiligtum zu wachen und die Eingeborenen im rechten Gottesdienst zu unterweisen. Dann umarmte Cortez seine totonakischen Verbündeten, nunmehr seine Glaubens- und Waffenbrüder, und begab sich nach Villa Rica zurück, wo er vor seinem Aufbruch nach der Hauptstadt noch einige Vorkehrungen zu treffen hatte.

Zu seiner Überraschung fand er im Hafen ein spanisches Schiff vor, das während seiner Abwesenheit angekommen war und zwölf Soldaten und zwei Pferde an Bord hatte. Es stand unter dem Befehl eines Hauptmanns Saucedo, eines Seeritters, der auf der Suche nach Abenteuern Cortez' Spur gefolgt war. Diese Leute waren eine zwar nur geringe, aber doch sehr willkommene Verstärkung für das kleine Heer. Durch sie erfuhren die Spanier, daß Velázquez, der Gouverneur von Kuba, unlängst von der spanischen Regierung die Vollmacht erhalten habe, eine Niederlassung in den jüngst entdeckten Ländern zu gründen.

Cortez beschloß nun, einen Plan zu verwirklichen, den er schon seit einiger Zeit erwogen hatte. Er wußte, daß alle Vorhaben seiner neugegründeten Niederlassung sowie seine eigene Autorität ohne die königliche Bestätigung hinfällig sein würden. Er wußte auch, daß Velázquez, der sehr angesehen bei Hofe war, alles daransetzen würde, ihn zu überlisten und zu vernichten, sobald ihm seine Abtrünnigkeit zu Ohren käme. Er entschloß sich, dem Gouverneur zuvorzukommen und ein Schiff nach Spanien zu entsenden mit einer Botschaft an den König selbst, worin er ihm über Art und Umfang seiner Entdeckungen berichten wollte, um, wenn möglich, die Bestätigung seines Vorgehens zu erlangen. Um seinen Gebieter versöhnlich zu stimmen, wollte er ihm außerdem ein Geschenk übersenden, das ihm einen hohen Begriff von der Wichtigkeit seiner eignen der Krone geleisteten Dienste beibringen sollte. Für diesen Zweck erschien ihm das königliche Fünftel unzureichend. Er verhandelte mit seinen Offizieren und überredete sie, auf ihren Anteil an dem Schatz zu verzichten. Auf seine Bitte stellten sie das gleiche Ansinnen an die Soldaten und erklärten ihnen, es sei der dringende Wunsch des Befehlshabers, der ihnen ja durch den Verzicht auf sein eigenes Fünftel, das dem Anteil der Krone gleichkomme, ein Beispiel gebe. Was vom einzelnen gefordert werde, sei nur wenig, aber das Ganze werde ein reiches Geschenk ausmachen, würdig des Herrschers, für den es bestimmt sei. Durch dieses Opfer dürften sie hoffen, für die Vergangenheit seine Nachsicht und seine Gunst für die Zukunft zu erwerben; ein vorläufiges Opfer, das sich durch die sichere Aussicht auf die Reichtümer, die ihrer in Mexiko warteten, wohl bezahlt machen würde. Darauf wurde ein Schriftstück bei den Soldaten in Umlauf gesetzt, das von allen unterzeichnet werden sollte, die geneigt waren, ihren Anteil aufzugeben. Kein einziger weigerte sich zu unterschreiben; und das zeugt wieder einmal von der außerordentlichen Gewalt, die Cortez über die habgierigen Gemüter erlangt hatte; gaben sie doch auf sein Verlangen eben die Schätze preis, die das große Ziel ihres gefährlichen Abenteuers gewesen waren.

Cortez begleitete dieses Geschenk mit einem Brief an den König, worin er über alles, was ihm seit seiner Abreise von Kuba begegnet war, ausführlich Rechenschaft ablegte: über seine verschiedenen Entdeckungen, die Kämpfe und den Handel mit den Eingeborenen, ihre Bekehrung zum Christentum, die ungewohnten Gefahren und Leiden; viele Einzelheiten über die von ihm besuchten Länder und — soweit sie ihm zugetragen worden waren — das große mexikanische Reich und seinen Gebieter. Er schilderte seine Schwierigkeiten mit dem Gouverneur von Kuba, die Gründung der neuen Niederlassung durch das Heer und bat den König, alle ihre Maßnahmen sowie seine eigene Autorität zu bestätigen; er sei überzeugt, daß es ihm mit Hilfe seiner tapferen Gefährten gelingen werde, die kastilische Krone in den Besitz des großen indianischen Reiches zu setzen. Dieses war der berühmte erste Brief.

Die Obrigkeit von Villa Rica verfaßte ein Schreiben des gleichen Inhalts und schilderte zum Schluß sehr eindringlich die schlechte Verwaltung Velázquez': bestechlich und erpresserisch, sei er nur auf den eigenen Vorteil bedacht und setze dabei sowohl die Interessen seines Landesherrn als auch die seiner eigenen Anhänger hintenan. Sie beschworen die Regierung, seine Einmischung in die Angelegenheiten der neuen Ansiedlung, der sie nur verderblich sein würde, nicht gutzuheißen, sondern das Unternehmen Hernando Cortez als dem Manne zu übertragen, der durch seine Erfahrung und sein Verhalten am besten dazu geeignet sei, es zu einem rühmlichen Ende zu bringen.

Zusammen mit diesem Brief ging noch ein andrer im Namen der Bürgersoldaten von Villa Rica ab, in dem sie den Majestäten den schuldigen Respekt darbrachten und sie baten, ihr ganzes Vorgehen, vor allem aber Cortez als ihren Anführer zu bestätigen.

Die Wahl der Überbringer dieser Botschaft war eine heikle Sache, da von dem Erfolg das künftige Schicksal der Niederlassung und ihres Befehlshabers abhängen konnte. Cortez betraute mit der Mission zwei Edelleute, auf die er sich verlassen konnte: Francisco de Montejo, Velázquez' ehemaligen Anhänger, und Alonso Hernández de Puertocarrero. Letzterer war ein naher Verwandter des Grafen Medellín, und man hoffte, seine hohen Verbindungen würden ihm einen günstigen Einfluß bei Hofe sichern.

Zugleich mit dem Schatz, der die Behauptung zu bekräftigen schien, daß ›das Land ebenso von Gold strotze wie das, aus dem Salomo dieses kostbare Metall für seinen Tempel bezog‹, wurden verschiedene indianische Handschriften nach Spanien geschickt. Einige bestanden aus Baumwolle, andere aus der mexikanischen Agavenfaser. Ihre unverständlichen Zeichen, sagt ein Chronist, erregten bei den Eroberern wenig Interesse. Als Zeugnisse geistiger Bildung waren sie indes für einen denkenden Verstand gewichtigere Gegenstände als jene prächtigen Gewebe, die nur die Kunstfertigkeit des Volkes bekundeten. Auch vier indianische Sklaven wurden als Probeexemplare der Eingeborenen mitgeschickt. Sie waren aus ihren Käfigen, wo man sie zur Opferung aufbewahrt hatte, befreit worden. Eins der besten Schiffe der Flotte wurde für die Reise ausersehen, mit fünfzehn Seeleuten bemannt und dem Lotsen Alaminos anvertraut. Er war angewiesen, seinen Weg durch die Bahamastraße, nördlich von Kuba oder Fernandina, wie es damals genannt wurde, zu nehmen und um keinen Preis jene Insel oder irgendeine andere im indianischen Meer zu berühren. Mit diesen Anweisungen fuhr das seetüchtige Schiff am 26. Juli ab, beladen mit den Schätzen und guten Wünschen der Gemeinde von Villa Rica de Vera Cruz.

Nach rascher Fahrt erreichten die Abgesandten die Insel Kuba und gingen, entgegen ihren Befehlen, vor Marien an der Nordküste der Insel vor Anker. Dies geschah Montejo zu Gefallen, der eine Pflanzung, die er in der Nähe besaß, besuchen wollte. Als sie sich auf der Höhe des Hafens befanden, begab sich ein Matrose an Land, ging quer über die Insel nach der Hauptstadt Santiago und verbreitete überall die Kunde von dem Unternehmen, bis sie Velázquez zu Ohren kam. Das war die erste Nachricht, die er von der Flotte seit ihrer Abfahrt erhalten hatte. Er entsandte sogleich zwei schnellsegelnde Fahrzeuge nach Marien, mit dem Befehl, das Aufrührerschiff festzuhalten oder, falls es sich schon entfernt habe, es zu verfolgen und einzuholen.

Aber ehe die Schiffe den Hafen erreichen konnten, war der Vogel schon ausgeflogen und weit draußen auf dem Atlantischen Ozean. Von dieser neuen Täuschung gekränkt, beschloß der Gouverneur, sich Genugtuung zu verschaffen, und machte gewaltige Anstrengungen, ein neues Geschwader auszurüsten, das dem seiner aufrührerischen Offiziere mehr als gewachsen sein sollte. Die Vorbereitungen waren so umfangreich, daß viele Monate damit hingingen.

Unterdessen segelte das kleine Fahrzeug rasch und unangefochten über das Meer, und nachdem es eine der Azoren berührt hatte, lief es im Oktober wohlbehalten in den Hafen von Sanlúcar ein.

Kurz nach der Abreise der Gesandten ereignete sich etwas sehr Unangenehmes. Einige Leute, aus irgendeinem Grunde mit Cortez' Verwaltung unzufrieden oder der bevorstehenden gewagten Unternehmung abgeneigt, faßten den Plan, sich eines der Schiffe zu bemächtigen, so schnell wie möglich nach Kuba zu segeln und den Gouverneur vom Schicksal der Flotte zu unterrichten. Doch wurde der Plan in letzter Stunde verraten. Der Befehlshaber ließ die Beteiligten verhaften und verurteilte sie zu den schwersten Strafen.

Nachdem in Villa Rica alle Vorkehrungen getroffen waren, sandte Cortez Alvarado mit einem großen Teil des Heeres nach Cempoala voraus, wohin er bald darauf mit den übrigen Leuten nachfolgte. Die letzte Verschwörung scheint tiefen Eindruck auf ihn gemacht zu haben. Sie zeigte ihm, daß es zaghafte Gemüter im Lager gab, auf die er sich nicht verlassen konnte und die, so fürchtete er, den Samen der Unzufriedenheit unter ihren Gefährten ausstreuen konnten. Selbst die Beherzteren konnten in Zukunft bei irgendeinem Anlaß zu Mißmut oder Enttäuschung in ihrem Entschluß wankend werden und, nachdem sie sich in Besitz der Schiffe gesetzt, das Unternehmen aufgeben. Der beste Weg zum Gelingen war, die Mittel zum Entkommen aus dem Wege zu räumen. Er kam zu dem verwegenen Entschluß, die Flotte ohne Wissen seines Heeres zu zerstören.

In Cempoala angekommen, teilte er wenigen treuen Anhängern seine Absicht mit, und diese stimmten ihm lebhaft zu. Hierauf befahl er, die Schiffe abzutakeln, Tauwerk, Segel, Eisen und alles, was beweglich war, an Land zu bringen und die Schiffe zu versenken. Nur ein kleines Fahrzeug blieb übrig. Dem Heer ließ er mitteilen, die Schiffe seien durch Stürme und Insektenfraß seeuntüchtig und somit völlig nutzlos geworden.

Als die Truppen in Cempoala diese Nachricht erhielten, verbreitete sich größte Bestürzung. Sie sahen sich durch einen einzigen Schlag von Freunden, Familie und Vaterland abgeschnitten. Die standhaftesten Herzen verzagten bei der Vorstellung, auf diese Weise an einer feindlichen Küste ausgesetzt zu sein, eine Handvoll Leute gegenüber einem gewaltigen Reich. Eine Ahnung der Wahrheit blitzte in ihnen auf. Sie fühlten sich verraten. Ein anfänglich leises Murren wurde lauter und lauter, und offene Empörung drohte. Ihr Befehlshaber, sagten sie, habe sie wie Vieh zur Schlachtbank getrieben. Die Sache sah höchst bedenklich aus. Nie war Cortez größerer Gefahr von seiten seiner Soldaten ausgesetzt.

Seine Geistesgegenwart ließ ihn in diesem entscheidenden Augenblick nicht im Stich. Er rief seine Leute zusammen, und eher in überredendem als gebietendem Ton versicherte er ihnen, eine Untersuchung der Schiffe habe ihre Unbrauchbarkeit erwiesen. Wenn sie auf seinen Befehl zerstört worden seien, so sollten sie auch bedenken, daß er selbst dabei das größte Opfer gebracht habe: denn sie seien sein Eigentum, ja alles, was er auf der Welt besessen. Die Truppen ihrerseits zögen großen Vorteil daraus, indem sie um hundert tüchtige Männer verstärkt würden, die bisher zur Bemannung der Schiffe erforderlich gewesen seien. Aber selbst wenn die Flotte gerettet worden wäre, hätte sie ihnen bei ihrer gegenwärtigen Unternehmung wenig genützt; denn wenn ihr Vorhaben gelänge, würden sie die Flotte nicht brauchen, und mißlänge es, würden sie sich zu tief im Landesinnern befinden, um sie nutzen zu können. Er bat sie eindringlich, ihren Gedanken eine andere Richtung zu geben. Auf Mittel und Wege zur Flucht zu sinnen sei tapferer Seelen unwürdig. Sie hätten nun einmal Hand an dieses Werk gelegt; im Vordringen rückwärts zu blicken würde ihr Verderben sein. Sie sollten nur ihr früheres Vertrauen zu sich selbst und ihrem Befehlshaber wiedergewinnen, und der Erfolg sei ihnen gewiß. »Was mich betrifft«, so schloß er seine Rede, »so habe ich mein Teil erwählt. Ich werde hier ausharren, solange auch nur einer bei mir bleibt. Sollten einige unter euch zu feige sein, um die Gefahren unseres ruhmvollen Unternehmens zu teilen, so mögen sie in Gottes Namen nach Hause gehen. Noch ist ein Schiff übrig; mögen sie es nehmen und nach Kuba zurückkehren. Sie können dort erzählen, wie sie ihren Befehlshaber und ihre Gefährten verlassen haben, und geduldig warten, bis wir, mit den Schätzen der Azteken beladen, heimkehren.«

Der kluge Redner hatte die rechte Saite im Herzen der Soldaten angeschlagen. Bei seinen Worten legte sich allmählich ihr Unmut. Die verblaßten Traumbilder von künftigem Reichtum und Ruhm schwebten, neubelebt durch seine Beredsamkeit, ihrer Einbildungskraft wieder vor. Nachdem der erste Schreck vorüber war, schämten sie sich ihres Mißtrauens. Die Begeisterung für ihren Anführer lebte wieder auf, denn sie fühlten, daß sie nur unter seinem Banner den Sieg erhoffen konnten; und laut taten sie den Umschwung ihrer Gefühle kund, indem sie die Luft von dem Ruf erdröhnen ließen: »Auf nach Mexiko! Auf nach Mexiko!«

MARSCH NACH MEXIKO

I

Der Befehlshaber traf nun Anstalten zu seinem baldigen Aufbruch aus der Hauptstadt der Totonaken. Die für die Unternehmung bestimmte Streitmacht belief sich auf ungefähr vierhundert Mann Fußvolk, fünfzehn Reiter und sieben Geschütze. Der Kazike von Cempoala stellte ihm außerdem dreizehnhundert indianische Krieger und tausend tamanes oder Träger zur Verfügung, um Geschütz und Bagage fortzuschaffen. Überdies nahm Cortez noch vierzig ihrer vornehmsten Männer als Geiseln mit, die ihm zugleich unterwegs als Führer und bei den fremden Stämmen, die er aufsuchen wollte, als Ratgeber dienen sollten. Den Rest seiner spanischen Streitmacht ließ er unter dem Befehl Juan de Escalantes, eines ihm treu ergebenen Offiziers, als Besatzung in Villa Rica de Vera Cruz zurück. Das kleine Heer nahm nun Abschied von seinen gastlichen indianischen Freunden und machte sich voll hoher Hoffnungen und stolzer Eroberungspläne auf den Weg nach Mexiko.

Es war am 16. August 1519. Den ersten Tag führte sie ihr Weg durch die Tierra caliente, das schöne Land, in dem tropische Blüten und Früchte das ganze Jahr ununterbrochen einander folgen, wo die Winde mit betäubendem Duft geschwängert sind, wo in den Hainen bunte Vögel flattern und Insekten schwärmen, deren schmelzbedeckte Flügel in der strahlenden Sonne der Wendekreise wie Juwelen funkeln.

Nachdem die Truppen auf Wegen, die durch die Sommerregen fast ungangbar geworden waren, etliche Meilen zurückgelegt hatten, begann der allmähliche Anstieg. Am Ende des zweiten Tages wurde die Steigung steiler, und eine großartige Aussicht tat sich auf. Rechts erhob sich die Sierra Madre, von ihrem dunklen Kieferngürtel umkränzt und den langen schattigen Hügelreihen, die sich in weite

Ferne erstreckten. Gegen Süden stand als glänzendes Gegenstück, in einsamer Größe aufgetürmt, der mächtige Orizaba, die ungeheure Geistererscheinung der Anden, mit seinem weißen, an den Seiten weit hinabwallendem Schneegewand. Hinter sich sahen sie zu ihren Füßen die prachtvolle Tierra caliente gebreitet, mit ihrem bunten Durcheinander von Wiesen, Wasserläufen und blühenden Wäldern, übertupft von schimmernden indianischen Dörfern; während ein blasser Lichtstreif am Horizont ihnen anzeigte, daß dort das Meer war und jenseits Familie und Vaterland, die viele von ihnen nie wiedersehen sollten.

Auf gewundenen Wegen, durch eine immer fremdere Landschaft, bei immer schrofferen Temperaturen, stiegen die Truppen bergan. Sie empfanden sehr bald einen höchst unangenehmen Klimawechsel. Kalte Winde von den Bergen, mit Regen und noch weiter oben mit Schneeschauern und Hagel vermischt, durchnäßten ihre Kleider und drangen ihnen bis auf die Haut. Die Spanier freilich, die großenteils von ihren Rüstungen und dicken, gepolsterten Baumwolljacken geschützt waren, konnten dem Wetter besser widerstehen, obwohl ihr langer Aufenthalt in den schwülen Niederungen sie sehr empfindlich gegen solche Unbilden gemacht hatte. Aber die armen Indianer aus der Tierra caliente waren dem rauhen Zugriff der Elemente fast schutzlos preisgegeben, und einige starben auf dem Weg.

Nach drei so angreifenden Tagereisen gelangte das erschöpfte Heer über einen Gebirgspaß, die Sierra del Agua, auf weites offenes Land mit mildem Klima, wie es den gemäßigten Breiten des südlichen Europa eigen ist. Sie hatten nun eine Höhe von mehr als siebentausend Fuß über dem Meeresspiegel erreicht, wo sich die große Fläche des Tafellandes über Hunderte von Meilen am Kamm der Kordilleren entlangbreitet. Das Land zeugte von sorgfältiger Kultivierung, aber die Erzeugnisse waren den Spaniern größtenteils unbekannt. Die Pflanzen der heißen und gemäßigten Zonen waren beim Aufstieg in die höheren Regionen eine nach der anderen verschwunden. Der ausdauernde Mais hingegen mit seinen goldenen Ernten gedieh in aller Pracht, das Haupterzeugnis sowohl der höheren wie der tiefer gelegenen Landstriche der Hochebene.

Plötzlich kamen die Truppen in die Nähe einer volkreichen Stadt, die ihnen bei ihrem Einzug, was Größe und Festigkeit der Gebäude anging, selbst Cempoala zu übertreffen schien. Die Häuser bestanden aus Stein und Mörtel; viele waren geräumig und ziemlich hoch.

Es gab dreizehn Teocallis am Ort, und am Stadtrand hatte man ein Gebäude gesehen, worin, nach Bernal Díaz, etwa hunderttausend Schädel von geopferten Menschen aufbewahrt wurden, alle sorgfältig aufgereiht und geschichtet. Den Spaniern sollte dieser schreckliche Anblick noch vertrauter werden, je näher sie der aztekischen Hauptstadt rückten.

Der Gebieter der Stadt herrschte über zwanzigtausend Untertanen. Er war Montezuma tributpflichtig, und eine starke mexikanische Besatzung lag im Ort. Der Kazike entwarf dem spanischen Befehlshaber in grellen Schilderungen ein Bild von der Macht und den unermeßlichen Hilfsquellen des mexikanischen Kaisers, seinem prunkvollen Hofstaat und den Siegestaten seiner gewaltigen Heere. Trotz dieser bedrohlichen Nachrichten festigte sich bei Cortez der Entschluß, das verzweifelte Abenteuer bis zum Ende zu bestehen.

In einer späteren Unterredung fragte Cortez den Häuptling, ob sein Land reich an Gold sei, und deutete den Wunsch an, etwas davon seinem Landesherrn als Probe mitzubringen. Aber der Indianer lehnte es ab und meinte, es könnte Montezuma mißfallen; so bestand Cortez nicht weiter darauf.

Der spanische Befehlshaber blieb vier oder fünf Tage in der Stadt, damit seine erschöpften und ausgehungerten Truppen wieder zu Kräften kommen konnten. Dann bestimmte er die weitere Marschroute. Die Eingeborenen dieser Gegend hatten ihm geraten, den Weg über die alte Stadt Cholula zu nehmen, deren Einwohner, Untertanen Montezumas, ein gutmütiger Menschenschlag seien, dem Handwerk und allerlei friedlichen Künsten ergeben, und ihn wahrscheinlich freundlich aufnehmen würden. Die Verbündeten in Cempoala hatten den Spaniern jedoch geraten, den Cholulteken, ›einem falschen und treulosen Volk‹, nicht zu trauen, sondern den Weg nach Tlaxcala einzuschlagen, jenem tapferen kleinen Freistaat, der so lange seine Unabhängigkeit gegen die Waffen Mexikos behauptet hatte. Das Volk sei ebenso offen wie furchtlos und aufrichtig in seinem Handeln.

Die Gründe seiner indianischen Verbündeten gewannen bei Cortez die Oberhand, und er beschloß, die Zuneigung der Tlaxcalteken durch eine Gesandtschaft zu gewinnen. Er erwählte dazu vier der vornehmsten Totonaken und übersandte durch sie ein kriegerisches Geschenk: eine Mütze aus karmesinrotem Tuch, dazu ein Schwert und eine Armbrust, Waffen, die, wie man bemerkt hatte, allgemeine

Bewunderung bei den Eingeborenen erregten. Er fügte einen Brief bei, worin er um die Erlaubnis bat, seinen Weg durch ihr Land nehmen zu dürfen. Zugleich drückte er den Tlaxcalteken seine Bewunderung für ihre Tapferkeit und ihren langen Widerstand gegen die Azteken aus, deren stolzes Reich er nun zu demütigen gedenke.

Nach der Abreise der Gesandten setzten die Spanier ihren Weg fort. Obgleich die Eingeborenen der Gegend ihnen freundlich gesinnt waren, marschierten sie doch stets wie in Feindesland, die Reiterei und die leichten Truppen an der Spitze, die Schwerbewaffneten und der Troß in der Nachhut, alle in strenger Schlachtordnung. Sie legten weder wachend noch schlafend die Rüstung ab und hatten die Waffen stets neben sich. Diese unausgesetzte, rastlose Wachsamkeit war vielleicht zermürbender als körperliche Anstrengung. Aber sie hatten Vertrauen zu ihrer Überlegenheit im offenen Felde und wußten, daß die größte Gefahr, die sie von der indianischen Kriegskunst zu befürchten hatten, die Überrumpelung war.

Mehrere Tage zögerten die Spanier auf dem Weg nach Tlaxcala, in der Hoffnung, eine Antwort von dem indianischen Freistaat zu erhalten. Das Ausbleiben der Abgesandten war ihnen unerklärlich und beunruhigte sie.

Als sie nun in eine rauher und schroffer anmutende Gegend vordrangen, wurden sie plötzlich von einer merkwürdigen Befestigung aufgehalten. Es war ein steinerner Wall von neun Fuß Höhe und zwanzig Fuß Tiefe, gekrönt von einer anderthalb Fuß breiten Brustwehr zum Schutze der Verteidiger. Er hatte nur in der Mitte eine Öffnung, aus zwei halbkreisförmigen Wallbogen gebildet, deren einer den anderen in einer Länge von vierzig Schritt umzirkte, mit einem zehn Schritt breiten Gang dazwischen, der wiederum durch den inneren Wall völlig beherrscht wurde. Diese Befestigung, die sich über mehr als sechs Meilen erstreckte, ruhte an ihren beiden Enden auf den von der Sierra gebildeten steil aufragenden natürlichen Stützpfeilern. Das Bauwerk bestand aus ungeheuren Steinblöcken, die ohne Mörtel sorgfältig aneinandergefügt waren.

Diese sonderbare Befestigung bezeichnete die Grenze von Tlaxcala und sollte, wie die Eingeborenen den Spaniern erklärten, als Schutzwehr gegen die Einfälle der Mexikaner dienen. Das Heer stand voller Staunen vor dieser Zyklopenmauer, die natürlicherweise Betrachtungen über die Stärke und die Hilfsquellen des Volkes auslöste, das sie errichtet hatte. Cortez aber setzte sich an die Spitze seiner

Reiterei, und mit dem Ruf: »Vorwärts, Soldaten, das heilige Kreuz ist unser Banner, und unter ihm werden wir siegen!« führte er sein kleines Heer durch den unverteidigten Durchgang, und nach wenigen Augenblicken betraten sie den Boden des Freistaates Tlaxcala.

2

Die Tlaxcalteken hatten von dem siegreichen Vormarsch der Christen erfahren, denn die Kunde hatte sich über die ganze Hochebene verbreitet. Aber sie schienen nicht erwartet zu haben, daß die Fremden sich ihren eigenen Grenzen nähern würden. Deshalb setzte die Gesandtschaft, die nun den Durchzug durch ihr Gebiet verlangte, sie in arge Verlegenheit. Man rief den Ältestenrat zusammen, und es ergaben sich unter den Beratenden beträchtliche Meinungsverschiedenheiten. Die Kriegspartei unter Xicotencatl dem Jüngeren, einem ungestümen jungen Feldherrn voll glühender Vaterlandsliebe, setzte ihre Ansicht durch, und man beschloß, die Spanier zu überfallen. Der listige Rat des Häuptlings fand Anklang bei den Zuhörern, obwohl er freilich weder dem Geist der Ritterlichkeit noch der Redlichkeit entsprang, für die seine Landsleute berühmt waren. Aber bei einem Indianer waren Stärke und List, Mut und Betrug im Kriege gleichermaßen zulässig, nicht anders als bei den Barbarenvölkern der Römerzeit. Die totonakischen Gesandten wollte man unter dem Vorwand zurückhalten, sie einem religiösen Opfer beiwohnen zu lassen.

Unterdessen war Cortez mit seiner tapferen Schar vor dem Felswall an der östlichen Grenze Tlaxcalas angekommen. Dieser war aus irgendeinem Grunde nicht bemannt, und die Spanier zogen, wie wir gesehen haben, in den Freistaat ein, ohne auf Widerstand zu stoßen. Cortez ritt an der Spitze seiner Reiterei, und nachdem er dem Fußvolk befohlen hatte, im Geschwindschritt nachzukommen, rückte er weiter vor, um die Gegend auszukundschaften.

Am nächsten Morgen — es war der 2. September — standen die Truppen bei Tagesanbruch unter Waffen. Von den Spaniern abgesehen, mochte sich die Anzahl der indianischen Hilfstruppen nunmehr auf dreitausend belaufen; denn Cortez hatte in den befreundeten Ortschaften auf seinem Wege Verstärkung gewonnen, in der letzten dreihundert Mann. Nachdem sie die Messe gehört hatten, setzten sie ihren Marsch fort.

Bald trat ihnen ein mächtiges Heer entgegen, das sich weit über die Ebene ausbreitete. Cortez' erstauntem Blick schien es etwa hunderttausend Mann stark; doch keine Quelle schätzt es auf weniger als dreißigtausend.

Es war ein verwirrendes Gewoge von Helmen, Waffen und bunten Federn, die hell in der Morgensonne glänzten; dazwischen Fahnen, unter denen eine alle anderen überragte, geschmückt mit dem Bild des Reihers auf einem Felsen. Dies war das wohlbekannte Zeichen des Hauses Titcala und bezeugte ebenso wie die weißen und gelben Streifen auf den Leibern und die gleichen Farben an den Federüberwürfen der Indianer, daß es die Krieger Xicotencatls waren.

Sobald die Tlaxcalteken die Spanier erblickten, erhoben sie ein gräßliches Kriegsgeschrei oder vielmehr Pfeifen, das schrill in den Ohren gellte und, begleitet von dem dumpfen Schlag ihrer Trommeln, die zwei bis drei Meilen weit zu hören waren, auch das festeste Herz mit Schrecken erfüllen mußte. Der furchtbare Schwarm stürmte auf die Christen ein, als wollte er sie schon allein durch seine Menge erdrücken. Aber die mutige Kriegerschar, dicht gereiht und von ihren starken Rüstungen geschützt, hielt dem Ansturm unerschüttert stand, während die feindlichen Massen, die sie rings umbrandeten, nur zu weichen schienen, um mit neuer und vermehrter Kraft zurückzukehren.

Die Reiterei schaffte bald Raum für den Einsatz der Geschütze. Die dichten Reihen der Gegner boten ein sicheres Ziel, und der Donner der Kanonen, die Schwaden von Feuer und Schwefeldampf ausspien, die Verwüstung ringsumher und die gräßlich verstümmelten Leichen der Getroffenen verbreiteten Bestürzung und Schrecken unter den Eingeborenen. Sie hatten keine Waffen, die sich mit diesen fürchterlichen Geräten messen konnten, und ihre plumpen Wurfgeschosse, von unsicheren Händen geschleudert, schienen wirkungslos von den gefeiten Häuptern der Christen abzuprallen.

Acht der vornehmsten Häuptlinge waren gefallen, und da Xicotencatl sich ganz außerstande sah, den Spaniern auf offenem Felde die Stirn zu bieten, befahl er den Rückzug. Weit entfernt von einer wirren Flucht in panischem Schrecken, die bei Wilden nicht selten ist, zog sich die tlaxcalekische Streitmacht mit der Ordnung eines gutgeschulten Heeres vom Kriegsschauplatz zurück. Und Cortez war von dem günstigen Ausgang zu befriedigt, um den Feind zu verfolgen. Es war eine Stunde vor Sonnenuntergang, und ihm lag viel daran, sich vor Einbruch der Nacht eine gute Stellung zu sichern, wo seine erschöpften Truppen sich erholen und die Nacht zubringen konnten.

Er ließ die Verwundeten aufheben und machte sich unverzüglich auf den Weg. Noch vor der Dämmerung erreichten sie eine felsige Anhöhe, den Tzompachtepetl oder ›Berg von Tzompach‹. Auf dem Gipfel stand eine Art Turm oder Tempel, dessen Überreste noch erhalten sind. Cortez' erste Sorge galt den Verwundeten, sowohl Menschen wie Pferden.

Über die Anzahl der Toten und Verletzten auf beiden Seiten gibt es nur sehr vage Vermutungen. Die Indianer müssen beträchtlich gelitten haben, aber weil sie ihre Toten vom Schlachtfeld fortzuschaffen pflegten, war es unmöglich, ihre Verluste genau zu bestimmen. Bei den Spaniern scheint es sich hauptsächlich um Verwundete gehandelt zu haben. Das große Ziel der Eingeborenen von Anahuac war nämlich, in ihren Schlachten Gefangene zu machen, um damit ihre Siegeszüge zu schmücken und sich mit Opfern zu versorgen. Diesem grausamen Götzendienst verdankten die Christen in nicht geringem Maße ihr Leben.

Einen so entschiedenen Widerstand hatte Cortez nirgends innerhalb der Grenzen Anahuacs gefunden; nirgends war er eingeborenen Truppen begegnet, die sich durch ihre Waffen, ihre Kriegszucht und ihren Mut so furchtbar hervortaten wie diese. Weit davon entfernt, wie andere Indianer abergläubische Furcht vor den fremdartigen Waffen und dem Anblick der Spanier an den Tag zu legen, waren die Tlaxcalteken kühn mit ihrem Feinde handgemein geworden und nur der unabweislichen Überlegenheit seiner Kriegskunst gewichen. Wie wichtig könnte das Bündnis mit einem solchen Volk im Kampf mit anderen indianischen Stämmen, zum Beispiel den Azteken, sein! Aber wie sollte Cortez solch ein Bündnis bewerkstelligen?

3

Am nächsten Tag war den Spaniern ungestörte Ruhe vergönnt, so daß sie nach den Anstrengungen und harten Kämpfen des Vortags ihre Kräfte wieder sammeln konnten. Als Cortez am nächstfolgenden Tag noch immer keine Nachricht von den Tlaxcalteken erhalten hatte, beschloß er, eine Gesandtschaft in ihr Lager zu schicken, die eine Waffenruhe vorschlagen und seine Absicht übermitteln sollte, sich als Freund nach ihrer Hauptstadt zu begeben. Er erwählte zu Überbringern dieser Botschaft zwei der vornehmsten Häuptlinge, Gefangene aus dem letzten Treffen.

Nach geraumer Zeit kehrten die beiden Abgesandten aus dem tlaxcaltekischen Lager zurück. Sie waren nach etwa sechs Meilen auf Xicotencatl gestoßen, der dort mit einer gewaltigen Kriegsmacht lagerte. Der Kazike hörte sie an der Spitze seiner Truppen an und erteilte ihnen folgende Antwort: Die Spanier sollten nur, sobald es ihnen beliebe, nach Tlaxcala ziehen; bei ihrer Ankunft werde ihnen das Fleisch vom Leibe gerissen und den Göttern als Opfer dargebracht werden. Sollten sie es aber vorziehen, in ihrem Lager zu bleiben, so werde er ihnen am nächsten Tag einen Besuch abstatten. Die Abgesandten fügten hinzu, der Häuptling habe eine ungeheure Streitmacht bei sich, fünf Schlachthaufen von je zehntausend Mann. Es sei die Blüte der Tlaxcalteken und Otomí, die sich auf Befehl des Ältestenrates unter den Fahnen ihrer jeweiligen Anführer gesammelt hätten, um die Geschicke ihres Landes in einer offenen Feldschlacht zu wenden und einen vernichtenden Schlag gegen die Angreifer zu führen.

Die kecke Herausforderung erschreckte die Spanier, da sie auf solche Hartnäckigkeit des Feindes nicht vorbereitet waren. Sie hatten schon hinreichende Beweise von seinem Mut und seiner furchtbaren Tapferkeit empfangen, und nun sollten sie in ihrem geschwächten Zustand einer noch schrecklicheren Übermacht entgegentreten. Fast alle im Heer beichteten in jener Nacht dem ehrwürdigen Pater Olmedo, der denn auch fast die ganze Nacht mit Sündenerlaß und anderen ernsten geistlichen Verrichtungen beschäftigt war. Mit den heiligen Sakramenten ausgerüstet, legte sich der katholische Krieger ruhig schlafen, auf jedes Schicksal gefaßt, das ihn unter dem Banner des Kreuzes treffen mochte.

Da eine Schlacht jetzt unvermeidlich war, beschloß Cortez, aufzubrechen und dem Feind entgegenzuziehen. Am nächsten Morgen, dem 5. September 1519, einem ereignisreichen Tag in der spanischen Eroberungsgeschichte, ging leuchtend die Sonne auf. Der Befehlshaber musterte sein Heer und gab ihm einige ermutigende Worte und Ratschläge mit auf den Weg. Das Fußvolk wies er an, sich mehr auf die Spitze als auf die Schneide seiner Schwerter zu verlassen und danach zu trachten, die Gegner zu durchbohren. Die Reiter sollten in kurzem Trabe angreifen und mit ihren Lanzen nach den Augen der

Indianer zielen. Geschütz, Hakenbüchsen- und Armbrustschützen aber sollten einander unterstützen, indem einige luden, während andere feuerten, damit die ganze Schlacht über ein pausenloses Feuer unterhalten werde. Vor allem aber sollten sie ihre Reihen fest geschlossen halten, da hiervon ihr Leben abhänge.

Sie waren noch keine Meile vorgerückt, als sie des tlaxcaltekischen Heeres ansichtig wurden. Dicht geschart dehnte es sich weit und breit über eine große Ebene oder Wiesenfläche von ungefähr sechs Quadratmeilen. Der Augenschein bestätigte, was die Gesandten über seine Zahl berichtet hatten. Es konnte nichts Malerischeres geben als den Anblick dieser indianischen Schlachthaufen mit den nackten, buntbemalten Leibern der gemeinen Soldaten, den phantastischen, von Gold und Edelsteinen funkelnden Helmen der Häuptlinge und ihren leuchtenden Überwürfen aus Federwerk. Unzählige Speere und Wurfspieße mit Spitzen aus durchscheinendem Itztli oder feuerfarbenem Kupfer funkelten hell in der Morgensonne, vergleichbar dem phosphorartigen Glitzern auf der Oberfläche eines unruhigen Meeres; während die Nachhut des mächtigen Schwarmes dunkel überschattet war von den Fahnen, die mit den Zeichen der großen Tlaxcalteken- und Otomihäuptlinge geschmückt waren. Der weiße Reiher auf dem Felsen, das Kennzeichen des Hauses Xicotencatl, fiel besonders ins Auge, und mehr noch der reich mit Smaragden und Silberarbeit verzierte goldene Adler mit ausgebreiteten Schwingen — nach Art eines römischen Feldzeichens —, die große Fahne des Freistaates Tlaxcala.

Die einfachen Krieger waren unbekleidet, von einer Binde um die Lenden abgesehen. Ihre Leiber waren in den Farben des jeweiligen Häuptlings bemalt, dessen Fahne sie folgten. Bei den Federwämsern der höheren Kriegerklassen fanden sich aus ebendem Grunde die gleichen Farbzusammenstellungen, so wie bei den schottischen Hochländern die Farben des Tartans den jeweiligen Clan anzeigen. Die Kaziken und vornehmsten Krieger waren mit einem durchgenähten, zwei Zoll dicken baumwollenen Waffenrock bekleidet, welcher dem Körper dicht anlag und auch die Oberschenkel und Schultern schützte. Darüber trugen die reicheren Indianer Panzer aus dünnen Gold- und Silberplatten. Ihre Füße steckten in ledernen, mit Gold besetzten Stiefeln oder Riemenschuhen. Aber das Glanzstück ihrer Kleidung war ein prächtiger Überwurf aus plumaje oder Federmosaik, kunstvoll gearbeitet und dem prunkvollen Wappenrock zu vergleichen, den der europäische Ritter im Mittelalter über seiner Rüstung trug. Diese anmutige und malerische Kleidung war gekrönt von einer wunderlichen Sturmhaube aus Holz oder Leder, die den Kopf eines wilden Tieres darstellte und oft eine furchtbare Reihe Zähne bleckte. Diese Hülle umschloß den Kopf des Kriegers und übte eine höchst groteske und gräßliche Wirkung aus. Von diesem Helm wallte eine prachtvoller Schweif aus den mannigfaltigsten bunten Federn der Tropenvögel herab, der durch Form und Farben Rang und Familie des Trägers bezeichnete. Zur Vervollständigung ihrer Schutzrüstung trugen sie noch Schilde oder Tartschen, mitunter aus Holz, mit Leder bezogen, häufiger aber aus einem leichten Rahmen von Rohr, mit Baumwolle gepolstert, die den ersteren, da sie fester und weniger zerbrechlich waren, vorgezogen wurden. Sie hatten auch andere Schilde, bei denen die Baumwolle mit einem elastischen Stoff überzogen war, so daß man sie zusammenschieben konnte wie einen Fächer oder Schirm. Die Schilde waren, je nach dem Geschmack oder Reichtum des Besitzers, prächtig verziert und mit Federfransen umrahmt.

Ihre Bewaffnung bestand aus Schleudern, Bogen und Pfeilen, Wurfspießen und Speeren. Sie waren vorzügliche Bogenschützen und konnten zwei oder gar drei Pfeile zugleich abschießen. Am meisten aber zeichneten sie sich im Schleudern des Wurfspießes aus. Eine bestimmte Art dieser Spieße mit einem daran befestigten Riemen, den der Krieger in der Hand behielt, um die Waffe zurückzuholen, war bei den Spaniern besonders gefürchtet. Diese verschiedenen Waffen hatten Spitzen aus Knochen oder aus itztli (Obsidian), dem schon erwähnten harten, glasartigen Gestein, das so scharf wie ein Barbiermesser geschliffen werden kann, aber auch leicht wieder stumpf wird. Ihre Speere und Pfeile hatten oft auch kupferne Spitzen. Statt eines Schwertes trugen sie eine Art Zweihänder, einen Stab von ungefähr dreieinhalb Fuß Länge, in den in regelmäßigen Abständen kreuzweise scharfe Klingen aus itztli eingelassen waren — eine furchtbare Waffe, die, wie uns ein Augenzeuge versichert, ein Pferd mit einem einzigen Schlag niederstrecken konnte.

So war die Ausrüstung des tlaxcaltekischen Kriegers beschaffen, und das gleiche galt für die ganze große Völkerfamilie, welche die Hochebene von Anahuac bewohnte. Einige Stücke dieser Ausrüstung, wie die Tartsche und der baumwollene Panzer oder escaupil, wie er auf kastilisch hieß, waren so vortrefflich, daß sie von den Spaniern alsbald übernommen wurden, da sie als Schutz ebenso wirksam wie ihre eigenen und dabei viel leichter und handlicher waren. Sie waren fest genug, einen Pfeil oder den Stoß eines Wurfspießes abzuhalten, wenn auch unwirksam als Schutz gegen Feuerwaffen. Doch kann man wohl ohne Übertreibung sagen, daß die Waffen des indianischen Kriegers an Handlickeit, Eleganz und Stärke denen der Kulturvölker des Altertums kaum nachstanden.

Sobald die Tlaxcalteken die Spanier erblickten, erhoben sie ihr herausforderndes Kampfgeschrei, das die wilde, barbarische Musik der Schneckenhörner, Trommeln und Trompeten noch weit übertönte, womit sie schon im voraus ihren Sieg über die armseligen Steitkräfte der Eindringlinge jauchzend verkündeten. Als die letzten Spanier in Bogenschußweite herangekommen waren, empfingen die Indianer sie mit einem Hagel von Wurfgeschossen, der wie eine vorüberziehende Wolke einen Augenblick die Sonne verfinsterte und den Boden ringsumher mit Haufen von Steinen und Pfeilen übersäte. Langsam und stetig setzte die kleine Schar ihren Marsch inmitten des Pfeilregens fort, bis sie so nah herangekommen war, wie es für den Einsatz der Feuerwaffen angemessen schien. Dann machte Cortez halt, formierte rasch seine Truppen und eröffnete ein wohlgezieltes Feuer auf der ganzen Linie. Jeder Schuß brachte seine Todesbotschaft, und die Reihen der Indianer wurden schneller niedergemäht, als ihre Gefährten in der Nachhut die Leichen, dem Brauch gemäß, vom Schlachtfeld entfernen konnten. Die Kugeln, die durch die dichten Reihen fegten, die Waffen zersplitterten und die Glieder zerfetzten, verbreiteten Zerstörung und Verwüstung auf ihrem Wege. Die wilden Haufen standen versteinert vor Schreck, bis sie endlich, durch ihre unerträglichen Leiden zur Raserei gebracht, alle zugleich ihr gräßliches Kriegsgekreisch erhoben und mit Ungestüm auf die Christen eindrangen.

Sie stürzten heran wie eine Lawine oder ein brausender Wildbach, die feste Erde erschütternd und jedes Hindernis auf ihrem Wege mit sich fortreißend. Das kleine spanische Heer bot der überwältigenden Masse kühn die Stirn, doch begannen seine Reihen zu wanken, und einen Augenblick schien es, als sei alles verloren.

Nur die Verzweiflung gab dem Arm übernatürliche Kraft. Die nackten Leiber der Indianer boten dem scharfen Toledostahl keinen Widerstand, und mit seinen guten Schwertern gelang es dem spanischen Fußvolk schließlich, dem Menschenstrom Einhalt zu gebieten. Aus einiger Entfernung donnerte das schwere Geschütz gegen die

Flanke der Angreifer, die, von dem eisernen Sturmwind erschüttert, in Unordnung gerieten. Gerade ihre Überzahl vermehrte die Verwirrung, da die Hinteren über die Vorderen stürzten. Die im selben Augenblick unter Cortez tapfer angreifende Reiterei nahm ihren Vorteil wahr und zwang endlich die tobende Menge, jäher und ungeordneter zurückzuweichen, als sie vorgerückt war.

Mehr als einmal im Verlauf der Schlacht wurde ein ähnlicher Angriff von den Tlaxcalteken versucht. Aber zum Glück für die Spanier brach Uneinigkeit unter den Feinden aus. Ein tlaxcaltekischer Häuptling, der einen der großen Heerhaufen anführte, hatte sich durch das hochmütige Benehmen Xicotencatls beleidigt gefühlt, der ihm schlechte Führung oder Feigheit bei der letzten Schlacht vorgeworfen hatte. Der gekränkte Kazike forderte seinen Rivalen zu einem Zweikampf heraus; dieser fand nicht statt. Aber von Rachegelüsten glühend, nahm er die günstige Gelegenheit wahr, sie zu befriedigen, indem er seine Streitmacht, die sich auf zehntausend Mann belief, vom Schlachtfeld zurückzog. Auch überredete er einen anderen Heerführer, seinem Beispiel zu folgen.

Auf diese Weise ungefähr der Hälfte seiner Krieger beraubt und überdies durch die Verluste des Tages sehr geschwächt, konnte Xicotencatl sich nicht länger gegen die Spanier behaupten. Nachdem er ihnen mit bewundernswürdigem Mut vier Stunden lang das Feld streitig gemacht hatte, zog er sich zurück und überließ es dem Feinde. Die Spanier waren zu ermattet und zu viele durch ihre Wunden kampfunfähig gemacht, als daß sie den Gegner hätten verfolgen können, und Cortez, zufrieden mit dem entscheidenden Sieg, den er errungen, kehrte frohlockend zu seiner Stellung auf dem Berg von Tzompach zurück.

Die Zahl der Toten in seinen eigenen Reihen war gering, trotz der schweren Verluste, die er dem Feind beigebracht hatte. Er war sorgsam darauf bedacht, die wenigen Gefallenen an einem Ort zu begraben, wo sie nicht entdeckt werden konnten, da ihm daran lag, nicht nur die Zahl der Toten zu verheimlichen, sondern auch die Tatsache, daß die Weißen überhaupt sterblich waren. Aber sehr viele seiner Leute waren verwundet, und überdies sämtliche Pferde.

Da Cortez die Gelegenheit für günstig hielt, schickte er nach diesem bedeutsamen Sieg eine neue Gesandtschaft nach der tlaxcaltekischen Hauptstadt, mit einer Botschaft ähnlichen Inhalts, wie er sie kurz zuvor ins feindliche Lager geschickt hatte. Aber der Ältestenrat war noch nicht genug gedemütigt. Die letzte Niederlage erregte freilich allgemeine Bestürzung; doch setzte sich die Kriegspartei wiederum durch, deren Erbitterung durch diese Schlappe eher gesteigert als vermindert war. Ihre Feindseligkeit wurde durch den jüngeren Xicotencatl noch geschürt, der nur darauf brannte, seine Schmach wettzumachen und den Flecken zu tilgen, der zum ersten Mal auf die Waffen des Freistaats gefallen war.

In ihrer Verwirrung riefen sie den Beistand der Priester an, zu deren Autorität die amerikanischen Häuptlinge bei ihren Beratungen häufig ihre Zuflucht nahmen. Sie fragten in ihrer Einfalt diese Schicksalsdeuter, ob die Fremden übernatürliche Wesen oder wie sie selbst Menschen von Fleisch und Blut seien. Nach einiger Überlegung sollen die Priester die sonderbare Antwort gegeben haben, die Spanier seien zwar keine Götter, aber Kinder der Sonne; sie hätten ihre Stärke von diesem leuchtenden Himmelskörper, und wenn dessen Strahlen erloschen wären, so sei auch ihre Kraft geschwunden. Sie empfahlen daher einen nächtlichen Angriff, obwohl ein solcher den Kriegsbräuchen, ja man kann sogar sagen, den allgemeinen Gesetzen Anahuacs zuwiderlief. Daraufhin wurde der tlaxcaltekische Feldherr ermächtigt, an der Spitze eines Heerhaufens von zehntausend Mann die Wirkung eines nächtlichen Angriffs auf das christliche Lager zu erproben.

Die Sache wurde mit solcher Heimlichkeit betrieben, daß die Spanier nichts davon erfuhren. Aber ihr Befehlshaber war nicht der Mann, der sich, ob wachend oder schlafend, auf seinem Posten überraschen ließ. Glücklicherweise war die ausersehene Nacht von den vollen Strahlen des Herbstmondes erleuchtet, und in seinem Schein bemerkte einer der Spähposten in beträchtlicher Entfernung eine große Menge Indianer, die sich auf die christlichen Linien zubewegten. Er alarmierte schleunigst das ganze Heer.

Die Spanier schliefen, wie schon erwähnt, mit den Waffen neben sich, während ihre Pferde fertig gesattelt, die Zügel überm Sattelbug, ganz in ihrer Nähe angepflockt waren. In fünf Minuten stand das ganze Lager unter Waffen.

Langsam und heimlich rückten die Indianer vor, während das christliche Lager in tiefe Stille getaucht war und in Schlaf begraben schien. Aber kaum waren sie an den Fuß des Berges gelangt, als sie von dem lauten Schlachtruf der Spanier und gleich darauf vom Erscheinen des ganzen Heeres überrascht wurden, das aus den Befestigungen hervordrang und die Hänge des Berges hinunterstürmte. Ihre Waffen schwingend, erschienen sie der erregten Phantasie der Tlaxcalteken wie lauter Gespenster oder Dämonen, die in der Luft hin und her schwirrten, während das ungewisse Licht ihre Zahl zu vergrößern schien und Pferd und Reiter riesenhafte und übernatürliche Ausmaße verlieh.

Kaum den Ausfall des Feindes abwartend, schossen die von panischem Schrecken ergriffenen Indianer nur eine schwache Ladung Pfeile ab und leisteten keinen weiteren Widerstand, sondern flohen in wilder Hast über die Ebene. Die Reiterei holte die Flüchtigen leicht ein, ritt sie über den Haufen und hieb sie erbarmungslos nieder, bis Cortez, des Gemetzels müde, seine Leute von dem mit blutigen Siegeszeichen bedeckten Schlachtfeld zurückrief.

Am nächsten Tag schickte der spanische Befehlshaber, diplomatisch wie immer nach einem so entscheidenden Sieg, eine neue Abordnung in die tlaxcaltekische Hauptstadt. Durch seine getreue Dolmetscherin Marina teilte Cortez den Inhalt seiner Botschaft den tlaxcaltekischen Gesandten mit. Er versicherte sie aufs neue seiner Freundschaft und versprach, alle vergangene Unbill zu vergessen; falls sie dieses Anerbieten jedoch zurückweisen sollten, werde er als Eroberer in ihre Hauptstadt einziehen, jedes Haus dem Erdboden gleichmachen und jeden Einwohner über die Klinge springen lassen. Hierauf entließ er die Abordnung mit zwei symbolischen Gaben: einem Brief in der einen Hand und einem Pfeil in der anderen.

Die Gesandten fanden beim Ältestenrat von Tlaxcala, der durch die neuen Mißgeschicke in große Bestürzung versetzt war, ein respektvolles Ohr. Das Mißlingen des nächtlichen Angriffs hatte jeden Hoffnungsfunken in ihnen ausgelöscht; es blieb ihnen nichts anderes übrig, als sich zu unterwerfen. Sie wählten vier vornehme Kaziken, die sie mit einer Botschaft an das christliche Lager betrauten. Sie sollten den Fremden freien Durchzug durch das Land und eine freundliche Aufnahme in der Hauptstadt zusichern. Die von den Spaniern angebotene Freundschaft wurde unter vielen unbeholfenen Entschuldigungen wegen des Vergangenen bereitwillig angenommen. Die Abgesandten sollten auf ihrem Wege im tlaxcaltekischen Lager vorsprechen und Xicotencatl von ihrem Vorhaben unterrichten. Sie sollten ihn zugleich auffordern, sich aller weiterer Feindseligkeiten zu enthalten und die weißen Männer reichlich mit Lebensmitteln zu versorgen.

Als die Gesandten im Lager dieses Häuptlings anlangten, fanden sie ihn jedoch nicht gesonnen, den Anweisungen Folge zu leisten. Er sah in den Fremden nicht übernatürliche Wesen, sondern Menschen gleich ihm. Die kriegerische Erbitterung war durch die Demütigungen, die er durch sie erlitten, in tödlichen Haß ausgeartet, und sein Kopf war voll von Plänen, seine verlorene Ehre wiederzugewinnen und an den Eindringlingen Rache zu nehmen. Er weigerte sich, auch nur einen Teil der immer noch gewaltigen Streitmacht, die er befehligte, aufzulösen oder Nahrung ins feindliche Lager zu senden. Außerdem überredete er die Gesandten, in seinem Lager zu bleiben und ihren Besuch bei den Spaniern aufzugeben. So erfuhren diese gar nichts von dem, was man in der tlaxcaltekischen Hauptstadt zu ihren Gunsten beschlossen hatte.

4

Da Cortez den Schrecken vor dem kastilischen Namen lebendig erhalten wollte, indem er dem Feind keine Ruhe ließ, setzte er noch am selben Tage, da er die Gesandtschaft nach Tlaxcala geschickt hatte, seinen Marsch fort. Bald darauf wurde er durch einen kleinen Trupp Tlaxcalteken überrascht, die mit Zeichen geschmückt waren, deren weiße Farbe auf Frieden deutete. Sie brachten eine Menge Lebensmittel und einige geringfügige Schmuckgegenstände, die, wie sie sagten, der tlaxcaltekische Feldherr sende, da er des Krieges müde sei und eine Beilegung des Streites wünsche. Er werde sich bald persönlich einfinden, um sich mit den Spaniern zu verständigen. Diese Nachricht verbreitete allgemeine Freude, und die Gesandten wurden freundlich aufgenommen.

Es vergingen ein oder zwei Tage, und während einige Tlaxcalteken das spanische Lager wieder verließen, erregten die anderen, etwa fünfzig an der Zahl, die zurückblieben, ein gewisses Mißtrauen im Herzen Marinas. Sie argwöhnte, daß es Kundschafter seien, und teilte Cortez ihre Vermutung mit. Er ließ daraufhin mehrere von ihnen festnehmen, verhörte sie einzeln und erfuhr, sie seien von Xicotencatl angewiesen, ihn vom Zustand des christlichen Lagers zu unterrichten; denn er plane einen Angriff, zu welchem er seine Streitkräfte bereits zusammenziehe. Überzeugt von der Wahrheit dieser Angabe, beschloß Cortez, an den Missetätern ein Exempel zu statuieren, das den Feind von jedem weiteren derartigen Versuch abschrekken sollte. Er ließ den Kundschaftern die Hände abhauen, und in diesem Zustand schickte er sie mit der Botschaft zu ihren Landsleuten zurück, die Tlaxcalteken sollten nur kommen, bei Tage oder bei Nacht; sie würden die Spanier zu ihrem Empfang gerüstet finden.

Der traurige Anblick ihrer so verstümmelt zurückkehrenden Gefährten erfüllte das indianische Lager mit Schrecken und Bestürzung. Der Stolz ihres Anführers war gedemütigt; von diesem Augenblick an verlor er die gewohnte Zuversicht und sein Selbstvertrauen. Seine Krieger, von abergläubischer Furcht ergriffen, weigerten sich, länger gegen einen Feind zu kämpfen, der ihre geheimen Gedanken lesen und ihre Pläne erraten konnte, noch ehe sie zur Ausführung reif waren.

Da an weiteren Widerstand nicht zu denken war, erlaubte man nun den vier Abgesandten des tlaxcaltekischen Freistaates, ihren Auftrag auszuführen. Ihnen folgte alsbald Xicotencatl selbst, von einem stattlichen Kriegergefolge begleitet. Als sie sich den spanischen Linien näherten, konnte man sie leicht an dem Weiß und Gelb ihrer Kleidung, den Farben des Hauses Titcala, erkennen.

Die Spanier starrten neugierig den tapferen Häuptling an, der seine Feinde so lange in Schach gehalten hatte und nun mit dem festen, furchtlosen Schritt eines Mannes nahte, der eher Trotz zu bieten als um Frieden zu bitten schien. Er war von etwas mehr als mittlerer Größe, hatte breite Schultern und eine muskulöse Gestalt, die auf Tätigkeit und Kraft deutete. Sein Kopf war groß, und seinem Gesicht waren nicht die Spuren des Alters — denn er zählte erst fünfunddreißig Jahre —, sondern eines harten Kriegerlebens eingeprägt. Als er vor Cortez trat, begrüßte er ihn nach der Landessitte, indem er den Boden mit der Hand berührte und diese dann zum Kopf erhob, während aus den Räuchergefäßen, die seine Sklaven trugen, süße Weihrauchwolken von wohlriechenden Harzen emporquollen.

Weit entfernt von jedem kleinmütigen Versuch, die Schuld auf den Ältestenrat abzuwälzen, übernahm er selbst die ganze Verantwortung für alle kriegerischen Auseinandersetzungen. Er habe die weißen Männer als Feinde angesehen, sagte er, weil sie mit den Verbündeten und Vasallen Montezumas gekommen seien. Er liebe sein Vaterland und wolle ihm die Unabhängigkeit bewahren, die es während seiner langen Kriege mit den Azteken behauptet habe. Er sei geschlagen worden. Vermutlich seien sie die Fremden, die, wie es lange prophezeit war, von Osten kommen und das Land in Besitz nehmen sollten. Er hoffe, sie würden von ihrem Sieg maßvollen Gebrauch machen und nicht die Rechte des Freistaats mit Füßen treten. Er komme jetzt im Namen seines Volkes, sich den Spaniern zu unterwerfen, und versichere ihnen, seine Landsleute würden sich als ebenso redlich im Frieden erweisen, wie sie im Kriege standhaft gewesen.

Cortez war voller Bewunderung für den hohen Sinn, der es für unter seiner Würde hielt, sich dem Mißgeschick zu beugen. Er sei bereit, sagte er, das Vergangene zu vergessen und zu begraben und die Tlaxcalteken als Vasallen seines Landesherrn willkommen zu heißen. Erwiesen sie sich als treu, so würden sie an ihm eine verläßliche Stütze finden; täuschten sie ihn aber, dann werde er ebendie Rache an ihnen nehmen, die ihrer Hauptstadt zugedacht gewesen wäre, wenn sie sich nicht unterworfen hätten. Diese Drohung verfehlte nicht ihre Wirkung auf den Häuptling, an den sie gerichtet war.

Der Kazike befahl nun seinen Sklaven, einige geringfügige Gaben aus Gold und Federmosaik herbeizubringen, die er den Spaniern als Geschenk zugedacht hatte. Sie seien von geringem Wert, sagte er lächelnd; denn die Tlaxcalteken seien arm. Sie hätten wenig Gold und nicht einmal Baumwolle und Salz; der aztekische Kaiser habe ihnen nichts als ihre Freiheit und ihre Waffen gelassen. Er bringe ihnen das Geschenk nur als ein Zeichen seiner freundlichen Gesinnung dar. »Als ein solches ist es mir willkommen«, erwiderte Cortez, »und da es von den Tlaxcalteken kommt, ist es mir mehr wert als aus einer anderen Hand ein ganzes Haus voller Gold« — eine ebenso kluge wie edelmütige Antwort; denn mit Hilfe ebendieser Bundesgenossenschaft sollte er sich später das Gold Mexikos erwerben. So endete der blutige Krieg mit dem wilden Freistaat Tlaxcala, nachdem das Schicksal der Spanier mehr als einmal an einem Faden gehangen hatte.

Während die Tlaxcalteken sich noch im Lager aufhielten, wurde eine Gesandtschaft von Montezuma gemeldet. Die Kunde von den Siegestaten der Spanier hatte sich weithin über die Hochebe verbreitet. Besonders der Kaiser hatte jeden ihrer Schritte sorgfältig verfolgt, wie sie die steilen Hänge der Kordilleren emporklommen und dann auf der Höhe über das weite Tafelland hinzogen. Seine abergläubische Furcht kehrte in ihrer ganzen Stärke zurück. Er sah in den Spaniern ›die Männer des Schicksals‹, die ihm sein Zepter rauben sollten. In seiner Besorgnis und Ungewißheit schickte er die neue Gesandtschaft ins christliche Lager, fünf vornehme Edelleute seines Hofes, die von zweihundert Sklaven begleitet waren. Wie gewöhnlich überbrachten sie ein Geschenk, weil es die Furcht und die ihm eigene Freigebigkeit so geboten. Es bestand aus dreitausend Unzen Gold, in Körnern oder zu verschiedenen Gegenständen verarbeitet, mehreren hundert Überwürfen und anderen Kleidungsstücken aus bestickter Baumwolle und dem malerischen Federmosaik. Als sie Cortez die Gaben zu Füßen legten, erklärten sie ihm, sie seien gekommen, um ihm die Glückwünsche ihres Herrn zu den letzten Siegen der weißen Männer zu überbringen. Der Kaiser bedauere nur, daß es nicht in seiner Macht stehe, sie in seiner Hauptstadt zu empfangen, wo die große Bevölkerung so unbändig sei, daß ihre Sicherheit dadurch gefährdet werde. Diese Andeutung hatte bei den Spaniern wenig Gewicht; und da die Gesandten sahen, daß ihre kindische Warnung erfolglos blieb, nahmen sie zu einem andern Mittel ihre Zuflucht und boten im Namen ihres Gebieters eine bestimmte jährliche Abgabe für den kastilischen Herrscher an, vorausgesetzt, daß die Spanier von ihrem Besuch in der Hauptstadt absehen wollten.

Cortez führte dagegen die Befehle seines eigenen Landesherrn ins Feld, die es ihm nicht erlaubten, Montezumas Wünschen nachzukommen; er versicherte die Gesandten zugleich seiner hohen Achtung vor dem aztekischen Fürsten und erklärte, er habe zwar jetzt nicht die Mittel, ihm seine Freigebigkeit nach Wunsch zu vergelten; doch hoffe er, sich ihm dereinst durch gute Taten dankbar zu erzeigen.

Zwei der aztekischen Gesandten kehrten nach Mexiko zurück, um ihren Herrscher über den Stand der Dinge im spanischen Lager zu unterrichten. Die übrigen blieben beim Heer, da Cortez daran lag, daß sie selbst miterlebten, welche Ehrerbietung ihm von den Tlaxcalteken erwiesen wurde. Diese drängten ihn, seinen Marsch nach Tlaxcala zu beschleunigen, und stellten ihm fünfhundert tamanes oder Lastträger zur Verfügung, um sein Geschütz zu ziehen. Es war unmöglich, den Aufbruch länger zu verzögern, und nach einer Messe und einem feierlichen Dankgebet zum Allmächtigen, der ihren Waffen den Sieg verliehen hatte, nahmen die Spanier Abschied von ihrem Lager auf dem Berg von Tzompach, das sie fast drei Wochen lang innegehabt hatten.

Die Stadt Tlaxcala, Hauptstadt des Freistaates gleichen Namens, war ungefähr achtzehn Meilen vom spanischen Lager entfernt und eine der bedeutendsten und volkreichsten Städte auf dem Tafelland. Der Weg dahin führte durch eine hügelige Gegend, in der jedes bestellbare Stückchen Land von sorgfältiger Kultivierung zeugte. Sie zogen durch einige ansehnliche Städte, wo sie in reichem Maße indianische Gastfreundschaft erfuhren. Überall, wie in Cempoala, von der neugierigen Bevölkerung des Landes bewillkommnet, zogen sie unter dem Jubel der Einwohner in die alte Hauptstadt Tlaxcala ein. Die Azoteas oder flachen Dächer waren mit Zuschauern besetzt, die Häuser mit Blumen, Kränzen und Girlanden zum Empfang geschmückt. Vor der Wohnung Xicotencatls, des bejahrten Vaters des tlaxcaltekischen Feldherrn, stieg Cortez vom Pferde, um die Umarmung des alten Häuptlings zu empfangen. Dieser war fast blind, und seine natürliche Neugier nach dem Aussehen des spanischen Befehlshabers befriedigte er, so gut er konnte, indem er ihm mit der Hand übers Gesicht strich. Dann ging er voraus in eine geräumige Halle seines Palastes, wo ein Gastmahl für das Heer bereitet war. Abends wurde ihnen ihr Quartier in den Gebäuden und offenen Höfen angewiesen, die einen der Hauptteocallis umgaben; die mexikanischen Gesandten wurden auf Cortez' Wunsch in seiner unmittelbaren Nähe untergebracht, damit er in der Hauptstadt ihrer Feinde besser für ihre Sicherheit sorgen könnte.

Die Häuser waren größtenteils aus Lehm gebaut, die besseren aus Stein und Mörtel oder an der Sonne getrockneten Ziegeln. Sie hatten weder Türen noch Fenster, doch hingen in den Türöffnungen Matten, die mit Kupfer- oder anderen Metallstücken gesäumt waren, so daß sich jeder Eintretende durch ein helles Klingen ankündigte. Die Straßen waren eng und finster. Die Einwohnerschaft muß beträchtlich groß gewesen sein, wenn, wie Cortez versichert, an öffentlichen Markttagen oft dreißigtausend Menschen auf dem Marktplatz versammelt waren. Diese Zusammenkünfte waren eine Art Messe; sie wurden gewöhnlich in den großen Städten alle fünf Tage abgehalten und von den Bewohnern der Umgebung besucht, die dann die verschiedensten heimischen Produkte und gewerblichen Erzeugnisse dorthin zum Verkauf brachten. Besonders zeichneten sie sich durch ihre Töpferwaren aus, die den besten europäischen gleichgeachtet wurden. Als weitere Zeugnisse gesitteter Gewohnheiten galten den Spaniern Barbierläden sowie Dampf- und Heißwasserbäder, deren sich die Einwohner zu bedienen pflegten. Vor allem aber konnte man in einer wachsamen Polizei, die jede Unordnung im Volk zügelte, den Beweis hoher Gesittung sehen.

Die Spanier überließen sich einige Tage lang den Festlichkeiten und wurden reihum an den gastlichen Tafeln der vier großen Häuptlinge in den verschiedenen durch hohe Grenzmauern voneinander getrennten Stadtvierteln bewirtet. Doch auch inmitten dieser Freundschaftsbekundungen ließ der Befehlshaber keinen Augenblick von der gewohnten Wachsamkeit und strengen Manneszucht im Lager ab; auch war er sorgsam auf die Sicherheit der Bürger bedacht und verbot jedem Soldaten bei strenger Strafe, sein Quartier ohne ausdrückliche Erlaubnis zu verlassen.

Nachdem er sich von der Treue seiner neuen Verbündeten überzeugt hatte, beschloß er zunächst, eines der großen Ziele seiner Unternehmung zu verfolgen — ihre Bekehrung zum Christentum. Auf Anraten Pater Olmedos, der stets gegen übereilte Maßnahmen war, hatte er das aufgeschoben, bis sich eine günstige Gelegenheit dazu bieten würde. Diese ergab sich nun, als die Häuptlinge des Freistaats vorschlugen, das Bündnis mit den Spaniern durch Verheiratung ihrer Töchter mit Cortez und seinen Offizieren enger zu knüpfen. Er erklärte ihnen, das sei unmöglich, solange sie in der Finsternis des Unglaubens verharrten. Hierauf setzte er ihnen mit Hilfe des guten Mönchs, so gut er konnte, die Glaubenslehren auseinander und zeigte ihnen das Bild der Jungfrau mit dem Kinde. Allein durch die Anbetung dieses Gottes, sagte er, würden sie ihr Heil finden, während ihre eigenen falschen Götter sie in ewiges Verderben stürzen würden. Als er geendet hatte, erwiderten sie, sie zweifelten nicht daran, daß der Gott der Christen ein guter und großer Gott sei, und gern wollten sie ihm einen Platz unter den Gottheiten Tlaxcalas einräumen. Die polytheistische Religion der Indianer war, wie die der alten Griechen, so weitherziger Art, daß sie in ihrem geräumigen Schoß sehr wohl die Gottheiten irgendeiner anderen Religion aufnehmen konnte, ohne sich Zwang anzutun. Aber jedes Volk, fuhren sie fort, müsse seine eigenen, ihm angemessenen Schutzgottheiten haben. Auch könnten sie in ihrem Alter nicht denen den Dienst versagen, die von ihrer Jugend an über sie gewacht hätten. Sie würden damit die Rache ihrer Götter und ihres eigenen Volkes heraufbeschwören, das ebenso leidenschaftlich an seiner Religion wie an seiner Freiheit hänge und beide bis zum letzten Blutstropfen verteidigen würde.

Offensichtlich war es nicht ratsam, die Sache jetzt weiterzutreiben. Aber Cortez' Eifer, der wie gewöhnlich durch Widerstand hitziger wurde, war zu sehr angefacht, um Hindernisse zu berücksichtigen. Sein geistlicher Ratgeber sah voraus, welche Wendung die Dinge vermutlich nehmen würden, und legte sich mit besserer Einsicht ins Mittel. Er sagte, es gelüste ihn durchaus nicht, dieselben Auftritte wie in Cempoala zu erleben. Er liebe keine erzwungenen Bekehrungen, die schwerlich von Dauer sein könnten. Es sei besser, geduldig die Wirkung der Zeit abzuwarten und durch Unterweisung das Herz zu besänftigen und den Verstand zu öffnen; nur das biete die Gewähr für eine aufrichtige und dauerhafte Bekehrung. Durch diese vernünftigen Ansichten ließ sich Cortez von seinem ursprünglichen Vorsatz abbringen und willigte darein, den Bekehrungsversuch für jetzt aufzugeben und eine Wiederholung jener Auftritte zu vermeiden, die bei dem so verschiedenen Volkscharakter ganz andere Folgen hätten nach sich ziehen können als auf der Insel Cozumel und in Cempoala.

Aber obwohl Cortez das Feld der Bekehrung für diesmal aufgab, zwang er doch die Tlaxcalteken, die Fesseln der Unglücklichen, die zu Opfern bestimmt waren, zu lösen; ein Akt der Menschlichkeit, dessen Erfolg leider nicht von Dauer war, denn nach seinem Aufbruch wurden die Gefängnisse mit neuen Schlachtopfern gefüllt.

Auch erlangte Cortez für die Spanier die Erlaubnis, ihren eigenen Gottesdienst ungestört abzuhalten. Auf einem der großen Höfe oder Plätze wurde ein hohes Kreuz errichtet. Jeden Tag wurde in Gegenwart des Heeres und vieler Eingeborenen die Messe zelebriert, und wenn letztere auch nicht den vollen Sinn erfaßten, so war es doch eine Erbauung für sie, und sie lernten die Religion der Sieger achten.

Nachdem der Grundsatz der Duldsamkeit in religiösen Dingen aufgestellt war, erklärte sich der spanische Befehlshaber bereit, die Töchter der Kaziken bei sich aufzunehmen. Fünf oder sechs der schönsten indianischen Mädchen wurden für seine vornehmsten Offiziere bestimmt, nachdem sie durch das Wasser der Taufe von den Flecken des Unglaubens gereinigt worden waren. Sie erhielten, wie es bei solchen Gelegenheiten gebräuchlich war, gut kastilische Namen statt der barbarischen Bezeichnungen ihrer Muttersprache. Unter ihnen war Xicotencatls Tochter, Doña Luisa, wie sie nach ihrer Taufe hieß, eine Prinzessin, die hohes Ansehen in Tlaxcala genoß. Der Vater gab sie Alvarado, und ihre Nachkommenschaft verband sich durch Heirat mit den vornehmsten Familien Kastiliens. Die freimütige und heitere Art dieses Ritters machte ihn bei den Tlaxcalteken sehr beliebt, und sein klares, offenes Gesicht, seine helle Haut und die goldenen Locken verschafften ihm den Namen Tonatiuh, ›Sonne‹. Die Indianer überließen sich gern ihrer Phantasie, wenn sie den Spaniern irgendwelche beziehungsreichen Beinamen verliehen. Da Cortez bei öffentlichen Gelegenheiten stets von Doña Marina, oder Malintzin, wie die Eingeborenen sie nannten, begleitet war, bezeichneten sie ihn mit demselben Namen.

Unterdessen erschien eine neue Gesandtschaft vom mexikanischen Hof. Sie überbrachte wie gewöhnlich kostbare Geschenke aus getriebenem Goldblech und kunstvoll gearbeitete Stoffe aus Baumwolle und Federmosaik. Die Worte der Botschaft hätten vielleicht auf eine schwankende und zaghafte Gemütsart des Monarchen schließen lassen, wenn nicht eine tiefere Absicht darunter verborgen gewesen wäre. Er lud die Spanier jetzt in seine Hauptstadt ein und versprach ihnen freundliche Aufnahme. Er beschwor sie aber, sich nicht auf ein Bündnis mit den verächtlichen, ungesitteten Tlaxcalteken einzulassen, und forderte sie auf, den Weg über die freundliche Stadt Cholula zu nehmen, wo seinem Befehl gemäß Vorbereitungen zu ihrem Empfang getroffen wären.

Die Tlaxcalteken begegneten dieser Einladung an den Befehlshaber mit großem Mißtrauen. Ihre Berichte bestätigten vollauf, was er schon früher von der Macht und dem Ehrgeiz Montezumas erfahren hatte. Seine Heere, sagten sie, hätten sich in allen Teilen des Festlandes eingenistet. Seine Hauptstadt sei stark befestigt, und da durch ihre Insellage jede Verbindung mit dem benachbarten Lande leicht abgeschnitten werden könne, würden die Spanier, wenn sie einmal in die Falle gegangen wären, ihm ausgeliefert sein. Seine Politik, erklärten sie, sei ebenso ränkevoll wie sein Ehrgeiz grenzenlos. ›Traue nicht seinen schönen Worten‹, sagten sie, ›seinen Höflichkeiten und Geschenken. Seine Beteuerungen sind hohl, und seine Freundschaft ist falsch.‹

Auch rieten sie dem Befehlshaber dringend davon ab, den Weg über Cholula einzuschlagen. Die Einwohner seien zwar nicht tapfer auf dem Schlachtfeld, aber desto gefährlicher durch ihre Falschheit und List. Sie seien die Werkzeuge Montezumas und handelten ganz nach seinen Befehlen. Cortez ließ sogleich eine Aufforderung an die Stadt ergehen, sie solle sich den Spaniern in aller Form unterwerfen.

Unter den verschiedenen Gesandtschaften, die dem spanischen Befehlshaber während seines Aufenthalts in Tlaxcala einen Besuch abstatteten, kam auch eine von Ixtlilxochitl — dem Sohne des großen Nezahualpilli —, der sich, wie wir schon in einem früheren Teil unserer Erzählung erwähnten, gegen seinen älteren Bruder erfolglos um die Krone von Texcoco beworben hatte. Obgleich seine Pläne fehlgeschlagen waren, hatte er doch einen Teil des Königreichs erhalten, über den er nun herrschte, erfüllt von tödlicher Feindschaft gegen seinen Nebenbuhler und gegen Montezuma, der jenen unterstützt hatte. Er bot jetzt Cortez seine Dienste an, verlangte aber dafür, daß er ihm zum Thron seiner Vorfahren verhelfe. Der kluge Befehlshaber gab dem ehrgeizigen jungen Prinzen eine Antwort, die seine Hoffnungen beleben und ihn zugleich an seine eigenen Interessen binden mußte. Es lag ihm daran, zur Stärkung seiner Sache jedes Fünkchen Unzufriedenheit, das im Lande schwelte, für sich zu nutzen.

Es währte nicht lange, so erschienen Abgesandte aus Cholula mit überschwenglichen Versicherungen ihrer Zuneigung und einer Einladung an die Spanier, sich in ihre Hauptstadt zu begeben. Die Boten waren von weitaus niedererem Rang, als es sonst bei derartigen Gesandtschaften üblich war. Hierauf machten die Tlaxcalteken aufmerksam, und Cortez sah darin eine neue Kränkung. Er sandte ihnen eine abermalige Aufforderung und erklärte, wenn sie ihm nicht augenblicklich ihre vornehmsten Männer als Abgeordnete schickten, so werde er sie als Aufrührer gegen seinen eigenen Herrn, den rechtmäßigen Gebieter dieser Länder, behandeln. Diese Drohung hatte den gewünschten Erfolg. Die Cholulteken waren, wenigstens fürs erste, nicht geneigt, seine stolzen Ansprüche zu bestreiten. Im Lager erschien eine neue aus den vornehmsten Edelleuten bestehende Gesandtschaft, welche die Spanier wiederum in ihre Hauptstadt einlud und ihre Säumigkeit damit entschuldigte, daß sie in der Hauptstadt ihrer Feinde für ihre eigene Sicherheit gefürchtet hätten. Die Erklärung war einleuchtend, und Cortez ließ sie gelten.

Die Tlaxcalteken waren jetzt mehr denn je gegen den beabsichtigten Besuch. Sie hatten sich Gewißheit darüber verschafft, daß eine starke aztekische Streitmacht in der Nähe von Cholula liege und die

Bewohner eifrig damit beschäftigt seien, Vorbereitungen zur Verteidigung der Stadt zu treffen. Sie argwöhnten einen von Montezuma ersonnenen hinterlistigen Plan zur Vernichtung der Spanier.

Diese Einflüsterungen beunruhigten Cortez zwar, aber sie brachten ihn nicht von seinem Vorhaben ab. Nach einer kurzen Beratung mit seinen Offizieren beschloß er, den Marsch nach Cholula anzutreten.

Es waren nun drei Wochen vergangen, seitdem die Spanier ihr Quartier innerhalb der gastlichen Mauern Tlaxcalas aufgeschlagen, und fast sechs Wochen, seitdem sie die Grenzen des Freistaates überschritten hatten. Auf der Schwelle war man ihnen mit der entschiedensten Feindschaft entgegengetreten. Jetzt aber schieden sie von demselben Volk als von Freunden und Verbündeten, treuen Freunden, die ihnen während ihres ganzen beschwerlichen Kampfes zur Seite stehen sollten. Das Ergebnis ihres Besuchs in Tlaxcala war daher von höchster Bedeutung; denn von der Mitwirkung der tapferen, kriegerischen Freistaatbewohner hing weitgehend der Erfolg des ganzen Unternehmens ab.

6

Die alte Stadt Cholula, Hauptstadt des Freistaates gleichen Namens, lag etwa achtzehn Meilen südlich von Tlaxcala und ungefähr sechzig Meilen östlich oder vielmehr südöstlich von Mexiko. Sie soll nach Cortez' Angabe aus zwanzigtausend Häusern innerhalb ihrer Ringmauern und ebenso vielen außerhalb derselben bestanden haben und war ohne Zweifel zur Zeit der Eroberung eine der größten und blühendsten Städte Neuspaniens. Von den frühen Stämmen gegründet, die sich vor den Azteken über das Land ausgebreitet hatten, war sie der große Stapelplatz für den Handel des Tafellandes. Der wahrscheinlich republikanisch regierte Staat hatte seine Unabhängigkeit von Mexiko sehr lange behaupten können, ehe er unter aztekische Botmäßigkeit geriet. Die Bewohner waren allen Völkern Anahuacs an Bildung und Kunstfertigkeit aller Art überlegen, aber die Beschäftigung mit den Künsten eines verfeinerten, friedlichen Gemeinwesens machte sie dem Kriege abgeneigt, und so galten sie bei den rauhen Tlaxcalteken als verweichlichte Rasse, die sich weniger durch Mut als durch List und Verschlagenheit auszeichnete. Ihre Hauptstadt, berühmt durch Alter und hohe Kultur, war noch ehrwürdiger durch die religiöse Überlieferung, die sich an sie knüpfte. Hier war es, wo der Gott Quetzalcoatl auf seinem Zug nach der Küste haltmachte und zwanzig Jahre verweilte, um die toltekischen Bewohner in den Künsten höherer Gesittung zu unterweisen. Er machte sie mit besseren Regierungsformen bekannt sowie mit einer stärker vergeistigten Religion, bei der die Opfer nur aus den Früchten und Blumen der Jahreszeit bestanden.

Dieser wohltätigen Gottheit zu Ehren hatte man den gewaltigen Hügel aufgeworfen, den der Reisende noch jetzt als das riesenhafteste Bauwerk Neuspaniens bestaunt. Die Zeit seiner Errichtung ist unbekannt; denn die Azteken fanden ihn schon vor, als sie in das Tafelland kamen. Er hatte die bei den mexikanischen Teocallis gebräuchliche Form einer abgestumpften Pyramide, die mit ihren vier Seiten den vier Himmelsrichtungen zugewandt und in ebenso viele Stufen unterteilt war. Ihre Höhe betrug 177 Fuß, und die Länge jeder der vier Seiten übertraf am Boden die der Cheopspyramide in Ägypten um das Doppelte.

Auf dem Gipfel stand ein prachtvoller Tempel, in dem sich die Bildsäule des geheimnisvollen Gottes der Winde befand, mit ebenholzfarbenem Antlitz, abweichend von der hellen Gesichtsfarbe, die er auf Erden hatte, einem von Quetzalfedern gekrönten Kopfputz, einem funkelnden Goldreif um den Hals, Gehängen aus Türkismosaik in den Ohren, einem mit Edelsteinen besetzten Zepter in der einen Hand und einem merkwürdig bemalten Schild, dem Sinnbild seiner Herrschaft über die Winde, in der andern. Der Tempel war das religiöse Zentrum des ganzen Landes, und von den fernsten Stätten Anahuacs kamen Pilger herbei, um ihre Andacht im Heiligtum Quetzalcoatls zu verrichten. Cholula war für sie, was Mekka für die Mohammedaner oder Jerusalem für die Christenheit ist; es war die Heilige Stadt von Anahuac.

Die religiösen Riten wurden jedoch nicht in dem ursprünglich von der Schutzgottheit vorgeschriebenen reinen Geiste vollzogen. Ihre Altäre wurden ebenso wie die der zahlreichen aztekischen Götter mit Blut befleckt, und sechstausend Menschenopfer sollen jährlich an den blutigen Heiligtümern gefallen sein. Diese große Zahl kann nach der Angabe von Cortez geschätzt werden, daß er vierhundert Türme in der Stadt gezählt habe; und doch hatte kein Tempel mehr als zwei und viele nur einen Turm. Hoch über die anderen Tempel erhob sich die große Pyramide von Cholula, deren nie verlöschende Flammen ihren Schein weit und breit über die Hauptstadt sandten und den Völkern verkündeten, daß dort der geheimnisvolle Gottesdienst — doch ach, wie entstellt durch Grausamkeit und Aberglauben! — zu Ehren der guten Gottheit stattfinde, die eines Tages zurückkehren und ihre Herrschaft über das Land wieder übernehmen werde.

Es ist jedoch Zeit, daß wir uns wieder nach Tlaxcala wenden. An dem dafür bestimmten Morgen trat das spanische Heer seinen Marsch nach Mexiko an und schlug zunächst den Weg nach Cholula ein. Eine Menge Bürger folgten ihm, erfüllt von Bewunderung für die unerschrockenen Männer, die, so gering an Zahl, es wagen wollten, dem großen Montezuma in seiner Hauptstadt Trotz zu bieten. Dennoch erbot sich eine ungeheure Schar tlaxcaltekischer Krieger, die Gefahren des Unternehmens zu teilen; aber Cortez, wiewohl er ihnen seine Dankbarkeit für ihre gute Absicht bekundete, wählte doch nur sechstausend Freiwillige zu seiner Begleitung aus.

Nachdem das Heer eine rauhe und gebirgige Gegend durchquert hatte, kam es auf die weite Ebene, die sich meilenweit rings um Cholula ausbreitet. In einer Höhe von mehr als sechstausend Fuß über dem Meeresspiegel erblickten sie dicht nebeneinander die reichen Gaben der verschiedensten Himmelsstriche: hohe Maisfelder, die saftige Aloe, den aztekischen Pfeffer, chili, und große Kaktuspflanzungen, die der leuchtenden Koschenille Nahrung bieten. Kein Stückchen unbebauten Landes gab es, und der Boden war — ein seltener Fall auf dem Tafelland — durch zahllose Wasserläufe und Gräben bewässert und von Wäldern gut überschattet. Gegen Abend gelangten die Spanier an einen kleinen Fluß, an dessen Ufern Cortez sein Nachtquartier aufzuschlagen beschloß, weil er die Ruhe der Stadt nicht zu so später Stunde durch den Einzug einer großen Streitmacht stören wollte.

Hier stellten sich bald einige cholultekische Kaziken in ihrem Gefolge ein, um die Fremden zu sehen und zu bewillkommnen. Als sie jedoch ihre tlaxcaltekischen Feinde im Lager erblickten, bekundeten sie ihr Mißfallen und ihre Sorge, daß deren Anwesenheit in der Stadt einen Aufruhr veranlassen könnte. Der Einspruch erschien Cortez berechtigt; deshalb befahl er seinen Verbündeten, in ihrem jetzigen Lager zu bleiben und sich ihm erst, wenn er die Stadt verlassen, auf dem Wege nach Mexiko wieder anzuschließen.

Am nächsten Morgen hielt er an der Spitze des Heeres seinen Einzug in Cholula, nur von den Indianern aus Cempoala und einer Handvoll tlaxcaltekischer Lastträger begleitet. Als die Truppen sich der Stadt näherten, war der Weg dicht gesäumt von Menschen jeden Alters und Geschlechts, die alle begierig waren, einen Blick auf die Fremden zu werfen. Die Spanier ihrerseits waren voller Verwunderung beim Anblick der Cholulteken, die in ihrer Kleidung und Erscheinung die Völker, die sie bisher gesehen, weit übertrafen. Bei der Kleidung der höheren Stände fielen ihnen vor allem die kunstvoll gestickten Überwürfe ins Auge. Die Cholulteken zeigten denselben feinen Sinn für Blumen wie die anderen Stämme der Hochebene; sie schmückten sich selbst damit und warfen Gewinde und Sträuße unter die Soldaten. Zahllose Priester hatten sich unter die Menge gemischt und schwangen ihre duftenden Räuchergefäße, während die Klänge der verschiedensten Instrumente die Ankömmlinge lebhaft willkommen hießen. Auch waren die Spanier überrascht von der Reinlichkeit der Stadt, der Breite und Regelmäßigkeit der Straßen, die nach einem wohldurchdachten Plan angelegt schienen, von der Festigkeit der Häuser und der Anzahl und Größe der Tempelpyramiden. In einem der Tempelhöfe und den ihn umgebenden Gebäuden wurden sie untergebracht.

Die vornehmsten Männer der Stadt stellten sich bald bei ihnen ein und schienen eifrig bemüht, ihnen jede Bequemlichkeit zu verschaffen. Ihre Tafel wurde reich besetzt, und man erwies ihnen so viel Gastfreundschaft, daß ihr Argwohn sich zerstreute und sie das Mißtrauen ihrer tlaxcaltekischen Freunde dem Vorurteil und alteingewurzelter Völkerfeindschaft zuschrieben.

Nach einigen Tagen bekamen die Dinge ein anderes Ansehen. Abgesandte von Montezuma trafen ein, die sich, nachdem sie Cortez kurz und unfreundlich zu verstehen gegeben hatten, daß sein bevorstehender Besuch ihrem Herrn viel Unruhe bereite, gesondert mit den mexikanischen Botschaftern besprachen, die sich noch im kastilischen Lager aufhielten, und dann einen von diesen bei ihrem Fortgehen mitnahmen. Nun trat im Benehmen der cholutekischen Gastgeber eine sichtbare Veränderung ein. Sie machten ihnen keine Besuche mehr wie vorher, und wenn sie dazu eingeladen wurden, schützten sie Krankheit vor. Die Versorgung mit Lebensmitteln wurde unter dem Vorwand eingeschränkt, der Mais sei knapp. Diese Zeichen der Entfremdung erregten, von den augenblicklichen Beschwernissen abgesehen, bei Cortez ernste Befürchtungen für die Zukunft. Seine Sorgen wurden nicht gelinder, als die Totonaken ihm berichteten, sie hätten beim Durchstreifen der Stadt mehrere Straßen verbarrikadiert gefunden; die Azoteas oder flachen Dächer der Häuser seien mit ungeheuren Steinen und anderen Wurfgeschossen beladen, als wenn man einen Angriff vorbereite, und an einigen Stellen hätten sie mit Zweigen überdeckte und mit senkrechten Pfählen gespickte Gruben gesehen, die offenbar die Bewegung der Reiterei behindern sollten. Auch brachten ihm einige aus ihrem Lager hereingekommene Tlaxcalteken die Kunde, in einem entlegenen Stadtteil sei ein großes Opfer, vor allem aus Kindern bestehend, dargebracht worden, offensichtlich um die Gunst der Götter für ein beabsichtigtes Unternehmen zu gewinnen. Sie fügten hinzu, daß sie gesehen hätten, wie zahlreiche Bürger die Stadt mit Weibern und Kindern verließen, als wollten sie diese in Sicherheit bringen. Die Nachrichten bestätigten Cortez' ärgste Vermutungen, und er zweifelte nicht mehr, daß ein feindlicher Anschlag vorbereitet wurde.

Durch die Umsicht der sprachkundigen Marina und die Bestechlichkeit zweier cholultekischer Priester erhielt er genaue Nachricht von der Verschwörung, die vom aztekischen Kaiser ausging. Dieser hatte abermals die Orakel befragt und den Untergang der weißen Männer in Cholula als prophetische Antwort erhalten. Die Spanier sollten bei ihrem Abmarsch aus der Hauptstadt in den Straßen überfallen, vernichtet und eine große Zahl von Gefangenen zur Opferung nach Montezumas Hauptstadt gebracht werden. Cortez beschloß, durch einen furchtbaren Schlag den Indianern zuvorzukommen, und teilte dies seinen versammelten Offizieren mit. Dann ließ er die aztekischen Gesandten vor sich laden und eröffnete ihnen seine Kenntnis des verräterischen Plans, dessen Urheber Montezuma sei. Es schmerze ihn sehr, fügte er hinzu, den Kaiser in ein so ruchloses Komplott verstrickt zu sehen, wodurch die Spanier gezwungen seien, als Feind gegen den Fürsten zu marschieren, den sie als Freunde zu besuchen gehofft hatten. Die Gesandten dagegen behaupteten ihre völlige Unkenntnis der Verschwörung, beteuerten auch Montezumas Unschuld und suchten das Verbrechen allein den Cholulteken zur Last zu legen. Da Cortez aus Klugheit das gute Einvernehmen mit dem Kaiser so lange wie möglich aufrechterhalten wollte, stellte er sich so, als schenke er den Erklärungen der Gesandten Glauben, und versicherte ihnen, er wolle wegen der doppelzüngigen Falschheit der Cholulteken und ihrer beleidigenden Verleumdung Montezumas blutige Rache an ihnen nehmen. Hierauf entließ er die Abgesandten, hielt sie aber, um nichts durchsickern zu lassen, unter strenger Aufsicht.

Die Nacht war höchst beunruhigend für das kleine Heer. Alle Sicherheitsmaßregeln gegen einen Angriff wurden getroffen; kein Mann schlief, die Schildwachen wurden verstärkt, die Kanonen postiert und die Pferde gesattelt. Aber die Indianer beabsichtigten keinen Angriff. Nichts störte die Stille der in Schlaf versunkenen Stadt, und man vernahm nur die heiseren Laute der Priester von den Teocallis herab, wenn sie durch ihre Trompeten die Nachtwachen verkündeten.

7

Beim ersten Morgenstrahl sah man Cortez zu Pferde, die Bewegungen seiner kleinen Schar leitend. Er stellte seine Streitmacht auf dem großen Platz oder Hof auf, der zum Teil, wie oben erwähnt, von Gebäuden, zum Teil von einer hohen Mauer umgeben war. An jedem der drei Eingangstore postierte er eine starke Wache. Dem Rest seiner Truppen, mit den großen Kanonen, wies er einen Platz außerhalb der Ringmauer an, und zwar so, daß sie die Zugänge beherrschten und die drinnen bei ihrem blutigen Vorhaben vor Störungen schützen konnten. Am Vorabend waren Befehle an die tlaxcaltekischen Häuptlinge ergangen, sich auf ein verabredetes Zeichen zum Einrükken in die Hauptstadt und zur Vereinigung mit den Spaniern bereitzuhalten.

Kaum waren die Vorbereitungen beendet, als die cholultekischen Kaziken erschienen, die ein noch größeres Aufgebot von tamanes herbeiführten, als verlangt worden war. Man ließ sie sogleich auf den Platz marschieren, den, wie wir gesehen haben, das unter den Mauern aufgestellte spanische Fußvolk beherrschte. Hierauf nahm Cortez einige der Kaziken beiseite. Mit strenger Miene klagte er sie unumwunden der Verschwörung an und offenbarte ihnen, daß er von allen Einzelheiten genau unterrichtet sei. Er habe, sagte er, auf Einladung ihres Kaisers ihre Stadt besucht, und zwar als Freund, habe die Einwohner und ihr Eigentum verschont und, um jedes Ärgernis zu vermeiden, einen großen Teil seiner Streitmacht außerhalb der Mauern zurückgelassen. Sie hätten ihn mit dem Anschein von Wohlwollen und Gastfreundschaft empfangen, und indem er sich auf diese verlassen, sei er in die Falle gelockt worden und sehe nun, daß dieses Wohlwollen nur eine Maske gewesen sei, um darunter den schwärzesten Verrat zu verbergen.

Die Cholulteken waren bei dieser Anschuldigung wie vom Donner gerührt. Unbeschreibliche Furcht befiel sie, als sie die geheimnisvollen Fremdlinge anstarrten und sich Wesen gegenüber fühlten, welche die Macht zu haben schienen, die kaum in ihrer Brust entstandenen Gedanken zu lesen. Vor solchen Richtern konnte weder Ausflucht noch Leugnen nützen. Sie gestanden alles und suchten sich zu entschuldigen, indem sie die Schuld auf Montezuma abwälzten. Cortez gab sich nun den Anschein noch größerer Entrüstung und erklärte, er werde jetzt an ihnen für ihren Verrat ein so eindrucksvolles Exempel statuieren, daß die Kunde davon an den fernen Grenzen Anahuacs widerhallen sollte.

Hierauf wurde das verhängnisvolle Zeichen durch Abfeuern einer Hakenbüchse gegeben. Augenblicklich war jede Flinte und jede Armbrust auf die unglücklichen Cholulteken im Hofe gerichtet, und eine fürchterliche Salve traf sie, wie sie da, gleich einem Rudel Rotwild, zusammengedrängt in der Mitte standen. Sie wurden überrumpelt, denn sie hatten das vorangegangene Gespräch mit den Häuptlingen nicht gehört. Sie leisteten den Spaniern kaum Widerstand, die nach dem Abfeuern ihrer Gewehre mit den Schwertern auf sie losstürzten, und da die halbnackten Körper der Eingeborenen ihnen schutzlos preisgegeben waren, wurden sie so leicht niedergehauen, wie der Schnitter zur Erntezeit das reife Korn hinstreckt. Einige suchten die Mauern zu erklimmen, boten aber dadurch den Büchsen- und Bogenschützen nur ein desto sichereres Ziel. Andere warfen sich auf die Torwege, wurden aber dort von den langen Piken der Wachsoldaten in Empfang genommen. Einige wenige hatten mehr Glück, indem sie sich unter den Haufen der Erschlagenen verbargen, mit denen der Boden bald bedeckt war.

Während dieses Mordgeschäft vor sich ging, hatten die vom Toben des Gemetzels herbeigezogenen Landsleute der erschlagenen Indianer von außen einen furchtbaren Sturm gegen die Spanier eröffnet. Aber Cortez hatte sein schweres Geschütz so aufgestellt, daß es die Zugänge bestrich und die Reihen der anrückenden Angreifer hinwegraffte. In den Ladezeiten drängte er die anrückenden Haufen durch Reiterangriffe zurück. Die Streitrosse, die Kanonen, die Waffen der Spanier waren den Cholulteken etwas ganz Neues. Aber trotz der Neuheit des schrecklichen Schauspiels, der Blitze der Feuerwaffen und des betäubenden Krachens der Geschütze, deren Donner von den Gebäuden widerhallte, drängten die verzweifelten Indianer vorwärts, um die Plätze ihrer gefallenen Gefährten einzunehmen.

Während der wilde Kampf tobte, waren die Tlaxcalteken auf das verabredete Zeichen im Geschwindschritt nach der Stadt geeilt. Auf Cortez' Befehl hatten sie sich Schilfkränze um den Kopf gewunden, um sich dadurch sicherer von den Cholulteken zu unterscheiden. Gerade im heißesten Augenblick des Gefechts angelangt, fielen sie über die schutzlose Nachhut der Stadtbewohner her, die nun, auf der einen Seite von den Hufen der kastilischen Reiterei zerstampft, auf der anderen von ihren rachsüchtigen Feinden in die Enge getrieben, nicht länger standhalten konnten. Sie wichen zurück; einige suchten Schutz in den nächstliegenden Gebäuden, die freilich, da sie zum Teil aus Holz errichtet waren, alsbald in Brand gesteckt wurden. Andere flohen in die Tempel. Ein großer Trupp, von einer Anzahl Priester geführt, setzte sich in Besitz des großen Teocalli. Nach alter Überlieferung glaubte man, bei Abtragung eines Teils der Mauern werde der Gott eine Überschwemmung senden, um seine Feinde zu überwältigen. Mit großer Mühe gelang es den abergläubischen Cholulteken, einige Steine aus den Mauern des Gebäudes zu reißen. Aber nur Staub rieselte, kein Wasser. Ihre falschen Götter ließen sie in der Stunde der Not im Stich.

Nun war in der schönen Stadt, die noch eben in Sicherheit und Frieden geruht hatte, alles in Aufruhr und Verwirrung. Das Stöhnen der Sterbenden, das verzweifelte Gnadeflehen der Besiegten mischte sich mit den lauten Schlachtrufen der Spanier, die ihren Feind über den Haufen ritten, und mit dem gellenden Pfeifen der Tlaxcalteken, die sich der lange gehegten Rache alter Nebenbuhlerschaft in vollem Maße überließen. Das Getöse wurde noch vermehrt durch das unaufhörliche Knattern des Gewehrfeuers und das Krachen stürzender Balken, die ein Flammenmeer verbreiteten, welches das blasse Morgenlicht überstrahlte. Dies alles bereitete für Auge und Ohr ein gräßliches Durcheinander, das die heilige Stadt in einen Tummelplatz von Dämonen verwandelte. Als der Widerstand nachließ, brachen die Sieger in die Häuser und Heiligtümer ein und erbeuteten daraus, was sie Wertvolles enthielten: Silbergerät, Juwelen in Menge, Kleidungsstücke und Lebensmittel. Diese Gewalttaten hatten mehrere Stunden gewährt, als Cortez, bewogen durch das Flehen einiger vom Gemetzel verschont gebliebener cholultekischer Häuptlinge sowie durch die Bitten der mexikanischen Abgesandten, darein willigte, seine Truppen abzurufen und weiteren Ausschreitungen, so gut er konnte, Einhalt zu tun, aus Rücksicht, wie er sagte, auf jene Mexikaner, die Stellvertreter Montezumas. Auch wurde zwei Kaziken erlaubt, zu ihren Landsleuten zu gehen, um all denen, welche sich wieder fügen wollten, Verzeihung und Schutz zuzusichern.

Diese Maßnahmen taten ihre Wirkung. Den vereinten Anstrengungen Cortez' und der Kaziken gelang es, wiewohl mit großer Mühe, die Wogen zu glätten. Die Angreifer, Spanier wie Indianer, sammelten sich unter ihren Fahnen, und die Cholulteken, die sich auf die Versicherung ihrer Häuptlinge verließen, kehrten allmählich in ihre Häuser zurück.

Durch diese friedlichen Vorkehrungen wurde das Vertrauen nach und nach wiederhergestellt. Die Leute aus der umliegenden Gegend strömten beruhigt in die Hauptstadt zurück, um die zusammengeschmolzene Einwohnerschaft aufzufüllen. Die Märkte wurden wieder geöffnet und die gewöhnlichen Verrichtungen einer friedlichen, arbeitsamen Gemeinde wiederaufgenommen. Noch zeugten die rauchenden schwarzen Trümmerhaufen von dem Orkan, der vor kurzem die Stadt heimgesucht hatte, und die Mauern, die den Schauplatz des Gemetzels auf dem großen Platz umgaben, verkündeten die traurige Geschichte vom Blutbad von Cholula. Dieses Kapitel in ihrer Geschichte gehört zu denen, die einen schwarzen Fleck auf dem Andenken der Eroberer zurückgelassen haben.

Bald darauf erschienen Abgesandte aus Mexiko. Sie überbrachten wie gewöhnlich reiche Geschenke an Silbergerät und goldenem Zierat, unter anderm kunstvoll nachgebildete Truthühner mit Federn aus demselben kostbaren Metall; außerdem fünfzehnhundert Gewänder aus feinem Baumwollgewebe. Der Kaiser drückte sogar sein Bedauern über den unglücklichen Vorfall in Cholula aus und verwahrte sich gegen jede Teilnahme an der Verschwörung, welche, wie er sagte, die wohlverdiente Strafe über die Häupter ihrer Urheber gebracht habe; den Aufenthalt einer aztekischen Streitmacht in der Nähe erklärte er durch die Notwendigkeit, einige Unruhen dort zu unterdrücken.

Seit dem Einzug der Spanier in Cholula waren mehr als vierzehn Tage vergangen, und Cortez beschloß jetzt, seinen Marsch nach der Hauptstadt ohne weiteren Zeitverlust wiederaufzunehmen. Seine

strengen Vergeltungsmaßnahmen hatten die Cholulteken so eingeschüchtert, daß er sicher war, keinen tätigen Feind mehr hinter sich
zu lassen, der ihn im Fall eines Rückzugs behelligen könnte.

8

Da nun in Cholula wieder Ruhe und Ordnung eingekehrt waren,
setzte das verbündete Heer der Spanier und Tlaxcalteken guten Mutes den Marsch nach Mexiko fort. Der Weg führte durch die schönen
Savannen und üppigen Anpflanzungen, die sich meilenweit nach allen Richtungen ausbreiteten. Auf dem Marsch kamen ihnen zuweilen
Gesandtschaften aus den umliegenden Ortschaften entgegen, die den
Schutz der weißen Männer erbaten und ihre Gunst durch Geschenke,
vor allem durch Gold, zu gewinnen suchten; war doch die Gier der
Fremden nach Gold im ganzen Lande bekannt.

Einige Ortschaften waren mit den Tlaxcalteken verbündet, und
alle schienen sehr unzufrieden mit der drückenden Herrschaft Montezumas. Die Eingeborenen warnten die Spanier davor, sich durch
den Besuch seiner Hauptstadt in seine Gewalt zu geben; als Beweis
für seine feindliche Gesinnung führten sie an, er habe den geraden
Weg dorthin verschanzen lassen, damit die Fremden gezwungen wären, einen andern zu wählen, der sie wegen seiner Engpässe und starken Befestigungen ihm gegenüber in Nachteil setzen mußte. Diese
Nachricht verfehlte ihre Wirkung auf Cortez nicht; er hatte ein
wachsames Auge auf die mexikanischen Gesandten und verdoppelte
seine Vorsichtsmaßnahmen gegen eine Überrumpelung.

Das Heer kam schließlich an die von den freundlichgesinnten Indianern bezeichnete Stelle, wo der Weg sich gabelte; und wie vorher-
gesagt, war die eine Straße mit großen Baumstämmen und ungeheuren Steinen blockiert. Cortez befahl, den Plunder fortzuräumen. Er
zweifelte jetzt kaum noch an dem beabsichtigten Verrat der Mexikaner. Aber er war zu klug, um sich seinen Argwohn anmerken zu lassen.

Sie mußten nun das liebliche flache Land verlassen, da der Weg
sich die steile Sierra hinaufwand, welche die großen Hochebenen von
Mexiko und Puebla trennt. Je höher sie stiegen, desto schärfer und
durchdringender wurde die Luft, und die Winde, welche die vereisten
Berghänge hinabfegten, ließen die Soldaten in ihren dicken baum-

wollenen Harnischen erzittern und die Glieder von Menschen und Pferden erstarren.

Zu beiden Seiten des Weges erhoben sich zwei der höchsten Berge des nordamerikanischen Festlandes: der Popocatepetl, ›der rauchende Berg‹, und der Iztaccihuatl, ›die weiße Frau‹, ein Name, der ohne Zweifel von dem schimmernden Schneegewand herrührt, das über seine weite, zerklüftete Oberfläche gebreitet ist. Der große Vulkan, wie man den Popocatepetl nannte, erhebt sich zu der ungeheuren Höhe von 17852 Fuß über dem Meeresspiegel, über zweitausend Fuß höher als der ›König der Berge‹, die höchste Erhebung in Europa. Zur Zeit der Eroberung war er häufig in Tätigkeit und wütete mit ungewöhnlicher Heftigkeit, als die Spanier in Tlaxcala waren; ein böses Vorzeichen, so meinte man, für die Bewohner von Anahuac.

Das Heer setzte seinen Marsch durch die gewundenen Schluchten der Sierra fort. Die eisigen Winde, die von den Bergwänden herabfegten, führten jetzt schneidende Hagel- und Schneeschauer mit sich, unter denen die Spanier weit mehr zu leiden hatten als die von Kindheit auf an die wilden Einöden ihrer heimischen Berge gewöhnten Tlaxcalteken. Die Nacht brach herein, und ihre Leiden wären wohl unerträglich geworden, wenn sie nicht in den geräumigen steinernen Gebäuden Schutz gefunden hätten, welche die mexikanische Regierung in bestimmten Abständen an den Wegen als Unterkünfte für die Reisenden und ihre eigenen Eilboten errichtet hatte.

Durch eine Nachtruhe gestärkt, erreichten die Truppen am nächsten Tage glücklich den Kamm der Sierra von Ahualco, die sich gleich einem Vorhang zwischen den beiden großen Bergen im Norden und Süden hinzieht. Sie kamen jetzt verhältnismäßig leicht vorwärts, und der Gedanke, daß sie nunmehr Montezumas Boden betraten, beflügelte sie.

Sie waren noch nicht weit gekommen, als ihnen an einer Biegung des Gebirgsweges plötzlich ein Anblick zuteil wurde, der die Beschwerden des vorigen Tages mehr als aufwog. Sie erblickten das Tal von Mexiko oder Tenochtitlan, wie es die Eingeborenen gewöhnlich nennen, das in seiner malerischen Vielfalt von Wasser, Waldland und bestellten Flächen, mit seinen schimmernden Städten und schattigen Hügeln wie ein buntes, prangendes Rundgemälde vor ihnen ausgebreitet war. In der dünnen Luft dieser höheren Regionen haben selbst entfernte Gegenstände solchen Farbenglanz und sind so klar umrissen, daß die Entfernung aufgehoben scheint. Weithin zu ihren Füßen dehnten sich prachtvolle Eichen-, Maulbeerfeigen- und Zedernwälder; Felder mit gelbem Mais und hochragender Agave schlossen sich an, im Wechsel mit Obst- und Blumengärten; denn an Blumen, deren man immer wieder zu den religiösen Festen bedurfte, gab es in diesem dicht besiedelten Tal einen noch größeren Überfluß als in anderen Teilen von Anahuac. In der Mitte des großen flachen Beckens lagen die Seen, deren Ufer mit Städten und Dörfern gesäumt waren, und mitten im Wasser — wie eine indianische Kaiserin in ihrem Perlenschmuck — prangte, gleichsam in die Fluten gebettet, die schöne Stadt Mexiko mit ihren weißen Türmen und Tempelpyramiden — das weitberühmte ›Venedig der Azteken‹. Das war der herrliche Anblick, der sich den Augen der Eroberer darbot.

Mit jedem Schritt vorwärts wurde der Wald durchsichtiger, die Flecken bebauten Landes häufiger, und in den grünen, geschützten Bergwinkeln kamen Weiler zum Vorschein, deren Bewohner aus den Häusern traten, um die Truppen freundlich willkommen zu heißen. Überall hörte man Klagen über Montezuma, besonders über die Erbarmungslosigkeit, mit der er ihre jungen Männer zum Kriegsdienst und ihre Jungfrauen für seinen Harem fortholte. Diese Zeichen der Unzufriedenheit bemerkte Cortez mit Genugtuung; denn er sah nun, daß Montezumas ›Bergthron‹, wie er genannt wurde, wirklich auf einem Vulkan stand, der so viel wirksamen Zündstoff in sich barg, daß jede Stunde ein Ausbruch zu gewärtigen war.

Als Montezuma erfuhr, daß die Spanier die Berge, seinen sicheren Schutzwall, bereits überstiegen hatten und vor der Schwelle seiner Hauptstadt standen, erstarb jeder Hoffnungsstrahl in seiner Brust. Er beschloß sofort, eine letzte Gesandtschaft, mit seinem Neffen, dem König von Texcoco, an der Spitze, an die Spanier zu senden, um sie in Mexiko zu bewillkommnen.

Das christliche Heer war unterdessen bis Amaquemecan, einer ansehnlichen Stadt von einigen tausend Einwohnern, vorgerückt. Sie wurden von dem Kaziken freundlich aufgenommen, in großen, geräumigen Steingebäuden untergebracht und bei ihrem Abschied reich beschenkt, unter anderem mit Gold im Werte von dreitausend Castellanos. Nachdem sie sich einige Tage dort aufgehalten hatten, stiegen sie zwischen üppigen Mais- und Agavenpflanzungen, die man die aztekischen Weingärten nennen könnte, zum See von Chalco hinab.

Früh am nächsten Morgen, als das Heer sich zum Weitermarsch anschickte, kam ein Eilbote, der den Befehlshaber höflich ersuchte, seinen Aufbruch bis nach der Ankunft des Königs von Texcoco zu verschieben, der sich nähere, um mit ihm zusammenzutreffen. Es währte auch nicht lange, da erschien er, in einem Tragsessel oder einer Sänfte getragen, die reich verziert war mit goldenen Platten und Edelsteinen. Über merkwürdig geformten Säulen breitete sich ein Thronhimmel aus grünen Federn; denn Grün war eine Lieblingsfarbe der aztekischen Fürsten. Der König hatte ein großes Gefolge von Edelleuten und Dienerschaft. Sobald er in Cortez' Nähe kam, stieg er aus der Sänfte, und seine diensteifrigen Begleiter fegten vor seinen Schritten den Boden. Er war ein junger Mann von ungefähr fünfundzwanzig Jahren und hatte ein angenehmes Äußeres und eine gerade, würdevolle Haltung. Er begrüßte Cortez, wie es hierzulande gegenüber Personen hohen Ranges üblich war, indem er die Erde mit der rechten Hand berührte und diese dann zum Kopf erhob. Cortez umarmte ihn, als er sich aufrichtete, und der junge Fürst erklärte, er komme als Stellvertreter Montezumas, um die Spanier herzlich in seine Hauptstadt einzuladen. Hierauf überreichte er dem Befehlshaber drei ungewöhnlich große und glänzende Perlen. Als Gegengabe hängte Cortez dem Cacama eine Kette von geschliffenem Glas um den Hals, das hier, wo Glas so selten wie Diamanten war, für ebenso wertvoll erachtet werden durfte wie diese. Nach diesem Austausch von Höflichkeiten und den freundlichsten und ehrerbietigsten Versicherungen von Cortez' Seite entfernte sich der indianische Fürst und hinterließ bei den Spaniern einen tiefen Eindruck; schien sein Rang und Benehmen doch alles zu übertreffen, was sie bisher im Lande gesehen hatten.

Das Heer setzte seinen Marsch längs der südlichen Ufer des Sees von Chalco fort, die damals von stattlichen Wäldern überschattet waren und von Obstgärten, aus denen in satten, lockenden Farben unbekannte reife Früchte leuchteten. Noch öfter führte der Weg durch fruchtbare Felder, die von goldener Ernte wogten und durch Gräben aus dem nahe gelegenen See bewässert wurden. Das Ganze zeugte von einer sorgfältigen und haushälterischen Landwirtschaft, wie sie zum Unterhalt einer großen Bevölkerung unentbehrlich ist.

Das feste Land verlassend, betraten die Spanier bald den großen Deich oder Dammweg, der sich vier oder fünf Meilen weit hinzieht und den See von Chalco gegen den See von Xochimilco im Westen abgrenzt. Er maß an der schmalsten Stelle eine Lanze, war an einigen Abschnitten aber so breit, daß acht Reiter nebeneinander Platz hatten. Es war eine feste Straße aus Stein und Mörtel, die in gerader Richtung durch den See führte, eines der erstaunlichsten Bauwerke, das den Spaniern in diesem Lande vor Augen kam.

Als sie über den Dammweg zogen, erblickten sie ein buntes Gewimmel von Indianern; begierig, etwas von den Fremden zu sehen, schossen sie in ihren leichten Pirogen hin und her oder brachten die Erzeugnisse des Landes nach den benachbarten Städten. Auch setzte der Anblick der Chinampas oder schwimmenden Gärten die Spanier in Erstaunen — jener wandernden grünen Inseln, die von Blumen und Gemüse strotzten und sich wie Flöße auf dem Wasser wiegten. Rings am Ufer, mitunter weit in den See hineinreichend, sahen sie kleine Städte und Dörfer, welche, unter Laubwerk halb verborgen und zu weißen Gruppen geschart, aus der Ferne wie Schwärme wilder Schwäne anmuteten, die ruhig auf den Wellen dahinschwammen. Die neue und wunderbare Szenerie erfüllte die rauhen Herzen der Spanier mit Staunen, ja, es erschien ihnen wie Zauberei.

Mitten auf dem Weg über den See machte das Heer in der Stadt Cuitlahuac halt, einem Ort von mäßiger Größe, aber ausgezeichnet durch die Schönheit seiner Gebäude, der schönsten, wie Cortez behauptet, die er bisher im Lande gesehen. Nachdem sie sich hier mit Trank und Speise gestärkt hatten, setzten sie ihren Marsch auf dem Deich fort. Obgleich dieser in seinem nördlichen Abschnitt breiter ist, fanden sich die Truppen doch sehr behindert durch den Andrang der Indianer, die sich nicht damit begnügten, sie von den Booten aus anzustaunen, sondern den Dammweg erstiegen und zu beiden Seiten die Straße säumten. Der Befehlshaber, besorgt, daß seine Reihen in Unordnung geraten könnten und eine allzu große Vertraulichkeit womöglich die heilsame Scheu bei den Eingeborenen vermindern könnte, sah sich genötigt, nicht nur zu Befehlen, sondern auch zu Drohungen seine Zuflucht zu nehmen, um sich freie Bahn zu schaffen. Je weiter er vorrückte, desto auffälliger fand er die Veränderung in der Gesinnung gegenüber der Regierung. Er hörte jetzt nur noch von der Pracht und Herrlichkeit Montezumas und nichts mehr von Unterdrückung. Entgegen der gewöhnlichen Erfahrung schien es, als sei die Ehrfurcht vor dem Hofe in dessen unmittelbarer Nähe am größten.

Vom Dammweg aus gelangte das Heer auf jenen schmalen Landstrich, der den See von Chalco vom See von Texcoco scheidet. Über diese Halbinsel erreichten sie die königliche Residenz Itztapalapan, einen Ort, der nach Cortez' Angaben zwölf- bis fünfzehntausend Häuser zählte. Dort residierte Cuitlahuac, des Kaisers Bruder, der, um dem Befehlshaber größere Ehre zu erweisen, die vornehmsten Männer aus einigen benachbarten Städten, Angehörige des mexikanischen Herrscherhauses gleich ihm, zu der Zusammenkunft eingeladen hatte. Diese fand mit feierlichem Gepränge statt, und nach den herkömmlichen Geschenken an Gold und kostbaren Stoffen wurde den Spaniern in einer der großen Hallen des Palastes eine Mahlzeit aufgetragen. Auch hier erregte die vortreffliche Baukunst die Bewunderung des Befehlshabers, der in seiner Begeisterung nicht zögerte, einige der Gebäude den besten in Spanien gleichzusetzen. Sie bestanden aus Stein; die geräumigen Gemächer hatten Decken aus wohlriechendem Zedernholz, während die Wände mit farbenprächtigen feinen Baumwollstoffen ausgeschlagen waren.

Aber der Stolz von Itztapalapan waren die berühmten Gärten, an die der Gebieter freigebig seine Sorgfalt und seine Einkünfte gewendet hatte. Sie nahmen eine ungeheure Fläche ein und waren in regelmäßige Vierecke eingeteilt; die sich kreuzenden Wege waren mit Gitterwerk eingefaßt, an denen Schlingpflanzen und duftende Sträucher die Luft mit ihren Wohlgerüchen erfüllten. Obstbäume, aus fernen Gegenden eingeführt, wuchsen in den Gärten, und die ganze festliche Blumenschar der mexikanischen Flora, planvoll geordnet, gedieh hier üppig in der gleichmäßigen Wärme des Tafellandes. Der naturgegebenen Lufttrockenheit wurde durch Aquädukte und Kanäle entgegengewirkt, die allen Teilen des Bodens Wasser zuführten.

In einem Teil befand sich ein Vogelhaus mit vielen Arten von Vögeln, die sich in dieser Gegend sowohl durch ihr leuchtendes Gefieder wie durch ihren Gesang auszeichnen. Durch die Gärten zog sich ein mit dem See von Texcoco verbundener Graben, der groß genug war, daß man ihn vom See aus mit Booten befahren konnte. Aber das kunsvollste Bauwerk war ein riesiger steinerner Behälter, bis zu einer beträchtlichen Höhe mit Wasser gefüllt und mit verschiedenen Arten von Fischen reich ausgestattet. Dieses Becken hatte einen Umfang von sechzehnhundert Fuß und war von einem ebenfalls steinernen Rundgang umgeben, auf welchem vier Personen nebeneinander gehen konnten. Die Seitenwände waren mit merkwürdigen Bildhauerarbeiten geschmückt, und eine Treppe führte zum Wasser hinab, das die obenerwähnten Aquädukte versorgte oder, in Springbrunnen geleitet, beständig Feuchtigkeit verbreitete.

In der Stadt Itztapalapan schlug Cortez sein Nachtlager auf. Die Hauptstadt war jetzt nur noch wenige Meilen entfernt und von hier aus deutlich zu sehen. Und als ihre langen Reihen schimmernder Gebäude, von den Strahlen der Abendsonne getroffen, auf dem dunkelblauen Wasser des Sees zitterten, glich sie eher einer Zauberschöpfung als einem Werk von Menschenhand. In diese Zauberstadt wollte Cortez am folgenden Morgen seinen Einzug halten.

9

Mit dem ersten schwachen Dämmerschein scharte der spanische Befehlshaber seine Leute um sich. Sie sammelten sich klopfenden Herzens unter ihren Fahnen, während die Trompete ihre aufrührenden Töne über Wasser und Wald schmetterte, bis sie im fernen Widerhall der Berge erstarben. Die heiligen Feuer auf den Altären zahlloser Teocallis, die man nur schwach durch den grauen Morgennebel sah, zeigten die Lage der Hauptstadt an, bis die Sonne über die östliche Bergkette emporstieg und in ihrem strahlenden Glanz Tempel, Türme und Paläste deutlich hervortraten. Es war der 8. November 1519, der denkwürdige Tag, an dem die Europäer das erste Mal die Hauptstadt der westlichen Welt betraten.

Cortez bildete mit seiner kleinen Reiterschar die Vorhut des Heeres. Dann folgte das spanische Fußvolk, nach der Kampagne des letzten Sommers zuchtvoll und wettergegerbt wie alte Krieger. Der Troß nahm die Mitte ein, und die Nachhut bildeten die dunklen Reihen der tlaxcaltekischen Krieger. Insgesamt müssen es etwa siebentausend gewesen sein, von denen aber weniger als vierhundert Spanier waren.

Eine kurze Strecke lang blieb das Heer auf der schmalen Landzunge, die den See von Texcoco vom See von Chalco trennt, bis es den großen Damm betrat, der, von einer Biegung gleich am Anfang abgesehen, in vollkommen gerader Linie durch die Salzfluten des Sees von Texcoco bis zu den Toren der Hauptstadt führt. Es war derselbe Dammweg — oder vielmehr dessen Fundament —, der noch jetzt den großen südlichen Zugang nach Mexiko bildet. Die Spanier hatten mehr denn je Gelegenheit, das handwerkliche Geschick der

Azteken zu bewundern, die geometrische Exaktheit wie auch die Festigkeit der ganzen Anlage. Sie bestand aus ungeheuren mit Mörtel zusammengefügten Steinen und war, in ihrer ganzen Ausdehnung, so breit, daß zehn Reiter nebeneinander Platz hatten.

Als sie den Damm passierten, sahen sie mehrere große Städte, die auf Pfählen ruhten und weit ins Wasser hinausreichten, dem Beispiel der Hauptstadt folgend; eine Bauweise, die bei den Azteken sehr beliebt war.

Alles bezeugte den Spaniern eine große und wohlgedeihende Bevölkerung, und was sie sahen, überstieg alles, was ihnen bisher begegnet war. Die Tempel und vornehmsten Gebäude der Stadt waren mit einem harten weißen Verputz überzogen, der in den waagerechten Strahlen der Morgensonne wie Email glänzte. Auch hier sahen sie jene zauberhaften Blumeninseln, zuweilen von ziemlich hohen Bäumen beschattet, die mit dem sanften Auf und Ab der Wellen bald stiegen, bald fielen. Anderthalb Meilen vor der Stadt stießen sie auf ein festes Bauwerk, einen steinernen Querwall, der den Damm kreuzte. Er war zwölf Fuß hoch, an beiden Seiten mit Türmen befestigt, und in der Mitte befand sich ein mit Zinnen versehener Torweg, der den Truppen Durchlaß gewährte. Es war das Fort von Xoloc, später als die Stellung berühmt, die Cortez bei der denkwürdigen Belagerung von Mexiko einnahm.

Hier kamen ihnen mehrere hundert aztekische Häuptlinge entgegen, die das Herannahen Montezumas melden und die Spanier in seiner Hauptstadt willkommen heißen sollten. Sie trugen die seltsame landesübliche Prachtkleidung, mit der baumwollenen Binde, maxtlatl, um die Lenden, und ein weiter Überwurf aus demselben Stoff oder aus schimmerndem Federmosaik wallte ihnen anmutig von den Schultern herab. Um Hals und Arme trugen sie Reife von Türkismusiv, zierlich mit feinem Federwerk durchsetzt, und ihre Ohren, Unterlippen und mitunter die Nasen waren mit Gehängen aus Edelsteinen oder Halbmonden aus feinem Gold geschmückt. Da jeder Kazike einzeln den Befehlshaber feierlich nach der Landessitte begrüßte, hielt die langwierige Zeremonie den Marsch über eine Stunde auf. Danach gab es keine weitere Unterbrechung, bis das Heer an eine Brücke kurz vor den Stadttoren gelangte. Diese war aus Holz — an dessen Stelle später Stein getreten ist — und führte über eine Deichlücke, die dem Wasser eine Abflußmöglichkeit bot, wenn es durch Stürme aufgewühlt war oder in der Regenzeit plötzlich anschwoll. Es war eine Zugbrücke, und als die Spanier sie passierten, merkten sie, wie völlig sie sich nunmehr in Montezumas Gewalt begaben; denn jederzeit konnte er ihre Verbindung mit dem Land abschneiden und sie in seiner Hauptstadt gefangenhalten.

Mitten in diesen unangenehmen Betrachtungen sahen sie das schimmernde Gefolge des Kaisers auf der großen Straße auftauchen, die damals, wie auch jetzt noch, quer durch die Stadt führte. Inmitten einer Menge indianischer Edelleute, denen drei Würdenträger mit goldenen Stäben in den Händen vorangingen, erblickten sie die von blankem Golde funkelnde kaiserliche Sänfte. Sie wurde von Edelleuten auf den Schultern getragen, und darüber breitete sich — von vier anderen Edelleuten gehalten — ein Thronhimmel aus buntem Federmosaik, mit Juwelen übersät und mit Silber eingefaßt. Montezumas Begleiter waren barfuß; sie gingen mit langsamem, gemessenem Schritt und hatten die Augen niedergeschlagen. Als der Zug in geziemende Nähe gekommen war, machte er halt; Montezuma stieg aus seiner Sänfte und näherte sich, auf die Arme der Könige von Texcoco und Itztapalapan, seines Neffen und seines Bruders, gestützt, die beide, wie wir wissen, den Spaniern bereits bekannt waren. Während der Herrscher unter dem Thronhimmel vorwärts schritt, breiteten seine dienstfertigen Begleiter baumwollene Matten auf dem Boden aus, damit die kaiserlichen Füße nicht von grober Erde verunreinigt würden. Seine Untertanen, hohen und niederen Ranges, welche die Seiten des Dammweges säumten, verbeugten sich mit niedergeschlagenen Augen, als er vorüberkam, und einige aus der untersten Klasse warfen sich vor ihm nieder. Dies war die dem indianischen Herrscher zukommende Ehrerbietung.

Montezuma trug die landesübliche Binde um die Lenden und einen weiten viereckigen Überwurf, tilmatli. Dieser war aus feinster Baumwolle gefertigt und die gestickten Enden am Hals zu einem Knoten geschürzt. An den Füßen trug er Sandalen mit goldenen Sohlen, und die ledernen Riemen, welche sie an den Knöcheln befestigten, waren ebenfalls mit Gold geschmückt. Umhang wie Schuhe waren mit Perlen und Edelsteinen besetzt, unter denen der Smaragd und der Chalchiuitl (ein grüner Stein, den die Azteken höher als jeden andern schätzten) besonders ins Auge fielen. Auf dem Kopf trug er keinen anderen Schmuck als einen Federschweif von königlichem Grün, der bis auf den Rücken hinabwallte, das Zeichen mehr des kriegerischen als des königlichen Ranges.

Er war damals ungefähr vierzig Jahre alt, groß und mager, aber nicht unschön von Gestalt. Sein glattes schwarzes Haar war nicht sehr lang; es kurz zu tragen war für Personen von Rang nicht schicklich. Sein Bart war dünn, seine Gesichtsfarbe etwas blasser als sonst bei seinem dunklen oder vielmehr kupferfarbenen Volksstamm üblich. Seine Züge hatten, obwohl ernst, nicht den schwermütigen, ja niedergeschlagenen Ausdruck, der sein Bildnis kennzeichnet und sich wohl zu einer späteren Zeit darin festgesetzt haben mag. Er bewegte sich mit Würde, und sein ganzes Benehmen, gemäßigt durch eine gewisse Milde, die man nach allem, was man über seinen Charakter gehört, nicht erwartet hätte, war einem großen Fürsten wohl angemessen. Dies ist das uns überlieferte Bild von dem berühmten indianischen Kaiser bei seiner ersten Begegnung mit den weißen Männern.

Das Heer machte halt, als er näher kam. Cortez stieg vom Pferde, warf die Zügel einem Edelknaben zu und ging ihm mit einigen der vornehmsten Ritter entgegen. Die Zusammenkunft muß auf beide ungewöhnlichen Eindruck gemacht haben. Der Kaiser empfing seinen Gast mit fürstlichem Anstand und bekundete ihm seine Freude darüber, ihn persönlich in seiner Hauptstadt zu sehen. Cortez antwortete mit Worten tiefster Ehrerbietung und bedankte sich umständlich für die reichen Beweise von Freigebigkeit, die der Kaiser den Spaniern habe zuteil werden lassen. Hierauf hängte er Montezuma eine funkelnde Kette aus farbigem Kristall um den Hals, mit einer Geste, als wollte er ihn umarmen, was aber die beiden aztekischen Könige, bestürzt über die drohende Entweihung der geheiligten Person ihres Gebieters, rechtzeitig zu verhindern wußten. Nach diesem Austausch von Höflichkeiten wies Montezuma seinen Bruder an, die Spanier zu ihrem Quartier in der Hauptstadt zu geleiten, bestieg dann wieder seine Sänfte und wurde feierlich, wie er gekommen, durch die im Staube liegende Menge davongetragen. Die Spanier folgten rasch und hielten alsbald mit fliegenden Fahnen und Musik ihren Einzug im südlichen Stadtteil von Tenochtitlan.

Hier boten ihnen die Herrlichkeit der Stadt und die überlegene Baukunst neuen Anlaß zur Bewunderung. Die Behausungen der ärmeren Klassen bestanden allerdings zumeist aus Schilfrohr und Lehm. Aber die große Prachtstraße, durch die sie jetzt einzogen, war mit den Häusern der Edelleute gesäumt, welche der Kaiser bewogen hatte, die Hauptstadt zu ihrem Wohnsitz zu machen. Sie waren aus einem roten porösen Stein erbaut, den man aus nahe gelegenen Steinbrüchen bezog, und nahmen oft, obwohl sie sich selten zu einem zweiten Stockwerk erhoben, eine ziemlich große Grundfläche ein. Die flachen Dächer, azoteas, waren mit steinernen Brustwehren versehen, so daß jedes Haus eine Festung abgab. Mitunter glichen diese Dächer Beeten, so dicht waren sie mit Blumen besetzt; häufiger aber zog man diese in großen, terrassenartig ansteigenden Gärten, die zwischen den Gebäuden angelegt waren. Hier und da schob sich ein großer Platz oder Markt dazwischen, von steinernen Säulengängen umgeben; oder eine Tempelpyramide stieg riesenhaft auf, gekrönt von ihren Heiligtümern und den nie verlöschenden Feuern ihrer Altäre.

Endlich machten die Truppen vor einem breiten Platz halt, fast in der Mitte der Stadt, wo sich die ungeheure, dem Kriegsgott der Azteken geweihte Tempelpyramide erhob, die an Größe und Heiligkeit nur von dem Tempel von Cholula übertroffen wurde.

Dem westlichen Tor des Tempelbezirks gegenüber stand eine Reihe niedriger steinerner Gebäude, die sich über eine große Fläche ausbreiteten, der Palast Axayacatls, des Vaters von Montezuma, von jenem Herrscher vor ungefähr fünfzig Jahren erbaut. Er war als Unterkunft für die Spanier bestimmt. Der Kaiser selbst befand sich im Hofe, um ihre Ankunft zu erwarten. Er ging Cortez entgegen und nahm aus einer Blumenschale, die ein Sklave trug, eine schwere, aus massiven Goldgliedern bestehende Kette mit der in Gold gefaßten Schale einer Krebsart, die die Indianer sehr schätzten. Von dieser Kette hingen, gleichfalls aus Gold, acht Nachbildungen ebendieses Schalentiers herab, jede eine Spanne lang und überaus kunstvoll gearbeitet. Indem Montezuma dem spanischen Befehlshaber diese prächtige Kette um den Hals hängte, sagte er: »Dieser Palast gehört dir, Malintzin« — denn mit diesem Namen redete er ihn immer an — »und deinen Brüdern. Ruht aus von euren Mühen, denn ihr bedürft der Ruhe, und nach kurzer Zeit werde ich euch wieder besuchen.« Dann entfernte er sich mit seinem Gefolge und bekundete damit eine zarte Rücksicht, wie man sie bei einem Barbaren nicht hätte erwarten sollen.

Cortez' erste Sorge war, sein neues Quartier zu besichtigen. Das Gebäude war zwar geräumig, aber niedrig, denn es hatte bloß ein Stockwerk; nur in der Mitte erhob es sich zu einem zweiten. Die Gemächer waren sehr groß und gewährten, nach dem Zeugnis der Eroberer selbst, dem ganzen Heer Unterkunft. Die abgehärteten Bergbewohner Tlaxcalas waren vermutlich nicht sehr anspruchsvoll und fanden leicht Obdach in den äußeren Gebäuden oder in den weiten Höfen unter rasch aufgespannten Schutzdächern.

Nach einer eiligen Prüfung des riesigen Bauwerks wies der Befehlshaber seinen Truppen ihre Quartiere an und traf seine Vorsichtsmaßregeln so sorgsam, als erwarte er eine Belagerung statt einer gastfreundlichen Aufnahme. Der Palastbezirk war von einer dicken steinernen Mauer umgeben, die hier und da von Türmen oder festen Strebepfeilern unterbrochen war, und ließ sich gut verteidigen. Cortez stellte seine Geschütze so auf, daß sie die Zugänge bestrichen, postierte Schildwachen längs des Festungswerkes und beobachtete in jeder Hinsicht dieselbe strenge Kriegszucht wie während des ganzen Marsches. Er wußte wohl, wie wichtig es für seine kleine Schar war, wenigstens für den Augenblick, das Wohlwollen der Einwohner zu gewinnen, und um jeden Zusammenstoß zu vermeiden, verbot er den Soldaten bei Todesstrafe, ihr Quartier ohne Erlaubnis zu verlassen. Als diese Vorsichtsmaßnahmen getroffen waren, ließ er seine Leute das reichliche Mahl einnehmen, das für sie bereitet war. Nach der Mahlzeit und einer Siesta, die dem Spanier nicht weniger Bedürfnis ist als die Nahrung selbst, wurde wiederum die Ankunft des Kaisers gemeldet.

Montezuma war nur von wenigen seiner vornehmsten Edelleute begleitet. Cortez empfing ihn mit großer Ehrerbietung, und nachdem beide Platz genommen, entspann sich mit Hilfe Doña Marinas eine Unterhaltung zwischen ihnen, während die Ritter und aztekischen Häuptlinge sie in achtungsvollem Schweigen umstanden.

Montezuma zog viele Erkundigungen ein: über das Vaterland der Spanier, ihren Landesherrn, die Art seiner Regierung und besonders über ihre Beweggründe, nach Anahuac zu kommen. Cortez erklärte, sie seien durch den Wunsch bewogen worden, einen so ausgezeichneten Herrscher zu sehen und ihm den wahren Christenglauben zu offenbaren. Mit seltener Besonnenheit begnügte er sich für jetzt mit diesem Hinweis, den er in den Gedanken des Kaisers bis zu einer späteren Zusammenkunft reifen lassen wollte. Montezuma fragte, ob jene weißen Männer, die im vergangenen Jahr an der östlichen Küste seines Reiches gelandet waren, seine Landsleute seien. Er zeigte sich von dem Vorgehen der Spanier, von ihrer Ankunft in Tabasco bis zur jüngsten Gegenwart, wohl unterrichtet, da ihm regelmäßig bilderschriftliche Kunde überbracht worden war. Auch fragte er, welchen Rang seine Besucher in ihrem Vaterland bekleideten und ob sie Verwandte ihres Landesherrn seien. Cortez erwiderte, sie seien untereinander verwandt und Untertanen ihres großen Gebieters, der sie alle besonders wertschätze. Vor seinem Abschied ließ sich Montezuma die Namen der vornehmsten Ritter nennen und die Stellung, die sie im Heer bekleideten.

Am Ende der Zusammenkunft befahl der aztekische Herrscher seinen Begleitern, die für die Gäste bestimmten Geschenke herbeizubringen. Es waren baumwollene Gewänder, in hinreichender Menge, so wird behauptet, um einen jeden, die Verbündeten eingeschlossen, damit auszustatten. Auch versäumte er nicht, das übliche Beiwerk an goldenen Ketten und anderem Schmuck hinzuzufügen und mit vollen Händen unter die Spanier zu verteilen. Hierauf entfernte er sich ebenso zeremoniell, wie er gekommen war, bei jedermann einen tiefen Eindruck von seiner Freigebigkeit und Freundlichkeit zurücklassend.

An jenem Abend feierten die Spanier ihre Ankunft in der mexikanischen Hauptstadt durch das Abfeuern aller Geschütze. Der Kanonendonner, der an den Gebäuden widerhallte und sie bis in den Grund erschütterte, der widrige Geruch der schwefeligen Rauchschwaden, die sich über die Mauern des Lagers wälzten und die Einwohner an die Ausbrüche des großen Vulkans erinnerten, erfüllten die Herzen der abergläubischen Azteken mit Schrecken. Es wurde ihnen offenbar, daß ihre Stadt jene gefürchteten Wesen beherbergte, deren Pfad mit Verwüstung gezeichnet war und welche die Donnerkeile herniederrufen konnten, um ihre Feinde zu vernichten. Es lag zweifellos in Cortez' Absicht, diese abergläubischen Vorstellungen soweit wie möglich zu stärken und den Eingeborenen von Anfang an eine heilsame Furcht vor den übernatürlichen Kräften der Spanier einzuflößen.

Am nächsten Morgen erbat sich der Befehlshaber die Erlaubnis, den Besuch des Kaisers erwidern und ihm in seinem Palast seine Aufwartung machen zu dürfen. Das wurde sogleich gewährt, und Montezuma entsandte seine Edelleute, die Spanier zu ihm zu geleiten. Cortez legte seine prächtigste Kleidung an und verließ das spanische Quartier in Begleitung von Alvarado, Sandoval, Velázquez, Ordaz und fünf oder sechs Gemeinen.

Der kaiserliche Palast lag nicht weit entfernt, südwestlich von der

Pyramide mit dem Tempel Huitzilopochtlis. Es war eine große unregelmäßige Anhäufung niedriger Steingebäude, gleich denen, welche die Spanier bewohnten. Der Palast war ungeheuer weitläufig und aus dem roten porösen heimischen Stein, tetzontli, erbaut und mit Marmor verziert; an der Vorderseite über dem Haupteingang war das Sinnbild oder Wappen Montezumas eingehauen: ein Adler, der einen Ozelot in den Klauen hält.

In den Höfen, die die Spanier durchquerten, sprudelten Springbrunnen mit kristallklarem Wasser, die aus dem großen Wasserspeicher auf dem fernen Chapultepec gespeist wurden und ihrerseits über hundert Bäder im Innern des Palastes versorgten. Scharen aztekischer Edelleute wandelten auf diesen Plätzen und in den Vorhallen auf und ab und verbrachten ihre Stunden im Dienste des Hofes. Die Gemächer waren von ungeheurer Ausdehnung, jedoch nicht hoch. Die Decken bestanden aus verschiedenen wohlriechenden, mit kunstvollen Schnitzereien verzierten Hölzern; die Fußböden waren mit Matten aus Palmblättern belegt, die Wände mit farbenprächtigen Baumwollgeweben, den Fellen wilder Tiere oder prunkvollen Behängen aus Federmosaik ausgekleidet, auf denen Vögel, Insekten und Blumen mit solcher Feinheit und leuchtenden Farbigkeit nachgebildet waren, daß sie mit den schönsten flandrischen Tapeten wetteifern konnten. Aus Räuchergefäßen stiegen Weihrauchwolken auf und verbreiteten berauschende Wohlgerüche in den Gemächern. Die Spanier mochten sich in den wollüstigen Bannkreis eines morgenländischen Harems versetzt fühlen anstatt in die Hallen eines rohen, wilden Häuptlings der westlichen Welt.

Als sie am Audienzsaal anlangten, legten die mexikanischen Höflinge ihre Riemenschuhe ab und bedeckten ihr buntes Gewand mit einem Überwurf aus nequen, einem groben, aus Agavenfasern gefertigten Stoff, der sonst nur von den ärmsten Klassen getragen wurde. Diesem Akt der Demütigung mußten sich, die Mitglieder der kaiserlichen Familie ausgenommen, alle unterziehen, die sich dem Herrscher näherten. Barfuß, mit niedergeschlagenen Augen und unter feierlichen Verbeugungen führten die Höflinge die Spanier bis vor den Kaiser.

Sie fanden Montezuma am äußersten Ende eines großen Saales, von wenigen seiner Lieblingshäuptlinge umgeben. Er empfing sie wohlwollend, und alsbald berührte Cortez ohne viele Umschweife den Gegenstand, der in seinen Gedanken vorherrschte. Es lag ihm dringend daran, den Kaiser für die Bekehrung zu gewinnen; denn sein Beispiel mußte großen Einfluß auf die Bekehrung seines Volkes haben. Der Befehlshaber schickte sich daher an, den ganzen Schatz seiner Gottesgelehrsamkeit vor ihm auszubreiten, mit Hilfe der gewinnendsten Redekünste, die ihm zu Gebote standen, wobei die Verdolmetschung den Silbertönen Marinas, die ihn bei diesen Gelegenheiten wie sein Schatten begleitete, überlassen war.

So klar er konnte, setzte er dem Kaiser auseinander, was die Kirche unter den heiligen Mysterien der Dreieinigkeit, der Inkarnation und des Sühneopfers verstand. Dann sprach er über den Ursprung der Dinge, die Erschaffung der Welt, das erste Menschenpaar, Paradies und Sündenfall. Er versicherte Montezuma, die Götzen, die er anbete, seien nichts anderes als der Teufel in verschiedenen Gestalten. Ein hinlänglicher Beweis dafür seien die blutigen Opfer, die sie forderten und die in krassem Gegensatz stünden zu der reinen und einfachen Feier der Messe. Der Götzendienst werde ihn ins Verderben stürzen. Die Christen aber seien in sein Land gekommen, um seine Seele und die Seelen seiner Untertanen vor dem Feuer der ewigen Verdammnis zu retten, indem sie ihnen einen reineren Glauben offenbarten. Er drang ernstlich in ihn, die Gelegenheit nicht zu versäumen, sondern das Heil zu erringen, indem er das Kreuz, das große Zeichen der Erlösung, annehme.

Die Beredsamkeit des Befehlshabers fand keinen Widerhall in dem fühllosen Herzen seines kaiserlichen Zuhörers. Die Lehren waren allzu dunkel in sich selbst, um auf den ersten Blick von dem ungeübten Verstand eines Wilden erfaßt zu werden. Und Montezuma mag vielleicht gedacht haben, es sei nicht gräßlicher, sich vom Fleisch eines Mitgeschöpfes zu nähren als von dem des Schöpfers selbst. Überdies hatte er von der Wiege an die abergläubischen Vorstellungen seines Volkes eingesogen. Er war in der strengsten Richtung ihres Gottesdienstes erzogen worden, war vor seiner Erwählung zum Kaiser selbst Priester gewesen und stand jetzt an der Spitze sowohl der Priesterschaft wie des Staates. Wenig wahrscheinlich war es deshalb, daß ein solcher Mann sein Ohr irgendwelchen Argumenten oder Überredungskünsten öffnen würde.

Er hörte indes mit ruhiger Aufmerksamkeit zu, bis der Befehlshaber seine Predigt beendet hatte. Dann erwiderte er, er wisse wohl, daß die Spanier überall, wohin sie auch gekommen, solche Reden gehalten hätten. Er zweifle nicht daran, daß ihr Gott, wie sie sagten, ein

guter Gott sei. Auch seine Götter seien gut zu ihm. Doch was sein
Gast von der Erschaffung der Welt gesagt, sei dasselbe, was man auch
ihn glauben gelehrt habe. Es sei nicht der Mühe wert, weiter über den
Gegenstand zu sprechen. Seine Vorfahren, fuhr er fort, seien nicht
die ursprünglichen Besitzer des Landes gewesen; sie hätten es nur
einige Jahrhunderte bewohnt und seien durch eine mächtige Gottheit
hierhergeführt worden, die, nachdem sie ihnen Gesetze gegeben und
eine Zeitlang über das Volk geherrscht, sich nach der Gegend, wo die
Sonne aufgeht, zurückgezogen habe. Bei seinem Abschied habe der
Gott erklärt, er selbst oder seine Nachkommen würden eines Tages
zurückkehren und sein Reich wieder übernehmen. Die wunderbaren
Taten der Spanier, ihre helle Hautfarbe und die Himmelsrichtung,
aus der sie kämen, alles zeige an, daß sie seine Nachkommen seien.
Wenn sich Montezuma ihrem Besuch in seiner Hauptstadt widersetzt
habe, so deshalb, weil man ihm so viel von ihren Grausamkeiten berichtet habe: daß sie den Blitz schleuderten, um sein Volk zu vernichten, oder seine Untertanen unter den harten Füßen der wilden Tiere
zermalmten, auf denen sie ritten. Jetzt sei er überzeugt, all dies sei
leeres Geschwätz gewesen, die Spanier seien von Natur gut und edel-
mütig; sie seien Sterbliche, wenn auch von anderem Stamme als die
Azteken, weiser und tapferer — und darum achte er sie.

»Auch dir«, fügte er lächelnd hinzu, »hat man vielleicht gesagt, ich
sei ein Gott und wohne in Palästen aus Gold und Silber. Aber du
siehst, daß es nicht wahr ist. Meine Häuser sind zwar groß, aber aus
Stein und Holz wie die anderer Menschen; und was meinen Körper
betrifft«, sagt er, indem er seinen bräunlichen Arm entblößte, »so
siehst du, daß er aus Fleisch und Knochen ist wie der deinige. Wohl
habe ich von meinen Vorfahren ein großes Reich ererbt, Länder und
Gold und Silber. Aber ich weiß, daß dein Gebieter jenseits des Meeres
der rechtmäßige Herr von allem ist. Ich regiere in seinem Namen.
Du, Malintzin, bist sein Abgesandter; du und deine Brüder, ihr sollt
diese Dinge mit mir teilen. Ruht nun von eurer Anstrengung aus. Ihr
seid hier zu Hause, und was ihr braucht, sollt ihr haben. Ich werde
darauf sehen, daß deine Wünsche ebenso erfüllt werden wie meine
eigenen.« Bei den letzten Worten traten dem Kaiser Tränen in die
Augen, während die Bilder vergangener Unabhängigkeit ihm durch
den Sinn ziehen mochten.

Cortez bestärkte Montezuma in der Meinung, daß sein Landesherr jenes von ihm bezeichnete mächtige Wesen sei; doch zugleich

suchte er den Kaiser mit der Versicherung zu trösten, sein Herr habe nicht die Absicht, ihn in seiner Macht zu beschränken; vielmehr wolle er, aus reiner Sorge um sein Heil, ihn und sein Volk zum Christentum bekehren. Ehe der Kaiser seine Gäste entließ, folgte er wie gewöhnlich seinem freigebigen Sinn, indem er kostbare Stoffe und goldene Schmucksachen unter sie verteilte, so daß — nach Bernal Díaz, der zugegen war — auch der geringste Soldat wenigstens zwei schwere Halsbänder aus dem kostbaren Metall erhielt. Die eisernen Herzen der Spanier waren ebenso ergriffen von der Gemütsbewegung, die Montezuma zeigte, wie von seiner fürstlichen Großzügigkeit. Als sie an ihm vorüberkamen, verbeugten sich die Ritter entblößten Hauptes tief vor ihm, und ›auf dem Heimweg‹, so fährt derselbe Chronist fort, ›konnten wir von nichts anderem reden als von der feinen Gesittung und Höflichkeit des indianischen Kaisers und von der Achtung, die wir für ihn empfanden‹.

Cortez indessen verfolgte seine Pläne, und dazu war es zunächst notwendig, sich persönlich mit der Beschaffenheit und den örtlichen Gegebenheiten der Hauptstadt, dem Charakter der Bevölkerung sowie Art und Umfang ihrer Hilfsquellen vertraut zu machen. In dieser Absicht erbat er die Erlaubnis des Kaisers, die wichtigsten öffentlichen Gebäude besichtigen zu dürfen.

AUFENTHALT IN MEXIKO

Tenochtitlan.

Abb. 5 Begegnung zwischen Cortez und Montezuma in Tenochtitlan

*Abb. 6 Die Verteidigung der Spanier im Palast
Axayacatls*

yeqtla ti tetzavitl
yn mal ques.

Abb. 7 Die Erstürmung des Tempels Huitzilopochtlis

tlacopá.

Abb. 8 Die geschlagenen Spanier auf dem Marsch nach Tlacopan

Mexiko war der Wohnsitz der großen Häuptlinge, die der Landesherr aufmunterte oder vielmehr aus einleuchtenden Gründen der
Staatsklugheit zwang, einen Teil des Jahres in der Hauptstadt zu ver-
leben. Auch war es der zeitweilige Aufenthalt der großen Fürsten von
Texcoco und Tlacopan, die, wenigstens dem Namen nach, an der
Herrschaft über das Reich teilhatten. Die Häuser dieser Würdenträger und der vornehmsten Edelleute trugen das Gepräge roher Pracht,
wie sie ihrem Stande angemessen war. Sie waren freilich niedrig, selten mehr als ein Stockwerk hoch, niemals über zwei; aber sie nahmer
eine große Fläche ein und bildeten ein Viereck, mit einem Hof in dei
Mitte. Ringsherum führten Säulengänge, mit Porphyr und Jaspis geschmückt, Steinarten, die in der Nachbarschaft leicht zu finden waren, während in der Mitte nicht selten ein Springbrunnen mit seinem
kristallklaren Wasser angenehme Kühle verbreitete. Die Wohnungen
des einfachen Volkes ruhten auch auf Steinfundamenten, die sich um
wenige Fuß erhoben und dann durch Reihen ungebrannter Ziegel abgelöst wurden, hier und da durch Holzbalken unterbrochen. Die
meisten Straßen waren klein und eng, einige wenige indessen breit
und lang. Die Hauptstraße führte vom großen südlichen Dammweg
aus schnurgerade durch die ganze Stadt und gewährte einen herrlichen Durchblick auf die langen Reihen niedriger Steingebäude und
die sich immer wieder dazwischenschiebenden Gärten, die terrassen-
förmig anstiegen und die ganze Pracht aztekischer Gartenkunst zur
Schau stellten.

Die großen Straßen waren mit einem harten Zement überzogen
und von vielen Kanälen durchschnitten. An einigen dieser Gräben
führte ein fester Weg entlang, der als Fußweg für die Vorübergehenden und als Landungsplatz diente, wo die Boote ihre Ladungen

löschen konnten. Hier und da waren kleine Wachthäuser für die Zollbeamten errichtet, die Steuern für die verschiedenen Handelsgüter erhoben. Über die Kanäle spannten sich zahllose Brücken, von denen manche aufgezogen werden konnten, so daß es möglich war, die Verbindung zwischen den verschiedenen Stadtteilen zu unterbrechen.

Die Bevölkerung von Tenochtitlan zur Zeit der Eroberung war außerordentlich zahlreich. Auf Grund der sechzigtausend Häuser, die die Spanier vorfanden, wird sie auf mindestens dreihunderttausend Seelen geschätzt.

Eine umsichtige Verwaltung sorgte für die Gesundheit und Reinlichkeit der Stadt. Es sollen täglich tausend Leute damit beschäftigt gewesen sein, die Straßen abzuspülen und zu kehren. Das Wasser in dieser auf allen Seiten von den Salzfluten umspülten Stadt war natürlich außerordentlich brackig. Jedoch bezog man eine hinreichende Menge Trinkwasser vom Chapultepec, dem ›Heuschreckenberg‹, kaum drei Meilen von der Stadt entfernt. Es wurde über einen eigens zu diesem Zweck errichteten Damm durch eine irdene Röhre geleitet. Damit es an einem so unentbehrlichen Gut niemals fehle, wenn etwas ausgebessert werden mußte, war eine doppelte Reihe von Röhren gelegt. Auf diese Weise wurde ein mannsdicker Wasserstrang mitten in die Hauptstadt geleitet, wo er die Springbrunnen und Wasserbehälter der vornehmsten Gebäude versorgte. Wo die Leitung über Brücken führte, waren Öffnungen darin angebracht, so daß die Boote darunter sich mit Wasser versorgen und es nach allen Teilen der Stadt bringen konnten.

Nicht zufrieden mit dem geräumigen Palast seines Vaters, erbaute Montezuma einen neuen, noch prächtigeren. Dieses Gebäude oder, richtiger gesagt, dieser Gebäudekomplex nahm eine so riesige Fläche ein, daß, wie einer der Eroberer uns versichert, sein flaches Dach dreißig Rittern Platz genug für ein regelrechtes Turnier geboten hätte.

An die Hauptgebäude schlossen sich andere an, die den verschiedensten Zwecken dienten. Eins war ein Zeughaus, angefüllt mit Waffen und Kriegskleidung, wie die Azteken sie trugen, alles in musterhafter Ordnung und zu sofortigem Gebrauch bereit. Ein anderes Gebäude diente als Kornkammer, wieder andere als Lagerhäuser für die verschiedenen Nahrungsmittel und Kleidungsstücke, die von den mit dem Unterhalt des kaiserlichen Hofstaats betrauten Gebieten geliefert wurden.

Es gab auch Gebäude, die ganz andere Bestimmungen hatten. Eines war ein ungeheures Vogelhaus, das prächtig gefiederte Vögel aus allen Teiles des Reiches beherbergte. Hier war der scharlachrote Kardinal, der Goldfasan, die riesige Sippschaft der Papageien mit ihren Regenbogenfarben — unter denen das königliche Grün vorherrschte — und das winzige Naturwunder, der Kolibri, der gern unter den Geißblattlauben Mexikos umherschwärmt. Dreihundert Diener hatten das Vogelhaus in ihrer Obhut, und in der Mauserzeit mußten sie die schönen Federn sorgfältig auflesen, die mit ihren mannigfaltigen Farben von den aztekischen Federkünstlern gebraucht wurden. Ein besonderes Gebäude war den Raubvögeln vorbehalten, den unersättlichen Geiern und riesigen Adlern, die in den schneeigen Einöden der Anden zu Hause waren. Nicht weniger als fünfhundert Truthähne, das billigste Fleisch in Mexiko, wurden diesen gefiederten Räubern täglich als Mahl zugebilligt. An das Vogelhaus grenzte ein Zwinger für wilde Tiere, die man aus den Bergwäldern und sogar aus den entfernten Sümpfen der Tierra caliente herbeigeschafft hatte. Die Sammlung wurde vermehrt durch eine große Anzahl von Kriechtieren und Schlangen, die sich durch ihre Größe oder Giftigkeit auszeichneten, unter ihnen auch das feurige kleine Tier ›mit den Kastagnetten im Schwanz‹, der Schrecken der amerikanischen Wildnis. Cortez' Gefährten bestaunten das Schauspiel mit unsicherer Neugier, die nicht frei war von Furcht, und als sie das wilde Gebrüll der Raubtiere und das Zischen der Schlangen hörten, glaubten sie fast, in Regionen der Hölle versetzt zu sein.

Rings um diese Gebäude zogen sich weitläufige Gärten mit duftenden Blumen und Sträuchern und vor allem mit heilkräftigen Pflanzen. Kein Land hat so viele Arten von Heilpflanzen hervorgebracht wie Neuspanien; und die Azteken kannten genau deren Kräfte, ja man kann sagen, daß bei ihnen die Arzneikräuterkunde als Wissenschaft betrieben wurde. Inmitten dieses Labyrinths wohlriechender Gehölze und Gesträuche schossen Springbrunnen ihre funkelnden Strahlen glasklaren Wassers in die Höhe und sprühten erfrischende Feuchte über die Blüten. Zehn große Behälter, reich ausgestattet mit Fischen, gewährten an ihren Rändern den verschiedenen Arten von Wassergeflügel Aufenthalt, deren Gewohnheiten man so sorgfältig berücksichtigte, daß einige von den Teichen mit Salzwasser versehen waren, weil dieses von bestimmten Vögeln bevorzugt wurde. Ein marmornes Mosaikpflaster umschloß die geräumigen Becken, und über das Wasser ragten leichte, phantasievolle Lusthäuschen, die, umfächelt von den Düften der Gärten, dem Kaiser und seinen Geliebten in der schwülen Sommerhitze wohltuende Zuflucht gewährten.

Die Hofhaltung Montezumas zeugte von derselben fremdartigen Pracht wie alles, was ihn umgab. Er verfügte über ebenso viele Frauen, wie man im Harem eines morgenländischen Sultans findet. Sie hatten ihre eigenen Wohnungen und wurden nach ihren Wünschen mit allem ausgestattet, was sie zu ihrer Bequemlichkeit und Pflege brauchten. Sie verbrachten ihre Zeit mit den üblichen weiblichen Handarbeiten, mit Weben und Sticken und vor allem mit der anmutigen Federarbeit, für welche die kaiserlichen Vogelhäuser so reiches Material lieferten. Der Palast enthielt viele Bäder, und Montezuma selbst gab das Beispiel und machte häufig von ihnen Gebrauch. Er badete täglich wenigstens einmal und soll jeden Tag viermal die Kleidung gewechselt haben. Er zog seine Kleider nie zum zweiten Mal an, sondern schenkte sie seinen Dienern.

Von seinem zahlreichen weiblichen Gefolge abgesehen, wimmelten die Hallen und Vorzimmer von Edelleuten, die ständig zu seinen Diensten waren und zugleich eine Art von Leibwache abgaben. Es war gebräuchlich gewesen, verdiente Leute aus dem Volk mit gewissen Ämtern im Palast zu betrauen. Aber der stolze Montezuma verschmähte es, sich von anderen als Männern von edler Geburt bedienen zu lassen. Diese waren nicht selten die Söhne der großen Häuptlinge und blieben während der Abwesenheit ihrer Väter als Geiseln da; so erfüllten sie einen doppelten Zweck und dienten sowohl der Sicherheit als auch dem Prunk.

Seine Mahlzeiten hielt der Kaiser allein. Der mit Matten belegte Fußboden eines großen Saales war mit Hunderten von Gerichten bedeckt. Zuweilen bezeichnete Montezuma selbst, häufiger aber sein Haushofmeister, die Speisen, die er am liebsten mochte, und diese wurden dann durch Wärmpfannen heißgehalten. Der kaiserliche Küchenzettel enthielt außer Haustieren Wildbret aus den entlegenen Wäldern und Fische, die noch tags zuvor im Golf von Mexiko geschwommen waren. Sie wurden auf mannigfache Art zubereitet; denn die aztekischen Köche waren tief in die Geheimnisse der Kochkunst eingedrungen.

Die Speisen wurden von den adligen Dienern aufgetragen, während die weitere Bedienung Mädchen überlassen war, die ihrer Anmut und Schönheit wegen dazu ausersehen wurden. Ein Wandschirm aus reich vergoldetem und mit Schnitzereien verziertem Holz verbarg den Kaiser während der Mahlzeit vor den Blicken gewöhnlicher Sterblicher. Er saß auf einem Kissen, und das Mahl wurde auf einem niedrigen, mit einem feinen Baumwolltuch bedeckten Tisch aufgetragen. Die Schüsseln waren feinste Töpferware aus Cholula. Außerdem besaß er goldenes Tafelgeschirr, das religiösen Festen vorbehalten war. Auch hätten es selbst seine fürstlichen Einkünfte kaum gestattet, sich desselben bei gewöhnlichen Gelegenheiten zu bedienen, da sein Tafelgerät nicht mehr als einmal gedeckt werden durfte und dann an seine Dienerschaft verschenkt wurde. Der Saal war von Fackeln aus harzigem Holz erleuchtet, die beim Brennen einen süßen Duft, doch vermutlich auch nicht wenig Rauch verbreiteten. Bei seiner Mahlzeit waren fünf oder sechs seiner alten Ratgeber zugegen, die in ehrfürchtiger Entfernung standen, seine Fragen beantworteten und sich zuweilen an ein paar Leckerbissen erlabten, die er ihnen von seiner Tafel reichen ließ.

Den kräftigen Gerichten folgten süße Speisen und Backwerk, für welche die aztekischen Köche, wohlversehen mit den nötigen Zutaten wie Maismehl, Eiern und dem ergiebigen Aloezucker, berühmt waren. Am äußersten Ende des Saales waren zwei Mädchen während der Mahlzeit mit der Zubereitung feiner Wecken und Waffeln beschäftigt, womit sie die Tafel von Zeit zu Zeit garnierten. Der Kaiser trank nichts anderes als chocolatl, ein Getränk aus Kakao, mit Vanille und anderen Spezereien gewürzt und so zubereitet, daß es ein honigartiger Schaum wurde, der allmählich im Munde zerging. Dieses Getränk, wenn man es so nennen will, wurde in goldenen Bechern serviert, mit Löffeln aus demselben Metall oder aus zierlich geschnitztem Schildpatt. Der Kaiser liebte das Gebräu ungemein, nach der Menge zu urteilen, die er verbrauchte; denn nicht weniger als fünfzig Krüge wurden täglich allein für seinen Bedarf zubereitet. Zweitausend weitere Krüge waren seinem Hofstaat zugebilligt.

Nachdem die kaiserliche Eßlust gestillt war, wurde ihm durch die Dienerinnen Wasser in einem silbernen Becken gereicht, auf dieselbe Weise wie vor der Mahlzeit; denn die Azteken nahmen es damals mit ihren Waschungen ebensogenau wie irgendein morgenländisches Volk. Hierauf wurden Pfeifen aus lackiertem und reich vergoldetem Holz gebracht, aus denen er, manchmal durch die Nase, dann wieder durch den Mund, den Rauch eines berauschenden, mit Styraxbalsam vermischten Krautes einatmete, den sogenannten Tabaco. Während diese besänftigende Durchräucherung ihre Wirkung tat, vergnügte sich der Kaiser an den Vorstellungen seiner Taschenspieler und Jongleure, von denen eine ganze Truppe im Palast angestellt war. Kein Volk, nicht einmal die Chinesen oder Inder, übertraf die Azteken in Körperbeweglichkeit und Taschenspielerkünsten.

Wenn er seine Lebensgeister mit Zerstreuungen zur Genüge erfrischt hatte, begab er sich zur Ruhe, denn seine Siesta hielt er ebenso streng ein wie ein Spanier. Nach dem Erwachen gab er Abgesandten fremder Staaten oder eigener tributpflichtiger Städte Gehör, oder diesem und jenem Kaziken, der mit einem Anliegen gekommen war. Sie wurden von den diensttuenden jungen Edelleuten zu ihm geleitet und mußten, welchen Ranges auch immer, wenn sie nicht aus königlichem Geblüt stammten, demütig ihre prächtigen Kleider unter dem groben Nequenumhang verbergen und barfuß, mit niedergeschlagenen Augen vor ihm erscheinen. Der Kaiser richtete wenige kurze Bemerkungen an die Bittsteller und antwortete ihnen gewöhnlich durch seine Schreiber; dann entfernten sich die Besucher mit derselben ehrfürchtigen Unterwürfigkeit, immer darauf bedacht, ihr Gesicht dem Herrscher zugewendet zu halten. Mit Recht konnte Cortez behaupten, daß kein anderer Hof, weder der des Großmoguls noch eines anderen Ungläubigen, jemals ein so pomphaftes und ausgeklügeltes Zeremoniell vorschrieb.

Der Unterhalt des ganzen Hofstaates, zu dem einige tausend Personen gehörten, verursachte hohe Kosten und erforderte verwickelte und für ein einfaches Volk wohl recht verwirrende Berechnungen. Alles wurde indes mit größter Sorgfalt verwaltet und die verschiedenen Einnahmen und Ausgaben in der landesüblichen Bilderschrift genau festgehalten. Die Zahlzeichen waren besser ausgebildet und verbreitet als die übrigen; ein besonderes Gemach war mit bilderschriftlichen Verzeichnissen angefüllt, die eine vollständige Übersicht über die Hofhaltung gewährten. Die Sorge für all das war einem Schatzmeister anvertraut, der im Palast eine Art von Majordomus abgab und die Oberaufsicht über alle wirtschaftlichen Belange führte.

Dies ist das Bild von Montezumas Hofhaltung und Lebensweise, wie es die Eroberer selbst und ihre unmittelbaren Nachfolger überliefert haben, die sich ja noch genauen Einblick verschaffen konnten. All diese Verfeinerungen im Vergleich zu den rohen Sitten der früheren Azteken können ohne Zweifel in gewissem Grade dem persönlichen Einfluß Montezumas zugeschrieben werden. Als er älter wurde, zog er sich noch mehr als zuvor von dem rauhen Kriegerhandwerk zurück, und seine Sitten nahmen veredelte Formen an, allerdings auch einen Anstrich von Verweichlichung, die seinen kriegerischen Vorgängern fremd war. Sein Ehrgeiz wuchs mit der Erlangung von Reichtum und Macht, und dem Bewußtsein seiner neuen Bedeutung gab er durch die Entfaltung einer unerhörten Pracht Ausdruck. Er gefiel sich in einer Zurückhaltung, die seinen Vorgängern unbekannt war, entzog seine Person den Blicken des Volkes und umgab sich mit einem sorgfältig festgelegten höfischen Zeremoniell. Wann immer er bei einem öffentlichen Anlaß ausging, gewöhnlich nach dem großen Tempel, um am Gottesdienst teilzunehmen, geschah es mit großem Aufwand; und beim Vorübergehen verlangte er von seinem Volk, wie wir gesehen haben, die unterwürfige Huldigung, die eines orientalischen Despoten würdig gewesen wäre. Sein hochmütiges Benehmen verletzte den Stolz seiner mächtigeren Vasallen, besonders derer, die weit genug entfernt waren, um sich fast unabhängig von seiner Herrschaft zu dünken. Die erpreßten Abgaben, die bei dem verschwenderischen Aufwand seiner Hofhaltung notwendig waren, streuten den Samen der Unzufriedenheit aus; und während sich das Reich zu seiner Glanz- und Blütezeit zu erheben schien, hatte sich der Krebs immer tiefer eingefressen.

2

Vier Tage waren vergangen, seitdem die Spanier ihren Einzug in Mexiko gehalten hatten. Welche Pläne ihr Befehlshaber auch bei sich erwogen haben mochte, so war ihm doch klar, daß er keine Entschlüsse fassen konnte, ehe er nicht mehr von der Hauptstadt gesehen und sich durch eigene Anschauung über das Ausmaß ihrer Hilfsquellen Gewißheit verschafft hätte. Deshalb sandte er, wie schon erwähnt, zu Montezuma und bat ihn um Erlaubnis, den großen Teocalli und einige andere Gebäude der Stadt besichtigen zu dürfen.

Der freundliche Herrscher stimmte bereitwillig zu. Er wollte sich sogar persönlich zu dem großen Tempel begeben, um seine Gäste dort zu empfangen, vielleicht auch, um das Heiligtum seiner Schutzgottheit vor jedem Entweihungsversuch zu schützen. Er war, wie wir wissen, unterrichtet, wie die Spanier auf ihrem Marsch bei ähnlichen Gelegenheiten vorgegangen waren. Cortez setzte sich wie gewöhnlich an die Spitze seiner kleinen Reiterschar und fast des ganzen spanischen Fußvolks und folgte den Kaziken, die ihm Montezuma als Führer gesandt hatte. Sie schlugen vor, ihn zuerst zu dem großen Marktplatz von Tlatelolco, im westlichen Teil der Stadt, zu geleiten.

Auf dem Wege fiel den Spaniern wiederum, wie schon bei ihrem Einzug in die Stadt, die äußere Erscheinung der Einwohner auf, die den Völkern der tiefer gelegenen Gegenden in Schnitt und Beschaffenheit ihrer Kleidung weit überlegen schienen. Der um die Schultern gelegte und am Hals geknotete Tilmatli, ein Umhang aus Baumwolle von unterschiedlicher Feinheit, jeweils dem Stande des Trägers entsprechend, und die breite Binde um die Lenden waren oft mit prächtigen, kunstvollen Mustern geziert und mit dunklen Fransen oder Quasten besetzt. Da das Wetter jetzt kühl wurde, traten an die Stelle der baumwollenen zuweilen Überwürfe aus Pelz oder prachtvollem Federwerk. Letztere vereinten den Vorzug großer Wärme mit dem der Schönheit. Die Mexikaner verstanden sich auch darauf, einen feinen Faden aus dem Haar des Kaninchens und anderer Tiere zu spinnen und zu feinem Gewebe zu verarbeiten, das sich dauerhaft einfärben ließ.

Die Frauen schienen, wie auch in anderen Teilen des Landes, ebenso frei umherzugehen wie die Männer. Sie trugen mehrere Röcke oder Unterröcke von verschiedener Länge übereinander, die Säume reich verziert, und darüber zuweilen lose herabwallende Gewänder, die bis an die Knöchel reichten. Auch diese waren bei den wohlhabenderen Ständen aus feiner Baumwolle und mit schönen Stickereien geschmückt. Man trug hier keine Schleier wie in einigen anderen Teilen Anahuacs, wo sie aus Aloefaser oder aus dem obenerwähnten leichten Haargewebe gefertigt waren. Die aztekischen Frauen verbargen ihr Antlitz nicht; ihre rabenschwarzen Flechten flossen ihnen üppig über die Schultern und umrahmten Gesichter, die, wenn auch von dunkler oder vielmehr zimtbrauner Farbe, doch oft anziehend waren und den ernsten, ja schwermütigen Ausdruck hatten, der diesem Volke eigen ist.

Als die Spanier sich dem Tianguez, dem großen Markte, näherten, waren sie erstaunt über die Volksmenge, die dorthin strömte, und als sie auf dem Platz anlangten, wurde ihre Überraschung noch gesteigert angesichts der dort versammelten Menge und der Riesenausmaße des Marktes, der dreimal so groß war wie die berühmte Plaza

Mayor in Salamanca. Hier gaben sich die Handelsleute aus allen Himmelsrichtungen mit den Natur- und Kunsterzeugnissen ihrer Heimat ein Stelldichein: die Goldschmiede aus Azcapotzalco, die Töpfer und Juweliere aus Cholula, die Jäger aus Xilotepec, die Maler aus Texcoco, die Steinschneider aus Tenayuca, die Fischer aus Cuitlahuac, die Obsthändler aus den warmen Gegenden, die Korb- und Stuhlmacher aus Quauhtitlan und die Blumenzüchter aus Xochimilco — alle eifrig damit beschäftigt, ihre Waren anzubieten und mit den Käufern zu feilschen.

Der Marktplatz war von tiefen Säulengängen umgeben und jedem Handelsartikel sein eigenes Revier angewiesen. Hier sah man Baumwolle in Ballen gestapelt oder zu Kleidung und Stoffen für den häuslichen Gebrauch, wie Wandteppichen, Vorhängen, Decken und dergleichen, verarbeitet. Die farbenprächtigen, feinen Gewebe erinnerten Cortez an die Alcaicería, den Seidenmarkt in Granada. Da gab es das Revier der Goldschmiede, wo der Käufer die verschiedensten Gebrauchs- oder Schmuckgegenstände aus Edelmetallen finden konnte, oder eigentümliche Spielereien — die zu erwähnen wir schon Gelegenheit hatten — wie Nachbildungen von Vögeln und Fischen mit Federn und Schuppen abwechselnd aus Gold und Silber und mit beweglichen Köpfen und Leibern. Diese phantastischen kleinen Spielereien waren oft mit Edelsteinen besetzt und zeugten von der gleichen Geduld und kindlichen Erfindungskraft wie etwa die handwerklichen Erzeugnisse der Chinesen.

In einer angrenzenden Abteilung waren allerlei Töpferwaren aufgestellt, grobe und feine; daneben sorgfältig geschnitzte Holzgefäße, lackiert oder vergoldet, von seltsamen und zuweilen recht anmutigen Formen. Auch gab es Kriegsbeile aus mit Zinn legiertem Kupfer; wie sich zeigte, kein schlechter Ersatz für Eisen. Der Krieger fand hier alles, was er zu seinem Handwerk brauchte: den Helm in der Form eines wilden Tierkopfes mit gefletschten Zähnen und gesträubter Mähne, mit dem satten Rot der Koschenille gefärbt; den Escaupil oder gesteppten Baumwollpanzer; den prächtigen Überwurf aus Federarbeit und Waffen aller Art, Speere und Pfeile mit Kupferspitzen und das breite Maquahuitl, das mexikanische Schwert, mit seinen scharfen Itztliklingen. Hier gab es Barbiermesser und Spiegel aus demselben harten, glänzenden Mineral, das bei den Azteken vielfach die Stelle des Stahls vertrat. Auf dem Platz befanden sich auch Buden für Barbiere, die sich bei ihrem Handwerk ebendieser Messer bedienten. Denn entgegen den verbreiteten und irrigen Vorstellungen von den Ureinwohnern der Neuen Welt trugen die Mexikaner Bärte, wenn auch nur spärliche. Andere Läden oder Stände waren Heilkundigen vorbehalten, die mit Drogen, Wurzeln und verschiedenen heilkräftigen Mixturen reichlich versehen waren. Andernorts wieder gab es leere Bücher oder Karten für bilderschriftliche Eintragungen, wie Fächer zusammengelegt und aus Baumwolle oder Häuten gefertigt, meist aber aus den Fasern der Agave, dem aztekischen Papyrus.

In einigen Säulenhallen sahen die Spanier Tierfelle, ungegerbte und zugerichtete, und verschiedene Gegenstände aus Leder für den häuslichen oder persönlichen Gebrauch. Wilde und zahme Tiere wurden zum Verkauf angeboten, und nahe dabei wohl auch ein Trupp Sklaven mit Halsbändern, was darauf deutete, daß sie ebenfalls verkäuflich waren — ein Schauspiel, das sich leider nicht auf die Eingeborenenmärkte von Mexiko beschränkte; doch wurde die Lage der Unglücklichen dort noch durch die Gewißheit verschlimmert, daß ein Leben der Erniedrigung jeden Augenblick mit dem schrecklichen Opfertod enden konnte.

Ich darf indes die reichen Lebensmittelvorräte nicht unerwähnt lassen, die zu den reizvollsten Anblicken des Tianguez gehörten: Fleischwaren aller Art, Hausgeflügel, Wildbret aus den benachbarten Bergen, Fische aus den Seen und Flüssen, Früchte in der ganzen köstlichen Überfülle dieser gemäßigten Landstriche, grünes Gemüse und der nirgends fehlende Mais. Da gab es auch manche bereits zubereitete Speise, deren würziger Duft die Eßlust des müßig Vorübergehenden reizte: Backwerk, Maisbrot und Eingemachtes. Daneben wurden erfrischende oder anregende Getränke angeboten: das würzige, schaumige Chocolatl mit dem köstlichen Vanilleduft und der berauschende Pulque, der gegorene Saft der Agave. Alle diese Waren, jeder Stand und jede Halle waren mit Blumen geschmückt, ja fast darunter begraben.

Zum Teil wurde Tauschhandel getrieben, meist aber in der landesüblichen Währung bezahlt. Die Zahlungsmittel waren kleine Stücke Zinn mit einem aufgeprägten Zeichen gleich einem T, Säcke mit Kakao, deren Wert von ihrer Größe abhing, und endlich mit Goldstaub gefüllte Federkiele. Es nimmt uns wunder, daß die Azteken bei ihren Geschäften keine Waagschalen und Gewichte gekannt haben. Die Menge wurde nach Maß und Zahl bestimmt.

Kurzum, auf dem Tianguez von Mexiko sahen die Spanier alle im

Lande zerstreuten Strahlen der Kultur in *einen* Brennpunkt gesammelt. Die Zahl der hier vereinten Menge schätzten sie auf nicht geringer als vierzigtausend. Dabei herrschte die vollkommenste Ordnung; Beamte der Marktpolizei führten Betrüger dem Gericht zu, das sie im Schnellverfahren zu strengen Strafen verurteilte.

Von diesem lärmenden Schauplatz begaben sich die Spanier zu dem großen Teocalli in der Nähe ihrer eigenen Unterkünfte. Die weite Fläche, in deren Mitte er stand, war umschlossen von einer ungefähr acht Fuß hohen Mauer aus Stein und Mörtel, die auf der Außenseite mit Schlangenreliefs geschmückt war, wovon sie den Namen ›Schlangenmauer‹, coatepantli, erhielt. Die Mauer bildete ein Viereck und war von ungeheuren, mit Zinnen gekrönten Torwegen durchbrochen, die auf die vier Hauptstraßen der Stadt hinausführten. Über jedem Tor befand sich eine Art Rüstkammer, mit Waffen und Kriegsgerät gefüllt; und wenn wir dem Bericht der Eroberer glauben dürfen, grenzten Soldatenquartiere daran, mit einer Besatzung von zehntausend Kriegern, die als Schutztruppe für die Hauptstadt dienten und dem Kaiser im Fall eines Aufruhrs einen starken Arm verliehen.

Der Teocalli selbst war ein massiver Pyramidenbau aus Erde und Kies, außen mit behauenen Steinen belegt, wahrscheinlich von der gleichen leichten, porösen Art, wie man sie bei den Gebäuden der Stadt verwendete. Er war vermutlich quadratisch, die Seiten nach den vier Himmelsrichtungen ausgerichtet, und in fünf Stufen oder Stockwerke unterteilt, die nach oben zu jeweils etwas zurückwichen, so daß die Grundflächen immer kleiner wurden. Eine Treppe führte hinauf bis an die schmale Stufe oder Plattform am Fuß des zweiten Stockwerks; von dort ging es rings um das Gebäude herum, wo dann eine zweite Treppe zu einem ähnlichen Absatz am Fuß des dritten Stockwerks führte. Die Breite dieses Umgangs gewährte gerade so viel Raum, wie durch das zurücktretende darüberliegende Stockwerk frei gelassen wurde. Diese Bauweise zwang den Besucher, viermal um das ganze Gebäude herumzugehen, um hinaufzugelangen. Bei religiösen Festen war es daher höchst wirkungsvoll, wenn der prunkvolle Zug der Priester unter wilden Gesängen um die ungeheuren Seiten der Pyramide dahergeschritten kam und im Angesicht der staunenden Menge höher und höher bis zum Gipfel stieg.

Als Cortez vor dem Teocalli angekommen war, fand er zwei Priester und einige Kaziken vor, die von Montezuma beauftragt waren, ihm die Mühe des Aufstiegs zu ersparen und ihn auf den Schultern zu tragen, auf die gleiche Weise, wie es mit dem Kaiser geschehen war. Aber der Befehlshaber lehnte diese Höflichkeit ab und zog es vor, an der Spitze seiner Leute hinaufzusteigen. Als sie den Gipfel erreicht hatten, fanden sie eine weite, mit breiten flachen Steinen gepflasterte Plattform vor. Der erste Gegenstand, der sich ihren Blicken darbot, war ein großer Jaspisblock, dessen eigentümliche Form anzeigte, daß es der Stein war, auf den die Leiber der unglücklichen Schlachtopfer hingestreckt wurden. Seine gewölbte Oberfläche erleichterte, indem sie die Brust des Opfers hob, dem Priester seine teuflische Aufgabe, das Herz herauszureißen. Am anderen Ende des Platzes befanden sich zwei turmartige Heiligtümer, aus drei Stockwerken bestehend, das unterste aus verputztem Stein, die beiden oberen aus kunstvoll mit Schnitzereien verziertem Holz. Im unteren Geschoß standen die Bilder ihrer Götter; die Räume darüber enthielten Gerätschaften für ihre Gottesdienste und die Asche einiger aztekischer Fürsten. Vor jedem dieser Heiligtümer stand ein Altar mit dem immer brennenden Feuer, dessen Erlöschen dem Reich ebensoviel Unheil verhieß wie das der vestalischen Flamme im alten Rom. Hier befand sich auch die ungeheure walzenförmige Trommel aus Schlangenhaut, die nur bei besonderen Gelegenheiten gerührt wurde, wo sie dann einen düsteren Ton von sich gab, den man meilenweit hören konnte — ein in späteren Zeiten für die Spanier unheilvoller Klang.

Montezuma, von dem Hohenpriester begleitet, trat herzu, um Cortez zu empfangen, als dieser die Gipfelfläche erstiegen hatte. »Du bist müde, Malintzin«, sagte er, »vom Erklimmen unseres großen Tempels.« Aber Cortez versicherte ihm mit kluger Prahlerei: »Die Spanier ermüden niemals.« Darauf nahm ihn der Kaiser bei der Hand und wies ihm die umliegenden Ortschaften. Da die Tempelpyramide, auf der sie standen, sich hoch über alle Gebäude der Hauptstadt erhob, gewährte sie die weiteste und reichste Aussicht. Unter ihnen lag die Stadt wie eine Landkarte ausgebreitet. Sie konnten deutlich die ebenmäßige Anlage mit den Hauptstraßen erkennen, die gleichsam den vier Toren der Coatepantli entsprangen und sich mit den Dammwegen vereinigten, welche die großen Zugänge zur Hauptstadt bildeten.

Cortez bat nun Montezuma um die Erlaubnis, die Heiligtümer betreten zu dürfen, um die Bilder seiner Götter zu sehen. Nach einer kurzen Beratung mit den Priestern willigte der Kaiser ein und führte die Spanier in das Gebäude. Sie befanden sich in einem geräumigen Gemach; die Wände waren mit Stuck verkleidet, aus dem verschiedene Figuren herausgearbeitet waren, vielleicht eine Darstellung des mexikanischen Kalenders oder des priesterlichen Tempeldienstes. Am einen Ende des Raumes befand sich eine Vertiefung mit einem reich ausgeschnitzten und vergoldeten Holzdach darüber. Vor dem Altar in diesem Heiligtum stand die riesige Bildsäule des Huitzilopochtli, des Schutz- und Kriegsgottes der Azteken. Sein Gesicht war zu einer scheußlichen Grimasse verzerrt, deren symbolische Bedeutung den Spaniern freilich verschlossen blieb. In der rechten Hand schwang er einen Bogen, die linke hielt ein Bündel goldener Pfeile, die eine dunkle Legende zu den Siegen seines Volkes in Beziehung setzte. Eine Schlange aus Perlen und Edelsteinen schlang sich in gewaltigen Windungen um die Mitte seines Leibes, und sein ganzer Körper war mit demselben kostbaren Zierat übersät. Den linken Fuß schmückten die zarten Federn des Kolibris, der, sonderbar genug, der schrecklichen Gottheit ihren Namen gab. Der auffallendste Schmuck war eine Kette aus abwechselnd goldenen und silbernen Herzen, die ihm um den Hals hing, auf das Opfer deutend, das er am meisten liebte. Ein noch eindeutigeres Zeugnis dafür waren drei dampfende, fast noch klopfende Menschenherzen, die, als wären sie eben erst aus den Schlachtopfern gerissen worden, auf dem Altar vor ihm lagen.

Das andere Heiligtum war einer sanfteren Gottheit geweiht. Es war Tezcatlipoca, der die Welt erschaffen hatte und mit göttlicher Fürsorge darüber wachte. Er wurde als junger Mann dargestellt, und seine Bildsäule aus glänzendem schwarzem Stein war reich mit Gold belegt und mit allerlei Zierat geschmückt, worunter ein Schild, so blank wie ein Spiegel, das sprechendste Sinnbild war; sah er doch darin alle Vorgänge in der Welt abgespiegelt. Aber die Verehrung dieses Gottes nahm durchaus nicht immer gesittetere und mildere Formen an als die Huldigung, die man seinem blutdürstigen Bruder zollte; denn auch auf seinem Altar sah man fünf blutende Herzen auf einer goldenen Platte liegen.

Die Wände beider Heiligtümer waren mit geronnenem Menschenblut befleckt. ›Der Gestank war unerträglicher‹, ruft Díaz aus, ›als in den Schlachthäusern Kastiliens!‹ Und die wilden hin und her huschenden Gestalten der Priester mit ihren dunklen, blutstarrenden Gewändern erschienen den Spaniern als die leibhaftigen Diener Satans.

Als sie aus diesen widerlichen Stätten glücklich wieder ins Freie gelangt waren, wendete sich Cortez an Montezuma und sagte lächelnd: »Ich begreife nicht, wie ein so großer und weiser Fürst an solch böse Geister wie diese Götzenbilder, die Stellvertreter des Teufels, glauben kann! Wenn du uns nur erlauben wolltest, hier das wahre Kreuz aufzurichten und die Bilder der Heiligen Jungfrau und ihres Sohnes in deinen Heiligtümern aufzustellen, so würdest du bald deine falschen Götter vor ihnen erzittern sehen!«

Montezuma war höchst aufgebracht über diese lästerliche Rede. »Es sind die Götter«, antwortete er, »welche die Azteken, seit sie ein Volk sind, zum Siege geführt und ihnen im Jahreslauf Saatzeit und Ernte gegeben haben. Hätte ich gewußt, daß du ihnen solche Schmach antun würdest, so hätte ich dir nicht den Zutritt zu ihnen gewährt.«

Cortez versicherte dem Kaiser, er bedaure es, seine Gefühle verletzt zu haben und verabschiedete sich von ihm. Montezuma blieb zurück; wenn möglich, sagte er, müsse er das Verbrechen sühnen, die Heiligtümer seiner Gottheiten solcher Entweihung durch die Fremdlinge ausgesetzt zu haben.

Nachdem die Spanier wieder in den Hof hinabgestiegen waren, betrachteten sie mit Muße die anderen Gebäude innerhalb der Einfriedung. Hier befand sich auch ein Heiligtum des Quetzalcoatl, ein runder Bau, dessen Eingang einem scharfgezahnten, von Blut triefenden Drachenmaul nachgebildet war. Als die Spanier einen flüchtigen Blick in den Rachen des schrecklichen Ungeheuers warfen, sahen sie Opfergeräte und andere abscheuerregende Gegenstände. Ihre kühnen Herzen schauderten bei diesem Anblick, und sie gaben dem Ort den nicht unangemessenen Namen ›Hölle‹.

Noch ein anderer Bau sei hier erwähnt, weil er bezeichnend ist für die gewalttätige Art der aztekischen Religionsausübung. Es war ein pyramidenförmiger Erdwall oder Hügel, auf dessen breitem Gipfel sich ein riesiges Balkengerüst befand. Auf diesem war eine ungeheure Anzahl Menschenschädel aufgereiht, deren unselige Besitzer, meist Kriegsgefangene, auf dem schrecklichen Opferstein umgekommen waren. Einer der Soldaten brachte die Geduld auf, die grausigen Trophäen zu zählen, und berichtete, es seien 136000 gewesen.

Der Anblick der indianischen Greuel scheint bei den Spaniern ein lebendigeres Gefühl für ihre eigene Religion entfacht zu haben; denn am folgenden Tage baten sie Montezuma um die Erlaubnis, eine der ihnen zugewiesenen Hallen in eine Kapelle verwandeln zu dürfen, um dort ihre Gottesdienste abhalten zu können. Der Kaiser, in dessen Herzen sich der Groll bald gelegt zu haben scheint, gab sogleich seine Einwilligung und schickte ihnen einige seiner eigenen Handwerker, die ihnen bei der Arbeit helfen sollten.

Während sie damit beschäftigt waren, bemerkten einige Spanier eine Stelle, die wie eine frischverputzte Tür anmutete. Es ging das Gerücht, daß Montezuma noch die Schätze seines Vaters, des Königs Axayacatl, in diesem alten Palast aufbewahre. Die Spanier, die davon gehört hatten, machten sich kein Gewissen daraus, ihre Neugier durch das Abschlagen des Putzes zu befriedigen. Wie sie vermutet hatten, verbarg er eine Tür. Als sie diese erbrachen, fanden sie, daß das Gerücht nicht übertrieben hatte. Sie erblickten eine große Halle, angefüllt mit kostbaren, schönen Stoffen, den verschiedensten Zeugnissen aller möglichen Kunstfertigkeiten, Gold und Silber in Barren und in rohem Erz und viele wertvolle Edelsteine. Es war der Privatschatz Montezumas, vielleicht die Abgaben tributpflichtiger Städte, und einst das Eigentum seines Vaters. ›Ich war ein junger Mensch‹, sagte Díaz, der unter denen war, die es zu sehen bekamen, ›und mir schien, alle Reichtümer der Welt seien in jenem Raum aufgehäuft.‹ Ungeachtet ihrer freudigen Erregung bei der Entdeckung des kostbaren Hortes schienen die Spanier jedoch, wenigstens für den Augenblick, gewisse löbliche Bedenken verspürt zu haben, ihn sich zu ihrem eigenen Gebrauch anzueignen. Und Cortez, nachdem er die Mauer wieder wie vorher verschlossen hatte, gab den strengen Befehl, nicht von der Sache zu sprechen; denn keinesfalls dürfe es Montezuma zu Ohren kommen, daß seine Gäste von dem Schatz wußten.

3

Die Spanier waren nun schon eine Woche in Mexiko. Während dieser Zeit hatten sie vom Kaiser die freundlichste Behandlung erfahren. Aber Cortez war keineswegs ruhig. Er fühlte, daß es ganz ungewiß war, wie lange die freundliche Stimmung anhielt; hundert Umstände konnten eintreten, sie zu verändern. Er mochte sich wohl auch sagen, daß die Erhaltung der vielen Fremden der Staatskasse lästig werden dürfte. Die Bevölkerung der Hauptstadt konnte über die Anwesenheit einer so großen bewaffneten Streitmacht innerhalb ihrer Mauern mißvergnügt werden. Vieles konnte zum Zwiespalt zwischen Soldaten und Bürgern führen. Auch war es in der Tat kaum möglich, ein rohes, übermütiges Kriegsvolk wie die Spanier ohne ausfüllende Tätigkeit lange im Zaum zu halten. Die Gefahr war noch größer bei den Tlaxcalteken, einem wilden Stamm, der jetzt mit dem Volk, das ihn verabscheute, täglich in Berührung kam. Schon gingen — ob begründet oder nicht — bei den Verbündeten Gerüchte um von Gemurr unter den Mexikanern und von Drohungen, die Brücken aufzuziehen.

Cortez war seinem Ziel, die Hauptstadt zu gewinnen, was für die geplante Unterjochung des Landes so wichtig war, um keinen Schritt näher gerückt; und jeden Tag konnte die Nachricht eintreffen, daß die Krone oder — was er am meisten fürchtete — der Gouverneur von Kuba eine Streitmacht von überlegener Stärke ausgesandt habe, um ihm den nur halb errungenen Sieg zu entreißen. Von diesen Sorgen beunruhigt, beschloß er, sich durch einen einzigen kühnen Streich aus seiner mißlichen Lage zu befreien. Vorher aber unterbreitete er den Plan einem Rat derjenigen Offiziere, in die er das meiste Vertrauen setzte; denn er wollte sie für das Vorhaben mitverantwortlich machen und hoffte zweifellos, ein um so lebhafteres Interesse an dem Unternehmen zu erwecken, wenn er es gewissermaßen zum Ergebnis ihrer gemeinsamen Beratung machte.

Als der Befehlshaber die Schwierigkeiten ihrer Lage kurz dargestellt hatte, war der Rat geteilter Meinung. Alle gaben zu, daß unverzüglich etwas geschehen müsse. Die einen waren dafür, sich heimlich aus der Stadt zurückzuziehen und die Dammwege zu überschreiten, ehe ihnen der Weg abgeschnitten werden könne. Andere rieten, dies offen, mit Wissen des Kaisers zu tun, von dessen Wohlwollen sie so viele Beweise empfangen hätten. Aber beide Maßnahmen schienen gleich unklug. Ein Rückzug unter diesen Umständen, und ein so plötzlicher, würde wie Flucht aussehen. Man würde ihn als Mißtrauen auslegen, und jeder Anschein von Furchtsamkeit auf ihrer Seite würde nicht nur einen Angriff der Mexikaner heraufbeschwören, sondern ihnen auch die Verachtung ihrer Bundesgenossen eintragen, die ohne Zweifel in das allgemeine Geschrei einstimmen würden.

Und was Montezuma betraf, welches Vertrauen konnten sie in den Schutz eines Fürsten setzen, der noch vor so kurzer Zeit ihr Feind gewesen war und den zu seinem veränderten Benehmen eher Furcht als Neigung bestimmt haben mußte?

Selbst wenn es ihnen gelänge, die Küste zu erreichen, wäre ihre Lage dadurch wenig gebessert. Es hieße der Welt verkünden, daß sie nach all ihren hochmütigen Prahlereien dem Unternehmen nicht gewachsen waren. Ihre Hoffnung auf die Gunst ihres Landesherrn und auf Verzeihung ihres eigenmächtigen Vorgehens konnte sich einzig und allein auf Erfolg gründen. Bis jetzt hatten sie Mexiko nur entdeckt; sich nun zurückziehen hieße die Eroberung und deren Früchte einem anderen überlassen. — Kurz, Bleiben und Rückzug schienen in gleichem Maße unheilvoll zu sein.

In dieser Verlegenheit schlug Cortez einen Ausweg vor, wie ihn nur größte Kühnheit in der verzweifeltsten Lage ersinnen konnte. Sein Plan war, zum kaiserlichen Palast zu marschieren und Montezuma nach den spanischen Quartieren zu bringen, auf friedliche Weise, wenn sie ihn überreden könnten, nötigenfalls durch Gewalt — auf jeden Fall aber, sich seiner Person zu bemächtigen. Mit einem solchen Pfand in Händen würden die Spanier vor dem Angriff der Mexikaner sicher sein, die fürchten müßten, durch Gewalttaten die Sicherheit ihres Fürsten aufs Spiel zu setzen. Käme er freiwillig, so erübrigte sich jeder Vorwand. Solange der Kaiser bei den Spaniern bliebe, wäre es, wenn man ihm nur einen Schein von Souveränität ließe, ein leichtes, in seinem Namen zu regieren, bis sie Maßnahmen für ihre Sicherheit und den Erfolg ihres Unternehmens getroffen hätten. Die zur Beratung berufenen Offiziere billigten den Plan des Befehlshabers, und man beschloß seine Ausführung.

Einen glaubhaften Vorwand für die Gefangennahme des gastfreundlichen Herrschers — denn auch die schamloseste Handlung sucht sich mit einem Schein von Recht zu bemänteln — lieferte ein Umstand, von dem Cortez in Cholula unterrichtet worden war. Wie wir wissen, hatte er bei seinem Aufbruch nach der Hauptstadt einen treuen Offizier, Juan de Escalante, mit hundertfünfzig Mann als Besatzung in Veracruz zurückgelassen. Er war noch nicht lange fort, als es wegen der Ermordung zweier Spanier zu einer Schlacht mit einem verräterischen Kaziken namens Quauhpopoca gekommen war, in der mehrere Christen fielen, darunter der tapfere Escalante selbst. Ein weiterer Spanier war in Gefangenschaft geraten, aber bald an seinen Wunden gestorben. Die Indianer hatten ihm den Kopf abgeschnitten und diesen an Montezuma geschickt, der sich jedoch mit Schauder davon abgewandt und befohlen hatte, ihn aus der Stadt zu schaffen und nicht etwa einem seiner Götter als Opfer darzubringen.

Dieser Vorfall, den Cortez bisher schweigend für sich behalten hatte, sollte jetzt als Vorwand dienen.

Nachdem er bei Montezuma Gehör verlangt hatte, was sogleich gewährt wurde, traf der Befehlshaber die nötigen Vorkehrungen für sein Unternehmen. Der Hauptteil seiner Streitmacht war im Hofe versammelt; zugleich stellte er eine ansehnliche Abteilung an den Zugängen zum Palast auf, um jeden Befreiungsversuch des Volkes zu vereiteln. Fünfundzwanzig oder dreißig Soldaten wies er an, während seiner Unterredung mit Montezuma wie zufällig, jeweils zu dritt oder zu viert in den Palast zu gehen. Zu seiner Begleitung erwählte er fünf Ritter, in deren Mut und Kaltblütigkeit er großes Vertrauen setzte: Pedro de Alvarado, Gonzalo de Sandoval, Francisco de Lujo, Velázquez de León und Alonso de Ávila — glänzende Namen in den Annalen der Eroberung. Alle, auch die gemeinen Soldaten, waren vollständig bewaffnet, ein zu gewohnter Anblick, als daß er hätte Argwohn erregen können.

Die kleine Gesellschaft wurde vom Kaiser gnädig empfangen, und dieser ließ sich mit Hilfe der Dolmetscher bald in eine muntere Unterhaltung mit den Spaniern ein, während er sie, seiner natürlichen Freigebigkeit folgend, mit Gold und Edelsteinen beschenkte. Er erwies dem spanischen Befehlshaber die besondere Ehre, ihm eine seiner Töchter zur Frau anzubieten; eine Auszeichnung, die Cortez respektvoll mit der Begründung ablehnte, er habe in Kuba schon eine Frau, und seine Religion verbiete die Vielweiberei.

Als Cortez seine Soldaten in hinreichender Zahl versammelt sah, änderte er sein Benehmen und hielt Montezuma kurz und bündig und in ernstem Ton das verräterische Vorgehen in der Tierra caliente vor, das man ihm zur Last lege. Der Kaiser hörte die Beschuldigung mit Erstaunen an und wies die Tat, die ihm, wie er sagte, nur von seinen Feinden habe beigemessen werden können, weit von sich. Cortez erklärte, er glaube seiner Versicherung, setzte aber hinzu, um die Wahrheit derselben zu beweisen, sei es nötig, Quauhpopoca und seine Komplicen holen zu lassen, damit man sie verhören und dann nach ihrem Verdienst mit ihnen verfahren könne. Montezuma hatte nichts dagegen einzuwenden. Er nahm vom Handgelenk, daran er befestigt war, einen kostbaren Stein, das kaiserliche Siegel, auf welchem der Kriegsgott eingeschnitten war, und gab ihn einem seiner Edelleute mit dem Auftrag, ihn dem aztekischen Kaziken zu zeigen und diesen aufzufordern, unverzüglich mit all denen, die an der Ermordung der Spanier teilgenommen, in der Hauptstadt zu erscheinen. Falls er sich weigerte, war sein Abgesandter ermächtigt, in den benachbarten Städten Hilfe zu holen, um den Befehl durchzusetzen.

Als der Bote fort war, versicherte Cortez dem Herrscher, die schnelle Gewährung seiner Bitte überzeuge ihn von Montezumas Unschuld. Doch sei es wichtig, daß sein Landesherr die gleiche Überzeugung gewinne. Das würde aber durch nichts besser befördert werden, als indem Montezuma seinen Wohnsitz so lange in den von den Spaniern bewohnten Palast verlege, bis nach der Ankunft Quauhpopocas die Sache gründlich geklärt werden könne. Ein solcher Akt des Entgegenkommens würde schon an sich von einer persönlichen Achtung für die Spanier zeugen, unvereinbar mit dem niederträchtigen Vorgehen, das man ihm zur Last lege, und ihn von jedem Verdacht reinigen.

Montezuma hörte diesen Vorschlag und die fadenscheinigen Argumente, mit denen er verbrämt war, in höchstem Erstaunen an. Er wurde leichenblaß; aber im nächsten Augenblick überflog Zornesröte sein Gesicht, und mit dem Stolz beleidigter Würde rief er aus: »Wann hat man jemals gehört, daß ein großer Fürst wie ich seinen eigenen Palast freiwillig verlassen hat, um ein Gefangener in den Händen von Fremden zu werden?«

Cortez versicherte ihm, er werde nicht als Gefangener dorthin gehen. Er werde nur die ehrfurchtsvollste Behandlung von den Spaniern erfahren; sein eigener Hofstaat solle ihn umgeben, und ungehindert könne er wie sonst Umgang mit seinem Volke pflegen. Kurz, es wäre nur die Verlegung seiner Residenz aus einem seiner Paläste in einen andern, was ja bei ihm häufig genug vorkomme. — Es war vergebens. »Wenn auch ich in eine solche Erniedrigung willigte«, antwortete Montezuma, »meine Untertanen würden es niemals zulassen!« Als man weiter in ihn drang, erbot er sich, den Spaniern einen seiner Söhne oder eine Tochter als Geisel zu geben, damit ihm selbst die Schande erspart bleibe.

Zwei Stunden vergingen mit dieser fruchtlosen Unterhandlung, bis ein heißblütiger Ritter, Velázquez de León, des langen Zögerns müde und wohl erkennend, daß der Anschlag, wenn er nicht zur Tat würde, sie verderben müsse, ausrief: »Warum verschwenden wir Worte an diesen Wilden? Wir sind zu weit gegangen, um jetzt zurückzuweichen. Laßt uns ihn festnehmen und, wenn er sich widersetzt, ihn mit unsern Schwertern durchbohren!« Der wilde Ton und die drohenden Gebärden, welche die Worte begleiteten, beunruhigten den Herrscher, und er fragte Marina, was der zornige Spanier sage. Die Dolmetscherin erklärte es ihm auf möglichst milde Weise und bat ihn eindringlich, doch die weißen Männer in ihr Quartier zu begleiten, wo man ihn mit aller Ehrfurcht und Güte behandeln werde, während seine Weigerung ihm Gewalt, ja vielleicht gar den Tod zuziehen könne.

Diese letzte Mahnung erschütterte Montezumas Entschlossenheit. Vergebens hielt der unselige Fürst nach Mitgefühl oder Hilfe Ausschau. Als sein Blick die harten Gesichter und eisernen Gestalten der Spanier streifte, wußte er, daß seine Stunde geschlagen hatte, und mit vor Bewegung kaum hörbarer Stimme willigte er darein, die Fremden zu begleiten — den Palast zu verlassen, in den er niemals zurückkehren sollte. Hätte er den Mut des ersten Montezuma besessen, so würde er seine Wachen herbeigerufen und eher sein Leben auf der Schwelle verblutet als zugegeben haben, daß man ihn als entehrten Gefangenen hinüberschleppte. Aber seine Kraft erlahmte unter den gegenwärtigen Umständen. Er fühlte, daß er das Werkzeug eines unausweichlichen Schicksals war.

Kaum hatten die Spanier seine Einwilligung erlangt, als sie befahlen, die kaiserliche Sänfte herbeizubringen. Die Edelleute, die sie trugen und begleiteten, konnten kaum ihren Sinnen trauen, als sie die Absicht ihres Gebieters erfuhren. Aber jetzt kam Montezuma der Stolz zu Hilfe, und da er gehen mußte, erweckte er lieber den Anschein, es geschehe aus freiem Willen. Als der kaiserliche Gefangene, von den Spaniern begleitet, mit niedergeschlagenen Augen und betrübter Miene durch die Straßen getragen wurde, strömte das Volk zusammen, und das Gerücht verbreitete sich, der Kaiser werde mit Gewalt in die Wohnungen der weißen Männer entführt. Ein Aufruhr wäre ausgebrochen, wenn Montezuma sich nicht selbst ins Mittel gelegt und dem Volk zugerufen hätte, es möchte auseinandergehen, da er seine Freunde aus eigenem Antrieb besuche; so besiegelte er seine Schmach durch eine Erklärung, die seinen Untertanen jeden Grund zum Widerstand nahm. Als er im spanischen Quartier angelangt war, sandte er seine Edelleute mit ähnlichen Versicherungen zu der aufgeregten Volksmenge und wiederholte seinen Befehl, daß alle nach Hause gehen sollten.

Er wurde von den Spaniern mit betonter Ehrerbietung empfangen und wählte sich eine Reihe von Gemächern aus, die ihm am meisten zusagten. Sie wurden sogleich mit feinen baumwollenen Wandteppichen, Federmosaik und allem Aufwand indianischer Tapezierkunst ausgestattet. Seine Umgebung bestand aus den von ihm bestimmten Mitgliedern seines Hofstaates, seinen Frauen und Edelknaben, und bei seinen Mahlzeiten herrschte der gewohnte Aufwand und Luxus. Wie in seinem eigenen Palast gab er seinen Untertanen Audienz, wenn auch freilich unter dem Vorwand von Ordnung und Schicklichkeit immer nur wenige zu gleicher Zeit zu ihm gelassen wurden. Von den Spaniern selbst wurde er mit förmlicher Ehrerbietung behandelt. Keiner, nicht einmal der Befehlshaber selbst, näherte sich ihm, ohne den Helm abzunehmen und die seinem Range zukommende Verneigung zu vollführen. Auch setzten sie sich niemals in seiner Gegenwart, ohne von ihm dazu aufgefordert zu sein.

Bei aller wohlüberlegten Förmlichkeit und zur Schau getragenen Huldigung gab es jedoch einen Umstand, der dem Volk nur allzu deutlich verriet, daß sein Gebieter ein Gefangener war. Vor dem Palast war eine Wachmannschaft von sechzig Mann stationiert, eine ebenso starke hinter demselben. Zwanzig Mann von jeder Abteilung bezogen jeweils die Wache und waren Tag und Nacht auf ihren Posten. Ein anderer Trupp unter Velázquez de Leóns Befehl war im kaiserlichen Vorzimmer postiert. Cortez strafte jede Pflichtvergessenheit oder Nachlässigkeit bei diesen Schildwachen mit äußerster Strenge. Er wußte, und gewiß jeder Spanier mit ihm, daß das Entkommen des Kaisers ihr Verderben sein würde. Aber dieses ununterbrochene Wachehalten war eine harte zusätzliche Belastung. Verletzungen des schuldigen Respekts waren indes selten. Vielmehr flößte das freundliche Benehmen des Herrschers, der an der Gesellschaft seiner Kerkermeister Gefallen zu finden schien und nie eine Gefälligkeit oder Aufmerksamkeit auch nur des geringsten Soldaten unbelohnt ließ, den Spaniern so viel Sympathie ein, wie sie — für einen Barbaren — nur aufzubringen vermochten.

So lagen die Dinge, als die Ankunft Quauhpopocas gemeldet wurde. Sein Sohn und fünfzehn aztekische Häuptlinge begleiteten ihn. Er hatte, seinem hohen Range gemäß, den ganzen Weg in einer Sänfte zurückgelegt.

Der aztekische Statthalter wurde von seinem Gebieter kalt empfangen, und dieser übertrug die ganze Angelegenheit — was blieb ihm anderes übrig? — Cortez zur Untersuchung. Es wurde recht kurzer

Prozeß gemacht. Der Azteke leugnete seinen Anteil an der Tat nicht und suchte sich auch nicht hinter der kaiserlichen Autorität zu verschanzen; doch als das Todesurteil über ihn und sein Gefolge gefällt wurde, da schoben alle die Verantwortung für ihr Vergehen Montezuma zu. Sie wurden dazu verurteilt, auf dem Platz vor dem Palast lebendig verbrannt zu werden. Die Scheiterhaufen wurden aus Pfeilen, Wurfspießen und anderen Waffen aufgetürmt, die man mit des Kaisers Erlaubnis den Rüstkammern rings um den großen Teocalli entnahm, wo sie für etwa ausbrechende Unruhen oder Revolten als Verteidigungsmittel bereitgelegen hatten. Durch diese kluge Vorsichtsmaßnahme wollte Cortez für den Fall von Feindseligkeiten mit den Bürgern ein gefährliches Arsenal aus dem Wege räumen.

Um dieses ganze außerordentliche Verfahren noch zu überbieten, ging Cortez, während die Vorbereitungen zur Hinrichtung getroffen wurden, ins Gemach des Kaisers, begleitet von einem Soldaten, der Fußschellen in den Händen trug. Mit strenger Miene beschuldigte er den Herrscher, der eigentliche Urheber der Gewalttat gegen die Spanier zu sein, wie es jetzt durch die Erklärung seiner eigenen Handlanger erwiesen sei. Ein solches Verbrechen, todeswürdig bei einem Untertan, könne auch bei einem Landesherrn nicht ohne Strafe hingehen. Nach diesen Worten befahl er dem Soldaten, Montezuma die Fesseln anzulegen. Er wartete kaltblütig, bis es geschehen war; dann kehrte er dem Herrscher den Rücken und verließ das Zimmer.

Montezuma ließ diesen letzten Schimpf sprachlos geschehen. Er war wie durch einen heftigen Schlag niedergestreckt, aller seiner Sinne beraubt. Er leistete keinen Widerstand. Doch obwohl er nicht ein Wort sprach, verriet doch leises, halb unterdrücktes Stöhnen von Zeit zu Zeit seine Seelenqual. Seine Diener, in Tränen gebadet, sprachen ihm Trost zu. Sie hielten seine Füße zärtlich in ihren Armen und bemühten sich, mit Hilfe ihrer Tücher und Umhänge den Druck des Eisens zu lindern. Aber das Eisen, das in seine Seele gedrungen war, konnten sie nicht erreichen. Er fühlte, daß er nicht mehr Kaiser war.

Währenddessen ging im Hof die Vollstreckung des schrecklichen Urteils vor sich. Die ganze spanische Streitmacht war unter Waffen, um jede etwa versuchte Störung durch die Mexikaner zu verhindern. Aber nichts dergleichen geschah. Die Menge verfolgte das Schauspiel mit stummer Verwunderung und glaubte, der Kaiser selbst habe das Urteil gefällt. Der aztekische Kazike und seine Gefährten, mit Hand und Fuß an die brennenden Pfähle gebunden, unterwarfen sich ohne Schrei oder Klage ihrem furchtbaren Schicksal.

Als das schreckliche Trauerspiel zu Ende war, trat Cortez wiederum in Montezumas Gemach. Er kniete nieder, löste seine Fesseln mit eigenen Händen und drückte ihm zugleich sein Bedauern darüber aus, daß er sich der unangenehmen Pflicht habe unterziehen müssen, dem Kaiser eine solche Strafe aufzuerlegen. Diese letzte Schmach hatte Montezuma völlig gebrochen; und derselbe Herrscher, dessen Stirnrunzeln noch vor einer Woche die Völker Anahuacs bis an die fernsten Grenzen hätte erzittern lassen, war nun so verzagt, daß er seinem Befreier für seine Freiheit wie für eine große, unverdiente Gnade dankte.

Kurz darauf erklärte der spanische Befehlshaber, dem der kaiserliche Gefangene nun genug gedemütigt schien, er sei bereit, ihn, wenn er es wünsche, in seinen Palast zurückkehren zu lassen. Montezuma lehnte es ab und soll als Grund angeführt haben, seine Edelleute hätten ihn mehr als einmal beschworen, seine Schmach mit den Waffen an den Spaniern zu rächen; wenn er sich wieder in ihrer Mitte befände, würde es ihm schwerfallen, dies zu vermeiden und seine Hauptstadt vor Blutvergießen und Aufruhr zu bewahren.

In gut gespielter oder echter Begeisterung umarmte ihn der Befehlshaber, indem er ihm versicherte, er liebe ihn wie einen Bruder, und alle Spanier würden eifrig auf sein Wohl bedacht sein, da er sich so besorgt um das ihre zeige. ›Honigsüße Worte‹, sagt der kluge alte Chronist, der zugegen war, ›die Montezuma weise nach ihrem wahren Wert zu schätzen wußte.‹

4

Die Niederlassung Villa Rica de Vera Cruz war für die Spanier von größter Bedeutung. Es war der Hafen, durch den sie mit Spanien in Verbindung blieben; die starke Stellung, auf die sie sich im Fall eines Fehlschlags zurückziehen und von wo aus sie ihre Feinde im Zaume halten und ihren Verbündeten Sicherheit geben konnten; der Stützpunkt für all ihre Unternehmungen im Lande. Es war deshalb wichtig, die Aufsicht darüber in die richtigen Hände zu legen.

Um nach Escalantes Tod den Posten des Statthalters neu zu besetzen, sandte Cortez den jungen Ritter Gonzalo de Sandoval, der während des ganzen Feldzuges besondere Unerschrockenheit, Klugheit und Besonnenheit gezeigt hatte, als Nachfolger vom Lager nach der Küste ab. Er hatte seine Wahl nicht zu bereuen.

Trotz der Macht, welche die Spanier jetzt durch ihren kaiserlichen Gefangenen ausübten, fühlte Cortez doch einiges Unbehagen, wenn er bedachte, daß es jederzeit in der Hand der Indianer lag, seine Verbindungen mit dem umliegenden Lande abzuschneiden und ihn als Gefangenen in der Hauptstadt zurückzuhalten. Er beschloß deshalb, zwei Schiffe von hinreichender Größe zu bauen, um damit seine Streitkräfte über den See zu setzen und sich von den Dammwegen unabhängig zu machen. Montezuma war der Gedanke angenehm, jene wunderbaren ›Wasserhäuser‹ zu sehen, von denen er so viel gehört hatte, und er gab bereitwillig die Erlaubnis, das Holz dazu in den kaiserlichen Waldungen schlagen zu lassen. Die Arbeit wurde der Leitung des Martín López, eines erfahrenen Schiffsbauers, übertragen. Auch wurde Sandoval angewiesen, von der Küste Tauwerk, Segel, Eisen und anderes notwendiges Zubehör zu schicken, das man bei der Zerstörung der Flotte wohlweislich zurückbehalten hatte.

Der aztekische Kaiser verbrachte unterdessen seine Tage im spanischen Quartier nicht viel anders, als er es in seinem eigenen Palast gewohnt gewesen war. Seine Wächter kannten den Wert ihrer Beute zu gut, als daß sie nicht alles aufgeboten hätten, um ihm seine Gefangenschaft angenehm zu machen und sie vor ihm selbst zu verbergen. Aber eine Kette drückt immer, auch wenn sie mit Rosen umwunden ist. Nach Montezumas Frühstück, einem leichten Mahl aus Früchten oder Gemüse, machten ihm Cortez oder einige seiner Offiziere gewöhnlich ihre Aufwartung, um seine Befehle entgegenzunehmen. Dann widmete er einige Zeit den Staatsgeschäften. Er gab Untertanen Gehör, die Bitten vorzutragen oder Streitigkeiten zu schlichten hatten. Die Aussagen der Bittsteller oder Kläger wurden in Bilderschriftrollen aufgezeichnet und einer Anzahl von Räten oder Richtern vorgelegt, die ihm bei solchen Gelegenheiten beistanden. Auch Gesandte aus fremden Ländern oder seinen eigenen entfernten Provinzen und Städten wurden vorgelassen, und die Spanier sorgten dafür, daß der kaiserlichen Puppe gegenüber dasselbe strenge, ausgeklügelte Zeremoniell eingehalten wurde wie in Zeiten, da er noch im Vollbesitz seiner Macht gewesen war.

Montezumas liebenswürdiges und gutmütiges Wesen machte ihn, neben seiner Freigebigkeit, der populärsten aller Tugenden, bei den

Spaniern allgemein beliebt. Der Hochmut, der ihm in glücklichen Zeiten eigen gewesen war, verließ ihn im Unglück. In der Gefangenschaft scheint sein Charakter eine gewisse Veränderung erfahren zu haben, ähnlich wie bei wilden Tieren, die man in eine Menagerie einsperrt.

Trotz der Bemühung, den kaiserlichen Gefangenen vor der Langeweile der Haft zu behüten, warf dieser doch zuweilen sehnsüchtige Blicke über die Mauern seines jetzigen Aufenthalts nach den gewohnten Beschäftigungen und Zerstreuungen. Man gestattete ihm, wenn auch unter starker Bewachung, auf den nunmehr fertiggestellten Brigantinen, den ›schwimmenden Häusern‹, von denen er so viel gehört hatte, über den See zu segeln, und auf dessen jenseitigem Ufer in seinen Waldungen die Freuden der Jagd und damit wenigstens einen Schatten der Freiheit zu genießen, so wie er in seiner Wohnung nur den Schatten des Kaisertums genoß. Auch durfte er, von Rittern und hundertfünfzig Soldaten eskortiert, im großen Teocalli seine Andacht verrichten. Stets kehrte er willig in sein jetziges Heim zurück.

Es läßt sich denken, daß die Spanier die Gelegenheit, die sich durch seinen Aufenthalt bei ihnen bot, nicht versäumten und ihm einige Kenntnisse von der christlichen Lehre beizubringen suchten. Die Patres Díaz und Olmedo erschöpften ihr ganzes Arsenal an Überzeugungskraft und Überredungskunst, um seinen Glauben an die Götzenbilder zu erschüttern; aber vergebens. Zwar schenkte er ihnen eine vielversprechende Aufmerksamkeit, aber die Unterredungen schlossen stets mit der Erklärung, der Gott der Christen sei gewiß gut, doch seien die Götter seines Landes für ihn die wahren Götter.

Während Montezuma sich ohne Kampf in sein unrühmliches Schicksal fügte, gab es Männer, die es mit ganz anderen Gefühlen betrachteten. Zu diesen gehörte sein Neffe Cacama, Herrscher von Texcoco, ein junger Mann von nicht mehr als fünfundzwanzig Jahren, der aber seiner ausgezeichneten Eigenschaften, besonders seines unbeugsamen Mutes wegen in hohem Ansehen stand. Es war derselbe Fürst, der von Montezuma ausgesandt worden war, die Spanier bei ihrer Ankunft im Tal zu bewillkommnen, und der, als die Frage, wie man sie empfangen sollte, zum ersten Mal im Ältestenrat besprochen wurde, empfohlen hatte, sie als Abgesandte eines fremden Fürsten ehrenvoll aufzunehmen; wenn es sich aber erweisen sollte, daß sie etwas anderes waren als vorgegeben, würde noch Zeit genug sein, die Waffen gegen sie zu erheben. Diese Zeit, so glaubte er, war jetzt gekommen.

Das Königreich Texcoco, einst der stolze Nebenbuhler der aztekischen Macht, war beim Tode seines letzten Herrschers Nezahualpilli infolge von Thronfolgestreitigkeiten zwischen dessen Söhnen Cacama und Ixtlilxochitl aufgeteilt und durch Montezumas Ränkespiel erheblich an Gebiet beschränkt worden. Ixtlilxochitl erhielt das nördliche Bergland, Cacama das übrige Gebiet mit der bedeutenden Hauptstadt.

Cacama, der junge Fürst von Texcoco, sah mit Entrüstung und nicht geringer Verachtung die Erniedrigung seines Oheims. Er bemühte sich, ihn zu männlicher Tatkraft zu erwecken, aber vergebens. Daraufhin schloß er ein Bündnis mit einigen benachbarten Kaziken, um seinen Verwandten zu befreien und das verhaßte Joch der Fremden abzuschütteln. Er wendete sich an den Herrscher von Itztapalapan, Montezumas Bruder, an den Herrscher von Tlacopan und andere angesehene Männer, die alle bereitwillig auf seine Pläne eingingen. Dann drängte er die aztekischen Edelleute, sich ihm anzuschließen, aber sie zeigten sich abgeneigt, irgendeinen Schritt ohne des Kaisers Erlaubnis zu tun.

Cortez erfuhr von den Plänen und wollte sofort nach Texcoco aufbrechen, um die Empörung im Keim zu ersticken. Montezuma riet ihm jedoch ab, indem er auf Cacamas Entschlossenheit und dessen gewaltige Streitmacht hinwies. Er forderte den abtrünnigen Kaziken auf, nach Mexiko zu kommen, um durch Verhandlung die Streitigkeiten mit den Spaniern beizulegen, bei denen er sich freiwillig und als Freund aufhalte. Aber der junge Fürst von Texcoco ließ sich nicht auf solche Weise täuschen. Er begriff die Lage seines Oheims und erwiderte, wenn er nach der Hauptstadt komme, so werde es geschehen, um diese sowie den Kaiser selbst und ihre gemeinsamen Götter aus der Knechtschaft zu befreien. Nicht mit verschränkten Armen werde er kommen, sondern die Hand am Schwert, um die verhaßten Fremden zu vertreiben, die solche Schmach über ihr Vaterland gebracht hatten.

Entrüstet über den herausfordernden Ton, wollte Cortez sich wiederum aufmachen, ihn zu strafen, aber Montezuma legte sich mit größerer Klugheit ins Mittel. Er habe, sagte er, mehrere Edelleute aus Texcoco in seinem Sold, und mit deren Hilfe werde es ein leichtes sein, sich der Person Cacamas zu versichern und der Verschwörung ohne Blutvergießen sogleich ein Ende zu machen. Durch die Ränke dieser treulosen Edelleute wurde Cacama verleitet, wegen des geplanten Angriffs eine Beratung in einem Landhause abzuhalten, das unweit seiner Hauptstadt in den See von Texcoco hineingebaut war. Mitten in der Unterredung wurde Cacama von den Verschwörern ergriffen, schnell an Bord einer bereitliegenden Barke geschafft und nach Mexiko gebracht. Vor Montezuma geführt, gab der hochsinnige junge Fürst seine stolze und kühne Haltung keineswegs auf. Er warf seinem Oheim Treulosigkeit und Kleinmut vor, die seines früheren Charakters und des königlichen Hauses, dem er entstamme, unwürdig seien. Er wurde vom Kaiser an Cortez verwiesen, der die königliche Würde in einem indianischen Fürsten nicht hoch veranschlagte und ihm Fesseln anlegen ließ.

Zu der Zeit befand sich in Mexiko ein Bruder Cacamas, kaum erwachsen und viel jünger als jener. Auf Cortez' Betreiben erklärte Montezuma seinen Neffen Cacama unter dem Vorwand, er habe die Königswürde durch seine letzte Rebellion verwirkt, für abgesetzt und ernannte Cuicuitzca zu seinem Nachfolger. Den aztekischen Herrschern hatte immer die entscheidende Stimme in Fragen der Thronfolge zugestanden. Doch das war eine höchst ungerechtfertigte Ausübung dieses Rechts. Die Bewohner von Texcoco fügten sich indes mit bereitwilliger Nachgiebigkeit, die zeigte, daß es mit ihrer Untertanentreue nicht weit her war oder, was wahrscheinlicher ist, daß sie einen gewaltigen Respekt vor den Spaniern hatten; und der neue Fürst wurde mit lautem Beifall in seiner Hauptstadt begrüßt.

Cortez wollte nun auch noch die anderen Häuptlinge in seine Hand bekommen, die sich mit Cacama in das Bündnis eingelassen hatten. Auf Montezumas Befehl wurden die Kaziken, jeder an seinem Wohnort, ergriffen und in Ketten nach Mexiko gebracht, wo sie Cortez wie ihren Anführer in strengen Gewahrsam nahm.

Nun hatte er über alle seine Feinde den Sieg davongetragen. Er hatte Fürsten seinen Fuß in den Nacken gesetzt, und der große Herrscher des Aztekenreiches war nur ein gefügiges Werkzeug in seiner Hand zur Erreichung seiner Ziele. Zunächst gebrauchte er seine Macht dazu, sich einen Überblick über die wirklichen Hilfsquellen des Landes zu verschaffen. Er sandte mehrere spanische Trupps unter der Führung von Eingeborenen aus, um die Gebiete zu erkunden, wo Gold zu finden war. Meistens wurde es aus den Flußbetten gewonnen, einige hundert Meilen von der Hauptstadt entfernt.

Cortez fühlte sich in seiner Macht nun hinreichend gesichert, um von Montezuma eine rechtsgültige Anerkennung der Oberherrschaft des spanischen Königs zu fordern. Schon bei ihrer ersten Zusammenkunft hatte der indianische Fürst seine Bereitwilligkeit dazu angedeutet. Deshalb hatte er auch nichts dagegen, nun seine vornehmsten Kaziken zu diesem Zweck zusammenzurufen. Als sie eingetroffen waren, setzte er ihnen den Sinn ihrer Zusammenkunft kurz auseinander. Ihnen allen, sagte er, sei die alte Überlieferung bekannt, daß jenes große Wesen, das einst das Land beherrscht, bei seinem Scheiden erklärt habe, es werde zu einer späteren Zeit zurückkehren und seine Regierung wieder antreten. Diese Zeit sei nun da. Die weißen Männer seien von dort gekommen, wo die Sonne aufgeht, von jenseits des Weltmeeres, wohin die gute Gottheit sich zurückgezogen habe. Sie seien von ihrem Gebieter abgesandt, um seine ehemaligen Untertanen wieder zum Gehorsam aufzurufen. Was ihn betreffe, so sei er bereit, die Macht jenes Gebieters anzuerkennen. »Ihr seid während der vielen Jahre«, fuhr Montezuma fort, »da ich auf dem Thron meiner Väter gesessen, meine treuen Untertanen gewesen. Jetzt erwarte ich von euch diesen letzten Beweis eures Gehorsams und bitte euch, daß ihr den großen König jenseits der Meere auch als euern Gebieter anerkennt und ihm in gleicher Weise Hochachtung zollt wie mir bisher.« Bei seinen letzten Worten konnte er vor Bewegung kaum weitersprechen, und Tränen rollten ihm über die Wangen.

Seine Edelleute, deren viele von weither gekommen waren und mit den Veränderungen in der Hauptstadt nicht Schritt gehalten hatten, waren voller Verwunderung, als sie seine Worte hörten und die freiwillige Erniedrigung ihres Gebieters sahen, den sie bisher als den allmächtigen Herrn von Anahuac verehrt hatten. Um so mehr ergriff sie der Anblick seiner Betrübnis. Sein Wille, erwiderten sie, sei ihnen stets Gesetz gewesen. So solle es auch jetzt sein, und wenn er wirklich glaube, der König der Fremden sei der ehemalige Herrscher ihres Landes, so seien sie bereit, ihn auch heute noch als solchen anzuerkennen. Hierauf wurde der Treueid mit aller gebührenden Feierlichkeit geleistet und von den anwesenden Spaniern bezeugt, während der königliche Notar den ganzen Vorgang in einem Protokoll aufzeichnete, um es nach Spanien zu senden.

Das Gerücht von diesen sonderbaren Geschehnissen hatte sich

bald in der Hauptstadt und im ganzen Lande verbreitet. Die Menschen erkannten darin den Finger der Vorsehung. Die alte Sage von Quetzalcoatl war allen bekannt, und wo sie, kaum wahrgenommen, im Gedächtnis geschlummert hatte, da lebte sie jetzt, um manche aufgebauschte Einzelheit bereichert, wieder auf. Die Überlieferung künde auch, hieß es, das Herrscherhaus der Azteken solle mit Montezuma enden; und sein Name, dessen wörtliche Bedeutung ›zorniger Herr‹ ist, wurde als ein Vorzeichen seines bösen Geschicks gedeutet.

Nachdem Cortez der kastilischen Krone diesen großen Vasallen gesichert hatte, wies er darauf hin, daß es den aztekischen Häuptlingen wohl anstünde, seinem Landesherrn ein Geschenk zu senden, um sein Wohlwollen zu gewinnen und ihn von der Treue seiner neuen Untertanen zu überzeugen. Montezuma willigte darein, daß seine Steuereintreiber, von einer Anzahl Spanier begleitet, sich in die Hauptstädte und Provinzen begaben, um die herkömmlichen Abgaben, nun im Namen des kastilischen Herrschers, in Empfang zu nehmen. Nach wenigen Wochen kehrten die meisten von ihnen mit einer großen Menge Gold- und Silbergeschirr, kostbaren Stoffen und allerlei anderen Waren zurück, mit denen die Abgaben gewöhnlich bestritten wurden.

Zu diesem Vorrat fügte Montezuma von sich aus den schon früher erwähnten Schatz des Axayacatl, von dem die Spanier bereits einen Teil erhalten hatten. Er war die Frucht langen und sorgsamen Hortens — vielleicht auch der Erpressung — durch einen Fürsten, der sich die letzte Bestimmung des Schatzes gewiß nicht hatte träumen lassen. Als man alles ins spanische Quartier gebracht hatte, ergab das Gold allein drei große Haufen. Zum Teil waren es unbearbeitete Körner, teils war es in Barren eingeschmolzen; der größte Teil aber bestand aus Gerätschaften, allerlei Schmucksachen und eigentümlichen Spielereien sowie Nachbildungen von Vögeln, Insekten oder Blumen, alle mit ungewöhnlicher Treue und Feinheit ausgeführt. Dazu kamen eine Menge Hals- und Armbänder, Stäbe, Fächer und andere Kleinigkeiten, bei denen die Gold- und Federarbeit reich mit Perlen und Edelsteinen übersät war.

So prachtvoll der Schatz auch war, Montezuma drückte den Spaniern doch sein Bedauern darüber aus, daß er nicht größer sei. Aber, fügte er hinzu, er habe ihn durch seine früheren Geschenke an die weißen Männer schon vermindert. »Nimm ihn, Malintzin«, sagte er,

»und laß es in euren Jahrbüchern aufzeichnen, daß Montezuma eurem Gebieter dieses Geschenk sandte.«

Die Spanier bestaunten mit gierigen Blicken die vor ihnen ausgebreiteten Reichtümer — jetzt ihr Eigentum —, die alles weit übertrafen, was sie bisher in der Neuen Welt gesehen, und kaum hinter dem Dorado zurückblieben, das sich ihre glühende Einbildungskraft ausgemalt hatte. Sie verlangten laut nach einer unverzüglichen Teilung der Beute, die der Befehlshaber jedoch so lange aufschieben wollte, bis die Abgaben aus den entfernteren Provinzen eingetroffen wären. Die Goldschmiede von Azcapotzalco wurden herbeigeholt, um die größeren und gröberen Gegenstände auseinanderzunehmen, während man die feineren unberührt ließ. Nachdem mit dieser Arbeit drei Tage hingegangen waren, wurden die Haufen Gold in Barren gegossen und mit dem königlichen Wappen gestempelt.

Einige Schwierigkeiten ergaben sich bei der Teilung des Schatzes, weil es an Gewichten fehlte, die den Azteken, wie schon bemerkt, unbekannt waren, so sonderbar uns das bei dem hohen Stand ihrer Kultur auch anmutet. Die Spanier halfen dem Mangel jedoch bald ab und benutzten Waagschalen und Gewichte eigener Herstellung, wenn auch vermutlich nicht allzu genaue. Mit deren Hilfe bestimmten sie den Wert des königlichen Fünftels.

Das Ganze belief sich auf 162 000 Pesos de oro, ohne den feineren Zierat und Schmuck, dessen Wert Cortez auf weitere 500 000 Dukaten schätzt. Außerdem waren noch 500 Mark Silber dabei, hauptsächlich in Tellern, Trinkbechern und anderen Luxusgegenständen. Die unbeträchtliche Menge Silber, verglichen mit der Goldmenge, steht in merkwürdigem Gegensatz zu dem Verhältnis beider Metalle zueinander seit der Besetzung des Landes durch die Europäer. Der ganze Schatz belief sich nach unserm Geld — wobei wir den veränderten Wert des Goldes seit dem Anfang des 16. Jahrhunderts in Anschlag bringen — auf ungefähr 6 300 000 Dollar oder 1 417 000 Pfund Sterling; eine Summe, die groß genug ist, um die herkömmliche Meinung zu entkräften, man habe in Mexiko wenig oder gar keine Reichtümer gefunden. Im Vergleich mit dem, was die Eroberer von Peru erlangten, waren sie allerdings gering. Aber wenige europäische Herrscher jener Zeit konnten sich rühmen, daß ihre Schatzkammern einen größeren Hort bargen.

Die Aufteilung des Schatzes bereitete gewisse Schwierigkeiten. Eine völlig gleichmäßige Verteilung unter die Eroberer hätte für jeden über dreitausend Pfund Sterling bedeutet — eine herrliche Beute! Aber ein Fünftel mußte für die Krone abgezogen werden. Ebensoviel wurde, dem Wortlaut seiner Vollmacht entsprechend, für den Befehlshaber zurückbehalten. Außerdem wurde noch eine große Summe angesetzt, um ihn und den Gouverneur von Kuba für die Kosten des Unternehmens und den Verlust der Flotte zu entschädigen. Auch für die Besatzung von Veracruz mußte gesorgt werden. Die vornehmsten Ritter bekamen stattliche Vergütungen. Die Reiterei, die Hakenbüchsen- und Armbrustschützen erhielten jeder doppelten Sold — so daß, als die Reihe endlich an die gemeinen Soldaten kam, für einen jeden nicht mehr als etwa hundert Pesos de oro übrigblieben, eine im Vergleich zu ihren Erwartungen so unbedeutende Summe, daß einige sich weigerten, sie überhaupt anzunehmen.

Es erhob sich nun lautes Murren unter den Leuten, die sich so erbärmlich abgespeist fühlten. Cortez bot sein ganzes Ansehen und seine einschmeichelndste Beredsamkeit auf; mit Bedauern sehe er, daß sie der Pflicht treuer Krieger und Ritter des Kreuzes so wenig eingedenk seien und sich wie Räuber um die Beute stritten; sie sollten vielmehr bedenken, daß der gegenwärtige Schatz gering sei im Vergleich zu dem, der ihrer später warte; stehe denn nicht das ganze Land und seine Gruben zu ihrer Verfügung? Uneinigkeit jedoch wäre ihr sicherer Untergang. Durch Bestechung verstand er die Widerspenstigsten zu beschwichtigen, und bald kehrten die Truppen zum gewohnten Gehorsam zurück. Hier bewies Cortez wieder seine große Gewandtheit und Überredungskunst. In Veracruz hatte er schon einmal seine Anhänger bewogen, das aufzugeben, was nur der Vorgeschmack künftigen Gewinnes sei. Hier überredete er sie, den Gewinn selbst fahrenzulassen. Das hieß dem Löwen die Beute aus dem Rachen reißen. Warum hat dieser nicht zum Sprunge angesetzt und ihn zerrissen?

Für etliche Soldaten machte es freilich kaum einen Unterschied, ob ihr Anteil an der Beute groß oder gering war. Das Spiel ist eine tiefeingewurzelte Leidenschaft bei den Spaniern, und plötzlich erworbene Reichtümer lieferten sowohl Mittel wie Anlaß, dieser Leidenschaft zu frönen. Karten waren schnell aus alten Trommelfellen gemacht, und in wenigen Tagen hatte das meiste Beutegeld, das mit so vielen Mühen und Leiden erworben war, den Besitzer gewechselt, und mancher unbedachte Soldat beendete den Feldzug ebenso arm, wie er ihn begonnen hatte.

Cortez schien jetzt die großen Ziele seiner Unternehmung erreicht zu haben. Der indianische Monarch hatte sich zum Vasallen der spanischen Krone erklärt. Seine Macht, seine Einkünfte standen dem Befehlshaber zur Verfügung. Die Eroberung Mexikos schien vollbracht, und das ohne einen Schwertstreich. Aber in Wahrheit war man noch weit vom Ziel entfernt. Ein wichtiger Schritt blieb zu tun übrig — die Bekehrung der Eingeborenen. Alle Bemühungen Pater Olmedos, unterstützt durch das Rednertalent des Befehlshabers, hatten weder bei Montezuma noch bei seinen Untertanen die geringste Neigung erwecken können, dem Glauben ihrer Väter abzuschwören. Vielmehr wurden ihre blutigen Andachtsübungen mit allem gewohnten Aufwand und Opferprunk vor den Augen der Spanier abgehalten.

Cortez, der diese Greuel nicht länger dulden konnte, begab sich in Begleitung einiger Edelleute zu Montezuma. Er erklärte dem Kaiser, die Christen könnten es nicht mehr ertragen, ihre Gottesdienste auf die engen Mauern ihres Quartiers beschränkt zu sehen. Sie wünschten, das Licht ihrer Religion weit umher zu verbreiten und dem Volk unbeschränkten Anteil an den Segnungen des Christentums zu ermöglichen. Deshalb bäten sie, daß ihnen der große Teocalli übergeben werde, als geeigneter Ort, ihre Gottesdienste vor den Augen der ganzen Stadt abzuhalten.

Montezuma hörte den Vorschlag mit sichtlicher Bestürzung an. In all seinen Leiden hatte er sich auf seinen Glauben gestützt, ja aus purem Gehorsam gegen diesen hatte er den Spaniern als den geheimnisvollen, von den Orakeln verheißenen Sendboten so viel Achtung gezollt. »Warum, Malintzin«, sagte er, »willst du die Dinge zum Äußersten treiben und damit die Rache unserer Götter heraufbeschwören und einen Aufruhr unter meinem Volk entfachen, das niemals diese Entweihung seiner Tempel dulden wird?«

Als Cortez sah, wie erregt er war, gab er seinen Offizieren ein Zeichen, sich zu entfernen. Mit den Dolmetschern allein zurückgelassen, versprach er dem Kaiser, er wolle seinen ganzen Einfluß aufbieten, um den Eifer seiner Anhänger zu mäßigen und sie zu bewegen, sich mit einem der heiligen Türme des Teocalli zu begnügen. Werde ihnen das verweigert, so würden sie sich genötigt sehen, Gewalt anzuwenden und die Bilder seiner falschen Götter im Angesicht der Stadt hinabzustürzen. »Wir fürchten nicht für unser Leben«, fügte er hinzu; »denn sind wir auch gering an Zahl, so ist doch der Arm des wahren Gottes mit uns.« In großer Erregung erwiderte Montezuma, er wolle sich mit den Priestern beraten.

Das Ergebnis der Unterredung war den Spaniern günstig; einer der heiligen Türme wurde ihnen für ihre Gottesdienste zugestanden. Unverzüglich machten sie von dieser Erlaubnis Gebrauch. Der heilige Ort wurde von allen ekelhaften Verunreinigungen gesäubert und ein Altar errichtet, mit dem Kruzifix und dem Bildnis der Jungfrau darüber. Statt mit Gold und Juwelen, die an dem benachbarten heidnischen Andachtsort glitzerten, wurden die Wände mit frischen Blumengewinden geschmückt; und ein alter Soldat wurde hier postiert, um die Kapelle zu bewachen und sie vor Eindringlingen zu schützen.

Nachdem all diese Vorbereitungen getroffen waren, zog das ganze Heer in feierlicher Prozession den gewundenen Aufgang der Pyramide hinauf. Teils im Innern, teils vor den Türen des heiligen Ortes versammelt, lauschten sie andächtig der Messe, die von den Patres Olmedo und Díaz zelebriert wurde. Und als das erhabene Tedeum zum Himmel emporscholl, ließen Cortez und seine Soldaten, am Boden kniend, ihren Tränen freien Lauf und dankten dem Allmächtigen für den glorreichen Sieg des Kreuzes.

Es war ein ergreifendes Schauspiel, wie diese rohen Krieger auf dem Gipfel des Tempelberges ihre Dankgebete zum Himmel schickten, mitten in der Hauptstadt des Heidentums, an ebendem Orte, der eigens dem unseligen Götzendienst geweiht war. Spanier und Azteken knieten betend nebeneinander, und der christliche Lobgesang mit seinen süßen Tönen der Liebe und Barmherzigkeit mischte sich mit dem wilden Gesang, den die indianischen Priester zu Ehren des Kriegsgottes von Anahuac erhoben. Es war eine unnatürliche Eintracht, die nicht von langer Dauer sein konnte.

Ein Volk wird jede andere Gewalttat eher ertragen als Ausschreitungen gegen seine Religion. Die Azteken hatten alle ihnen bisher von den Spaniern zugefügte Schmach und Schande mit Geduld ertragen. Sie hatten gesehen, wie ihr Gebieter als Gefangener aus seinem Palast geschleppt, wie seine Häuptlinge vor seinen Augen ermordet wurden, wie die Fremden seine Schätze an sich rissen und ihn selbst gewissermaßen entthronten. All dies hatten sie mit angesehen, ohne sich dagegen aufzulehnen. Aber die Entweihung ihrer Tempel verletzte ein tieferes Gefühl, und die Priester säumten nicht, die Gelegenheit zu nutzen.

Die ersten Anzeichen des Stimmungsumschwungs bemerkte man an Montezuma selbst. Statt heiter und freundlich wie gewöhnlich, erschien er ernst und gedankenvoll, und statt wie sonst die Gesellschaft der Spanier zu suchen, schien er sie eher zu meiden. Man beobachtete auch, daß häufiger Beratungen zwischen ihm und seinen Edelleuten, besonders den Priestern, stattfanden. Diese Umstände mußten bei den Spaniern höchts unbehagliche Befürchtungen erwecken.

Nach wenigen Tagen erhielt Cortez eine Einladung oder vielmehr Aufforderung vom Kaiser, ihn in seinem Gemach aufzusuchen. Der Befehlshaber ging etwas beklommen und mißtrauisch hin, begleitet von Olid, dem Hauptmann der Wache, und zwei oder drei anderen zuverlässigen Rittern. Montezuma empfing sie mit kalter Höflichkeit und erklärte dem Befehlshaber, alle seine Vorhersagen seien eingetroffen. Die Götter seines Landes fühlten sich durch die Entweihung ihrer Tempel beleidigt; sie hätten den Priestern angedroht, die Stadt im Stich zu lassen, wenn nicht die lästerlichen Fremden daraus vertrieben oder, besser noch, zur Sühne ihrer Verbrechen auf den Altären geopfert würden. Der Kaiser versicherte den Christen, er teile ihnen dies aus Sorge um ihre Sicherheit mit. »Wenn ihr selbst im mindesten darauf bedacht seid«, schloß er, »so werdet ihr das Land unverzüglich verlassen. Ich brauche nur meinen Finger aufzuheben, und jeder Azteke im Lande wird bewaffnet gegen euch aufstehen.«

Cortez hatte seine Gefühle zu sehr in der Gewalt, um zu zeigen, wie ihn diese Nachricht bestürzte. Er antwortete mit bewundernswerter Ruhe, er würde es sehr bedauern, jetzt die Stadt so eilig zu verlassen, da er doch keine Schiffe habe, die ihn außer Landes bringen könnten. Stünde das nicht im Wege, so gäbe es kein weiteres Hindernis für seinen unverzüglichen Abzug aus Mexiko. Auch würde er einen anderen Schritt bedauern, zu dem er gezwungen wäre, wenn er das Land unter diesen Umständen verlassen müßte — nämlich den Kaiser mitzunehmen.

Montezuma war durch die letzte Äußerung offensichtlich beunruhigt. Er fragte, wie lange es dauern würde, die Schiffe zu bauen, und erklärte sich schließlich bereit, eine ausreichende Menge Handwerker an die Küste zu schicken, damit sie unter der Leitung der Spanier dort arbeiten könnten; unterdessen wolle er seine ganze Macht aufbieten, um die Ungeduld des Volkes zu zügeln, und ihm zusichern, daß die weißen Männer das Land verlassen würden, sobald für die Mittel dazu gesorgt sei. Er hielt sein Wort. Eine große Anzahl aztekischer Handwerker verließ die Hauptstadt mit den erfahrensten kastilischen Schiffsbauern, und in Veracruz angelangt, begannen sie sogleich das Holz zu schlagen und eine hinreichende Anzahl von Schiffen zu bauen, welche die Spanier nach ihrem Vaterlande zurückbringen sollten.

Im spanischen Lager hatten die Dinge nun ein völlig anderes Gesicht. Statt der Sicherheit und Ruhe, der die Truppen sich noch vor kurzem überlassen hatten, empfanden sie jetzt eine düstere Furcht vor Gefahr. Jede erdenkliche Vorsichtsmaßnahme wurde getroffen, um dieser Gefahr vorzubeugen. Der Soldat behielt die Rüstung an, wenn er sich auf seine Matte zur Ruhe niederwarf. Er aß, trank und schlief mit den Waffen neben sich. Sein Pferd stand Tag und Nacht gesattelt, die Zügel überm Sattelbogen. Die Kanonen waren sorgfältig so aufgestellt, daß sie die großen Zugänge bestrichen. Die Schildwachen hatte man verdoppelt, und jeder Mann, welchen Ranges auch immer, bezog die Wache, wenn an ihn die Reihe kam. Es herrschte Belagerungszustand. In dieser unbehaglichen Lage befand sich das Heer, als Anfang Mai 1520, sechs Monate nach der Ankunft in der Hauptstadt, eine Nachricht von der Küste eintraf, die Cortez mehr beunruhigte als der angedrohte Aufstand der Azteken.

6

Inzwischen hatte das Schiff, das, wie der Leser sich erinnern wird, die Abgesandten Puertocarrero und Montejo mit den Botschaften aus Veracruz beförderte, den Befehlen zuwider zunächst an der nördlichen Küste von Kuba angelegt und die Nachricht von den letzten Entdeckungen verbreitet, dann aber seinen Weg ohne Unterbrechung nach Spanien fortgesetzt und den kleinen Hafen Sanlúcar Anfang Oktober 1519 erreicht. Groß war das Aufsehen, das seine Ankunft und die Nachrichten erregten, die es mitbrachte, ein Aufsehen, das kaum geringer war als damals bei der Kunde von Kolumbus' folgenreicher Entdeckung. Denn nun schienen zum ersten Mal all die hochgespannten Hoffnungen, die man an die Neue Welt knüpfte, Wirklichkeit werden zu sollen.

Karl V. jedoch, der erst vor kurzem zum Kaiser gekrönt worden war und in seiner neuen Würde gerade jetzt den ersten Besuch in Spanien machte, war zu sehr von den Geschäften der Reichskrone in Anspruch genommen, als daß er sich den Angelegenheiten der Pflanz-staaten hätte widmen können. In Eile nahm er von Spanien Abschied, ohne sich zu bemühen, den Streit zwischen seinen Untertanen in der Neuen Welt beizulegen und Cortez' glänzendes Unternehmen zu fördern, das ihm den Besitz eines Kaiserreiches sichern sollte.

Unterdessen ergriff der Gouverneur von Kuba, ohne Befugnis und Unterstützung von Madrid abzuwarten, aus Wut, Gekränktheit und getäuschter Habsucht eigene Maßnahmen gegen Cortez, um diesen zum Gehorsam zu zwingen und ihm den Raub abzujagen. Er rüstete eine Flotte von achtzehn Schiffen aus, die neunhundert Mann, einen großen Vorrat an Kriegsbedarf und nahezu tausend kubanische Eingeborene als Dienstleute an Bord hatte. Den Oberbefehl übertrug er einem seiner Günstlinge, dem kastilischen Hidalgo Pánfilo de Narváez, einem zwar mutigen, aber großsprecherischen Mann, der an Weitblick und berechnender Vorsicht, den für einen Heerführer unerläßlichen Fähigkeiten, einem Gegner wie Cortez keineswegs gewachsen war. Anfang März 1520 lief das Geschwader nach Mexiko aus und ging an Cortez' erstem Landeplatz in der Nähe der heutigen Stadt Veracruz vor Anker. Hier erfuhr Narváez von allem, was inzwischen vorgefallen war — dem Marsch ins Innere des Landes, den blutigen Schlachten mit den Tlaxcalteken, der Besetzung Mexikos, von den reichen Schätzen, die man dort gefunden, und der Festnahme des Kaisers. Diesen wunderbaren Bericht hörte er mit sprachlosem Erstaunen, und seine pflichtschuldige Entrüstung wurde immer größer, als er von dem Ausmaß der Beute erfuhr, um die sein Auftraggeber gebracht worden war.

Er erklärte nun offen seine Absicht, gegen Cortez zu marschieren und ihn für seine Eigenmächtigkeit zu bestrafen. Er prahlte damit so laut, daß die Eingeborenen, die in Scharen zu dem rasch an der Küste aufgeschlagenen Lager geströmt waren, deutlich erkannten, daß die Neuankömmlinge nicht Freunde, sondern Feinde ihrer Vorgänger waren.

Cortez erfuhr davon und richtete einen überaus versöhnlichen Brief an seinen Nebenbuhler. Er bat ihn eindringlich, ihren Zwiespalt doch ja nicht vor der Welt offenbar werden zu lassen, nicht einen Geist der Aufsässigkeit bei den Eingeborenen anzufachen und damit alles bisher Erreichte ins Wanken zu bringen. Ein gewaltsamer Zusammenstoß müsse selbst für den Sieger nachteilig sein und könne verhängnisvoll für beide werden. Nur durch Eintracht könnten sie

Erfolg haben. Er sie bereit, Narváez als Waffenbruder zu begrüßen, die Früchte der Eroberung mit ihm zu teilen und, wenn er eine königliche Vollmacht vorweisen könne, sich seiner Befehlsgewalt zu unterwerfen. Cortez wußte sehr wohl, daß jener keine solche Vollmacht vorzulegen hatte.

Narváez war inzwischen ins Landesinnere vorgerückt und hatte sein Quartier in Cempoala aufgeschlagen, wo ihn Cortez' Schreiben erreichte. Auch hier prahlte er, wie schon bei seiner Landung, mit seinem Vorhaben, gegen Cortez zu marschieren und ihn als Verräter festzunehmen. Die Bewohner von Cempoala erfuhren mit Verwunderung, daß ihre neuen Gäste zwar Landsleute der vorigen, aber doch deren Feinde seien. Auch verkündete Narváez seine Absicht, Montezuma aus der Gefangenschaft zu befreien und ihn wieder auf den Thron zu setzen.

Diese Vorfälle entgingen dem wachsamen Auge Sandovals nicht. Er sandte Cortez einen ausführlichen Bericht darüber, wies auf den drohenden Abfall der Indianer hin und beschwor ihn, schleunigst Maßnahmen zur Verteidigung von Villa Rica zu treffen, damit es nicht seinen Feinden in die Hände falle. Der Befehlshaber wußte, daß es nun Zeit war zu handeln.

Dennoch war der Weg, den er einzuschlagen hatte, überaus schwer zu bestimmen. Blieb er in Mexiko und wartete dort den Angriff seines Nebenbuhlers ab, so würde dieser nur Zeit gewinnen, alle Streitkräfte des mexikanischen Reiches, sogar die aus der Hauptstadt selbst, um sich zu sammeln; denn ohne Zweifel würden alle bereit sein, unter den Fahnen eines Anführers zu dienen, der ihnen die Befreiung ihres Gebieters verhieß. Die Übermacht war zu groß, um ihr entgegenzutreten.

Marschierte er jedoch gegen Narváez, so mußte er entweder die Stadt und den Kaiser, die Früchte all seiner Mühen und Siege, aufgeben, oder aber eine Besatzung zurücklassen, welche die Mexikaner im Zaume halten könnte, und damit seine zum Kampf mit dem Gegner ohnehin viel zu geringe Streitmacht noch zerteilen. Trotzdem entschied er sich für letzteren Weg.

Vor kurzem hatte er einen seiner Offiziere, Velázquez de León, mit hundertzwanzig Mann zur atlantischen Küste gesandt, um einen guten natürlichen Hafen zu suchen, da die Reede von Veracruz keinen Schutz gegen die Stürme gewährte. Velázquez hatte eine geeignete Stelle in der Nähe der Mündung des großen Stroms Coatzacualco gefunden und dort die Anlegung einer befestigten Ortschaft sowie eine Niederlassung für die Krone begonnen. Er erfuhr von Narváez' Plänen, brach, ohne weitere Befehle abzuwarten, sein Unternehmen ab und trat den Rückmarsch nach der Hauptstadt an, als er die Anweisung des Befehlshabers erhielt, ihn in Cholula zu erwarten und sich dort mit seinen Truppen zu vereinigen.

Außerdem wandte sich Cortez an die ferne Provinz Chinantla, weit südöstlich von Cholula, und bat um Verstärkung durch zweitausend Eingeborene. Es war ein kühner, den Mexikanern feindlich gesinnter Stamm, der ihm, seitdem er sich in der Hauptstadt befand, seine Dienste angeboten hatte. Sie gebrauchten in der Schlacht lange Lanzen, länger noch als die, welche das spanische und deutsche Fußvolk trug. Cortez ließ dreihundert ihrer zweispitzigen Lanzen für sich anfertigen und mit Kupfer statt mit Itztli beschlagen. Mit dieser furchtbaren Waffe wollte er der Reiterei seines Feindes eingegentreten.

Für die Zeit seiner Abwesenheit übertrug er den Befehl über die Besatzung Pedro de Alvarado — dem Tonatiuh der Mexikaner —, einem Manne mit vielen achtunggebietenden Eigenschaften, unerschrocken, wenn auch mitunter etwas anmaßend, und dem Befehlshaber treu ergeben. Er schärfte ihm Mäßigung und Nachsicht ein. Vor allem solle er ein wachsames Auge auf Montezuma haben, denn auf dem Besitz der kaiserlichen Puppe beruhe ihre ganze Herrschaft im Lande. Er solle ihm die Ehrerbietung erweisen, die sowohl sein hoher Rang als auch die Klugheit erheischten. Ebenso solle er die Sitten und Vorurteile der Mexikaner respektieren und daran denken, daß seine kleine Streitmacht zwar hinreiche, sie in ruhigen Zeiten einzuschüchtern; doch im Falle eines Aufstandes würde sie weggefegt werden wie Spreu vor dem Wirbelwind.

Von Montezuma forderte er das Versprechen, dieselben freundlichen Beziehungen zu seinem Stellvertreter aufrechtzuerhalten wie zu ihm selbst. Dies würde, sagte Cortez, seinem Gebieter, dem Herrscher von Spanien, sehr wohl gefallen. Sollte der aztekische Fürst aber anders handeln und sich zu irgendeiner Feindseligkeit hergeben, so könne er überzeugt sein, daß er als erstes Opfer derselben fallen werde.

Der Kaiser versicherte ihn seines fortgesetzten Wohlwollens. Jedoch hatten ihn die jüngsten Ereignisse in große Verwirrung gebracht. Waren die Spanier an seinem Hofe oder die soeben gelandeten die echten Stellvertreter ihres Gebieters? Cortez, der bisher dazu geschwiegen hatte, erklärte ihm jetzt, letztere seien allerdings seine Landsleute, aber Verräter an seinem Landesherrn. So sei es seine schmerzliche Pflicht, gegen sie ins Feld zu ziehen, und wenn er sie für ihre Aufsässigkeit gezüchtigt habe, werde er vor seinem Abschied von diesem Lande im Triumph nach der Hauptstadt zurückkehren.

Er ließ unter Alvarado eine Besatzung von hundertvierzig Mann, zwei Drittel seiner ganzen Streitmacht, zurück. Außerdem blieben alle Geschütze, der größere Teil der kleinen Reiterschar und die meisten Hakenbüchsenschützen in der Stadt. Er nahm nur siebzig Soldaten mit; diese aber waren die tüchtigsten Krieger im ganzen Heer und seine treuen Anhänger. Sie waren leicht bewaffnet und mit möglichst wenig Gepäck beschwert. Alles hing von schneller Beweglichkeit ab.

Von seinen Edelleuten in der kaiserlichen Sänfte getragen und vom ganzen spanischen Fußvolk eskortiert, gab Montezuma dem Befehlshaber bis zum Dammweg das Geleit. Dort umarmte er ihn aufs herzlichste, und sie trennten sich mit allen Zeichen gegenseitiger Achtung. Dies geschah um die Mitte des Mai 1520, über sechs Monate nach dem Einzug der Spanier in Mexiko.

7

Den südlichen Dammweg benutzend, der sie auch in die Hauptstadt hineingeführt hatte, befand sich die kleine Schar bald auf dem Marsch durch das schöne Tal. Sie erklommen den Gebirgswall, mit dem die Natur es vergeblich umgeben hatte, schritten zwischen den ungeheuren feuerspeienden Bergen hindurch, die, gleich untreuen Wachhunden auf ihren Posten, seither längst in Schlummer gesunken sind, wanden sich durch die engen Talschluchten, wo sie damals so rauhes und stürmisches Wetter gehabt hatten, und stiegen auf der anderen Seite den östlichen Abhang hinab, der sich auf die weite fruchtbare Hochebene von Cholula öffnet. Aber sie achteten auf keine Beschwernisse; in der Angst ihres Herzens eilten sie vorwärts.

In Cholula traf Cortez zu seiner unbeschreiblichen Erleichterung auf Velázquez de León mit seinen hundertzwanzig Soldaten. Der Gedanke an Widerstand nur mit seiner Handvoll Leute wäre unsinnig gewesen. Nun aber hatte sich seine kleine Schar verdreifacht und entsprechend an Selbstvertrauen gewonnen.

Nach herzlicher Begrüßung durchzogen die vereinten Truppen mit raschem Schritt die heilige Stadt und folgten der Landstraße nach Tlaxcala. Dort wurden die Spanier mit aufrichtiger Gastfreundschaft aufgenommen.

Bald darauf gelangten sie in jenes wilde Gebiet in der Nähe von Perote, das mit Lava übersät ist — ein merkwürdiger Gegensatz zu der Anmut, welche die Gegend sonst auszeichnet. Es währte nicht lange, da rückte zu ihrer Freude Sandoval heran, mit ungefähr sechzig Soldaten der Besatzung von Veracruz sowie einigen Überläufern von der feindlichen Seite. Dies war ein weiterer Zuwachs; außerdem erhielt Cortez wichtige Nachrichten über die Stellung der feindlichen Streitmacht.

Hier traf Cortez auch jenen Spanier, den er ausgesandt hatte, die Lanzen aus Chinantla zu holen. Sie waren vortrefflich nach dem gegebenen Muster gearbeitet: doppelspitzige, mit Kupfer bewehrte Speere von großer Länge. Die Soldaten übten sich im Gebrauch dieser Waffe, deren furchtbare Wirkung, besonders bei der Reiterei, gegen Ende des 15. Jahrhunderts von den schweizerischen Schlachthaufen bei ihrem Zusamentreffen mit der burgundischen Ritterschaft, der besten in Europa, zur Genüge erwiesen worden ist.

Cortez musterte nun sein Heer — wenn eine so unbedeutende Streitmacht diesen Namen verdient — und zählte 266 Mann, darunter nur fünf Berittene. Wenige Gewehre und Armbrüste waren hier und da bei ihnen zu finden. An schützenden Rüstungen herrschte trauriger Mangel. Größtenteils steckten sie in dem landesüblichen Escaupil, dem gesteppten, dick mit Baumwolle gepolsterten Wams, das sich durch besondere Leichtigkeit auszeichnete und hinreichte, den Pfeil des Indianers abzuhalten, doch gegen eine Flintenkugel keinen Schutz bot. Unter dieser groben Hülle pochte ihnen indes ein so starkes, mutiges Herz, wie es nur je in der menschlichen Brust geschlagen hat.

Weiter marschierten sie durch das Tafelland und stiegen endlich den östlichen Abhang in die weiten Ebenen der Tierra caliente hinab, die sich gleich einem unermeßlichen grünen Meer unter ihnen auftaten. Abermals durchschritten sie die herrliche Landschaft, an die die Natur alle Wunder der Schöpfung verschwendet hat. Dicht mit stattlichen Wäldern bedeckt, in denen Bambussträucher und Bananen wuchsen und unzählige duftende Kletterpflanzen die Riesenzweige der Bäume mit leuchtenden Girlanden umrankten, tat das Land die wunderbare Ergiebigkeit des Bodens kund. Aber die Spanier hatten keinen Sinn für die köstlichen Gaben der Natur. Sie waren nur von *einem* Gedanken beherrscht.

Auf einer großen Wiesenfläche wurden sie durch einen Wasserlauf, den ›Fluß der Kanus‹, Rio de Canoas, aufgehalten, der gewöhnlich nicht sehr breit, jetzt aber durch ungeheure Regengüsse angeschwollen war. Es hatte an jenem Tag stark geregnet, obwohl dann und wann die Sonne mit unerträglicher Glut durchgebrochen war. Der Fluß war ungefähr drei Meilen von Narváez' Lager entfernt. Ehe sie eine gangbare Furt ausfindig machten, erlaubte Cortez seinen Leuten, sich auf dem Erdboden auszustrecken und neue Kräfte zu sammeln. Die Abendschatten legten sich rings übers Land, und der aufgehende Mond arbeitete sich mühsam durch dunkle Wolkenmassen und schien mit zweifelhaftem, oft verdunkeltem Licht. Offensichtlich war die Wut des Sturmes noch nicht gebrochen. Cortez konnte das nur lieb sein. Er hatte noch für diese Nacht einen Angriff beschlossen, und bei der Finsternis und dem Toben des Unwetters mochten seine Bewegungen desto besser verborgen bleiben.

Alsbald unterbreitete er seinen Leuten den Plan, den Gegner noch in derselben Nacht anzugreifen, wenn er in Schlaf gesunken sei und die freundliche Dunkelheit einen Schleier über ihre eigenen Bewegungen breite und die Dürftigkeit ihrer Anzahl verberge. Dann erteilte er den Hauptleuten seine Befehle. Gonzalo de Sandoval gab er den wichtigen Auftrag, Narváez gefangenzunehmen und ihn, falls er Widerstand leiste, auf der Stelle zu töten. Die größte Abteilung der Kriegerschar wurde Cristóbal de Olid unterstellt. Er sollte sich der feindlichen Geschütze bemächtigen und Sandovals Angriff decken. Cortez behielt nur eine Schar von zwanzig Mann zu seiner eigenen Verfügung, um sie einzusetzen, wo immer die Lage es erfordern sollte. Das Losungswort war Espíritu Santo; denn es war Pfingstabend. Nachdem er diese Vorbereitungen getroffen hatte, schickte er sich an, den Fluß zu überschreiten.

Narváez indessen war völlig arglos und hatte nur ein paar Schildwachen auf der einen und einige Reiter auf der andern Seite von Cempoala aufgestellt, da er in dieser stürmischen Nacht nicht an eine Überraschung glaubte. Von dem Kaziken der Stadt vor einem möglichen Überfall von seiten Malintzins gewarnt, verstand er sich jedoch zu einigen Vorsichtsmaßregeln. Er selbst bewohnte den Hauptteocalli von Cempoala. Es war ein steinernes Gebäude auf dem üblichen pyramidenförmigen Fundament, und den Aufgang bildete eine steile Treppe auf einer der Pyramidenseiten. Im Tempelgebäude hatte er sich mit einer starken Abteilung Hakenbüchsen- und Armbrustschützen einquartiert. Zwei andere Teocallis in unmittelbarer Nähe waren mit großen Abteilungen Fußvolk besetzt. Sein Geschütz, aus siebzehn oder achtzehn kleinen Kanonen bestehend, stellte er zu ebener Erde auf und schützte es durch den Rest seiner Reiterei. Als er seine Streitkräfte auf diese Weise verteilt hatte, kehrte er in sein Quartier zurück, um sich bald darauf mit einem Gleichmut zur Ruhe zu legen, als befände sich sein Rivale jenseits des Atlantischen Ozeans und nicht auf der anderen Seite eines nahen Flusses.

Unter großer Mühe und Gefahr überschritten jetzt Cortez' Truppen den zu einem reißenden Strom angeschwollenen Fluß und setzten schweigend und heimlich ihren Vormarsch auf Cempoala fort. Als sie dicht vor der Stadt anlangten, entdeckte Cortez Licht in einem der hohen Türme. »Das ist Narváez' Quartier«, rief er Sandoval zu, »und dieses Licht muß Euer Leuchtfeuer sein!« Als die Spanier die Randbezirke der Stadt betraten, waren sie erstaunt, niemand in Bewegung und kein Zeichen von Unruhe zu finden. Kein Laut war zu hören außer dem Gleichmaß ihrer eigenen, vom Heulen des Sturmes halb übertönten Schritte. Aber plötzlich drang die Nachricht von ihrer Ankunft doch ins feindliche Lager, wo im Augenblick alles in lärmende Verwirrung geriet. Die Trompeten riefen zu den Waffen, die Reiter eilten zu ihren Pferden, die Kanoniere zu ihren Geschützen. Sowie die Spanier dicht an den Mauern entlang auf das feindliche Quartier losstürmten, eröffneten Narváez' Kanonen ein allgemeines Feuer; aber sie waren zu hoch gerichtet, und die meisten Kugeln flogen über die Köpfe der Angreifer hinweg. Auf Cortez' Losungsruf der Nacht ›Espíritu Santo! Espíritu Santo! Auf sie los!‹ stürzte sich Olid mit seiner Abteilung auf die Kanoniere, durchbohrte sie mit seinen Piken und eroberte die Geschütze. Jetzt stürmte Sandoval mit seiner tapferen kleinen Schar die große Tempeltreppe hinauf. Sie wurden mit einem Hagel von Geschossen — Pfeilen und Flintenkugeln — empfangen, die bei dem übereilten Zielen und der Dunkelheit der Nacht wenig Schaden anrichteten. Im nächsten Augenblick hatten die Angreifer die obere Plattform erreicht und wurden mit ihren Feinden handgemein. Narváez focht tapfer inmitten seiner

Leute und ermutigte sie. Sein Fahnenträger fiel durchbohrt an seiner Seite. Er selbst wurde mehrfach verwundet; denn sein kurzes Schwert konnte sich mit den langen Piken der Angreifer nicht messen. Schließlich traf ihn ein Speerstoß, der ihm das linke Auge ausstach. »Santa María!« schrie der Unselige, »ich bin verloren!« Dieser Ausruf wurde augenblicklich von Cortez' Anhängern mit Viktoriajubel beantwortet.

Entkräftet und halb wahnsinnig vor Schmerzen wurde Narváez von seinen Leuten in das Heiligtum gebracht. Die Angreifer suchten den Eingang zu stürmen, aber er wurde hartnäckig verteidigt. Endlich schleuderte ein Soldat einen Feuerbrand, dessen er sich bemächtigt hatte, auf das Rohrdach, und in wenigen Augenblicken stand der leicht brennende Baustoff in hellen Flammen. Die Insassen wurden durch die erstickende Hitze und den Qualm hinausgetrieben. Ein Soldat wurde mit dem verwundeten feindlichen Befehlshaber handgemein und warf ihn mühelos zu Boden, worauf er rasch die Treppe hinabgeschleppt und in Fesseln geschlagen wurde. Als seine Anhänger das Schicksal ihres Anführers sahen, leisteten sie keinen weiteren Widerstand.

Unterdessen hatten Cortez' und Olids Truppen die feindliche Reiterei, die die dichte Pikenreihe nicht zu durchbrechen vermochte, gänzlich geschlagen. Der Befehlshaber schickte sich nun an, die anderen Teocallis anzugreifen, forderte aber zuvor die Besatzungen zur Übergabe auf. Als sie diese verweigerten, fuhr er die schweren Kanonen gegen sie auf und richtete das Geschütz gegen dessen Eigentümer. Er begleitete diese bedrohlichen Maßnahmen mit den großzügigsten Angeboten: Vergebung des Geschehenen und vollen Anteil an allen Früchten der Eroberung. Die Besatzung wartete nur eine einzige Geschützsalve ab und nahm alsbald die Bedingungen zur Übergabe an. Alle Soldaten im besiegten Heer wurden aufgefordert, zum Zeichen des Gehorsams ihre Waffen den Alguacils zu übergeben und Cortez als dem obersten Richter und Feldherrn des Pflanzstaates den Treueid zu leisten. Der Sieg war nunmehr vollständig errungen.

Die Anzahl der Toten wird verschieden angegeben. Es ist wahrscheinlich, daß die Besiegten nicht mehr als zwölf und die Sieger nur halb so viele Leute einbüßten. Die geringe Zahl läßt sich aus der kurzen Dauer des Gefechts und dem ziellosen Feuern in der Finsternis erklären. Die Anzahl der Verwundeten war beträchtlich größer.

Während die Luft vom Siegesjubel der Soldaten erfüllt war, nahm der siegreiche Feldherr in einer Haltung, wie sie dem Umschwung seines Geschicks angemessen war, auf einem Prunksessel Platz und empfing, einen reichgestickten Mantel über die Schultern geworfen, die Offiziere und Soldaten, einen nach dem andern, um ihre Glückwünsche entgegenzunehmen.

Narváez und zwei oder drei der feindlichen Anführer wurden in Ketten vor ihn geführt. Es war ein Augenblick tiefer Demütigung für den früheren Befehlshaber, der die körperlichen Schmerzen, wie heftig auch immer, über den Seelenqualen ganz vergessen haben mochte. »Señor Cortez«, sagte der geschlagene Krieger, »Ihr habt alle Ursache, dem Schicksal dankbar zu sein, daß es Euch den Sieg so leicht gemacht und mich in Eure Gewalt gegeben hat.« — »Ich habe dem Schicksal viel zu danken«, erwiderte der Befehlshaber, »aber was meinen Sieg über Euch betrifft, so erachte ich ihn als eine meiner geringsten Taten, seitdem ich in dieses Land gekommen bin.« Dann befahl er, die Wunden der Gefangenen zu versorgen, und sandte sie unter starker Bewachung nach Veracruz.

Der stolzen Bescheidenheit seiner Erwiderung ungeachtet, wird Cortez kaum umhingekonnt haben, seinen Sieg über Narváez als eine der glänzendsten Taten seines Lebens zu betrachten. Gewiß, der Erfolg des Unternehmens war von der Dunkelheit der stürmischen Nacht sowie von der Mißstimmung der beutegierigen Soldaten Narváez' begünstigt, die nicht ungern unter Cortez' Fahnen kommen mochten. Aber mit wenigen Dutzend schlecht gekleideter, noch schlechter ernährter und mangelhaft bewaffneter Anhänger hatte er eine dreimal so starke, vortrefflich ausgerüstete Streitmacht in ihrem Lager angegriffen, geschlagen und gefangengenommen. Vor allem aber war der Sieg ein Triumph der Entschlossenheit und Schnelligkeit; denn Cortez' glänzende Kriegstat vom Eilmarsch aus Mexiko bis zur Niederwerfung seines Nebenbuhlers war das Werk nur weniger Tage gewesen.

8

Der Sturm, der die Nacht hindurch so wild gewütet hatte, legte sich mit der Morgensonne, die leuchtend und wolkenlos über dem Schlachtfeld aufging. Die zunehmende Helligkeit offenbarte die verblüffende Ungleichheit der beiden Streitmächte, die erst vor kurzem einander gegenübergestanden hatten. Narváez' Truppen konnten ihren Verdruß nicht verbergen, und ärgerliches Murren wurde vernehmlich, als sie ihre eigene überlegene Anzahl und vollkommene Ausrüstung mit den ermatteten Gesichtern und der abgerissenen Kleidung des feindlichen Häufleins verglichen.

Cortez setzte alles daran, die mißvergnügten Truppen zu besänftigen. Im einschmeichelndsten Ton hielt er eine Ansprache an sein Heer und befahl, die Beute, insbesondere die Pferde, die seine altgedienten Soldaten den Besiegten abgenommen hatten, diesen zurückzugeben. Sie stritten jetzt für ein und dieselbe Sache, sagte er, und sollten alles gerecht miteinander teilen. Er ging sogar noch weiter und verteilte unter Narváez' Soldaten eine Menge Gold und andere Kostbarkeiten, die er bei den benachbarten Stämmen zusammengebracht oder im Quartier seines Nebenbuhlers gefunden hatte.

Wie klug auch dieses Verfahren im Hinblick auf seine neuen Anhänger sein mochte, so erregte es doch großes Mißfallen bei den alten. Das aufgebrachte Kriegsvolk fühlte sich bei der Verteilung der Schätze übergangen und brachte seine Klagen vor. Cortez bemühte sich, ihren Zorn zu beschwichtigen, indem er ihnen die Dringlichkeit des Falles vor Augen hielt. »Unsere neuen Kriegsgefährten«, sagte er, »sind so furchtbar durch ihre Menge, daß wir, selbst jetzt noch, uns mehr in ihrer Gewalt befinden als sie sich in der unseren. Unsere einzige Sicherheit besteht darin, sie nicht nur zu unseren Verbündeten, sondern zu Freunden zu machen. Bei dem geringsten Anlaß zu einer Verstimmung haben wir die ganze Schlacht noch einmal zu liefern und, wenn sie dann einig sind, unter weitaus ungünstigeren Bedingungen als vorher. Doch wie sollte es einen Grund zur Unzufriedenheit geben, da doch das ganze Land mit seinen Reichtümern vor uns liegt? Und unsere vermehrte Stärke muß uns fortan die ungestörte Herrschaft darüber sichern.«

Aber während Cortez noch mit der Besänftigung der Truppen beschäftigt war, erhielt er so erschreckende Nachrichten aus Mexiko, daß er genötigt war, alle seine Gedanken und Streitkräfte auf diesen einen Punkt zu konzentrieren. Die Stadt befand sich im Zustand des Aufruhrs. Sobald der Kampf mit seinem Nebenbuhler entschieden gewesen war, hatte Cortez einen Eilboten mit dieser Kunde nach der Hauptstadt geschickt. Nach kaum vierzehn Tagen kehrte der Bote mit einem Schreiben Alvarados zurück, das die beunruhigende Nachricht enthielt, die Mexikaner stünden unter Waffen und hätten die Spanier in ihren Quartieren heftig angegriffen. Der Feind, fuhr er fort, habe die Brigantinen verbrannt, mit denen Cortez sich den Rückzug gesichert hatte. Man habe versucht, die Befestigungen zu stürmen, und es sei zum Teil gelungen, sie zu untergraben; auch habe der Feind die Besatzung mit einem Hagel von Wurfgeschossen überschüttet, wodurch mehrere Soldaten getötet und viele verwundet worden seien. Der Brief schloß mit der dringenden Bitte an den Befehlshaber, ihnen schleunigst zu Hilfe zu eilen, sofern er sie retten und die Hauptstadt in seiner Gewalt behalten wolle.

Diese Nachrichten waren ein harter Schlag für den Befehlshaber, um so mehr, als sie in der Stunde des Triumphes eintrafen, da er alle seine Feinde am Boden wähnte. Es war keine Zeit zu verlieren. Er eröffnete die Sache unumwunden seinen Soldaten und drängte alle, die ihre Landsleute retten wollten, ihm zu folgen. Alle erklärten sich dazu bereit und zeigten einen Eifer, sagt Díaz, den sie wohl kaum an den Tag gelegt haben würden, wenn sie die Zukunft vorausgesehen hätten.

Nun traf Cortez Anstalten zum sofortigen Aufbruch. Ehe sie Tlaxcala erreichten, führte der Weg eine Zeitlang durch dünn besiedeltes Land, und das Heer litt empfindlichen Mangel an Nahrung und mehr noch an Wasser. Ihre Leiden nahmen in besorglichem Maße zu, als sie in der Eile ihres Gewaltmarsches unter der sengenden Mittagssonne dahinzogen, die ihnen heftig auf die Köpfe brannte. Einige ermatteten, warfen sich am Wegrand nieder und schienen zu keiner weiteren Anstrengung fähig und fast gleichgültig gegen das Leben zu sein.

In dieser Not sandte Cortez eine kleine Abteilung zu Pferde voraus, um in Tlaxcala Lebensmittel zu beschaffen, und folgte selbst eilends nach. Bei seiner Ankunft dort hielten die gastfreundlichen Eingeborenen schon hinreichende Vorräte bereit, die man den Truppen entgegenschickte. Die Nachzügler wurden einzeln aufgelesen, Erfrischungen ausgeteilt, und an Körper und Geist gestärkt, zog das Heer in die Hauptstadt des Freistaates ein.

Hier stellte man Cortez sogleich zweitausend Mann zur Verfügung. Es fehlte nicht an Eifer, wenn es den alten Feind, die Azteken, zu bekriegen galt.

Als der spanische Befehlshaber nun seine Streitkräfte musterte, stellte er fest, daß sie sich auf ungefähr tausend Mann Fußvolk und hundert Berittene beliefen, die tlaxcaltekischen Truppen nicht gerechnet. Unter dem Fußvolk befanden sich ungefähr hundert Hakenbüchsen- und ebenso viele Armbrustschützen, und der von Narváez herübergebrachte Teil des Heeres war vortrefflich ausgerüstet.

Als die Spanier die freundliche Gegend verließen, schlugen sie eine nördlichere, geradere Marschroute ein als damals, als sie zum ersten Mal in das Tal vorgedrungen waren. Es war der Weg nach Texcoco. Doch auch hier waren sie genötigt, die steile Bergkette der Kordilleren zu erklimmen, die ihre größte Erhebung in den beiden mächtigen Vulkanen erreicht, an deren Fuß sie vorher vorübergezogen waren.

Als sie in die bevölkerten Ebenen hinabstiegen, wurden sie von den Eingeborenen ganz anders empfangen als bei ihrem vorigen Besuch. Die Lebensmittel, die sie erbaten, wurden ihnen zwar nicht verweigert, aber auf so unfreundliche Weise gewährt, daß man deutlich merkte, der Segen der Geber begleitete sie nicht. Der kalte Empfang war eine empfindliche Kränkung für Cortez' alte Krieger, die nach den bisherigen Erfahrungen anderes erwartet und vor ihren neuen Gefährten damit geprahlt hatten, welchen Eindruck ihr Erscheinen bei den Eingeborenen machen werde. Selbst der junge Herrscher von Texcoco, der, wie man sich erinnern wird, auf Cortez' Betreiben ernannt worden war, hielt sich fern. Dem Befehlshaber schienen all diese Umstände von übler Vorbedeutung zu sein, und er dachte mit Unbehagen und Sorge an das Schicksal der Besatzung in Mexiko.

Nach kurzer Rast, welche die ermüdeten Truppen zu neuen Kräften kommen ließ, setzte der spanische Feldherr seinen Marsch längs des südlichen Seeufers fort und gelangte auf denselben Dammweg, der ihn auch damals in die Hauptstadt geführt hatte. Es war der Tag Johannes' des Täufers, der 24. Juni 1520. Aber welch anderer Anblick als beim ersten Mal bot sich ihnen jetzt! Kein Mensch auf dem Dammweg, kein Boot auf dem See. Bedrückende Totenstille lag über dem ganzen Schauplatz.

Cortez ritt niedergeschlagen an der Spitze seiner Kriegshaufen; doch als wollte er seine trüben Gedanken verscheuchen, ließ er die Trompeten erschallen, was von der belagerten Festung mit einem freudigen Kanonenschuß beantwortet wurde. Das Heer zog über die große Zugbrücke und befand sich zum zweitenmal innerhalb der Mauern der kaiserlichen Stadt, die jetzt verödet war und völlig ausgestorben schien. An einigen Stellen waren die kleineren Brücken entfernt worden, was jetzt, da ihre Schiffe zerstört waren, den Spaniern deutlich zeigte, wie leicht man ihnen den Rückzug abschneiden konnte. Mit trüben Gefühlen erreichten sie die großen Tore des Palastes von Axayacatl und zogen in den Hof ein, wo sie von ihren Waffengefährten herzlich begrüßt wurden.

Die erste Frage des Befehlshabers betraf die Ursache des Aufstandes. Alle Berichte stimmten darin überein, daß die Heftigkeit Alvarados die unmittelbare Veranlassung dazu gegeben habe. Die Azteken pflegten alljährlich im Mai zu Ehren ihres Kriegsgottes Huitzilopochtli ein Fest zu feiern. Es war das sogenannte ›Gottessen‹ und wurde mit Opfern, Rauchspenden, religiösen Gesängen und Tänzen begangen, an denen die meisten Edelleute teilnahmen; denn es war eines der großen Feste mit aller Prachtentfaltung des aztekischen Kultes. Da es im Hof des Teocalli in unmittelbarer Nähe der spanischen Quartiere abgehalten werden sollte und ein Teil des Tempels selbst zur christlichen Kapelle bestimmt war, baten die Kaziken Alvarado zuvor um Erlaubnis. Alvarado bewilligte die Feier unter der Bedingung, daß die Azteken kein Menschenopfer bringen und ohne Waffen erscheinen sollten.

Sie versammelten sich also am festgesetzten Tage, sechshundert an der Zahl nach der niedrigsten Schätzung. Sie hatten die prächtigste Festkleidung angelegt, herrliche Überwürfe aus Federarbeit, mit Edelsteinen übersät, und Hals, Arme und Beine waren mit goldenen Ketten und Bändern geschmückt. Sie hatten jene Vorliebe für buntes Gepränge, wie sie halbkultivierten Völkern eigen ist, und bei solchen Gelegenheiten stellten sie gern den ganzen Prunk und Überfluß ihres barbarischen Feststaates zur Schau.

Alvarado und seine Soldaten waren als Zuschauer zugegen; einige stellten sich wie von ungefähr an den Toren auf, andere mischten sich unter die Menge. Sie waren alle bewaffnet, ein Umstand, der, weil alltäglich, keine Aufmerksamkeit erregte. Die Azteken waren bald den mitreißenden Rhythmen des Tanzes hingegeben, der von religiösen Gesängen und wilder, mißtönender Musik begleitet wurde. Während sie ganz davon in Anspruch genommen waren, stürzten auf ein verabredetes Zeichen Alvarado und seine Leute mit gezogenen Schwertern auf ihre Schlachtopfer los. Weder durch Rüstungen noch durch Waffen irgendwelcher Art geschützt, wurden sie ohne Widerstand von den Angreifern niedergehauen, die bei ihrem blutigen Werke, so sagt ein Zeitgenosse, nicht eine Spur von Mitleid oder Bedenken zeigten. Einige flüchteten nach den Toren, wurden aber dort von den langen Piken der Soldaten in Empfang genommen. Andere, welche die Schlangenmauer, coatepantli, zu erklimmen suchten, die den Tempelbezirk umgab, erlitten das gleiche Schicksal, sie wurden in Stücke gehauen oder von dem grausamen Kriegsvolk niedergeschossen. Auf dem Pflaster, so berichtet ein Chronist jener Zeit, floß das Blut in Strömen, wie Wasser bei einem heftigen Regenguß. Nicht einer von der ganzen Festgesellschaft wurde am Leben gelassen. Es war eine Wiederholung des schrecklichen Schauspiels von Cholula, mit der schändlichen Zugabe, daß die Spanier, nicht zufrieden mit dem Tod ihrer Opfer, sie auch noch ihres kostbaren Schmuckes beraubten. An diesem schlimmen Tag fiel die Blüte des aztekischen Adels. Es gab nicht eine Familie von Rang, in deren Haus nicht Trauer und Verzweiflung einzogen.

Alvarado suchte dem Feldherrn die gräßliche Tat als Notwehr zu erklären: Durch geheime Kundschafter habe er Nachricht von einem geplanten Aufstand erhalten, der mit dem Fest beginnen sollte. Aber sein eigener Schlag, der dem der Mexikaner zuvorkam, habe den Plan vereitelt und würde sie, wie er zuversichtlich hoffe, in Zukunft von ähnlichen Versuchen abschrecken.

Kaum war die Metzelei vollbracht, als die Kunde davon sich wie ein Lauffeuer durch die Hauptstadt verbreitete. Die Menschen trauten ihren Sinnen nicht. Alles, was sie bisher erlitten, die Entweihung ihrer Tempel, die Gefangennahme ihres Herrschers, die ihm angetane Schmach — alles trat hinter dieser Untat zurück. Alle Gefühle lange unterdrückter Feindschaft und Erbitterung machten sich jetzt in dem Schrei nach Rache Luft. Jede frühere Regung abergläubischer Furcht war in unauslöschlichem Haß untergegangen. Es bedurfte keiner Anstrengungen der Priester — wiewohl es daran nicht fehlte —, um die Leidenschaften zur lodernden Flamme anzufachen. Die Stadt erhob sich in Waffen wie *ein Mann*, und beim nächsten Morgengrauen wurden die Spanier, die kaum Zeit hatten, hinter ihren Befestigungen Schutz zu suchen, mit verzweifelter Wut angegriffen. Möglicherweise hätten sie den Platz im Sturm genommen; aber auf die Bitten der Besatzung legte sich Montezuma selbst ins Mittel, erstieg die Brustwehr und versuchte die wütenden Massen zu beschwichtigen, indem er sie um Rücksicht auf seine eigene Sicherheit bat. Die Achtung vor ihrem Gebieter war denn doch so groß, daß sie keine weiteren Versuche unternahmen, die Festung zu stürmen, sondern ihre Angriffe in eine regelrechte Belagerung umwandelten. Sie warfen Verschanzungen rings um den Palast auf, um einen Ausfall der Spanier zu verhüten. Sie hoben den Tianguez oder Markt auf, um ihre Feinde von Lebensmitteln abzuschneiden. Dann setzten sie sich in trüber Verzweiflung zur Ruhe und warteten auf die Stunde, da der Hunger ihnen ihre Opfer in die Hände treiben werde.

Die Lage der Spanier war in der Tat bedrückend genug. Ihre Vorräte an Lebensmitteln waren zwar noch nicht erschöpft; aber sie litten großen Mangel an Wasser, das innerhalb der Umwallung außerordentlich brackig war, denn der Boden war mit dem Salz des Sees gesättigt. In dieser Not sollen sie eine Quelle frischen Wassers innerhalb des Palastbezirkes entdeckt haben. Außerdem waren sieben Spanier und viele Tlaxcalteken gefallen, und es gab bei beiden Völkern kaum einen, der nicht mehrere Wunden empfangen hätte. In dieser Lage, weit entfernt von ihren Landsleuten, ohne Aussicht auf Hilfe von draußen, schien ihnen keine andere Wahl zu bleiben als ein langsamer Tod durch Hunger oder ein noch schrecklicherer auf dem Opferaltar. Aus diesem hoffnungslosen Zustand wurden sie durch die Ankunft ihrer Gefährten befreit.

Cortez hörte ruhig Alvarados Erklärung an. Aber noch ehe dieser geendet hatte, muß sich ihm die Überzeugung aufgedrängt haben, daß er für diesen wichtigen Posten eine unrichtige Wahl getroffen hatte. Alvarado war zwar ein Edelmann aus bester Familie, tapfer und ritterlich und ihm treu ergeben. Aber hinter den glänzenden Eigenschaften verbarg der künftige Eroberer von Guatemala ein heftiges, habgieriges und grausames Gemüt. Ihm fehlte ganz und gar jene Mäßigung, die für das heikle Amt, das er bekleidete, wichtiger als alles andere war.

Nachdem Alvarado Cortez' Fragen beantwortet hatte, verfinsterte sich dessen Stirn, und er sagte zu seinem Stellvertreter: »Ihr habt Eure Sache schlecht gemacht. Ihr habt mein Vertrauen mißbraucht und Euch wie ein Toller gebärdet.« Damit kehrte er ihm schroff den Rükken und verließ ihn in unverhohlenem Ärger.

Indes war dies nicht der rechte Zeitpunkt, mit jemand zu brechen, der allgemein so beliebt und in vieler Hinsicht so wichtig für ihn war wie dieser Offizier, noch weniger, ihm die Strafe aufzuerlegen, die er verdient hätte. Uneinigkeit in einem solchen Augenblick mußte verhängnisvoll werden. Cortez fühlte sich zwar stark bei seinen gegenwärtigen Hilfsquellen. Er stand an der Spitze einer Streitmacht, die sich auf kaum weniger als zwölfhundertfünfzig Spanier und achttausend eingeborene, hauptsächlich tlaxcaltekische Krieger belief. Aber die größere Truppenzahl vermehrte die Schwierigkeiten des Unterhalts. Unzufrieden mit sich selbst, aufgebracht gegen seinen Offizier und bedrückt von den unglücklichen Folgen der Maßlosigkeit Alvarados, wurde er reizbar und heftig, obwohl er sein leidenschaftliches Gemüt sonst stets zu beherrschen wußte.

Am Tage von Cortez' Rückkehr hatte Montezuma seine eigenen Gemächer verlassen, um ihn zu bewillkommnen. Aber der spanische Befehlshaber mißtraute offenbar, wiewohl mit Unrecht, seiner Aufrichtigkeit und empfing ihn so kalt, daß der indianische Herrscher sich gekränkt und niedergeschlagen zurückzog. Da das mexikanische Volk sich keineswegs willfährig zeigte und dem Heer keine Lebensmittel zuführte, dauerte die Mißstimmung des Befehlshabers gegen den Kaiser fort. Und als Montezuma einige seiner Edelleute zu Cortez schickte, um eine Zusammenkunft zu erbitten, rief dieser, zu seinen Offizieren gewendet, hochmütig aus: »Was habe ich mit diesem Hund von Kaiser zu schaffen, der uns vor seinen Augen verhungern läßt!«

Dann wendete er sich zornig gegen die Mexikaner und sagte: »Geht und sagt eurem Gebieter und seinem Volke, sie sollen die Märkte öffnen, oder wir tun es statt ihrer, auf ihre Kosten!« Die Häuptlinge, die den Inhalt seiner vorhergehenden Schmähung gegen ihren Herrscher aus Ton und Gebärde erraten oder vielleicht auch dank einiger Sprachkenntnis verstanden hatten, gingen heftig ergrimmt fort, und bei der Wiedergabe seiner Botschaft waren sie darauf bedacht, ihr nichts von ihrer Wirkung zu nehmen.

Kurz darauf setzte Cortez — angeblich auf Montezumas Vorschlag — dessen Bruder Cuitlahuac, Gebieter von Itztapalapan, in Freiheit, der festgenommen worden war, weil man ihn der Mitwirkung an der vom Herrscher von Texcoco geplanten Empörung verdächtigt hatte. Man glaubte, daß er zur Beilegung des gegenwärtigen Aufruhrs dienen und die Stimmung des Volkes verbessern könne. Aber er kehrte nicht in die Festung zurück. Er war ein kühner, ehrgeiziger Fürst, und die Beleidigungen, die er von den Spaniern erfahren hatte, nagten an seinem Herzen. Er war mutmaßlicher Erbe der Krone, die sich nach den aztekischen Thronfolgegesetzen häufiger in einer Seitenlinie als in der geraden Linie forterbte. Das Volk begrüßte ihn als den Stellvertreter des Kaisers und trug ihm für die Zeit von

Montezumas Gefangenschaft dessen Platz an. Cuitlahuac nahm das Amt der Ehre und Gefahr bereitwillig an. Er war ein erfahrener Krieger und bemühte sich, wieder Ordnung in die Streitkräfte zu bringen und einen wirksameren Kriegsplan aufzustellen. Die Folgen zeigten sich bald.

Cortez bezweifelte indes nicht, daß es ihm gelingen werde, die Aufrührer einzuschüchtern, und schrieb in diesem Sinne an die Besatzung von Villa Rica. Im selben Brief unterrichtete er sie auch von seiner glücklichen Ankunft in der Hauptstadt. Aber kaum war sein Bote eine halbe Stunde fort, als er atemlos vor Schrecken und mit Wunden bedeckt zurückkehrte. Die Stadt stehe unter Waffen, sagte er; die Zugbrücken seien aufgezogen, und der Feind werde bald über sie herfallen. Er sprach die Wahrheit. Nicht lange, und man hörte einen heiseren, dumpfen Ton, gleich dem Brausen eines fernen Gewässers. Er wurde immer lauter und lauter, bis man von der Brustwehr, welche die Umwallung umgab, sehen konnte, daß die großen Zugangsstraßen schwarz waren von Kriegerscharen, die in unübersehbarer Flut auf die Festung zuströmten. Gleichzeitig wimmelten die Gartenterrassen und Azoteas oder flachen Dächer in der Nähe von waffenschwingenden Kriegern, die wie von Zauberhand dorthin gestellt schienen. Es war ein Schauspiel, das auch den Mutigsten schrecken mußte. — Aber der finstere Sturm, zu dem es nur das Vorspiel war und der sich schwärzer und schwärzer um die Spanier zusammenbraute, solange sie noch in der Hauptstadt waren, soll einem gesonderten Teil unseres Berichtes vorbehalten bleiben.

VERTREIBUNG AUS MEXIKO

I

Der Palast des Axayacatl, in dem man die Spanier untergebracht hatte, war, wie der Leser sich erinnern wird, ein ausgedehnter unregelmäßiger steinerner Gebäudekomplex, einstöckig bis auf den Mittelteil, wo eine Reihe von Gemächern, die sich wie kleine Türme auf dem Hauptgebäude erhoben, als zweites Stockwerk aufgesetzt waren. Rings um den Palast erstreckte sich ein weiter freier Platz, der von einer nicht sehr hohen Steinmauer umschlossen war. Diese wurde in bestimmten Abständen von Türmen oder Bollwerken verstärkt, die ihr immerhin genug Festigkeit gaben, den primitiven Wurfgeschossen der Indianer standzuhalten. Die Brüstung war hier und da von Schießscharten für das Geschütz durchbrochen, das aus dreizehn Kanonen bestand; kleinere Öffnungen an anderen Stellen waren den Büchsenschützen vorbehalten. Die Spanier fanden innerhalb des großen Gebäudes Unterkunft; aber die große Menge der tlaxcaltekischen Hilfstruppen konnte nur in leichten Hütten oder unter Schutzdächern untergebracht werden, die man auf dem geräumigen Hofraum eilig zu diesem Zweck errichtet hatte. So auf engem Raum zusammengedrängt, konnte das ganze Heer in kürzester Frist versammelt werden; und da der spanische Befehlshaber auf strengste Zucht und Wachsamkeit hielt, war es kaum möglich, ihn zu überrumpeln. Kaum hatte daher auf die Kunde vom Herannahen des Feindes die Trompete zu den Waffen gerufen, als auch schon jeder Soldat auf seinem Posten war, die Reiter zu Pferde, die Kanoniere bei ihren Kanonen, die Büchsen- und Armbrustschützen schußbereit; alle gerüstet, die Angreifenden schlagkräftig zu empfangen.

Immer näher rückten die Feinde, die Menge unterteilt in einzelne Trupps oder ungeordnete Haufen, die jeder in dichter Kolonne heranstürmten, wehende bunte Fahnen dazwischen und die im Gewoge aufschimmernden Helme, Pfeile und Lanzenspitzen. Als sie sich der Mauer des Palastbezirks näherten, erhoben die Azteken ein gräßliches Geschrei oder vielmehr jenes gellende Pfeifen, den bei den Völkern Anahuacs gebräuchlichen Kampfruf, der den Laut von Schnekkenhörnern und Trommeln und anderen kriegerischen Instrumenten noch übertönte. Darauf folgte ein dichter Hagel von Wurfgeschossen — Steinen, Wurfspießen und Pfeilen —, die auf die Belagerten niederprasselten, während von den überfüllten Flachdächern in der Nähe Ladungen der gleichen Art auf sie herunterregneten.

Die Spanier warteten, bis die vorderste Kolonne in Schußweite gekommen war, und feuerten dann gleichzeitig ihre Kanonen und Hakenbüchsen ab, wodurch die Reihen der Angreifer fortgerafft und sie zu Hunderten niedergemäht wurden. Die Mexikaner kannten zwar den Knall dieser furchtbaren Feuerwaffen, da sie bei verschiedenen festlichen Gelegenheiten bereits abgeschossen worden waren, ohne Schaden anzurichten; doch nie bisher hatten sie ihre todbringende Macht erfahren. Einen Augenblick lang packte sie Entsetzen, als sie mit irren Blicken unter der Wut des Feuers wankten; aber bald wieder gesammelt, erhoben die Eingeborenen einen durchdringenden Schrei und stürmten über die hingestreckten Leiber ihrer Gefährten vorwärts. Eine zweite und dritte Salve hielt ihren Ansturm auf und brachte sie in Unordnung; aber dennoch drängten sie weiter und schossen ganze Wolken von Pfeilen ab, während ihre Gefährten auf den Dächern der Häuser mit mehr Bedacht auf die Streiter im Hofe zielten. Die Mexikaner waren besonders geschickt im Gebrauch der Schleuder, und die Steine, die sie von ihrer erhöhten Stellung auf die Köpfe ihrer Feinde hinabschleuderten, richteten sogar noch mehr Schaden an als die Pfeile. Zwar prallten sie an den undurchdringlichen Rüstungen der Ritter und auch an den dicken Baumwollpanzern oder Escaupils ab, mit denen viele bekleidet waren. Aber einige Soldaten, besonders die alten Krieger von Cortez, und viele ihrer indianischen Verbündeten waren nur leicht geschützt und hatten unter dem Steinhagel viel zu leiden.

Unterdessen waren die Azteken bis dicht unter die Mauern der Festung vorgedrungen, ihre Reihen durchbrochen und in Unordnung gebracht, ihre Glieder zerfetzt vom unablässigen Feuer der Christen. Dennoch drängten sie vorwärts, bis unmittelbar unter die Mündungen der Geschütze. Sie versuchten die Brustwehr zu erklimmen, was wegen ihrer mäßigen Höhe an sich nicht schwer war. Aber sobald sich ihre Köpfe über dem Schutzwall zeigten, wurden sie von den unfehlbaren Schützen niedergeschossen oder vom Hieb eines tlaxcalte-kischen Maquahuitl hingestreckt. In keiner Weise eingeschüchtert, erschienen sogleich andere, den Platz der Gefallenen einzunehmen, und versuchten, indem sie auf die zuckenden Leiber ihrer sterbenden Gefährten stiegen oder ihre Speere in die Mauerspalten steckten, die Schranken zu überwinden. Doch auch dieser Versuch blieb fruchtlos.

Hier abgewiesen, versuchten die Mexikaner nun, eine Bresche in die Brustwehr zu schlagen, indem sie mit schweren Balken dagegen anrannten. Sie erwies sich jedoch als allzu stark für die Anstrengungen der Angreifer. In ihrer Verzweiflung suchten sie das christliche Lager anzuzünden, indem sie brennende Pfeile hineinschossen und den Schutzwall so weit erkletterten, daß sie ihre Feuerbrände durch die Schießscharten werfen konnten. Das Hauptgebäude war aus Stein. Aber die schnell errichteten Schutzbauten der indianischen Verbündeten und Teile der äußeren Befestigungswerke waren aus Holz. Einige davon fingen Feuer, und die Flammen breiteten sich rasch unter den leichten, brennbaren Stoffen aus. Auf dieses Unheil waren die Belagerten keineswegs vorbereitet. Sie hatten wenig Wasser, kaum genug zum Trinken. Sie versuchten die Flammen mit Erde zu ersticken; aber vergebens. Glücklicherweise bestand das große Gebäude aus Baustoffen, die dem zerstörenden Elemente trotzten. Aber das Feuer wütete in einigen Außenwerken, die mit der Brustwehr verbunden waren, mit solcher Gewalt, daß man ihm nur Einhalt tun konnte, indem man einen Teil der Mauer selbst niederriß und so eine furchtbare Bresche legte. Diese wurde auf Befehl des Feldherrn schnell durch mehrere schwere Geschütze und eine Reihe von Hakenbüchsen gesichert, die durch die Öffnung unablässig auf die Angreifer feuerten.

Rasend wütete der Kampf jetzt auf beiden Seiten. Aus den Mauern rings um den Palast brach unablässig ein Rauch- und Flammenmeer hervor. Das Stöhnen der Verwundeten und Sterbenden ging unter im immer wilderen Kriegsgeschrei der Kämpfenden, dem Krachen der Kanonen, dem knatternden Gewehrfeuer und dem Sausen der indianischen Wurfgeschosse. Endlich brach die Nacht an und breitete ihren freundlichen Mantel über das Schlachtfeld. Die Azteken fochten selten bei Nacht.

Mit der frühen Morgendämmerung waren die Spanier unter Waffen, jedoch nicht eher als ihre Feinde, die schon manches Zeichen von Feindseligkeit von sich gegeben hatten, indem sie von Zeit zu Zeit auf gut Glück ihre Wurfgeschosse in die Festung sandten. Als das graue Tageslicht zunahm, zeigte sich, daß das Belagerungsheer keineswegs an Zahl vermindert war, sondern den großen Platz und die angrenzenden Straßen in noch dichteren Scharen als am Abend zuvor anfüllte. Das war kein verworrener, ungeordneter Volkshaufen, sondern hatte fast das Ansehen einer geschulten Streitmacht. Die einzelnen Abteilungen scharten sich um ihre Fahnen, deren verschiedene Sinnbilder bezeugten, daß alle größeren Städte und Distrikte des Tales ihren Beitrag leisteten. Hoch über allen anderen ragte die alte Fahne von Mexiko empor, mit ihrem wohlbekannten Zeichen, einem Adler, der einen Ozelot in den Klauen hält, auf einem prächtigen Untergrund aus Federmosaik. Hier und da sah man Priester, die sich in die Reihen der Belagerer mischten und sie mit wilden Gebärden aufwiegelten, ihre beleidigten Gottheiten zu rächen.

Der größere Teil des Feindes war kaum bekleidet und trug nur die breite Binde, maxtlatl, um die Lenden. Sie waren verschiedenartig bewaffnet, viele mit langen Speeren, die mit Kupfer- oder Feuersteinspitzen bewehrt oder auch nur zugespitzt und im Feuer gehärtet waren. Einige hatten Schleudern, andere Wurfspieße mit zwei oder drei Spitzen und langen Riemen, an denen sie, nachdem sie ihr Ziel getroffen hatten, wieder aus dem Körper des Verwundeten gerissen werden konnten. Dies war eine entsetzliche, von den Spaniern sehr gefürchtete Waffe. Die Krieger höheren Ranges schwangen das schreckliche Maquahuitl mit seinen scharfen, spröden Obsidianklingen. Unter den buntscheckigen Horden sah man einige, deren prunkvolle Kleidung und würdevolles Auftreten Personen von hohem kriegerischem Rang verrieten. Ihre Brust war durch Metallplatten geschützt; darüber trugen sie den bunten Überwurf aus Federwerk. Ihre Helme waren dem Kopf irgendeines wilden Tieres nachgebildet, mit struppigen Haaren besetzt oder überragt von hohem, anmutigem Federschmuck in leuchtenden Farben. Einige waren mit dem roten, um das Haar gewundenen Band geschmückt, woran Büschel von Baumwolle befestigt waren, an denen man die Zahl der errungenen Siege sowie ihren hervorragenden Rang unter den Kriegern ihres Volkes ablesen konnte. Die bunte Versammlung zeigte deutlich, daß Priester, Krieger und Bürger sich alle vereinigt hatten, um das Getümmel zu vergrößern.

Noch ehe die Sonne ihre Strahlen ins kastilische Lager sandte, war der Feind schon in Bewegung und bereitete augenscheinlich einen neuen Angriff vor. Der spanische Befehlshaber entschloß sich, ihnen durch einen energischen Ausfall zuvorzukommen, wozu er bereits die nötigen Anstalten getroffen hatte. Ein gleichzeitiges Abfeuern aller Kanonen und Hakenbüchsen brachte weit und breit den Tod in die Reihen der Feinde, und ehe sie sich noch von ihrer Verwirrung erholen konnten, wurden die Tore geöffnet, und Cortez sprengte an der Spitze seiner Reiterei in gestrecktem Galopp auf sie los, hinter ihm eine große Menge Fußvolk und einige tausend Tlaxcalteken. Auf solche Weise überrumpelt, vermochten die Feinde kaum Widerstand zu leisten. Wer es versuchte, wurde von den Hufen der Pferde zertreten, von den Schwertern in Stücke gehauen oder von den Lanzen der Reiter durchbohrt. Das Fußvolk drängte nach, und für den Augenblick war alles in wilder Flucht begriffen.

Aber die Azteken flohen nur, um hinter einer Verschanzung Schutz zu suchen, einem starken Befestigungswerk aus Holz und Erde, das sich quer über die große Straße zog, auf der sie verfolgt wurden. Auf der anderen Seite wieder gesammelt, stellten sie sich dem Feind tapfer entgegen und überschütteten ihn ihrerseits mit ihren leichten Geschossen, so daß die Spanier, zu gleicher Zeit von den Flachdächern der Häuser mit einem Hagel von Wurfgeschossen begrüßt, in ihrem Vormarsch aufgehalten und in einige Verwirrung gebracht wurden.

Auf diese Weise behindert, ließ Cortez einige schwere Geschütze auffahren, die bald die Verschanzungen wegrissen und einen Durchlaß für das Heer freilegten. Aber dieses hatte seine durch den raschen Vormarsch erlangte Stoßkraft bereits verloren. Der Feind hatte Zeit, sich zu sammeln und den Spaniern unter günstigeren Bedingungen entgegenzutreten. Sie wurden im Vorrücken auch von der Seite durch frische Heerhaufen angegriffen, die aus den angrenzenden Straßen und Gassen herbeiströmten. Die Wassergräben wimmelten von Booten voller Krieger, die mit ihren furchtbaren Wurfspießen jeden Spalt und jede dünne Stelle in den undurchdringlichen Rüstungen ausspähten und unter den ungeschützten Tlaxcalteken Verwüstungen anrichteten. Durch wiederholte heftige Angriffe gelang es den Spaniern, die Indianer vor sich her zu treiben, obwohl viele, die Rache höher achtend als ihr Leben, verzweifelt versuchten, die Bewegungen der Pferde zu behindern, indem sie sich an deren Beine klammerten, oder, mit besserem Erfolg, die Reiter aus dem Sattel zu ziehen. Und wehe dem unglücklichen Ritter, der vom Pferd gerissen wurde, um von dem gefürchteten Maquahuitl ins Jenseits befördert oder an Bord eines Kanus zum blutigen Opferaltar geschleppt zu werden!

Am meisten aber hatten die Spanier durch die Wurfgeschosse von den Azoteas zu leiden, oftmals großen Steinen, die mit solcher Gewalt geschleudert wurden, daß der sattelfesteste Reiter dadurch zu Fall gebracht werden mußte. Durch diese Geschosse, gegen die auch die spanischen Schilde keinen hinreichenden Schutz gewährten, aufs äußerste gereizt, befahl Cortez, Feuer an die Gebäude zu legen. Das war nicht sehr schwer, da sie, obwohl vorwiegend aus Stein erbaut, mit Matten, Rohrgeflecht und anderen brennbaren Stoffen ausgestattet waren, die bald in Flammen aufgingen. Aber die Häuser waren durch Wassergräben und Zugbrücken voneinander getrennt, so daß die Flammen nicht leicht auf die benachbarten Gebäude übergreifen konnten. Das erschwerte das Zerstörungswerk der Spanier beträchtlich, so daß es — zum Glück für die Stadt — verhältnismäßig langsam vor sich ging. Sie ließen indes in ihren Anstrengungen nicht nach, bis einige hundert Häuser zerstört waren und der Jammer einer Feuersbrunst, bei der die unglücklichen Insassen zusammen mit den Verteidigern umkamen, die Schrecken des ganzen Schauspiels noch vermehrte.

Der Tag ging nun zur Neige. Die Spanier waren überall siegreich gewesen. Aber der Feind, obwohl an jeder Stelle zurückgedrängt, behauptete noch immer das Schlachtfeld. Endlich, des Gemetzels müde und von Hunger und Anstrengung erschöpft, zog der spanische Befehlshaber seine Leute zusammen und ließ zum Rückzug blasen.

Auf dem Rückweg zu seinem Quartier erblickte er seinen Freund, den Schreiber Duero, in einer angrenzenden Straße: aus dem Sattel geworfen und in hitzigem Kampf mit einem Haufen Mexikaner, gegen die er sich verzweifelt mit seinem Dolche zur Wehr setzte. Aufschreckend bei diesem Anblick, erhob Cortez seinen Kriegsruf, sprengte mitten unter die Feinde und trieb sie durch die Wut seines Angriffs wie Spreu auseinander; dann verhalf er dem Freunde wieder zu seinem Pferd, ließ ihn aufsitzen, und, ihren Schlachtrossen die Sporen in die Weichen setzend, jagten die beiden Reiter zurück durch die feindlichen Reihen und schlossen sich dem Heer wieder an.

Keineswegs eingeschüchtert, hängten sich die Azteken an die Nachhut ihrer zurückweichenden Feinde und belästigten sie auf Schritt und Tritt durch neue Hagelschauer von Steinen und Pfeilen; und als die Spanier wieder in ihre Festung eingezogen waren, lagerte sich der indianische Schwarm ringsumher und zeigte dieselbe störrische Entschlossenheit wie am vergangenen Abend. Obgleich sie ihrer alten Gewohnheit, in der Nacht nicht zu kämpfen, treu blieben, unterbrachen sie doch die Stille mit Beschimpfungen und Drohungen, die zu den Ohren der Belagerten drangen. »Endlich haben euch die Götter in unsere Hand gegeben«, sagten sie. »Huitzilopochtli verlangt schon lange nach seinen Opfern. Der Opferstein ist bereit. Die Messer sind geschärft. Die wilden Tiere im Palast brüllen nach ihrem Anteil. Und die Käfige«, fügten sie hinzu, die Tlaxcalteken wegen ihrer Magerkeit verhöhnend, »warten schon auf die treulosen Söhne Anahuacs, die zum Fest gemästet werden sollen.« Diese gräßlichen Drohungen gellten schauerlich in den Ohren der Belagerten, die ihren Sinn nur allzu gut verstanden, und wechselten ab mit jammervollen Klagen um den aztekischen Herrscher, dessen Auslieferung man von den Spaniern verlangte.

Cortez litt schwer an einer bösen Wunde, die er beim letzten Treffen an der Hand erhalten hatte. Aber die Sorge, die er empfand, wenn er über die düsteren Zukunftsaussichten nachdachte, muß ihn noch ärger geplagt haben. Er hatte die Wesensart der Mexikaner verkannt. Jetzt beschloß er, trotz der letzten Montezuma angetanen Demütigung, sich des aztekischen Herrschers zur Beschwichtigung des Aufruhrs zu bedienen; hatte sein Ansehen sich zu einem früheren Zeitpunkt des Aufstandes doch so erfolgreich zugunsten Alvarados ausgewirkt. Er wurde in seinem Vorsatz noch bestärkt, als es den Angreifern mit verdoppelter Anstrengung gelang, die Befestigungen auf einer Seite zu erklimmen und sich einen Eingang in den Palastbezirk zu verschaffen. Sie wurden allerdings mit solcher Entschlossenheit empfangen, daß nicht einer von denen, die hineinkamen, am Leben blieb. Doch bei dem Ungestüm des Angriffs schien es einige Augenblicke, als könnte die Festung im Sturm erobert werden.

Cortez sandte nun zu dem aztekischen Kaiser und ließ ihn bitten, sich bei seinen Untertanen zugunsten der Spanier ins Mittel zu legen. Aber Montezuma war nicht gesonnen, dieser Bitte nachzukommen. Seit der Rückkehr des Befehlshabers war er niedergeschlagen in seinen Gemächern geblieben. Aufgebracht über die Behandlung, die er erfahren, fühlte er die Demütigung doppelt, da er sich als Verbündeten derer sah, welche die erklärten Feinde seines Volkes waren. Vom Palast aus hatte er die entsetzlichen Auftritte in seiner Hauptstadt mit angesehen und erleben müssen, daß ein anderer, der mutmaßliche Thronerbe, den Platz an der Spitze seiner Krieger einnahm, der ihm gebührte, und die Schlachten seines Landes lieferte. Voll Gram über seine Lage, entrüstet über die Urheber seines Unglücks, antwortete er kalt: »Was habe ich mit Malintzin zu schaffen? Ich will nichts von ihm hören. Ich habe nur den einen Wunsch, zu sterben. In welchen Zustand hat mich meine Bereitwilligkeit, ihm zu dienen, versetzt!« Als Olid und Pater Olmedo weiter in ihn drangen, fügte er hinzu: »Es ist zwecklos. Sie werden mir ebensowenig glauben wie Malintzins leeren Worten und Versprechungen. Ihr werdet diese Mauern nicht lebendig verlassen.« Als man ihm aber versicherte, die Spanier würden gern fortgehen, wenn ihnen ihre Feinde nur den Weg freigeben wollten, willigte er — wahrscheinlich mehr von dem Wunsch beseelt, das Blut seiner Untertanen als das der Christen zu schonen — endlich ein, mit seinem Volk zu unterhandeln.

Um seinem Erscheinen mehr Nachdruck zu geben, legte er seine kaiserlichen Gewänder an. Der Tilmatli, sein weiß-blauer Überwurf, wallte ihm von den Schultern herab, zusammengehalten von einer prächtigen Spange aus grünem Chalchiuitl. Der gleiche kostbare Edelstein und Smaragde von ungewöhnlicher Größe, in Gold gefaßt, zierten verschwenderisch andere Teile seiner Kleidung. Er trug goldene Riemenschuhe an den Füßen, und seine Stirn bedeckte das Copilli, das mexikanische Diadem, das in seiner Form der päpstlichen Tiara glich. In diesem Aufzug, von einer spanischen Wache und einigen aztekischen Edelleuten umgeben, erstieg der indianische Gebieter, dem der goldene Stab, das Zeichen seiner Herrscherwürde, vorangetragen wurde, den mittleren Turm des Palastes. Seine Anwesenheit wurde augenblicklich von seinem Volk bemerkt, und als Montezuma mit seinem Gefolge sich an der Brustwehr entlang vorwärts bewegte, veränderte sich das Schauspiel wie durch Zauberei. Der Klang der kriegerischen Instrumente, das wilde Geschrei der Angreifer verstummte, und Totenstille herrschte in der noch vor wenigen Augenblicken vom Schlachtgetümmel wild bewegten Menge. Viele warfen sich zu Boden, andere beugten das Knie, und alle wandten sich mit gespannter Erwartung dem Herrscher zu, den mit sklavischer Furcht zu verehren man sie gelehrt hatte und vor dessen Antlitz sie sich sonst wie vor dem nicht zu ertragenden Glanz der Gottheit abgewendet hatten. Montezuma erkannte seine Überlegenheit; und während er seinem von Ehrfurcht ergriffenen Volk gegenüberstand, schien er sein früheres Ansehen und Selbstvertrauen wiederzuerlangen; denn er fühlte, daß er noch immer Herrscher war. Mit ruhiger Stimme, leicht vernehmlich in der verstummten Menge, soll er sie, nach kastilischen Zeugnissen, folgendermaßen angeredet haben:

›Warum sehe ich mein Volk hier in Waffen vor dem Palast meiner Väter? Glaubt ihr denn, euer Herrscher sei ein Gefangener und ihr müßtet ihn befreien? Dann hättet ihr recht gehandelt. Aber ihr irrt euch. Ich bin kein Gefangener. Die Fremden sind meine Gäste. Ich bleibe aus freiem Willen bei ihnen und kann sie verlassen, wenn es mir beliebt. Seid ihr gekommen, um sie aus der Stadt zu vertreiben? Das ist nicht nötig. Sie wollen aus eigenem Antrieb fortgehen, wenn ihr ihnen den Weg freigebt. So kehrt denn nach Hause zurück. Legt eure Waffen nieder. Erweist mir den Gehorsam, den ihr mir schuldig seid. Die weißen Männer werden in ihre Heimat zurückkehren, und alles wird wieder gut werden in den Mauern Tenochtitlans.‹

Als Montezuma sich als Freund der verhaßten Fremden erklärte, durchlief ein Murren die Menge, ein Murren der Verachtung für den kleinmütigen Herrscher, der sich so gleichgültig gegen die Beleidigungen und Beschimpfungen zeigen konnte, um derentwillen sein Volk unter Waffen stand. Die angeschwollene Flut ihrer Leidenschaften riß alle Schranken angestammter Ehrfurcht nieder und ergoß sich, die Richtung wechselnd, auf das Haupt des unglücklichen Monarchen, der so weit aus der Art seiner kriegerischen Vorfahren geschlagen war. »Verächtlicher Azteke!« riefen sie. »Weib, Memme! Die weißen Männer haben dich zum Weibe gemacht, das nur zum Spinnen und Weben taugt!" Den bitteren Schmähungen folgten bald noch feindseligere Handlungen. Ein Häuptling, man sagt, von hohem Range, hatte mit einem herausfordernden Blick auf den Kaiser seinen Bogen gespannt oder einen Wurfspieß geschwungen, als im nächsten Augenblick auch schon ein Hagel von Steinen und Pfeilen auf die Stelle niederprasselte, wo der Herrscher und sein Gefolge standen. Die Spanier, die seine Person schützen sollten, hatten in ihrer Wachsamkeit nachgelassen, als das Volk so achtungsvoll der Rede seines Gebieters lauschte. Jetzt deckten sie ihn rasch mit ihren Schilden. Aber es war zu spät. Montezuma war von drei Wurfgeschossen verwundet worden; ein Stein traf ihn mit solcher Heftigkeit am Kopf nahe der Schläfe, daß er besinnungslos zu Boden stürzte. Die Mexikaner, erschrocken über ihren eigenen Frevel und von einem plötzlichen Gefühlsumschwung ergriffen, erhoben ein schreckliches Klagegeschrei und zerstreuten sich entsetzt in alle Richtungen. Nicht einer von der riesigen Menge blieb auf dem großen Platz vor dem Palast zurück.

Der unglückliche Herrscher wurde unterdessen von seinen Dienern in seine Gemächer hinuntergetragen. Als er aus der Bewußtlosigkeit, in die ihn der Steinwurf versetzt hatte, wieder zu sich kam, überfiel ihn die Erbärmlichkeit seiner Lage. Er hatte die letzte Bitterkeit der Erniedrigung gekostet. Er war von seinem Volk geschmäht, verworfen worden. Der nichtswürdigste Pöbel hatte die Hand gegen ihn erhoben. Das Leben hatte keinen Wert mehr für ihn. Vergebens bemühten sich Cortez und seine Offiziere, seine Seelenqual zu lindern und ihn auf andere Gedanken zu bringen. Er erwiderte nicht ein Wort. Seine Wunde, obwohl gefährlich, brauchte bei geschickter Behandlung dennoch nicht tödlich zu sein. Aber Montezuma wies alle Heilmittel zurück, die ihm verordnet wurden. Er riß die Verbände ab, sooft sie ihm angelegt wurden, und beobachtete die ganze Zeit über das entschiedenste Stillschweigen. Gesenkten Hauptes saß er da und dachte über sein zerstörtes Glück nach, über frühere Größe und gegenwärtige Erniedrigung. Er hatte seine Ehre überlebt. Aber ein Funke des alten Mutes schien doch noch in seiner Brust zu glimmen; denn es war offenbar, daß er seine Schmach nicht zu überleben gedachte. Von dieser schmerzlichen Szene wurden Cortez und seine Anhänger bald durch die neuen Gefahren abberufen, die der Festung drohten.

2

Dem spanischen Quartier gegenüber, nur wenige Ruten davon entfernt, stand der große Teocalli des Huitzilopochtli. Dieser Pyramidenbau mit den Heiligtümern darauf erhob sich im ganzen zu einer Höhe von nahezu hundertfünfzig Fuß, so daß er den Palast des Axayacatl, den die Christen bewohnten, völlig beherrschte. Eine Streitmacht von fünf- bis sechshundert Mexikanern, viele Edelleute und Krieger höchsten Ranges darunter, hatte sich in den Besitz des Teocalli gesetzt und schoß von dort aus einen solchen Hagel von

Abb. 9 *Rückzugsgefecht um eine Tempelanlage*

veyotlipan.

ıcā q̃namıcq₃ mtlatoque
₃acaq̃yxq̃dı qualom.

Abb. 10   Maxixcatzin empfängt Cortez in Ueyotlipan

Abb. 11 Die große Schlacht bei Otumba

Pfeilen auf die Besatzung hinab, daß niemand die Verteidigungs-werke auch nur für einen Augenblick ohne Gefahr verlassen konnte, während die Mexikaner im Schutz der Heiligtümer vor dem Feuer der Belagerten ganz sicher waren. So war es dringend notwendig, den Feind aus seiner Stellung zu vertreiben, wenn die Spanier länger in ihrem Quartier bleiben wollten.

Cortez erteilte diesen Auftrag seinem Kämmerer Escobar, gab ihm dazu hundert Mann mit und befahl ihm, den Teocalli zu erstürmen und die Heiligtümer anzuzünden. Aber der Offizier wurde bei sei-nem Angriff dreimal zurückgeschlagen und sah sich nach den ver-zweifeltsten Anstrengungen genötigt, mit beträchtlichen Verlusten und unverrichtetersache umzukehren.

Cortez, dem dringend daran lag, den Ort zu erobern, beschloß nun, die Stürmenden selber anzuführen. Die Wunde an seiner linken Hand machte ihm noch immer sehr zu schaffen, und die Hand war vor-läufig nicht zu gebrauchen. Er machte sich indes den Arm dennoch dienstbar, indem er seinen Schild daran befestigte; und in dieser Weise behindert, rückte er an der Spitze von dreihundert ausgesuch-ten Spaniern und einigen tausend indianischen Verbündeten aus.

Im Tempelbezirk stieß er auf eine große Menge Indianer, die ihm den Durchgang streitig machten. Er griff sie energisch an, aber die flachen, glatten Steine des Pflasters waren so schlüpfrig, daß die Pferde ausglitten und viele zu Fall kamen. Eilig absitzend, schickten sie die Tiere ins spanische Lager zurück, und nach einem neuen An-griff gelang es den Spaniern ohne große Mühe, die indianischen Krie-ger zu verjagen und sich einen freien Durchgang nach dem Teocalli zu bahnen. Dieser Bau war, wie der Leser sich erinnern wird, eine un-geheure Pyramide mit einer Grundfläche von ungefähr dreihundert Quadratfuß. Eine steinerne Treppe führte an einer Ecke des Baus au-ßen zu einer Plattform oder einem terrassenartigen Umgang, der um das Bauwerk herumführte, bis er eine ähnliche Treppe gerade über der vorigen erreichte, die wiederum zu einem Absatz führte. Da es fünf solche Unterteilungen gab, mußte man viermal um die ganze Py-ramide herumgehen, das heißt fast eine Meile zurücklegen, um zum Gipfel zu gelangen, der, wie wir uns erinnern, eine offene Plattform war, auf der nur die beiden den aztekischen Gottheiten geweihten Heiligtümer standen.

Nachdem sich Cortez einen Weg zum Angriff gebahnt hatte, er-stieg er die untere Treppe, begleitet von Alvarado, Sandoval, Ordaz

und den anderen tapferen Rittern seiner kleinen Schar, und ließ eine
Reihe Büchsenschützen und eine starke Abteilung indianischer Verbündeter zurück, um den Feind am Fuße des Teocalli in Schach zu
halten. Auf dem ersten Absatz sowie auf den verschiedenen Umgän-
gen darüber und auf der Plattform oben waren die aztekischen Krieger aufgestellt, um ihnen den Durchgang streitig zu machen. Von
ihrem erhöhten Standort aus ließen sie ganze Ladungen leichter
Wurfgeschosse niederprasseln, auch schwere Steine, Balken und
brennende Sparren, welche, die Treppen hinabpolternd, die hinauf-
steigenden Spanier niederrissen und Verwüstung in ihre Reihen
brachten. Den Glücklicheren, die den Hindernissen ausweichen oder
sie überspringen konnten, gelang es, die erste Plattform zu erreichen,
wo sie sich auf ihre Feinde warfen und sie nach kurzem Widerstand
zum Rückzug zwangen. Die Angreifer drängten vorwärts, von unten
wirksam unterstützt durch ein rasches Feuer der Büchsenschützen,
das den Mexikanern in ihrer ungeschützten Position so zusetzte, daß
sie froh waren, auf der breiten Plattform des Teocalli Zuflucht zu finden.

Cortez und seine Gefährten blieben ihnen dicht auf den Fersen,
und die beiden Parteien standen sich bald auf dem luftigen Schlachtfeld in tödlichem Kampf von Angesicht zu Angesicht gegenüber, in
Gegenwart der ganzen Stadt sowie der Truppen am Fuß der Pyramide, die, wie nach gegenseitiger Übereinkunft, in ihren eigenen
Feindseligkeiten innehielten und in stummer Erwartung zu dem über
ihnen tobenden Kampf hinaufstarrten. Der offene Platz war, wenn
auch etwas kleiner als die Grundfläche des Teocalli, doch groß genug, um ein ansehnliches Schlachtfeld für ungefähr tausend Krieger
abzugeben. Er war mit breiten, flachen Steinen gepflastert. Kein Hindernis unterbrach die Fläche, mit Ausnahme des ungeheuren Opfer-
blocks und der steinernen Tempeltürme, die sich am äußersten Ende
des Kampfplatzes zu einer Höhe von vierzig Fuß erhoben. Eines der
Heiligtümer war dem Kreuz geweiht worden. Das andere hatte noch
der mexikanische Kriegsgott inne. So fochten Christen und Azteken
im Schatten ihrer Heiligtümer um ihre Religionen, während die indianischen Priester, wie sie da hin und her hasteten, wilde Haarsträh-
nen über den schwarzen Umhängen, mitten in der Luft herumzugei-
stern schienen, Dämonen der Finsternis gleich, die zum Blutbad an-
treiben.

Mit dem verzweifelten Ungestüm von Menschen, deren einzige

Hoffnung sich auf Sieg gründet, prallten die beiden Seiten aufeinander. Schonung wurde weder erbeten noch gewährt, und an Flucht war nicht zu denken. Der äußere Rand des Platzes war weder durch Brustwehr noch Zinnen geschützt. Der geringste Fehltritt mußte zum Verhängnis werden; und mitunter sah man die erbittert Kämpfenden miteinander über die steilen Wände hinunterstürzen. Cortez selbst soll diesem schrecklichen Schicksal nur mit knapper Not entgangen sein. Zwei Krieger, stark und kräftig von Gestalt, ergriffen ihn und zerrten ihn mit Gewalt an den Rand der Plattform. Ihre Absicht gewahr werdend, widersetzte er sich mit aller Kraft, und ehe sie ihren Zweck erreichen konnten, gelang es ihm, sich aus ihrer Umklammerung zu reißen und den einen von ihnen mit eigenem Arm hinabzuschleudern. Die Geschichte ist an sich nicht unwahrscheinlich, denn Cortez war ein Mann von ungewöhnlicher Gewandtheit und Stärke.

Die Schlacht tobte mit unverminderter Heftigkeit drei Stunden lang. Die Zahl des Feindes war doppelt so groß wie die der Christen, und es schien, als müsse der Kampf eher durch Menge und rohe Kraft als durch überlegene Kriegskunst entschieden werden. Doch dem war nicht so. Die undurchdringliche Rüstung des Spaniers, sein Schwert von unvergleichlicher Härte und seine Geschicklichkeit, es zu handhaben, gewährten ihm Vorteile, welche die Unterlegenheit an Körperkraft und Anzahl mehr als wettmachten. Nachdem die Azteken alles getan hatten, wozu der Mut der Verzweiflung den Menschen befähigen kann, wurde der Widerstand auf ihrer Seite schwächer und schwächer. Einer nach dem andern war gefallen. Nur zwei oder drei Priester blieben am Leben, um von den Siegern im Triumph fortgeführt zu werden. Alle anderen Krieger lagen tot hingestreckt auf dem blutigen Kampfplatz oder waren von der schwindelnden Höhe hinabgeschleudert worden. Doch auch die Verluste der Spanier waren nicht unbeträchtlich. Sie beliefen sich auf fünfundvierzig ihrer besten Leute, und fast alle übrigen waren in dem verzweifelten Kampf mehr oder weniger schwer verwundet worden.

Die siegreichen Spanier eilten nun nach den Heiligtümern. Deren unteres Stockwerk war aus Stein, die beiden oberen aus Holz. Als sie ins Innere eindrangen, sahen sie zu ihrem Schmerz, daß das Bildnis der Jungfrau und das Kreuz daraus entfernt waren. Aber in dem anderen Gebäude erblickten sie noch immer die grimmige Gestalt des Huitzilopochtli, die Schale mit dampfenden Herzen neben ihm; und die Wände seines Heiligtums stanken nach geronnenem Blut – wahrscheinlich dem Blut ihrer eigenen Landsleute! Mit Triumphgeschrei rissen die Christen das gräßliche Ungeheuer aus seiner Nische und stürzten es vor den Augen der entsetzten Azteken die Stufen des Teocalli hinab. Dann legten sie Feuer an das verhaßte Gebäude. Die Flammen züngelten rasch die schlanken Türme hinauf und verbreiteten ein unheilvolles Licht über Stadt, See und Tal bis hin zu der entferntesten Hütte in den Bergen. Es war der Scheiterhaufen des Heidentums und verkündete den Sturz jener blutdürstigen Religion, die so lange wie eine finstere Wolke über den schönen Landstrichen Anahuacs gehangen hatte.

In der Hoffnung, das Ungestüm der Eingeborenen durch die letzten Geschehnisse etwas gemäßigt zu finden, beschloß Cortez nun mit der ihm eigenen Diplomatie, den gewonnenen Vorteil zu einem Verständigungsversuch zu benutzen. Er lud daher den Feind zu einer Unterredung ein, und als die vornehmsten Häuptlinge, von ihrem Gefolge begleitet, auf dem großen Platz versammelt waren, bestieg er denselben kleinen Turm, den vorher Montezuma eingenommen hatte, und gab ihnen durch Zeichen zu verstehen, daß er zu ihnen reden wolle. Marina nahm wie gewöhnlich als seine Dolmetscherin den Platz an seiner Seite ein. Die Menge blickte mit gespannter Neugier auf das indianische Mädchen, deren Einfluß auf die Spanier wohlbekannt war und deren nahe Beziehungen zu dem Befehlshaber die Azteken veranlaßt hatten, ihn selbst nach ihrem mexikanischen Namen Malintzin zu nennen. Cortez, der durch die sanfte, melodische Stimme seiner Geliebten sprach, erklärte seinen Zuhörern, sie dürften wohl jetzt überzeugt sein, daß sie von ihrem Widerstand gegen die Spanier nichts weiter zu hoffen hätten. Sie hätten mit angesehen, wie man ihre Götter in den Staub getreten, ihre Altäre umgestürzt, ihre Häuser verbrannt habe, wie ihre Krieger allerorten gefallen seien. »All das«, fuhr er fort, »habt ihr durch euren Aufruhr selbst heraufbeschworen. Doch um der Zuneigung willen, die euer Gebieter, den ihr so unwürdig behandelt habt, noch immer für euch hegt, würde ich bereitwillig meiner Hand Einhalt gebieten, wenn ihr eure Waffen niederlegen und noch einmal zum Gehorsam zurückfinden wollt. Lehnt ihr dies aber ab«, fügte er noch hinzu, »so werde ich eure Stadt in einen Trümmerhaufen verwandeln und keine Menschenseele am Leben lassen, sie zu betrauern.«

Doch der spanische Befehlshaber hatte die Wesensart der Azteken noch nicht erfaßt, wenn er glaubte, sie durch Drohungen einschüchtern zu können. Nach außen hin ruhig und langsam in Bewegung zu bringen, ließen sie sich, wenn sie erst einmal aufgerüttelt waren, nur schwer besänftigen; und jetzt, da sie bis ins Innerste erregt waren, gab es keine menschliche Stimme, die den Sturm hätte stillen können.

Es sei wahr, antworteten sie, er habe ihre Tempel zerstört, ihre Götterbilder zertrümmert, ihre Landsleute niedergemetzelt. Ohne Zweifel würden noch viele unter ihren schrecklichen Schwertern fallen. Aber sie wären schon zufrieden, wenn sie für tausend Mexikaner das Blut eines einzigen weißen Mannes vergießen könnten. »Schaut doch umher«, fuhren sie fort, »auf unsere Dächer und Straßen; seht, wie sie noch gedrängt voll von Kriegern sind, so weit euer Auge reicht. Unsere Reihen sind durch unsere Verluste kaum gelichtet worden; die euren dagegen vermindern sich mit jeder Stunde. Ihr kommt durch Hunger und Krankheit um. Lebensmittel und Wasser gehen euch aus. Ihr müßt uns bald in die Hände fallen. Die Brücken sind abgebrochen, und ihr könnt nicht entkommen. Es werden kaum genug von euch übrigbleiben, um den Rachedurst unserer Götter zu stillen!« Als sie geendet hatten, sandten sie einen Hagel von Pfeilen über die Festungsmauer, so daß die Spanier genötigt waren, herabzusteigen und in ihren Verteidigungswerken Schutz zu suchen.

Der wilde und unbezähmbare Geist der Azteken erfüllte die Belagerten mit Schrecken. Die Nachricht über die Brücken dröhnte wie eine Totenglocke in ihren Ohren. Alles, was sie gehört hatten, war nur zu wahr; und mit Blicken voller Angst und Furcht starrten sie einander an.

Es erfolgte dasselbe, was zuweilen unter der Mannschaft eines gescheiterten Schiffes geschieht: Im Gefühl der schrecklichen Gefahr ging der Gehorsam verloren. Der Geist der Meuterei brach aus, besonders unter den neuen Truppen aus Narváez' Heer; sie verfluchten die Stunde, in der sie die friedlichen Triften Kubas verlassen und sich aus Beutegier von Velázquez hatten anwerben lassen, und verwünschten ihre Torheit, unter Cortez' Fahnen zu treten. Lärmend verlangten sie, sofort aus der Stadt geführt zu werden, und weigerten sich, länger einen Ort zu verteidigen, wo sie wie die Schafe in den Schlachthäusern eingesperrt seien.

Den Befehlshaber jedoch verließ die Geistesgegenwart auch jetzt nicht. Er überschaute seine Lage ruhig und erwog die Schwierigkeiten, die ihn umgaben, ehe er zu einer Entscheidung kam. Einmal abgesehen von dem Wagnis eines Rückzuges im Angesicht eines wachsamen und tollkühnen Feindes, war es eine tiefe Demütigung, die Stadt aufzugeben, worin er so lange als Gebieter befohlen; den reichen Schätzen zu entsagen, die er sich und seinen Anhängern gesichert; gerade auf das Mittel zu verzichten, das ihm die Gunst seines Landesherrn und Verzeihung für sein eigenmächtiges Vorgehen gewinnen sollte. Diese konnte sich, wie er wohl einsah, nach alledem nur auf Erfolg gründen. Jetzt entfliehen hieße zugeben, daß er von der Eroberung weiter entfernt war denn je. Welch ein Ende wäre dies für eine so glücklich begonnene Laufbahn! Welch ein Gegensatz zu seinen ruhmredigen Verheißungen! Wie würden seine Feinde darüber frohlocken! Welche Genugtuung für den Gouverneur von Kuba!

Aber wie demütigend der Gedanke an einen Rückzug auch war, noch verzweifelter schien ihm der Entschluß, zu bleiben. Die Zahl seiner Leute verringerte sich täglich, Nahrungsmittel und Munition waren nahezu erschöpft, und die Breschen in den Befestigungswerken wurden immer breiter. So war die Räumung der Stadt der einzige Ausweg. Größte Schwierigkeiten bereitete freilich die Frage, zu welchem Zeitpunkt und auf welche Weise man am besten die Stadt verlassen könnte. Die geeignetste Straße schien die nach Tlacopan (Tacuba) zu sein, denn der Dammweg, der gefährlichste Teil der Straße, war in jener Richtung nur zwei Meilen lang und würde daher die Flüchtlinge viel eher als einer der anderen großen Zugänge aufs feste Land bringen. Cortez beschloß indessen, noch vor seinem endgültigen Aufbruch einen Ausfall in jener Richtung zu machen, um die Örtlichkeit auszukundschaften und zugleich die Aufmerksamkeit des Feindes von seinem wirklichen Vorhaben durch ein Scheinmanöver abzulenken.

Leider erwies sich die Behauptung des Feindes als nur zu wahr: Die Brücke, die über den nächsten Wassergraben führte, war zerstört worden; und obgleich die Kanäle, welche die Stadt durchschnitten, im allgemeinen nicht sehr breit und tief waren, bildeten sie, der Brükken beraubt, doch ein schwer zu überwindendes Hindernis, zumal für die Reiterei. Cortez gab den Befehl, die Lücke mit Steinen, Balken und anderem Schutt aus den zerstörten Gebäuden aufzufüllen und einen neuen Übergang für das Heer zu schaffen. Während man mit dieser Arbeit beschäftigt war, belästigten die aztekischen Schleuderer und Bogenschützen auf der anderen Seite des Grabens die Christen, die bei ihrer Arbeit ohne jede Deckung waren, unablässig mit ihren Wurfgeschossen. Als endlich das Werk vollbracht und ein sicherer Übergang geschaffen war, stürmten die spanischen Reiter gegen den Feind an, der, unfähig, dem Angriff der stahlgepanzerten Kolonne standzuhalten, jäh zurückwich, bis der nächste Wassergraben eine ähnliche starke Position zur Verteidigung bot.

Nicht weniger als sieben solcher Gräben durchschnitten die große Straße nach Tlacopan; und bei einem jeden wiederholte sich derselbe Auftritt: Die Mexikaner leisteten tapfer Widerstand und brachten ihren beharrlichen Gegnern jedesmal gewisse Verluste bei. Diese Tätigkeit nahm zwei Tage in Anspruch, als dann endlich nach unglaublicher Mühe zur Genugtuung des spanischen Befehlshabers die Verbindung auf der ganzen Länge der Straße wiederhergestellt und die Hauptbrücken von starken Abteilungen Fußvolk bewacht waren. Zu diesem Zeitpunkt, als er den Feind bis zum äußersten Ende der Straße, wo diese an den Dammweg grenzt, vor sich hergetrieben hatte, erhielt Cortez die Nachricht, die Mexikaner, entmutigt durch ihre Niederlagen, wünschten mit ihm über die Bedingungen eines Vergleichs zu verhandeln, und ihre Häuptlinge erwarteten dazu seine Rückkehr nach der Festung. Hocherfreut über diese Kunde, ritt er sogleich, begleitet von Alvarado, Sandoval und ungefähr sechzig Rittern, in sein Quartier zurück.

Die Mexikaner schlugen vor, er solle die beiden im Tempel gefangengenommenen Priester freilassen, die als Überbringer seiner Bedingungen und als Vermittler bei den Verhandlungen dienen könnten. Sie wurden also mit den erforderlichen Anweisungen zu ihren Landsleuten geschickt. Aber sie kehrten nicht zurück. Das Ganze war ein Kunstgriff des Feindes, dem viel daran lag, seinen religiösen Führern die Freiheit wiederzuverschaffen; denn einer von ihnen war ihr Teoteuctli oder Hoherpriester, dessen Gegenwart bei einer wahrscheinlich bevorstehenden Krönung unerläßlich war.

Cortez, der unterdessen auf baldige Verständigung hoffte, war eben im Begriff, mit seinen Offizieren nach den Anstrengungen des Tages eine Stärkung zu sich zu nehmen, als er die beunruhigende Nachricht erhielt, daß der Feind, ungestümer denn je, aufs neue unter Waffen stehe. Die unter Alvarados Befehl an drei von den Brücken postierten Abteilungen habe er überwältigt und sei nun emsig dabei, sie wieder zu zerstören. Von Scham ergriffen, daß er sich so leicht von seinem listigen Feind oder vielmehr von seinen eigenen übertriebenen Hoffnungen hatte narren lassen, warf Cortez sich in den Sattel und jagte, von seinen tapferen Gefährten begleitet, in gestrecktem Galopp nach dem Kampfplatz. Die Mexikaner wichen vor dem hitzigen Angriff der Spanier zurück, die Brücken wurden aufs neue wiederhergestellt, und Cortez und seine Begleiter ritten die ganze Länge der großen Straße hinab, indem sie den Feind wie aufgeschrecktes Wild vor ihren Lanzenspitzen hertrieben. Aber ehe er noch den Rückweg antreten konnte, sah er zu seinem Kummer, daß die unermüdlichen Mexikaner, aus den benachbarten Straßen und Gassen nachdrängend, wieder mit seinem Fußvolk handgemein geworden waren, so daß es, von den Anstrengungen völlig erschöpft, seine Stellung an einer der wichtigsten Brücken nicht behaupten konnte. Neue Kriegerschwärme strömten jetzt von allen Seiten herbei und überschütteten die kleine Schar christlicher Ritter mit einem Schauer von Steinen, Wurfspießen und Pfeilen, die wie Hagel auf ihre Rüstungen und auf die gut gepanzerten Pferde niederprasselten. Die meisten Wurfgeschosse glitten freilich, ohne Schaden anzurichten, von den festen Rüstungen und dickgepolsterten Baumwollpanzern ab; aber mitunter drang doch ein besser gezieltes durch die Fugen eines Harnisches und streckte den Reiter zu Boden.

Die Verwirrung rings um die abgebrochene Brücke wurde immer größer. Einige Reiter wurden in den Graben geworfen, und ihre Pferde irrten reiterlos umher. In diesem entscheidenden Augenblick war es vor allem Cortez' Werk, den Rückzug seiner Leute zu sichern. Während man die Brücke ausbesserte, stürmte er kühn mitten unter die Eingeborenen, mit jedem Satz seines Schlachtrosses einen Feind niederstreckend, seine eigenen Leute anspornend und mit seinem wohlbekannten Kampfruf Schrecken in den Reihen seiner Gegner verbreitend. Niemals hatte er größere Unerschrockenheit an den Tag gelegt oder sich größerer Gefahr ausgesetzt. Auf diese Weise hielt er die Flut der Angreifer auf, bis der letzte Mann über die Brücke gelangt war, wo er dann, weil einige Balken nachgegeben hatten, genötigt war, unter einem Hagel von Wurfgeschossen über eine Lücke von vollen sechs Fuß Breite zu springen, ehe er sich in Sicherheit bringen konnte. Im Heer lief das Gerücht um, der Befehlshaber sei getötet worden. Es verbreitete sich zur großen Freude der Mexikaner bald durch die Stadt und erreichte die Festung, wo die Belagerten in nicht geringe Bestürzung versetzt wurden. Aber glücklicherweise erwies es sich als falsch. Er erhielt allerdings zwei starke Quetschwunden am

Knie, blieb aber sonst unverletzt. Niemals ist er jedoch in so großer Gefahr gewesen; und daß er und seine Gefährten entkommen konnten, wurde für nichts Geringeres als ein Wunder erachtet.

Der Einbruch der Nacht zerstreute die indianischen Heerhaufen, die nun, gefiederten Unglücksboten gleich, vom Schlachtfeld verschwanden und den heißumkämpften Übergang den Spaniern überließen. Doch kehrten diese durchaus nicht mit dem Hochgefühl des Siegers in ihre Festung zurück, sondern langsamen Schrittes und niedergeschlagen, mit zerhackten Waffen, verbeulter Rüstung, ermattet von Blutverlust, Hunger und Anstrengung. In diesem Zustand traf sie die Nachricht von einem neuen Unglück, dem Tode Montezumas.

Die Kräfte des indianischen Herrschers hatten nach seiner Verwundung rasch abgenommen; doch setzten die Qualen der Seele ihm mindestens ebenso zu wie die Leiden des Körpers. Er verharrte in dem schon beschriebenen schwermütigen, teilnahmslosen Zustand, blieb schweigsam gegen seine Umgebung, taub gegen Zuspruch und verschmähte hartnäckig sowohl Heilmittel wie Nahrung. Als sein Ende nahte, waren einige der in der Festung verbliebenen Ritter, die ihm wegen seiner Freundlichkeit besonders zugetan waren, ängstlich darauf bedacht, die Seele des sterbenden Herrschers vor dem traurigen Los derer zu bewahren, die in der Finsternis des Unglaubens sterben. Sie gingen daher, angeführt von Pater Olmedo, zu ihm und flehten ihn an, seinem Irrglauben zu entsagen und sich taufen zu lassen. Aber es scheint, daß Montezuma — was auch immer dagegen gesagt worden sein mag — niemals in seinem ererbten Glauben geschwankt oder daran gedacht hat, ein Abtrünniger zu werden. Sein Umgang mit den Spaniern hat gewiß nicht den Wunsch in ihm erweckt, ihre Religion anzunehmen; und er mochte wohl das Unglück seines Landes als eine Strafe der Götter für die Gastfreundschaft betrachten, welche er denen erwiesen, die ihre Tempel entweiht und zerstört hatten.

Als Pater Olmedo ihn nun, an seiner Seite kniend, mit erhobenem Kruzifix inbrünstig anflehte, doch das Zeichen der Erlösung anzunehmen, da stieß er den Priester kalt zurück und rief aus: »Ich habe nur noch wenige Augenblicke zu leben und will nicht in dieser Stunde dem Glauben meiner Väter untreu werden.« Etwas anderes schien indes schwer auf seiner Seele zu lasten. Es war das Schicksal seiner Kinder, besonders dreier Töchter, die er von seinen beiden Hauptfrauen hatte; denn es gab gewisse Vermählungsriten, welche die rechtmäßige Ehefrau von der Nebenfrau unterschieden. Er rief Cortez an sein Lager und befahl diese Kinder dringend seiner Obhut, ›als die kostbarsten Juwelen, die er ihm hinterlassen könne‹. Er bat den Befehlshaber, seinen Gebieter, den spanischen König, zu ihren Gunsten einzunehmen und dafür zu sorgen, daß sie nicht mittellos zurückblieben, sondern daß man ihnen einen Teil ihrer rechtmäßigen Erbschaft zuerkenne. »Dein Gebieter wird dies tun«, schloß er; »wäre es auch nur um der freundlichen Dienste und um der Liebe willen, die ich den Spaniern erwiesen habe — wenn sie mich auch in diesen Zustand versetzt hat. Aber deshalb hege ich keinen Groll gegen sie.« So lauteten, nach Cortez' eigenem Zeugnis, die Worte des sterbenden Herrschers. Nicht lange darauf, am 30. Juni 1520, starb er in den Armen einiger aztekischer Edelleute, die ihm noch immer getreulich zu Diensten gestanden hatten. ›So‹, sagt ein eingeborener Geschichtsschreiber, einer seiner Feinde, ein Tlaxcalteke, ›so starb der unglückliche Montezuma, der das Zepter mit so vollendeter Staatsklugheit und Weisheit führte und der mehr verehrt und gefürchtet wurde als irgendein anderer Herrscher seines Geschlechts, ja als überhaupt je ein Gebieter in dieser westlichen Welt. Mit ihm, so kann man sagen, ist die Reihe der aztekischen Herrscher abgeschlossen und der Ruhm von dem Reiche gewichen, das unter ihm seine Blütezeit erreicht hatte.‹ — ›Die Nachricht von seinem Tod‹, sagt der alte kastilische Chronist Díaz, ›wurde von jedem Ritter und Soldaten im Heer, der Zutritt zu ihm gehabt hatte, mit echter Trauer aufgenommen; denn wir alle liebten ihn wie einen Vater — was angesichts seiner Güte nicht verwundert.‹

Es ist nicht leicht, Montezuma so darzustellen, wie er wirklich war; denn sein Bild ist uns unter zwei völlig entgegengesetzten und einander widersprechenden Blickwinkeln überliefert worden. Nach allem, was die Spanier bei ihrer Ankunft im Lande über ihn erfuhren, war er kühn und kriegerisch, gewissenlos in der Wahl seiner Mittel, wenn es galt, seinen Ehrgeiz zu befriedigen, falsch und treulos, der Schrecken seiner Feinde, hochmütig in seinem Benehmen, so daß sogar sein eigenes Volk ihn fürchtete. Im Gegensatz dazu fanden ihn die Spanier nicht nur leutselig und huldvoll, sondern auch bereit, auf alle Vorzüge seiner Stellung zu verzichten, seine Gäste sich selber gleichzusetzen und sich ihre Wünsche zum Gesetz zu machen; sie fanden ihn in seinem Verhalten sanft bis zur Unmännlichkeit und beständig in seiner Freundschaft, selbst als sein ganzes Volk gegen sie in Waffen stand. — Alle diese Züge, so sehr sie einander widersprechen, sind dennoch richtig gezeichnet. Eine Erklärung dafür bieten die außergewöhnlichen Umstände, in die er geraten war.

Als Montezuma den Thron bestieg, war er kaum dreiundzwanzig Jahre alt. Jung und voll Ehrgeiz, sein Reich auszudehnen, war er fortwährend in Kriege verwickelt und soll selbst an neun regelrechten Schlachten teilgenommen haben. Er genoß hohes Ansehen wegen seiner kriegerischen Tapferkeit und gehörte dem Quachictin an, dem höchsten Kriegerorden seines Volkes, in den selbst von den Herrschern nur wenige aufgenommen worden waren. In seinem späteren Leben zog er der Gewalt das Ränkespiel vor, als seinem Charakter und seiner priesterlichen Erziehung gemäßer. Streng in der Rechtspflege, nahm er wichtige Verbesserungen in der Einrichtung der Gerichtshöfe vor. Auch im Hofstaat gab es Neuerungen; er schuf neue Ämter und führte eine verschwenderische Pracht und Formen des Hofzeremoniells ein, wie sie seinen schlichteren Vorgängern unbekannt waren. Kurz, er wendete die höchste Aufmerksamkeit an alles, was das äußere Ansehen und das Gepränge des Herrschertums betraf.

Sein großes Unglück entsprang seiner bis ins Übermaß gesteigerten Religiosität. Er empfing die Spanier als die ihm von seinen Orakelsprüchen verheißenen Wesen. Die ängstliche Scheu, mit der er ihren angekündigten Besuch zu umgehen bemüht war, gründete sich auf dieselben Gefühle, die ihn bei ihrer Ankunft verleiteten, sich ihnen so blindlings auszuliefern. Er fühlte sich durch ihren überlegenen Geist gehemmt. Er gewährte ihnen sogleich alles, was sie verlangten — seine Schätze, seine Macht, sogar seine Person. Um ihretwillen gab er seine gewohnten Beschäftigungen, seine Vergnügungen, seine ältesten Gewohnheiten auf. Man könnte sagen, er verzichtete auf seine eigene Natur und veränderte, wie seine Untertanen behaupteten, sein Geschlecht und wurde zum Weibe. Wenn wir auch nicht umhinkönnen, den Kleinmut des aztekischen Herrschers zu verachten, so sollten wir doch bedenken, daß sein Kleinmut seinem Aberglauben entsprang und daß der Aberglaube des Wilden der religiösen Überzeugung des zivilisierten Menschen entspricht.

Montezuma mußte es erleben, sein Reich wie Schnee dahinschmelzen, ein fremdes Volk gleichsam aus den Wolken über sein Land hereinbrechen zu sehen; sich als Gefangenen im Palast seiner Väter zu finden, ein Gefährte derer, welche die Feinde seiner Götter und seines Volkes waren; beschimpft, verachtet, in den Staub getreten zu werden von dem Erbärmlichsten seiner Untertanen, von denen, die wenige Monate zuvor noch vor seinem Blick gezittert hatten; er mußte sein Leben in den Hallen der Fremden aushauchen – ein einsamer Ausgestoßener in seiner eigenen Hauptstadt! Er war das unselige Opfer des Schicksals – eines Schicksals, ebenso dunkel und unaufhaltsam wie das, welches über den Mythen des Altertums liegt.

Montezuma war zur Zeit seines Todes ungefähr einundvierzig Jahre alt, von denen er achtzehn regiert hatte. Er hinterließ von seinen verschiedenen Frauen zahlreiche Nachkommen, die zum großen Teil, da sie nach der Eroberung ihr Ansehen verloren hatten, mit der Masse der indianischen Bevölkerung verschmolzen und in Vergessenheit gerieten. Zwei seiner Kinder jedoch, ein Sohn und eine Tochter, die zum Christentum übertraten, wurden die Begründer spanischer Adelshäuser. Die Regierung, die Montezuma eine so große Ausdehnung des Reiches verdankte, wollte sich seinen Nachkommen erkenntlich zeigen und verlieh ihnen große Güter und bedeutende erbliche Würden; und die Grafen von Montezuma und Tula, durch Heirat mit den besten Häusern Kastiliens verbunden, bezeugten durch ihre Namen und Titel ihre glorreiche Abkunft von dem mexikanischen Herrschergeschlecht.

Montezumas Tod war ein Unglück für die Spanier. Solange er lebte, hatten sie ein kostbares Pfand in Händen, aus dem sie im Notfall hätten Nutzen ziehen können. Nun war das letzte Glied zerbrochen, das sie mit den Eingeborenen des Landes verband. Aber abgesehen von eigennützigen Motiven waren Cortez und seine Offiziere ehrlich ergriffen von seinem Tode; und als sie auf die kalten Überreste des unseligen Herrschers niederstarrten und sein früheres glänzendes Los mit dem verglichen, das seine Freundschaft für sie ihm eingetragen hatte, da mögen sie wohl echte Zerknirschung empfunden haben.

Der spanische Befehlshaber erwies seinem Andenken die gebührende Achtung. Sein Leichnam, mit den königlichen Gewändern angetan, wurde geziemend auf eine Bahre gelegt und auf den Schultern seiner Edelleute zu seinen Untertanen in die Stadt getragen. Auf welche Weise – und ob überhaupt – seinen Überresten Ehre erwiesen wurde, ist unbekannt. Ein Klageton, der deutlich im westlichen Teil der Hauptstadt zu hören war, wurde von den Spaniern als das Wehklagen eines Leichenzuges gedeutet, der den Toten zur Ruhe bei seinen

Vorfahren im erhabenen Schatten des Chapultepec begleitete. Andere behaupten, er sei zu einer Grabstätte in der Stadt Copalco gebracht und dort mit den gebräuchlichen Feierlichkeiten und Totenklagen von seinen Häuptlingen verbrannt worden, wenn auch nicht ohne einige unwürdige Schmähungen von seiten des mexikanischen Pöbels. Wie dem auch sei, die mit so aufregenden Geschehnissen beschäftigten Mexikaner bewahrten vermutlich nicht lange das Andenken eines Herrschers, der an ihren letzten kriegerischen Erhebungen keinen Anteil gehabt hatte. Auch wäre es nicht zu verwundern, wenn gerade die Erinnerung an seine Grabstätte durch die schreckliche Katastrophe verwischt worden wäre, die bald darauf die Hauptstadt heimsuchte und kaum einen Stein auf dem andern ließ.

3

Es war nicht länger daran zu zweifeln, daß es sich dringend empfahl, die Hauptstadt zu räumen. Es galt nur noch, den richtigen Zeitpunkt und die Marschroute festzulegen. Der spanische Befehlshaber rief einige seiner Offiziere zusammen, um darüber zu beratschlagen. Er hatte vor, sich nach Tlaxcala zurückzuziehen und dort, den Umständen entsprechend, über seine künftigen Unternehmungen zu entscheiden. Nach einigen Erörterungen einigte man sich darauf, die Hauptstadt über den Dammweg nach Tlacopan zu verlassen. Dieser zwang sie freilich zu einem Umweg, der bedeutend länger war als die beiden Straßen, die sie beim ersten und zweiten Mal in die Hauptstadt geführt hatten. Aber eben deshalb war dieser Weg mit größerer Wahrscheinlichkeit unbewacht, weil man sie dort am wenigsten erwartete; und da der Dammweg selbst kürzer war als alle anderen Zugänge, würde er das Heer früher aufs feste Land und damit in verhältnismäßige Sicherheit bringen.

Über die Stunde des Aufbruchs herrschten einige Meinungsverschiedenheiten. Der helle Tag, so meinten manche, sei vorzuziehen, weil sie da Art und Ausmaß der Gefahr erkennen und sich davor schützen könnten. Die Dunkelheit hingegen würde ihren eignen Bewegungen weitaus hinderlicher sein als denen der Feinde, die mit dem Gelände vertraut waren. Tausend Hindernisse würden ihnen bei Nacht begegnen, die ihr gemeinsames Vorgehen, die Ausführung der Befehle ihres Feldherrn, ja selbst deren Weitergabe vereiteln könnten.

Andererseits machte man geltend, daß die Nacht manchen offensichtlichen Vorteil biete, da man es mit einem Gegner zu tun habe, der seine Kampfhandlungen selten über den Tag hinaus ausdehnte. Die letzten Ausfälle der Spanier hätten die Aufmerksamkeit der Mexikaner abgelenkt, und es sei unwahrscheinlich, daß sie mit einem so raschen Aufbruch ihrer Feinde rechneten. Mit Schnelligkeit und Vorsicht könnte es ihnen daher möglicherweise gelingen, über den Dammweg aus der Stadt zu entkommen, ehe man ihren Rückzug entdeckte; und hätten sie dieses gefahrvolle Wegstück erst überstanden, so sei ihnen für das übrige nicht mehr bange.

Diese Ansichten sollen durch die Ratschläge eines Soldaten namens Botello bekräftigt worden sein, der die geheimnisvolle Wissenschaft der Sterndeuterei betrieb. Der Mann empfahl seinen Landsleuten, die Stadt auf alle Fälle bei Nacht zu räumen, da diese Zeit ihnen am günstigsten sei, obwohl er selbst dabei umkommen werde. Der Ausgang zeigte, daß der Sterndeuter sich besser auf sein eigenes Horoskop als auf das der andern verstand. Jedenfalls wurde beschlossen, die Stadt noch in derselben Nacht zu verlassen.

Cortez' erste Sorge galt dem sicheren Abtransport des Schatzes. Viele Soldaten hatten ihren Anteil an der Beute in goldene Ketten, Armbänder und andere Schmucksachen umgewandelt, die sie leicht bei sich tragen konnten. Aber das königliche Fünftel sowie das von Cortez selbst und vieles von der reichen Beute der vornehmsten Ritter war zu Barren und Klumpen gediegenen Goldes eingeschmolzen worden und wurde in einem Gemach des Palastes sicher aufbewahrt. Cortez übergab den Anteil der Krone den königlichen Beamten und wies ihnen eins der stärksten Pferde und eine Wache von kastilischen Soldaten an, um ihn fortzuschaffen. Dennoch mußte vieles von dem Schatz, sowohl aus dem Anteil der Krone wie einzelner, zurückgelassen werden, weil es an geeigneten Transportmitteln fehlte. Das Metall lag in funkelnden Haufen am Boden verstreut und reizte die Habgier der Soldaten. »Nehmt davon, was ihr wollt«, sagte Cortez zu seinen Leuten. »Besser, ihr habt es als die mexikanischen Hunde. Aber gebt acht, daß ihr euch nicht überladet. Wer in der finsteren Nacht mit leichtestem Gepäck reist, der reist am sichersten.« Seine eigenen vorsichtigeren Leute beherzigten den Rat und nahmen sich nur wenige Gegenstände von ganz geringem Umfang, wenn auch vielleicht von um so größerem Wert. Narváez' Truppen aber, die nach den Reichtümern schmachteten, von denen sie so viel gehört und bisher so wenig gesehen hatten, ließen alle Vorsicht beiseite. Ihnen war es, als ob die mexikanischen Goldgruben selbst sich vor ihnen aufgetan hätten, und auf die trügerische Beute losstürzend, luden sie sich gierig auf, was sie nur irgend an ihrem Leibe unterbringen und überdies noch in Quersäcken, Kästen oder anderen verfügbaren Behältnissen verstauen konnten.

Als nächstes legte Cortez die Marschordnung fest. Die Vorhut, zweihundert Mann spanisches Fußvolk, stellte er unter den Befehl des tapferen Gonzalo de Sandoval, dem Diego de Ordaz, Francisco de Lujo und ungefähr zwanzig andere Ritter zur Seite standen. Die Nachhut, das heißt die Hauptmacht des Fußvolkes, war Pedro de Alvarado und Velázquez de León anvertraut. Der Befehlshaber selbst übernahm die Mitte, die auch den Troß, einige schwere Geschütze — die meisten blieben bei der Nachhut —, den Schatz und die Gefangenen mit sich führte. Zu diesen gehörten ein Sohn und zwei Töchter Montezumas, Cacama, der abgesetzte Herrscher von Texcoco, und einige andere Edelleute, die Cortez als wichtige Geiseln für seine künftigen Unterhandlungen mit dem Feinde zurückbehielt. Die Tlaxcalteken waren ziemlich gleichmäßig auf die drei Abteilungen verteilt, und Cortez' unmittelbarem Befehl unterstanden noch hundert ausgesuchte Soldaten, erprobte, ihm treu ergebene Krieger, die mit Cristóbal de Olid, Francisco de Morla, Alonso de Ávila und zwei oder drei anderen Rittern eine auserlesene Schar bildeten, einsatzbereit, wo immer es die Gelegenheit erfordern mochte.

Der Befehlshaber hatte inzwischen eine tragbare Brücke bauen lassen, die auf dem Dammweg über die offenen Gräben gelegt werden sollte. Damit wurden ein Offizier namens Magarino und vierzig Soldaten betraut, die alle verpflichtet wurden, den Übergang bis zum äußersten zu verteidigen. Die Brücke sollte abgenommen werden, sobald das ganze Heer eine der Lücken überschritten hatte, und dann zur nächsten geschafft werden. Es gab drei solche Öffnungen auf dem Dammweg, und sehr günstig wäre es für das Unternehmen gewesen, hätte der Befehlshaber in weiser Voraussicht für ebenso viele Brücken gesorgt. Aber das hätte viel Arbeit gemacht, und die Zeit drängte.

Um Mitternacht waren die Truppen unter Waffen und marschbereit. Pater Olmedo las eine Messe; er erflehte den Schutz des Allmächtigen in den schrecklichen Gefahren der Nacht. Die Tore wurden geöffnet, und am 1. Juli 1520 brachen die Spanier zum letzten

Mal aus den Mauern der alten Festung auf, dem Schauplatz so vieler Leiden und so unüberwindlicher Tapferkeit.

Der Himmel war bewölkt, und ein feiner Regen fiel ohne Unterlaß und vermehrte noch die Dunkelheit. Der große Platz vor dem Palast war verödet, wie allerdings schon seit Montezumas Fall. Mit ruhigem Gleichmaß und so geräuschlos wie möglich verfolgten die Spanier die große Straße nach Tlacopan, die noch vor kurzer Zeit vom Schlachtgetümmel widergehallt hatte. Jetzt herrschte Totenstille überall, und an das Vergangene erinnerte nur zuweilen ein vereinzelter Leichnam oder ein dunkler Haufen Erschlagener, der nur allzudeutlich verriet, wo der Kampf am heißesten getobt hatte. Die Stadt schlief ungestört, selbst bei dem fortgesetzten Widerhall der Hufschläge und dem dumpfen Gerater der Geschütze und des Trosses. Endlich zeigte ein lichterer Raum jenseits der dunklen Häuserreihe dem Vortrab des Heeres an, daß sie auf den offenen Dammweg hinauskamen. Sie mögen sich wohl Glück gewünscht haben, somit den Gefahren eines Angriffs in der Stadt selbst entgangen zu sein, und hofften, daß sie nun nach kurzer Zeit am jenseitigen Seeufer in leidlicher Sicherheit sein würden. Aber die Mexikaner schliefen nicht alle.

Als die Spanier an die Stelle kamen, wo die Straße auf den Dammweg führte, und sich anschickten, die tragbare Brücke über die vor ihnen klaffende Lücke zu legen, wurden sie von einigen indianischen Schildwachen bemerkt, die dort, wie auch an den anderen Zugängen zur Stadt, postiert waren und nun sogleich die Flucht ergriffen und ihre Landsleute mit ihrem Geschrei weckten. Die Priester, die auf den Teocallis ihre Nachtwache hielten, fingen sogleich die Kunde auf und ließen ihre Schneckenhörner ertönen, während das feierlich dumpfe Dröhnen der ungeheuren Trommel, die nur in Zeiten großen Unheils gerührt wurde, aus dem verödeten Tempel des Kriegsgottes bis in die letzten Winkel der Hauptstadt drang. Die Spanier sahen, daß keine Zeit zu verlieren war. Die Brücke wurde nach vorn gebracht und so schnell wie möglich eingepaßt. Sandoval war der erste, der ihre Stärke erprobte und hinüberritt, hinter ihm seine kleine Reiterschar, sein Fußvolk und die tlaxcaltekischen Verbündeten, welche die erste Abteilung des Heeres bildeten. Dann kamen Cortez und seine Reiterhaufen, der Troß, die Munitionswagen und ein Teil des Geschützes. Aber ehe sie noch Zeit hatten, den schmalen Durchgang zu passieren, hörte man ein Getöse, als führen Sturmwinde durch einen mächtigen Wald. Es wurde lauter und lauter, während man vom dunklen See her ein Plätschern und Klatschen wie von vielen Rudern vernahm. Dann flogen wie von ungefähr ein paar Steine und Pfeile unter die vorwärtshastenden Truppen. Mit jedem Augenblick folgten die Geschosse schneller und heftiger aufeinander, bis sie sich zu einem fürchterlichen Hagel verdichteten, während die Luft durchgellt war vom Pfeifen und Kriegsgeschrei Tausender von Kriegern, die alle auf einmal über Land und See zu schwärmen schienen.

Die Spanier setzten standhaft ihren Marsch durch diesen Pfeilhagel fort, obgleich die Wilden ihre Kanus gegen die Seiten des Dammweges jagten, hinaufkletterten und die feindlichen Reihen anfielen. Aber die Christen, nur darauf bedacht, zu entkommen, vermieden jeden Kampf, soweit er nicht der puren Selbsterhaltung diente. Die Ritter spornten die Pferde, schüttelten die Angreifer ab und ritten über ihre hingestreckten Leiber weiter, während das Fußvolk sie mit seinen guten Schwertern oder mit Gewehrkolben kopfüber wieder den Damm hinunterschickte.

Aber das Vorrücken einiger tausend Mann, die wohl höchstens zu fünfzehn oder zwanzig nebeneinander marschieren konnten, brauchte notgedrungen seine Zeit, und die vorderen Reihen hatten bereits die zweite Lücke im Dammweg erreicht, ehe noch die Nachhut über die erste gekommen war. Hier machten sie halt; und da sie keine Möglichkeit hatten, hinüberzukommen, waren sie die ganze Zeit dem ununterbrochenen Geschoßhagel der Feinde ausgesetzt, welche die zweite Öffnung vom Wasser her dicht umschwärmten. Hart bedrängt, sandte die Vorhut immer wieder Botschaften an die Nachhut, um die tragbare Brücke anzufordern. Endlich war der letzte Mann hinübergelangt, und Magarino und seine handfesten Begleiter suchten das schwere Gerüst zu heben. Aber es saß fest in den Seitenwänden des Dammes. Vergebens stengten sie all ihre Kräfte an. Das Gewicht so vieler Menschen und Pferde und vor allem der schweren Geschütze hatte die Balken so fest in Steine und Erde eingekeilt, daß es über ihre Kräfte ging, sie herauszuziehen. Dennoch mühten sie sich unter einem Regen von Geschossen ab, bis viele von ihnen getötet und alle verwundet waren und sie sich genötigt sahen, den Versuch aufzugeben.

Diese Nachricht verbreitete sich rasch von Mann zu Mann, und kaum hatte man ihre schreckliche Bedeutung begriffen, als sich ein Schrei der Verzweiflung erhob, der für einen Augenblick alles Kampfgeräusch übertönte. Jedes Mittel zum Rückzug war abgeschnitten. Es gab kaum mehr Hoffnung, nur noch die verzweifelten Anstrengungen, die jeder für sich selbst machen konnte. Ordnung und Gehorsam waren zu Ende. Jeder dachte nur an sein eigenes Leben. Vorwärtsdrängend trat er den Schwachen und den Verwundeten nieder, ohne sich darum zu kümmern, ob es Freund oder Feind war. Die vorderen Reihen, von der Nachhut angetrieben, drängten sich am Rande des Wassers zusammen. Sandoval, Ordaz und die anderen Ritter stürzten sich in die Flut. Einigen gelang es, mit ihren Pferden hinüberzuschwimmen. Andere scheiterten, und manche, die die gegenüberliegende Seite erreichten, stürzten beim Erklimmen des Dammes und rollten mit ihren Schlachtrossen kopfüber in den See. Die Fußtruppen folgten Hals über Kopf, in wildem Durcheinander; viele wurden von Wurfspießen durchbohrt oder von den Schwertern der Azteken niedergestreckt, während manches unselige Opfer halb betäubt an Bord ihrer Kanus geschleppt wurde, um für einen späteren, aber schrecklicheren Tod aufgespart zu werden.

Das Gemetzel wütete furchtbar längs des Dammweges. Sein dunkler Umriß bot ein hinreichend deutliches Ziel für die Wurfgeschosse der Feinde, die in der blinden Wut des Sturmes oft ihre eigenen Landsleute niederstreckten. Diejenigen, welche dem Damm am nächsten waren, jagten ihre Kanus mit solcher Gewalt gegen die Deichwand, daß ihre Boote in Stücke brachen; dann sprangen sie an Land und wurden mit den Christen handgemein, bis die Kämpfenden miteinander die Böschung hinabrollten. Aber der Azteke fiel unter seine Freunde, während sein Gegner im Triumph zur Opferung fortgeschleppt wurde. Der Kampf war lang und mörderisch. Die Mexikaner waren an ihren weißen baumwollenen Waffenröcken zu erkennen, die schwach durch die Finsternis schimmerten. Ein wilder, mißtönender Lärm erfüllte die Luft; schreckliches Rachegeschrei mischte sich mit Todesächzen, mit Anrufungen der Heiligen und der Jungfrau Maria, mit Weibergekreisch. Denn es hatten einige Frauen, sowohl eingeborene wie spanische, die Christen ins Feld begleitet. Unter diesen wird eine, María de Estrada, ganz besonders wegen ihres Mutes gerühmt; sie kämpfte mit Schwert und Schild gleich dem tapfersten Krieger.

In der Dammlücke häuften sich unterdessen allerlei Trümmer, die hineingepfercht worden waren: Pulverwagen, Kanonen, Ballen kostbarer Stoffe, Kisten mit schweren Goldbarren, Menschen- und Pferdeleichen, bis sich aus diesen traurigen Überresten allmählich eine

Art Brücke gebildet hatte, über welche die Leute aus der Nachhut mühsam die andere Seite gewinnen konnten. Cortez soll eine seichte Stelle gefunden haben, wo er, das Wasser bis an den Sattelgurt, halt-machte und versuchte, der Verwirrung Einhalt zu tun und seine Leute auf sicherem Pfad nach dem gegenüberliegenden Ufer zu lot-sen. Aber seine Worte gingen in dem wilden Aufruhr verloren, und so folgte er schließlich der Strömung und drängte mit wenigen Ge-treuen, die nicht von seiner Seite wichen, zur Spitze vor, nachdem er kurz zuvor seinen Lieblingspagen, Juan de Salazar, neben sich hatte fallen sehen. Vor der dritten und letzten Lücke fand er Sandoval und dessen Begleiter, die ihre Leute zu ermutigen suchten, sich hinüber-zuwagen. Aber sie zauderten. Der Graben war breit und tief, wenn auch dieser Übergang nicht so dicht vom Feind umlagert war wie die vorigen. Die Ritter gingen wiederum mit gutem Beispiel voran und stürzten sich ins Wasser. Reiter und Fußtruppen folgten nach, so gut sie konnten; einige schwammen, andere klammerten sich mit letzter Kraft an die Mähnen und Schweife der sich abmühenden Tiere. Am besten erging es noch denen, die am wenigsten belastet waren, wie der Befehlshaber prophezeit hatte; und mancher Unglückliche wurde vom Gewicht des unseligen Goldes, das er so liebte, niedergezogen und samt seinem Reichtum in den salzigen Fluten des Sees begraben. Cortez mit seinen tapferen Gefährten Olid, Morla, Sandoval und einigen anderen hielt sich noch immer vorn und führte den kläglichen Rest dem festen Lande entgegen.

Das Schlachtgetümmel verhallte schon in der Ferne, als das Ge-rücht sie erreichte, daß die Nachhut gänzlich vernichtet werden würde, wenn nicht eiligst Hilfe käme. Die Lage schien hoffnungslos; aber die hochherzigen spanischen Ritter hielten sich nicht damit auf, die Gefahr zu wägen, als der Hilferuf zu ihnen drang. Sie machten kehrt und jagten nach dem Kampfplatz zurück, bahnten sich einen Weg durch die Menge, durchschwammen den Graben und fanden sich im dichtesten Schlachtgetümmel auf dem gegenüberliegenden Ufer ein.

Jetzt graute der Morgen über dem Wasser und enthüllte das gräßli-che Chaos, das bisher die Finsternis der Nacht bedeckt hatte. Die dunklen Massen der Kämpfenden wälzten sich über den Dammweg und rangen erbittert um ihr Leben, bis selbst der Grund, auf dem sie standen, zu zittern und zu schwanken schien, wie von einem Erdbe-ben erschüttert, während die Oberfläche des Sees, so weit das Auge reichte, von Kanus voller Krieger verdunkelt war, deren obsidianbewehrte Lanzen und Schwerter im Morgenlicht funkelten.

Cortez und seine Ritter fanden Alvarado, wie er sich ohne Pferd mit einer kleinen Handvoll Leute gegen eine überwältigende Flut von Feinden zur Wehr setzte. Sein gutes Streitroß, das ihn durch manchen harten Kampf getragen hatte, war unter ihm gefallen. Er selbst war mehrfach verwundet und versuchte vergebens, seine zerstreute Schar zu sammeln, die bis an den Rand des Grabens gedrängt worden war, während der Feind den ganzen hinteren Teil des Dammweges innehatte und ständig durch frische Krieger aus der Stadt verstärkt wurde. Das Geschütz war zu Beginn des Treffens nicht müßig gewesen, und sein Eisenregen hatte, den Deich bestreichend, die Angreifer zu Hunderten niedergemäht. Doch nichts konnte ihrem Ungestüm widerstehen. Die vorderen Reihen, von den hinteren angetrieben, wurden endlich gewaltsam bis vor die Kanonen gedrängt; dann ergossen sich die feindlichen Scharen wie ein Sturzbach über die Spanier und rissen sie, Männer und Kanonen, in einen Wirbel des Verderbens. Der entschlossene Angriff der inzwischen angelangten spanischen Ritter bewirkte einen zeitweiligen Stillstand und gab ihren Landsleuten Zeit, sich ein wenig zu sammeln. Aber sie wurden schnell durch die zurückkehrende Flut wieder fortgerissen. Cortez und seine Gefährten waren genötigt, sich aufs neue in den See zu stürzen — allein nicht alle entkamen. Alvarado stand einen Augenblick am Ufer, unschlüssig, was zu tun sei. Sich unberitten, wie er war, angesichts der feindlichen Kanus, die rings die Lücke umschwärmten, ins Wasser zu werfen, bot nur verzweifelt wenig Aussicht auf Rettung. Zum Überlegen blieb ihm nur eine Sekunde. Er war ein Mann von mächtiger Gestalt, und die Verzweiflung gab ihm übernatürliche Kraft. Er setzte seine lange Lanze fest auf die Trümmer, die sich auf dem Grund des Sees häuften, sprang mit aller Kraft vorwärts und setzte mit einem Sprung über die weite Öffnung. Azteken und Tlaxcalteken standen starr vor Staunen und riefen angesichts dieses Kunststücks: »Das ist wahrhaftig Tonatiuh — das Kind der Sonne!«

Cortez und seine Begleiter ritten nun wieder nach vorn, wo die Truppen vereinzelt und ungeordnet von dem unseligen Dammweg abzogen. Nur wenige Feinde verfolgten sie noch oder belästigten sie durch gelegentliche Pfeilschüsse vom See aus. Die Aufmerksamkeit der Azteken war durch die reiche Beute abgelenkt, die auf dem Kampfplatz umherlag; zum Glück für die Spanier, denn hätte der

Feind sie ebenso ungestüm verfolgt wie er gekämpft hatte, so wären sie in ihrem geschwächten Zustand wahrscheinlich bis auf den letzten Mann niedergehauen worden. So konnten sie ohne weitere Zwischenfälle das nahe gelegene Dorf — oder die Vorstadt, wenn man so will — Popotlan passieren.

Hier stieg der spanische Befehlshaber von seinem erschöpften Streitroß, setzte sich auf die Stufen eines indianischen Tempels und blickte düster auf die gelichteten Reihen, die da an ihm vorüberzogen. Welch ein Anblick! Die Reiterei, größtenteils ohne Pferde, mischte sich unter das Fußvolk, das sich nur noch mühsam dahinschleppte; von den zertrümmerten Harnischen und zerfetzten Kleidern tropfte der salzige Schlamm, und durch die Risse wurde manche Beule und schreckliche Wunde sichtbar. Ihre glänzenden Waffen waren besudelt, ihre stolzen Helmbüsche und Fahnen verschwunden, das Gepäck, Geschütz, kurz alles, was Schmuck und Ausrüstung einer ruhmreichen Truppe ausmacht, für immer verloren. Als Cortez bekümmert die gelichteten und zerrütteten Reihen musterte, suchte er vergebens nach manch vertrautem Gesicht und vermißte mehr als einen treuen Gefährten, der ihm durch alle Gefahren der Eroberung zur Seite gestanden hatte. Obgleich er seine Gefühle zu beherrschen oder wenigstens zu verbergen gewohnt war, ging dieser Anblick doch über seine Kraft. Er bedeckte sein Gesicht mit den Händen, und die herabrollenden Tränen verrieten nur zu deutlich seinen Schmerz.

Einigen Trost gewährte es ihm indessen, ein paar seiner zuverlässigsten Offiziere wiederzufinden. Alvarado, Sandoval, Olid, Ordaz, Avila waren unversehrt geblieben. Auch erfuhr er zu seiner unaussprechlichen Beruhigung, daß die ihm so teure und für das Heer so wichtige indianische Dolmetscherin Marina gerettet war. Sie war mit der Tochter eines tlaxcaltekischen Häuptlings einigen Tlaxcalteken anvertraut worden. Glücklicherweise war sie bei der Vorhut gewesen, und ihre treuen Beschützer hatten sie sicher durch alle Gefahren der Nacht geleitet. Aguilar, der andere Dolmetscher, war auch entkommen; und mit nicht geringerer Genugtuung erfuhr Cortez von der Rettung des Schiffbauers Martín López. Die Sorge des Befehlshabers um das Schicksal dieses, wie sich zeigte, für den Erfolg seiner späteren Unternehmungen so unentbehrlichen Mannes verrät, daß sein unbezähmbarer Geist mitten im Elend der Stunde der Rache entgegensah.

Unterdessen hatte die vorrückende Marschkolonne die benachbarte Stadt Tlacopan erreicht, einst die Hauptstadt eines unabhängigen Volkes. Dort machten die Spanier auf der großen Straße halt, verwirrt und völlig ratlos, wohin sie sich wenden sollten, gleich einem Rudel aufgeschreckten Wildes, das vor den Jägern flieht und, noch das Hundegebell und den Hörnerton im Ohr, scheu nach einem Gebüsch oder einer Schlucht Ausschau hält, um sich darin zu verbergen. Cortez, der eiligst zu Pferde gestiegen war und sich wieder an die Spitze gesetzt hatte, hielt es für gefährlich, an einem dicht besiedelten Ort zu bleiben, wo die Einwohner von den Azoteas aus, ohne Gefahr für sich selbst, die Truppen erheblich belästigen konnten. Weiterdrängend, führte er sie deshalb schnell ins offene Land. Dort suchte er seine aufgelösten Heerhaufen wieder zu sammeln und einigermaßen zu ordnen.

In der Nähe erhob sich ein Hügel, auf dem ein Teocalli stand. Dessen große steinerne Außenwerke versprachen den erschöpften Truppen eine erste Zuflucht, doch waren sie von einem Haufen bewaffneter Indianer besetzt. Mit letzter Anstrengung stürmten die Spanier die Anhöhe und vertrieben den Feind, der nur geringen Widerstand leistete. Nun fand Cortez' an Zahl verminderter Heerhaufen in dem geräumigen Bauwerk Platz, und die ermüdeten und niedergeschlagenen Krieger konnten sich eine kurze Rast gönnen.

Sie fanden dort einige Vorräte, und weitere Lebensmittel sollen ihnen im Lauf des Tages aus einigen freundlichen Otomi-Dörfern in der Nachbarschaft gebracht worden sein. Auch lagerte in den Höfen eine Menge Brennmaterial, das sonst im Tempel Verwendung fand. Damit machten sie Feuer, um ihre durchnäßten Kleider zu trocknen, und gingen eifrig daran, einander ihre Wunden zu verbinden, die nach der langen Anstrengung und Vernachlässigung dringend der Pflege bedurften. So versorgt, warfen sich die ermüdeten Soldaten bald auf den Erdboden nieder und fanden für eine kurze Zeitspanne Vergessen, das die Natur selbst im Übermaß des Leidens selten verweigert.

Über die Verluste der Spanier in dieser unglückseligen Nacht gibt es, wie bei jedem anderen Ereignis in der Eroberungsgeschichte, höchst unterschiedliche Angaben. Wenn wir Cortez' eigenem Zeugnis glauben wollen, so verlor er nicht mehr als hundertfünfzig Spanier und zweitausend Indianer. Doch lassen sich die Tagesberichte des Befehlshabers zwar weitläufig über die zu überwindenden Schwierigkeiten und die Wichtigkeit der Erfolge aus, sind aber weniger gewissenhaft in der Angabe sowohl seiner Mittel wie seiner Verluste. Thoan Cano, einer von Cortez' Rittern, schätzt die Zahl der Gefallenen auf elfhundertsiebzig Spanier und achttausend Verbündete. Aber dies ist eine größere Zahl, als wir für das ganze Heer angenommen haben. Vielleicht kommen wir der Wahrheit am nächsten, wenn wir die Schätzung Gómaras nehmen, der Cortez' Kaplan war und dem ohne Zweifel nicht nur die Papiere des Befehlshabers, sondern auch andere zuverlässige Quellen zugänglich waren. Nach seiner Schätzung betrug die Zahl der getöteten und vermißten Christen vierhundertfünfzig und die der Eingeborenen viertausend. So mögen, die Verluste der vorangegangenen Woche eingerechnet, die Spanier auf etwas mehr als ein Drittel, die Tlaxcalteken auf ein Viertel oder gar Fünftel der ursprünglichen Stärke, mit der sie in die Hauptstadt eingezogen waren, zusammengeschmolzen sein. Den heftigsten Angriffen war die Nachhut ausgesetzt, von der nur wenige entkamen. Ihr gehörten vorwiegend die Soldaten Narváez' an, die gewissermaßen ihrer Habgier zum Opfer fielen. Sechsundvierzig Mann von der Reiterei waren gefallen, so daß diese Waffengattung nunmehr auf dreiundzwanzig zusammengeschmolzen war, und auch von diesen befanden sich einige in kläglichem Zustand. Den größeren Teil des Schatzes, das Gepäck, die Papiere des Befehlshabers mit seinen Berichten und einem genauen Tagebuch seit ihrer Abreise von Kuba, das, für die Nachwelt wenigstens, wertvoller gewesen wäre als das Gold — all das hatte das Wasser verschlungen. Die gesamte Munition und der schöne kleine Geschützzug, mit dem Cortez in die Stadt eingezogen, war verloren. Nicht eine Hakenbüchse war übriggeblieben; die Soldaten hatten sich aller Dinge entledigt, die ihr Entkommen in jener schrecklichen Nacht verzögern konnten. Kurz, von ihrer ganzen Kriegsausrüstung war nichts weiter übrig, um die Oberherrschaft der Europäer über die Eingeborenen zu sichern, als ihre Schwerter, ihre zusammengeschmolzene Reiterei und einige beschädigte Armbrüste.

Die Gefangenen, unter denen sich, wie schon erwähnt, die Kinder Montezumas und der Kazike von Texcoco befanden, sollen alle in der blinden Wut des Angriffs durch die Hände ihrer unwissenden Landsleute umgekommen sein. Auch bei den Spaniern waren einige Leute von Rang dem blutigen Gemetzel zum Opfer gefallen. Zu ihnen gehörte Francisco de Morla, der an der Seite von Cortez fiel, als er mit diesem der Nachhut zu Hilfe eilte. Aber am schwersten wog der Verlust des Juan Velázquez de León, der mit Alvarado die Nachhut befehligte. Dies war der gefahrvollste Posten in jener Nacht, und er fiel, indem er ihn tapfer verteidigte, gleich zu Beginn des Rückzugs. Er war ein vortrefflicher Offizier, und es gab keinen Ritter im Heer, vielleicht nur Sandoval und Alvarado ausgenommen, dessen Tod vom Befehlshaber tiefer beklagt worden wäre.

Das waren die unglückseligen Ergebnisse des schrecklichen Rückzuges über den Dammweg; es war das größte Unheil, das den Spaniern in der Neuen Welt widerfahren ist, und die Nacht, in der es sich ereignete, ging als noche triste, die ›traurige Nacht‹, in die spanischen Annalen ein.

4

Am Tage nach dem Rückzug der Spanier blieben die Mexikaner zum größten Teil ruhig in ihrer Hauptstadt, damit beschäftigt, Straßen und Dammwege von den Toten zu säubern, die in verwesenden Haufen umherlagen und leicht Seuchen hätten verbreiten können. Auch mögen sie wohl ihren gefallenen Kriegern die letzte Ehre erwiesen und deren Bestattung durch die Opferung ihrer unglücklichen Gefangenen gefeiert haben, die, wenn sie an ihr eigenes Schicksal dachten, ihre auf dem Schlachtfeld gefallenen Gefährten beneidet haben mögen. Für die Spanier war es ein Glück, daß der Feind ihnen in ihrer Bedrängnis eine Atempause ließ. Aber Cortez wußte, daß diese nicht von Dauer sein konnte, und da ihm daran lag, seinem wachsamen Feinde einen Vorsprung abzugewinnen, befahl er den Truppen, sich um Mitternacht marschbereit zu halten. Man ließ die Wachfeuer brennen, um den Feind zu täuschen; und zur festgesetzten Stunde brach das kleine Heer ohne Trommel- und Trompetenschall, aber mit neubelebtem Mute aus den Toren des Teocalli hervor, in dessen gastlichen Mauern es zur rechten Zeit Zuflucht gefunden hatte.

Auf Weisung des Befehlshabers nahmen die Kranken und Verwundeten die Mitte ein; sie wurden auf Bahren oder auf den Rücken der Tamanes fortgebracht, während die, welche stark genug waren, sich aufrechtzuhalten, hinter den Reitern zu Pferde saßen. Die diensttauglichen Soldaten waren vorn und hinten und an den Seiten postiert, so daß auf alle nur mögliche Weise für die Sicherheit der Kranken gesorgt war.

Im Schutz der Dunkelheit setzte das Heer seinen Rückzug unbehelligt fort. Aber als der Morgen graute, erblickten sie Gruppen von Eingeborenen, die sich über die Höhen bewegten oder von ferne, einem Schwarm Wanderheuschrecken gleich, ihrer Nachhut folgten. Sie gehörten nicht zur Hauptstadt, sondern waren aus der Umgegend zusammengekommen, wo die Kunde von der Flucht der Spanier sich schon verbreitet hatte. Der Zauber, der bis dahin die weißen Männer geschützt hatte, war gebrochen. Die gefürchteten Teules — Götter — waren nicht mehr unbesiegbar.

Unter der Führung ihrer tlaxcaltekischen Verbündeten machten die Spanier einen Umweg nach Norden über Quauhtitlan und um den See von Tzompanco herum, wodurch sie ihren Marsch zwar verlängerten, sich aber von der Hauptstadt entfernt hielten. Von den Anhöhen, an denen sie vorüberkamen, rollten die Indianer schwere Steine und ließen Pfeile und Wurfspieße auf die Köpfe der Soldaten hinunterhageln. Einige wagten sogar, in die Ebene herabzukommen und die Ausläufer der Marschkolonne anzugreifen. Aber sie wurden bald von der Reiterei zurückgeschlagen und genötigt, in den Bergen Schutz zu suchen, wohin die Reiter ihnen wegen des felsigen Untergrundes nicht folgen konnten. Freilich stand den Spaniern auch gar nicht der Sinn danach, denn sie waren viel mehr auf Flucht als auf Kampf aus.

Mitunter brach ein von Hunger und Anstrengung erschöpfter Soldat leblos am Wege zusammen. Andere schleppten sich mühsam nach, unfähig, mit den übrigen Schritt zu halten, und fielen dem Feind in die Hände, welcher der Spur des Heeres wie ein Schwarm hungriger Geier folgte, immer bereit, auf Sterbende und Tote herabzustoßen. Andere wieder, die allzuweit umherstreiften auf der Suche nach Nahrung, ereilte das gleiche Schicksal. Da sich solche Fälle mehrten und Cortez das grausige Los kannte, das der Unglücklichen wartete, sah er sich genötigt, auf strengere Zucht zu halten und sie durch härtere Strafen als bisher durchzusetzen, wenn auch oft genug ohne Erfolg; zu groß war die Gleichgültigkeit gegen jede Gefahr unter dem überwältigenden Druck der gegenwärtigen Leiden. Auch verloren die Soldaten den Sinn für den Wert ihrer Beute; viele von ihnen warfen die goldene Last weg, für deren Besitz sie einst ihr Leben gewagt hatten.

In diesen schweren Tagen bewahrte Cortez die gewohnte Gelassenheit und Seelenstärke. Er war immer da, wo Gefahr drohte, und setzte sich schonungslos den Gefechten mit dem Feinde aus. Bei einem Treffen erhielt er eine schwere Wunde am Kopf, die ihm später sehr zu schaffen machte. Er lebte nicht besser als der geringste Soldat und suchte durch eine heitere Miene und durch seinen Zuspruch den Mut der Schwankenden zu stärken, indem er ihnen versicherte, ihre Leiden würden bei ihrer Ankunft in dem gastfreundlichen Tlaxcala, dem ›Brotland‹, bald enden.

Am siebenten Morgen hatte das Heer den kaum siebenundzwanzig Meilen von der Hauptstadt entfernten Bergwall erreicht, von wo man die sich weit gegen das tlaxcaltekische Gebiet erstreckenden Ebenen von Otumba überschauen kann, wie sie gewöhnlich nach der dort gelegenen indianischen Stadt — jetzt ein Dorf — genannt werden. Die Höhen bieten eine prachtvolle Aussicht auf die ehrwürdigen Pyramiden von Teotihuacan, zwei der merkwürdigsten Denkmäler der alten amerikanischen Kultur, die nördlich der Landenge noch erhalten sind. Den ganzen letzten Tag über hatten die Spanier feindliche Haufen wie dunkle Wolken über die Hochlande hinziehen sehen und gehört, wie sie, ihre Waffen schwingend, rachsüchtig ausriefen: »Lauft nur! Ihr werdet bald dort sein, wo es kein Entweichen mehr gibt!« — Worte geheimnisvollen Inhalts, die ihnen erst am nächsten Morgen völlig verständlich wurden.

Die Denkmäler von Teotihuacan sind, mit Ausnahme des Tempels von Cholula, wahrscheinlich die ältesten baulichen Überreste auf mexikanischem Boden. Sie wurden von den Azteken, nach deren Überlieferung, bei ihrem Einzug in das Land vorgefunden, als Teotihuacan, die Wohnung der Götter, jetzt ein armseliges Dorf, noch eine blühende Stadt war, die Nebenbuhlerin von Tollan, der großen toltekischen Hauptstadt. Die zwei Hauptpyramiden waren Tonatiuh, der Sonne, und Metztli, dem Monde, geweiht. Die erstere, weitaus größere, ist nach den jüngsten Messungen an der Basis 682 Fuß lang und 180 Fuß hoch, Ausmaße, die denen einiger ägyptischer Pyramiden nicht nachstehen. Sie waren in vier Stockwerke unterteilt, von denen man noch drei erkennt, während die dazwischenliegenden Abstufungen fast verwischt sind. In der Tat ist die Zeit so schonungslos mit ihnen umgegangen und die Baustoffe sind so überwuchert worden von der trügerischen Vegetation der Tropen, die mit ihrem blumigen Mantel das Verderben, das sie anrichtet, verhüllt, daß es nicht leicht ist, die Pyramidenform der Bauwerke zu erkennen.

Ihr Inneres besteht aus Erde und Kies, und die Außenflächen sind mit dem leichten porösen Stein, tetzontli, belegt, den man häufig in den nahe gelegenen Steinbrüchen findet. Darüber liegt eine dicke Schicht Stuck, in seiner rötlichen Farbe ähnlich dem, den man in den Ruinen von Palenque gefunden hat. In dem kleineren Erdhügel, der Mondpyramide, hat man auf der südlichen Seite in zwei Drittel Höhe eine Öffnung gefunden. Ein schmaler Gang führt hier einige Meter tief ins Innere und endet in zwei Gruben oder Schächten. Der größere der beiden ist ungefähr fünfzehn Fuß tief, und die Seiten sind mit ungebrannten Ziegeln verkleidet; aber welchem Zweck er gedient hat, läßt sich an nichts mehr erkennen. Er mag zur Aufbewahrung der Asche irgendeines mächtigen Häuptlings bestimmt gewesen sein, gleich der einsamen Kammer, die man in der großen ägyptischen Pyramide entdeckt hat. Daß die Bauwerke religiösen Zwecken vorbehalten waren, steht außer Zweifel, und es würde nur mit dem Brauch der Alten auf dem östlichen Festland übereinstimmen, wenn sie sowohl als Gräber wie als Tempel gedient hätten.

Deutliche Spuren der letzteren Bestimmung sollen noch auf dem Gipfel der kleineren Pyramide zu sehen sein, nämlich die Reste steinerner Mauern, die auf ein Gebäude von beträchtlicher Größe und Festigkeit schließen lassen. Auf der Sonnenpyramide gibt es keine solchen Überreste.

Aber auf dem Gipfel dieses größeren Erdhügels soll ein Tempel gestanden haben und darin eine aus einem einzigen Steinblock gehauene und nach Osten schauende Riesenbildsäule der Sonnengottheit, der er geweiht war. Ihre Brust war mit einer Platte aus poliertem Gold und Silber bewehrt, worauf die ersten Strahlen der aufgehenden Sonne fielen. Die Bildsäule hat nach zeitgenössischem Zeugnis beim Einfall der Spanier noch gestanden und wurde von dem unermüdlichen Bischof Zumárraga zerstört, dessen Hand den aztekischen Denkmälern ärger mitspielte als selbst die Zeit.

Rings um die beiden Hauptpyramiden befinden sich eine Menge kleinerer, selten über dreißig Fuß hoch, die der Überlieferung nach den Sternen geweiht waren und als Grabstätten für die Großen des Volkes dienten. Sie sind in gleichmäßigen Reihen angeordnet, die von den vier Seiten der großen Pyramiden nach den vier Himmelsrichtungen ausgehen. Die große Fläche, auf der sie stehen, hieß miquotli, ›Pfad der Toten‹. Wenn der Landmann den Boden umpflügt, findet er noch immer viele Pfeilspitzen und Klingen aus Obsidian, Zeugnisse des kriegerischen Charakters der Urbevölkerung.

Aber wer waren die Erbauer? Waren es die sagenhaften Olmeken, deren Geschichte sich, wie die der alten Titanen, im Nebel der Fabel verliert? Oder, wie man gewöhnlich annimmt, die friedlichen und arbeitsamen Tolteken, von denen wir wenig mehr wissen und aus kaum zuverlässigeren Überlieferungen? Was ist aus den Volksstämmen geworden, die jene Bauten errichteten? Sind sie auf dem gleichen Boden geblieben, haben sie sich mit den wilden Azteken, die nach ihnen kamen, vermischt und zusammengeschlossen? Oder sind sie weiter nach Süden gezogen und haben ein größeres Feld für die Ausbreitung ihrer Kultur gefunden, wie der höhere Rang der baulichen Überreste in den fernen Gegenden Mittelamerikas und Yukatans erkennen läßt? Das alles ist ein Geheimnis, über das die Zeit einen undurchdringlichen Schleier geworfen hat, den keine sterbliche Hand zu lüften vermag. Ein Volk ist untergegangen — mächtig, zahlreich und von hoher Kultur, wie seine Denkmäler bezeugen —, aber es ist namenlos untergegangen. Es ist dahingeschwunden und hat keine Spur hinterlassen.

Als die Spanier die steilen Berghänge erklommen, die das Tal von Otumba einschließen, kamen die Vorposten mit der Nachricht zurück, eine gewaltige Kriegsmacht lagere auf der anderen Seite und warte offenbar auf ihr Herannahen. Die Nachricht wurde bald durch den Augenschein bestätigt; denn als sie den Kamm der Sierra überschritten, erblickten sie unter sich ein mächtiges Heer, das die ganze Breite des Tales ausfüllte und diesem durch die weißen Baumwollrüstungen der Krieger das Ansehen gab, als sei es mit Schnee bedeckt. Es waren Streitkräfte aus der Umgebung und besonders aus dem dicht besiedelten Gebiet von Texcoco, die sich auf Betreiben Cuitlahuacs, des Nachfolgers von Montezuma, hier zusammengezogen hatten, um den Spaniern den Durchgang streitig zu machen. Jeder angesehene Häuptling hatte ein stattliches Aufgebot unter seiner Fahne und stellte stolz den ganzen rohen Prunk und Glanz seiner kriegerischen Ausrüstung zur Schau. So weit das Auge reichte, sah man Schilde und wehende Fahnen, phantastische Helme, Wälder schimmernder Speere, die leuchtenden Federmäntel der Häuptlinge und die groben Baumwollpanzer ihrer Gefolgsleute, alles wild durcheinandergequirlt und in sich bewegt wie ein wogendes Meer. Es war ein Anblick, der auch die mutigsten Spanier schrecken mußte, um so mehr, als sie eben noch gehofft hatten, bald das freundliche Land zu erreichen, wo ihre beschwerliche Pilgerschaft enden sollte. Selbst

Cortez, als er die furchtbare Kriegsmacht vor ihm mit seinem eigenen zusammengeschmolzenen, durch Krankheit, Hunger und Strapazen geschwächten Häuflein verglich, konnte nicht daran zweifeln, daß seine letzte Stunde gekommen sei.

Aber er war nicht der Mann, der verzagte; und gerade aus der größten Bedrängnis schöpfte er Kraft. Es gab nichts zu bedenken, denn es blieb ihm keine Wahl. Fliehen war unmöglich. Er konnte sich nicht nach der Hauptstadt zurückziehen, aus der er vertrieben worden war. Er mußte vorwärts — die feindlichen Reihen durchbrechen oder zugrunde gehen. Schnell traf er seine Vorkehrungen zum Kampf. Er stellte seine Streitmacht in möglichst breiter Front auf und deckte sie auf beiden Seiten durch die kleine, jetzt auf zwanzig Mann zusammengeschmolzene Reiterschar. Glücklicherweise hatte er die Dienstunfähigen an den letzten beiden Tagen nicht hinter den Reitern aufsitzen lassen, weil er die Pferde schonen wollte, so daß diese jetzt in leidlich gutem Zustand waren; auch war das ganze Heer ein wenig zu Kräften gekommen, da es zwei Nächte und einen Tag am selben Ort gerastet hatte; eine Verzögerung freilich, die dem Feinde Zeit gelassen hatte, in solchen Scharen ihren Weg zu kreuzen.

Cortez schärfte seinen Reitern ein, nicht von ihren Lanzen zu lassen und sie auf die Gesichter der Feinde zu richten. Das Fußvolk sollte mit seinen Schwertern stoßen, nicht schlagen, und sie dem Feind auf der Stelle durch den Leib rennen. Sie sollten vor allem auf die Häuptlinge zielen; denn der Befehlshaber wußte wohl, wieviel in den Kriegen mit den Eingeborenen vom Leben des Anführers abhängt; an straffe Kriegszucht nicht gewöhnt, fügen sie sich nur der ihnen vertrauten Befehlsgewalt und keiner anderen.

Cortez richtete nun wie gewöhnlich vor Beginn eines Treffens einige ermutigende Worte an seine Truppe. Er erinnerte sie an die früher errungenen Siege gegen eine kaum weniger erschreckende Übermacht als diesmal; immer hätten sie bewiesen, daß Kriegskunst und Manneszucht der zahlenmäßigen Stärke überlegen seien. Auf die Anzahl komme es wirklich nicht an, wo der Arm des Allmächtigen ihnen beistehe. Und er bat sie, fest darauf zu vertrauen, daß Er, welcher sie wohlbehalten durch so manche Gefahr geführt habe, sie und seine eigene gute Sache jetzt nicht verlassen und sie in die Hand der Ungläubigen geben werde. Seine Rede war kurz, denn er las in ihren Blicken jene feste Entschlossenheit, die Worte unnötig macht. Nachdem sich alle Spanier dem Schutze Gottes, der Jungfrau und Santiagos inbrünstig anheimgegeben hatten, führte Cortez seine Truppe geradewegs auf den Feind los.

Es war ein ernster Augenblick, wie die opferbereite kleine Schar mit festem Blick und beherztem Schritt in die Ebene hinabstieg, um von dem riesigen Meer der Feinde gleichsam verschlungen zu werden. Die Eingeborenen stürzten ihnen mit wildem Ungestüm entgegen; die Berge hallten wider von ihrem schrillen Pfeifen und Schlachtgeschrei, und Ladungen von Steinen und Pfeilen verdunkelten für einen Augenblick das Tageslicht. Als aber die vordersten Reihen der beiden Heere zusammenstießen, wurde die Überlegenheit der Christen fühlbar, da der Gegner, vor dem Ansturm der Reiterei zurückweichend, durch seine eigenen Massen, die von hinten nachdrängten, in Verwirrung geriet. Das spanische Fußvolk stieß nach, und eine breite Gasse öffnete sich in die Reihen des Feindes, der auf allen Seiten wich und dem Gegner einen Durchgang freigeben zu wollen schien. Aber diese Heldentaten dienten nur dazu, die Spanier tiefer in die Masse des Feindes einzukeilen. Die Reiter sprengten immer weiter ins Gewühl der feindlichen Krieger vor, ritten sie nieder oder erstachen sie mit ihren Lanzen und gaben durch diesen zunächst als Sieg erscheinenden Einbruch dem nachdrängenden Fußvolk Kraft und Mut. Besonders Sandoval stürzte sich ins dichteste Schlachtgetümmel und überwältigte die standhaftesten Krieger. Viele Tlaxcalteken und mehrere Spanier waren in dem furchtbaren Kampf Mann gegen Mann bereits gefallen, Cortez selbst hatte eine zweite Kopfwunde erhalten und mußte sein verwundetes Pferd gegen einen starkknochigen Troßgaul austauschen. Der Kampf hatte schon mehrere Stunden gedauert, die Sonne stand hoch am Himmel und strahlte unerträgliche Hitze auf die Ebene. Die Indianer erhielten immer neue Verstärkungen aus ihrer Nachhut, drängten schließlich die Reiterei zurück und warfen sie auf das Fußvolk, das in schwere Bedrängnis geriet. Das Kriegsglück schien sich plötzlich gegen die Christen zu wenden, denen nichts übrigblieb, als ihr Leben so teuer wie möglich zu verkaufen.

Indessen hatte Cortez rastlos nach einer Möglichkeit Ausschau gehalten, dem nahenden Verderben Einhalt zu gebieten, und entdeckte, indem er sich in seinen Steigbügeln aufrichtete, in diesem entscheidenden Augenblick fern im Gewühl einen Häuptling, der, aus seiner Kleidung und seinem kriegerischen Gefolge zu schließen, der Befehlshaber der indianischen Streitkräfte sein mußte. Er trug einen prächtigen Überwurf aus Federmosaik, und ein herrlicher Feder-busch, prunkvoll mit Gold und Edelsteinen besetzt, zierte sein Haupt. Darüber erhob sich, an seinem Rücken zwischen den Schultern befe-stigt, ein kurzer Stab mit einem goldenen Netz als Fahne — das eigen-tümliche, aber gebräuchliche Zeichen der Würde bei einem azteki-schen Heerführer. Der Kazike, Cihuaca mit Namen, wurde in einer Sänfte getragen, und eine Schar junger Krieger, deren bunte, reich-verzierte Kleidung sie als die Blüte des indianischen Adels auswies, umgab als Leibwache seine Person und das heilige Sinnbild.

Kaum hatte Cortez' Adlerauge diese gewichtige Person erspäht, als es triumphierend aufglänzte. Rasch wandte er sich zu den Rittern an seiner Seite, unter denen sich Sandoval, Olid, Alvarado und Ávila befanden, zeigte auf den Häuptling und rief aus: »Dort ist unser Ziel! Folgt mir und steht mir bei!« Dann erhob er seinen Kriegsruf, setzte seinem müden Kampfroß die eisernen Fersen in die Weichen und stürzte sich ins dichteste Gedränge. Die Feinde, überrascht und er-schreckt von der Wildheit des Angriffs, wichen zurück. Wer stehen-blieb, wurde von Cortez' Lanze durchbohrt oder vom Gewicht seines Streitrosses niedergedrückt. Die Ritter drängten ihm nach. Wie der Blitz sprengten sie heran, spalteten die geschlossenen Reihen, be-deckten ihren Pfad mit Sterbenden und Toten und setzten über jedes Hindernis. In wenigen Augenblicken hatten sie den indianischen Heerführer erreicht; Cortez ritt seine Leibwache über den Haufen, stürzte sich mit Löwenstärke auf ihn, durchbohrte ihn mit seiner Lanze und schleuderte ihn zu Boden. Ein junger Ritter, Juan de Sala-manca, der sich dicht neben seinem Befehlshaber gehalten hatte, stieg rasch vom Pferde und beförderte den gefallenen Häuptling vollends ins Jenseits. Dann entriß er ihm sein Banner und überreichte es Cor-tez als ein Siegeszeichen, worauf dieser allen Anspruch hatte. All dies war das Werk eines Augenblicks. Die Leibwache, durch die Plötz-lichkeit des Angriffs überrumpelt, leistete kaum Widerstand, sondern entfloh und übertrug den eigenen Schrecken auf die Gefährten. Die Nachricht von dem Verlust verbreitete sich rasch über das ganze Schlachtfeld. Die Indianer in ihrer Bestürzung waren nur noch auf Flucht bedacht. In blindem Schrecken liefen sie davon, und die Menge der Flüchtenden vergrößerte nur die Verwirrung. Sie zertra-ten einander in dem Wahn, der Feind sei ihnen auf den Fersen.

Diese wunderbare Veränderung ihrer Lage benutzten die Spanier und Tlaxcalteken sofort. Sie vergaßen Ermüdung und Wunden in ihrem Durst nach Rache für alles, was sie in den blutigen Sümpfen Mexikos gelitten hatten, und verfolgten den fliehenden Feind so lange, bis dieser das Schlachtfeld geräumt hatte. Dann lasen sie die gewaltige Beute auf: der Boden war mit den Leichen der Häuptlinge in ihrer barbarisch prunkvollen Kleidung bedeckt, denn die Spanier hatten, wie befohlen, auf die Anführer gezielt. Endlich sammelten sie sich wieder unter den Fahnen, und nach einem Dankgebet zu den himmlischen Heerscharen setzten sie den Marsch durch das nun verödete Tal fort. Noch ehe die Abendschatten niedersanken, erreichten sie einen indianischen Tempel auf einer Anhöhe, der eine feste und bequeme Stellung für die Nacht bot.

Dies war die berühmte Schlacht von Otompan, oder Otumba, wie sie gewöhnlich nach der spanischen Entstellung des Namens genannt wird. Sie fand am 8. Juli 1520 statt. Es war einer der merkwürdigsten Siege, die jemals in der Neuen Welt erfochten wurden. Die Schlacht wäre mit Sicherheit verloren worden, wenn nicht der Tod des indianischen Befehlshabers das Schicksal gewendet hätte. Cortez' Glücksstern war im Steigen. Wäre es anders gewesen, so hätte nicht *ein* Spanier jenen Tag überlebt, um die blutige Geschichte von der Schlacht von Otumba erzählen zu können.

5

Am folgenden Morgen brach das Heer frühzeitig sein Lager ab. Der Feind hatte offenbar keinen Versuch gemacht, sich aufs neue zu sammeln. Jedoch sah man den Morgen über Schwärme von Plänklern, die sich in respektvoller Entfernung hielten und nur gelegentlich nahe genug heranwagten, um die Spanier mit einer Ladung Wurfgeschosse zu begrüßen.

Auf einer Anhöhe entdeckten sie eine Quelle, eine Wohltat, die einem in diesen dürren Gegenden nicht allzuoft begegnet. Etwas weiter entfernt gewahrten sie die rohen Festungswerke, die als Bollwerk und Grenze für das tlaxcaltekische Gebiet dienten. Bei diesem Anblick erhoben die Bundesgenossen ein Freudengeschrei, in das die Spanier von Herzen einstimmten, erleichtert, daß sie nun bald ein freundliches und gastfreies Land betreten sollten.

Aber diese Gefühle wurden rasch von Empfindungen anderer Art abgelöst, und je näher sie dem Freistaat kamen, desto mehr quälte sie ängstliche Besorgnis, wie das Volk sie wohl empfangen werde, dem sie so viel Elend und Trauer brachten und das, wenn es ihnen übelwollte, leicht ihren jetzigen geschwächten Zustand ausnutzen konnte. Unter solchen Befürchtungen verließen die Christen das aztekische Gebiet, überschritten die Grenze und betraten noch einmal den Boden des Freistaates.

Der erste Ort, an dem sie haltmachten, war die Stadt Ueyotlipan mit ungefähr zwölf- bis fünfzehntausend Einwohnern. Sie wurden vom Volke freundlich begrüßt; die Leute kamen aus den Häusern, sie willkommen zu heißen, luden die Soldaten in ihre Wohnungen ein und gewährten ihnen jede Wohltat ihrer schlichten Gastfreundschaft. Jedoch waren sie, nach dem Zeugnis einiger Spanier, wiederum nicht so uneigennützig, als daß sie nicht als Gegengabe einen Anteil an der in der letzten Schlacht gewonnenen Beute erwartet hätten. Hier blieben die erschöpften Truppen zwei oder drei Tage; doch war die Nachricht von ihrer Ankunft inzwischen in die kaum zwölf Meilen entfernte Hauptstadt gelangt, und der alte Häuptling Maxixcatzin, der ihnen schon bei ihrem ersten Besuch so freundlich entgegengekommen war, und der junge Xicotencatl, der, wie man sich erinnern wird, die Truppen seines Volkes in ihrem blutigen Treffen mit den Spaniern befehligt hatte, zogen mit einer großen Volksmenge nach Ueyotlipan, um die Flüchtlinge nach Tlaxcala einzuladen. Maxixcatzin umarmte den spanischen Befehlshaber herzlich und bekundete ihm die größte Anteilnahme an seinen Mißgeschicken. Daß die weißen Männer der vereinten Macht der Azteken so lange hätten widerstehen können, sei ein hinlänglicher Beweis für ihre wunderbare Tapferkeit. »Wir haben gemeinsame Sache gemacht«, sagte der tlaxcaltekische Gebieter, »und gemeinsam haben wir Kränkungen zu rächen. Seid versichert, daß wir uns in Wohl und Wehe als treue, redliche Freunde erweisen und euch bis in den Tod beistehen werden.«

Diese herzliche Beteuerung und Teilnahme von seiten eines Mannes, der stärkeren Einfluß auf die öffentlichen Beschlüsse ausübte als jeder andere Regent, verscheuchte gründlich die Zweifel, die Cortez beschlichen hatten. Er nahm die Einladung bereitwillig an, setzte den Marsch nach Tlaxcala fort, und, von den Einwohnern als willkommene Gäste begrüßt, zogen Cortez' erschöpfte Krieger abermals in die Hauptstadt des Freistaats ein.

Der Befehlshaber und sein Gefolge wurden in dem schlichten, aber geräumigen Palast Maxixcatzins untergebracht. Das übrige Heer schlug sein Lager in dem Stadtviertel auf, dem dieser tlaxcaltekische Häuptling vorstand. Hier blieben sie mehrere Wochen, bis dank der Sorgfalt der gastfreundlichen Einwohner und einer ärztlichen Behandlung, wie sie in deren bescheidenen Kräften stand, die Wunden der Soldaten geheilt und sie nach ihren langen und beispiellosen Leiden wieder zu Kräften gekommen waren. Cortez gehörte zu den schwerer Verwundeten. Zwei Finger seiner linken Hand waren fortan nicht mehr zu gebrauchen. Außerdem hatte er zwei Wunden am Kopf erhalten, von denen eine durch die nachfolgenden Anstrengungen und Aufregungen sich bedrohlich verschlimmert hatte. Ein Teil des Knochens mußte herausgenommen werden. Fieber stellte sich ein, und mehrere Tage lang lag der Held, den Gefahr und Tod in ihren grausigsten Formen nicht hatten schrecken können, hilflos wie ein Kind auf seinem Lager. Seine unverwüstliche Natur siegte jedoch über die Krankheit, und er gewann schließlich seine alte Tatkraft wieder. — Mit kluger Großmut vergalten die Spanier ihren Wirten die Gastfreundschaft, indem sie die Beute des letzten Sieges mit ihnen teilten, und Cortez erfreute Maxixcatzins Herz besonders, indem er ihm das Siegeszeichen überreichte, das er von dem indianischen Heerführer errungen hatte.

Doch während die Spanier sich unter der freundlichen Pflege ihrer Verbündeten an Körper und Geist erholten und ihre Zuversicht und Gelassenheit wiedergewannen, die sie unter den harten Schicksalsschlägen eingebüßt hatten, erhielten sie von Zeit zu Zeit Nachrichten, aus denen hervorging, daß ihr letztes Mißgeschick nicht auf die mexikanische Hauptstadt beschränkt geblieben war. Als Cortez nämlich von Mexiko herab Narváez entgegengezogen war, hatte er eine Menge Gold mitgenommen und es zur sicheren Aufbewahrung in Tlaxcala gelassen. Dazu war noch eine beträchtliche Summe gekommen, die der unglückliche Velázquez de León bei seinem Zug zur Küste zusammengebracht hatte, sowie aus anderen Quellen geflossene Beiträge. Angesichts der Unruhen in der Hauptstadt hielt es der Befehlshaber bei seiner Rückkehr dorthin für das beste, den Schatz in der Obhut einiger dienstunfähiger Soldaten zurückzulassen, die ihm, sobald sie wieder marschfähig wären, nach Mexiko folgen sollten. Eine aus fünf Reitern und vierzig Mann Fußvolk bestehende Abteilung aus Veracruz war mittlerweile in Tlaxcala angekommen, um sich der Dienstunfähigen und des Schatzes anzunehmen und sie nach der Hauptstadt zu geleiten. Jetzt erfuhr Cortez, man habe ihnen den

Weg abgeschnitten und alle niedergemacht, und der ganze Schatz sei verloren. Zwölf andere Soldaten, ebenfalls auf dem Wege nach der Hauptstadt, waren in der benachbarten Provinz Tepeaca niedergemetzelt worden; und immer wieder kam die Kunde von einem unglücklichen Kastilier, der, auf die seinen Landsleuten bisher erwiesene Achtung bauend und nichts ahnend von den schrecklichen Vorgängen in der Hauptstadt, der Wut des Feindes zum Opfer gefallen war.

Diese traurigen Nachrichten erfüllten Cortez mit düsterer Sorge um das Schicksal der Niederlassung zu Villa Rica, der letzten Zuflucht ihrer Hoffnungen. Er schickte sogleich einen zuverlässigen Boten dorthin, und zu seiner unbeschreiblichen Beruhigung teilte ihm der Befehlshaber der dortigen Besatzung in seinem Antwortschreiben mit, in der Ansiedlung stehe alles zum besten, und sie unterhielten freundliche Beziehungen zu den benachbarten Totonaken. Es war die beste Bürgschaft für die Treue dieses Volkes, daß es die Mexikaner zu tief gekränkt hatte, um auf Versöhnung hoffen zu dürfen.

Doch kamen zu Cortez' Besorgnis noch andere Unannehmlichkeiten hinzu. Die Truppen hatten gehofft, ihre letzten schrecklichen Unglücksfälle würden der Unternehmung ein Ende setzen oder wenigstens vorerst einen Wiederbeginn der Feindseligkeiten ausschließen. Aber wer so dachte, kannte Cortez wenig. Während er sich unruhig auf seinem Krankenlager umherwarf, sann er auf neue Pläne zur Wiederherstellung seiner Ehre und zur Rückeroberung des Reiches, das er mehr durch die Unbesonnenheit anderer als durch eigene Schuld verloren hatte. Dies offenbarte sich nach seiner Genesung in seinen neuen an das Heer erlassenen Anordnungen sowie in den Befehlen nach Veracruz, ihm neue Verstärkungen zu senden.

In tiefer Besorgnis über die Wiederaufnahme des Krieges legten die Unzufriedenen, die vorwiegend dem einstigen Heerbann Narváez' angehörten, ihre Klagen in einer schriftlichen Erklärung nieder, die von allen mißvergnügten Soldaten unterzeichnet und Cortez überreicht wurde. Es sei Wahnsinn, in ihrem geschwächten, heruntergekommenen Zustand, ohne Feuerwaffen und Munition einem so übermächtigen Feinde erneut gegenüberzutreten. Der Versuch würde sie alle auf den Opferblock bringen. Sie forderten den Marsch nach Veracruz, dem einzigen Ort von wo aus sie nach dem friedlichen Kuba zurückkehren könnten.

Cortez antwortete ihnen in einer flammenden Ansprache, in der er sich an ihren Stolz, ihre Ritterehre und ihre alte kastilische Tapferkeit wandte, und stellte ihnen vor, daß in diesem Fall all ihre Mühen und Beschwernisse umsonst gewesen wären, daß jeder Schritt nach Villa Rica zurück dem Feind ihre Schwäche verraten und sie der größten Gefahr preisgeben würde. Vielmehr sollten sie so lange in dem freundlichen Tlaxcala verweilen, bis die angeforderte Unterstützung eingetroffen wäre und ihnen einen neuen Angriff ermöglichen würde. Wer die häusliche Bequemlichkeit dem Ruhm eines christlichen Ritters vorziehe, der möge in Gottes Namen gehen und seinen Befehlshaber in der Not im Stich lassen. Er aber werde im Kreise weniger tapferer Geister stärker sein, als umringt von einem Haufen Schwachherziger.

Die altgedienten Soldaten stimmten seiner Ansprache begeistert zu, sie verpflichteten sich, ihrem Feldherrn bis zur letzten Minute beizustehen, und brachten die Mißvergnügten insofern zum Schweigen, als diese, wenn auch nicht überzeugt, ihre Desertion vorerst aufgaben.

Kaum war diese Schwierigkeit beseitigt, als Cortez von einer noch ernsteren bedroht wurde, denn es entstanden Mißstimmungen zwischen seinen Soldaten und ihren indianischen Verbündeten. Trotz der Freundschaftsbeweise Maxixcatzins und seiner Anhänger gab es viele Tlaxcalteken, die ihre Gäste mit scheelen Blicken betrachteten, weil diese auch über sie so viel Unglück gebracht hatten; und höhnisch fragten sie, ob sie denn jetzt obendrein durch die Anwesenheit der Fremden belästigt werden und für deren Unterhalt aufkommen sollten. Solche Ausbrüche des Mißvergnügens ließen sich vor den Ohren der Spanier nicht ganz verheimlichen und beunruhigten diese nicht wenig. Freilich gingen sie größtenteils von Leuten geringerer Bedeutung aus; denn die vier großen Häuptlinge des Freistaats sind der Sache Cortez' offenbar fest verbunden gewesen. Aber die Stimmen der Unzufriedenen erhielten doch einiges Gewicht durch die Haltung des kriegerischen Xicotencatl, in dessen Innern noch immer die Asche jener unversöhnlichen Feindschaft glomm, die er auf dem Schlachtfeld so mutig gezeigt hatte; und Funken dieses verhaltenen Grimms blitzten zuweilen im vertrauten Umgang mit den ehemaligen Widersachern auf, der ihm jetzt gegen seinen Willen aufgezwungen war.

Cortez, der mit Besorgnis die zunehmende Entfremdung bemerkte, welche die Grundlagen für seine künftigen Unternehmungen zu untergraben drohte, benutzte jedes sich bietende Argument, um das Vertrauen seiner Leute zu den Gastgebern wiederherzustellen. Er erinnerte sie an alle Dienste, die sie ohne Unterschied von der großen Masse des Volks empfangen hätten. Eine hinreichende Bürgschaft für die künftige Treue der Tlaxcalteken sei allein schon deren lang genährter Haß gegen die Azteken, den die jüngsten Mißgeschicke, die sie alle von derselben Seite erlitten hatten, nur geschärft haben konnten. Auch machte er nachdrücklich geltend, daß die Tlaxcalteken, wenn sie wirklich irgendeine böse Absicht gegen die Spanier hegten, zweifellos deren geschwächten Zustand ausgenutzt und nicht erst gewartet haben würden, bis sie wieder Kräfte und Mittel zum Widerstand gesammelt hätten.

Während Cortez auf diese Weise, wiewohl mit zweifelhaftem Erfolg, bemüht war, seine eigenen Befürchtungen sowie die seiner Anhänger zu zerstreuen, trat ein Ereignis ein, das glücklicherweise allen Zweifeln ein Ende machte und die Beziehungen der beiden Parteien zueinander dauerhaft festigte. Hier ist es nötig, einen Blick auf die Vorgänge in Mexiko seit der Vertreibung der Spanier zu werfen.

Beim Tode Montezumas wurde der aztekischen Thronfolge gemäß sein Bruder Cuitlahuac, Herrscher von Itztapalapan, zu seinem Nachfolger gewählt. Er war ein tatkräftiger Gebieter, erfahren in Kriegsdingen und durch die Stärke seines Charakters wohl geeignet, die wankenden Geschicke des Reichs in die Hand zu nehmen. Er scheint überdies ein Mann von edlem und sozusagen aufgeklärtem Geschmack gewesen zu sein, nach den schönen Gärten in seiner Stadt Itztapalapan zu urteilen, die mit ihren seltenen, fremdartigen Gewächsen höchste Bewunderung erregten. Im Gegensatz zu seinem Vorgänger verabscheute er die weißen Männer, und wahrscheinlich hatte er die Genugtuung, seine eigene Krönung durch die Opferung vieler Weißer gefeiert zu sehen. Sobald er aus dem spanischen Lager freigekommen war, wo Cortez ihn in Haft gehalten hatte, unterstützte er die Freiheitsbestrebungen seines Volkes. Er war es, der die Angriffe sowohl in den Straßen der Stadt wie in der ›traurigen Nacht‹ geleitet hatte; und auf sein Drängen war die gewaltige Streitmacht zusammengeströmt, die den Spaniern den Zug durch das Tal von Otumba streitig machte.

Seit der Räumung der Hauptstadt war er eifrig damit beschäftigt, das angerichtete Unheil wiedergutzumachen, die Gebäude und Brükken auszubessern und sie in den besten Verteidigungszustand zu versetzen. Er hatte sich bemüht, die Kriegszucht und die Waffen seiner Truppen zu verbessern. So führte er die langen Lanzen ein, und indem er die erbeuteten Schwertklingen der Christen an langen Stangen befestigte, erfand er eine Waffe, die der Reiterei furchtbar werden mußte. Er forderte seine Untertanen weit und breit auf, sich bereitzuhalten und der Hauptstadt nötigenfalls zu Hilfe zu eilen; und um sie sich geneigter zu machen, befreite er sie von einem Teil der Lasten, die ihnen sonst auferlegt waren. Aber er sollte jetzt erfahren, wie wenig gefestigt eine Herrschaft war, die sich nicht auf Liebe, sondern auf Furcht gründete. Die Vasallen in der Nähe des Tales kamen ihrer Untertanenpflicht nach; andere aber hielten sich fern, unschlüssig, welchen Kurs sie einschlagen sollten; während wieder andere, in den entfernteren Provinzen, den Gehorsam gänzlich verweigerten und den Augenblick für günstig hielten, das Joch abzuschütteln, das sie so lange gedrückt hatte.

In dieser Notlage schickte die Regierung eine Abordnung an ihre alten Feinde, die Tlaxcalteken. Sie bestand aus sechs aztekischen Edelleuten, die als Geschenk Baumwollstoffe, Salz und andere Dinge überbrachten, die man in den letzten Jahren im Freistaat kaum gesehen hatte. Die Gebieter Tlaxcalas, verwundert über diesen außergewöhnlichen Akt der Herablassung von seiten ihrer alten Feinde, riefen den Ältestenrat zusammen, um die Abgeordneten anzuhören.

Dieser Versammlung taten die Azteken nun den Zweck ihrer Mission kund. Sie forderten die Tlaxcalteken höflich auf, alle früheren Kränkungen in Vergessenheit zu begraben und mit ihnen ein Bündnis einzugehen. Alle Völker Anahuacs sollten gemeinsame Sache machen, um ihr Land gegen die weißen Männer zu verteidigen. Die Tlaxcalteken würden den Zorn der Götter auf sich laden, wenn sie länger die Fremden bei sich beherbergten, die ihre Tempel geschändet und zerstört hätten. Sie beschworen sie bei ihrer Ehrfurcht vor ihrer gemeinsamen Religion, nicht zuzulassen, daß die weißen Männer, entkräftet, wie sie jetzt seien, ihren Händen entgingen, sondern sie sogleich den Göttern zu opfern, deren Tempel sie entweiht hätten. Für diesen Fall boten sie ihnen ihr Bündnis an und die Erneuerung jenes freundschaftlichen Handelsverkehrs, durch den der Freistaat wieder die Annehmlichkeiten und Genußmittel erlangen würde, die ihm so lange vorenthalten gewesen seien.

Die Vorschläge der Abgesandten machten auf die Zuhörer einen unterschiedlichen Eindruck. Xicotencatl war dafür, sie sofort anzu-

nehmen. Es sei viel besser, sagte er, daß sie sich mit ihresgleichen ver-
bänden, mit denen, die dieselbe Sprache sprächen, denselben Glauben, dieselben Gebräuche hätten, als sich den grausamen Fremden in
die Arme zu werfen, die, was immer sie auch von Religion schwatzen
mochten, doch keinen anderen Gott anbeteten als das Gold. Dieser
Meinung traten die jüngeren Krieger bei, die sich sogleich von seiner
Begeisterung entflammen ließen. Aber die älteren Häuptlinge, besonders sein blinder alter Vater, der wie die anderen drei Oberhäupter
des Freistaats aufrichtig für die Spanier eingenommen schien, und
Maxixcatzin, ihr treuer Freund, äußerten ihre entschiedene Abneigung gegen das vorgeschlagene Bündnis mit den Azteken. Sie seien
stets dieselben, sagte der letztere — mit schönen Worten, aber falschen Herzen. Jetzt böten sie den Tlaxcalteken ihre Freundschaft an;
doch nur die Furcht treibe sie dazu, und wenn diese Furcht vorüber
sei, würden sie die alte Feindschaft wieder aufleben lassen. Die Götter aber verabscheuten die Treulosigkeit. Und seien ihre Gäste denn
nicht ebendie Wesen, deren Ankunft die Orakelsprüche so lange vor-
hergesagt hatten? »Wir wollen ihre Anwesenheit nutzen«, schloß er,
»uns mit ihnen verbünden und gemeinsame Sache mit ihnen machen,
bis wir unseren hochmütigen Feind gedemütigt haben.«

Diese Rede rief eine scharfe Erwiderung von Xicotencatl hervor,
bis die Erregung des älteren Häuptlings über seine Geduld siegte und
er, Gewalt statt Vernunft gebrauchend, seinen jungen Gegner un-
sanft aus dem Beratungsraum warf. Dieses Vorgehen, das den Gepflogenheiten indianischer Verhandlungen durchaus zuwiderlief,
setzte die Versammlung in Erstaunen. Aber keineswegs zog es dem
Älteren Tadel zu, vielmehr brachte es den Widerspruch zum Schweigen. Selbst die hitzköpfigen Anhänger Xicotencatls wollten nun nicht
mehr einen Anführer unterstützen, der sich von dem Regenten, den
sie am meisten verehrten, ein solches Zeichen verächtlicher Mißbilli-
gung zugezogen hatte. Sein eigener Vater verdammte ihn öffentlich,
und der seinem Volk so treu ergebene junge Krieger, mit einem
schärferen Blick in die Zukunft begabt als seine Landsleute, blieb wie
früher auf dem Schlachtfeld nun auch im Ältestenrat ohne Beistand.
— Das von den Mexikanern angebotene Bündnis wurde einstimmig
verworfen; und da die Abgesandten fürchteten, daß selbst die Unan-
tastbarkeit ihres Amtes sie womöglich nicht vor Gewalt schützen
würde, flohen sie heimlich aus der Stadt.

Durch den Ausgang der Unterredungen im tlaxcaltekischen Ältestenrat beruhigt, entschloß sich der spanische Befehlshaber wieder zu
kriegerischen Unternehmungen als dem besten Mittel, Zwietracht
und Unzufriedenheit zu verscheuchen, die in einem müßigen Leben
den besten Nährboden finden. Zunächst wollte er seine Truppen gegen einige benachbarte Stämme ins Feld führen, weil sie Hand an
einige Spanier gelegt hatten, die im Vertrauen auf ihre freundliche
Gesinnung durch ihr Gebiet gezogen waren. Zu diesen Stämmen gehörten die Bewohner von Tepeaca, die immer wieder in Feindseligkeiten mit den Tlaxcalteken verwickelt waren und, wie bereits erwähnt, kurz zuvor zwölf Spanier auf ihrem Weg nach der Hauptstadt
ermordet hatten. Eine Unternehmung gegen dieses Volk würde von
den Verbündeten bereitwillig unterstützt werden und den spanischen
Namen wieder zu Ehren bringen, der durch die letzten Niederlagen
in der Achtung der Eingeborenen tief gesunken war.

Die Bewohner von Tepeaca waren ein mächtiger Stamm, desselben
Ursprungs wie die Azteken, deren Oberherrschaft sie anerkannten.
Dann hatten sie sich den Spaniern bei deren erstem Marsch durch das
Land ergeben, da sie durch die blutigen Niederlagen ihrer tlaxcaltekischen Nachbarn eingeschüchtert waren. Aber seit den Unruhen in
Mexiko hatten sie sich wieder dem aztekischen Zepter unterworfen.
Ihre Hauptstadt Tepeaca, jetzt ein unbedeutendes Dorf, war zur Zeit
der Eroberung eine blühende Stadt inmitten fruchtbarer Ebenen, die
sich weithin gegen den Fuß des Orizaba erstreckten. Außerdem gehörten zu ihrem Gebiet noch mehrere ansehnliche Städte mit einer
kühnen und kriegerischen Bevölkerung.

Da diese Indianer einmal die Oberherrschaft Kastiliens anerkannt
hatten, betrachteten Cortez und seine Offiziere ihr jetziges Verhalten als offene Empörung, und in einem Kriegsrat wurde entschieden,
daß alle, die sich an dem letzten Gemetzel beteiligt hatten, die Strafe
der Sklaverei erwirkt hätten. Ehe er jedoch gegen sie vorging, übersandte ihnen der Befehlshaber eine Aufforderung, sich zu unterwerfen, und bot ihnen völlige Verzeihung für das Vergangene, bedrohte
sie aber, falls sie sich weigerten, mit der strengsten Vergeltung. Die
Indianer, die inzwischen unter Waffen standen, schickten eine ver-
ächtliche Antwort zurück und forderten die Spanier zum Kampf heraus, da es ihnen an Opfern für ihre Altäre fehle.

Unverzüglich stellte sich Cortez nun an die Spitze seiner kleinen Schar Spanier und eines großen Aufgebotes tlaxcaltekischer Krieger. Sie wurden von dem jungen Xicotencatl angeführt, der jetzt bereit schien, seinen früheren Haß zu begraben, begierig, von dem kriegserfahrenen Spanier zu lernen, der ihn so oft auf dem Schlachtfeld überwunden hatte.

Die Bewohner von Tepeaca empfingen den Feind an ihren Grenzen. Es folgte eine blutige Schlacht, in der die spanische Reiterei ein wenig durch den hohen Mais behindert war, der einen Teil der Ebene bedeckte. Sie trugen zuletzt den Sieg davon, und die Eingeborenen wurden, nachdem sie tapfer das Feld behauptet hatten, endlich unter großem Gemetzel in die Flucht geschlagen. Ein zweites Treffen einige Tage später ging ebenso aus, und die siegreichen Spanier und ihre Verbündeten marschierten geradewegs auf die Stadt Tepeaca zu und zogen im Triumph dort ein. Der Feind versuchte keinen weiteren Widerstand, und die ganze Provinz bot, um größeres Unheil zu vermeiden, eilfertig ihre Unterwerfung an. Cortez ersparte jedoch den Orten, die an jenem Blutbad beteiligt gewesen waren, nicht die vorgesehene Strafe. Die Einwohner wurden mit einem heißen Eisen als Sklaven gebrandmarkt und nach Abzug des königlichen Fünftels unter seine eigenen Leute und seine Verbündeten verteilt. Die Spanier kannten die Einrichtung der Repartimientos auf den Inseln; aber dies war das erste Beispiel von Sklaverei in Neuspanien. Die Strafe war nach Meinung des Befehlshabers und seiner spitzfindigen Ratgeber durch das schwere Vergehen der Eingeborenen gerechtfertigt. Das Urteil wurde jedoch von der Krone nicht bestätigt, die, wie die Gesetzgebung für die Pflanzstaaten häufig beweist, der unersättlichen Gewinnsucht der Ansiedler immer entgegenstand.

Zufrieden mit dieser Schaustellung seiner Rache, schlug Cortez nun sein Hauptquartier in Tepeaca auf, das, von bebautem Land rings umgeben, günstige Bedingungen für den Unterhalt eines Heeres bot, während seine Lage an der mexikanischen Grenze es zum geeigneten Stützpunkt für künftige Unternehmungen machte.

Seitdem die aztekische Regierung von dem ungünstigen Ausgang ihrer Verhandlungen in Tlaxcala erfahren hatte, war sie eifrig bestrebt, die gemeinsame Grenze zu befestigen und das umliegende Land zu besetzen. Das anmaßende und erpresserische Verhalten der aztekischen Besatzung erregte jedoch den tiefen Unwillen der Bevölkerung. Zu den besetzten Orten gehörte Quauhquechollan, eine

Stadt von dreißigtausend Einwohnern, ungefähr fünfunddreißig Meilen vom spanischen Lager entfernt. Sie lag am Fuße schroffer Berge, war links und rechts von zwei Flüssen mit hohem Steilufer eingerahmt und an der einzigen zugänglichen Seite durch eine mächtige Steinmauer geschützt. In diesen festen Platz hatte der mexikanische Kaiser einige tausend Azteken geworfen, während die Hauptmacht die Höhen dahinter besetzt hielt.

Der Kazike der Stadt, des mexikanischen Joches müde, sandte zu Cortez, bat ihn um Hilfe gegen die Bedrücker und versprach dafür die Mithilfe seiner Bürger bei einem Angriff auf das aztekische Lager. Bereitwillig ging der Befehlshaber auf den Vorschlag ein und stellte sich selbst an die Spitze seiner spanischen und tlaxcaltekischen Truppen. Viele Indianer aus Cholula und der Umgebung schlossen sich unterwegs den Spaniern an.

Cortez hatte mit dem Kaziken der Stadt, gegen die er marschierte, verabredet, daß beim Erscheinen der Spanier die Einwohner die Besatzung angreifen sollten. Alles gelang, wie er es geplant hatte. Kaum waren die christlichen Heerhaufen in der Ebene vor der Stadt aufmarschiert, als die Stadtbewohner mit dem größten Ungestüm die Besatzung angriffen. Die Azteken gaben die äußeren Verteidigungswerke auf und zogen sich in ihre Quartiere im Hauptteocalli zurück, wo sie einen harten Kampf mit ihren Gegnern zu bestehen hatten. In der Hitze des Gefechts ritt Cortez an der Spitze seiner kleinen Reiterschar in die Stadt und leitete den Angriff persönlich. Die Azteken leisteten hartnäckig Widerstand. Da aber fortwährend neue Verstärkungen zur Unterstützung der Angreifer eintrafen, wurden die Festungswerke erstürmt und die ganze Besatzung getötet.

Unterdessen waren die auf den nahen Anhöhen postierten mexikanischen Streitkräfte hinabgeeilt, um ihren Landsleuten in der Stadt zu Hilfe zu kommen, hatten sich in der Vorstadt in Schlachtordnung aufgestellt und wurden dort von den tlaxcaltekischen Truppen angegriffen. ›Sie hatten‹, berichtet Cortez von seinem Feind, ›mindestens dreißigtausend Mann zusammengebracht, und die stattliche Heerschar, die von Gold, Juwelen und buntem Federwerk nur so funkelte, bot einen prächtigen Anblick.‹ Der Kampf zwischen den beiden indianischen Heeren tobte erbittert. Die Vorstadt wurde in Brand gesteckt, und mitten durch die Flammen stürmten Cortez und seine Scharen auf die Feinde los, durchbrachen endlich ihre Schlachtordnung und nötigten sie, sich in die unwegsame, steile Bergschlucht zurückzuziehen, durch die sie herabgestiegen waren. Spanier und Tlax-calteken folgten dem Feind auf dem Fuße, und die leichten Truppen erklommen die hohen Talwände und fielen ihm in die Flanken. Die Hitze war kaum erträglich, und beide Parteien waren, wie der Chronist berichtet, von den Anstrengungen so erschöpft, daß den einen die Verfolgung ebenso sauer wurde wie den andern die Flucht. Zum Töten waren sie jedoch nicht zu müde. Die Mexikaner wurden unter fürchterlichem Gemetzel gänzlich vernichtet. Sie fanden kein Erbarmen bei ihren indianischen Feinden, die eine lange Rechnung von Kränkungen zu begleichen hatten. Einige Azteken versuchten sich zu retten, indem sie sich höher hinauf in die unwegsame Sierra flüchteten. Auch dorthin verfolgte sie ihr unermüdlicher Feind, bis sie auf dem kahlen Bergrücken das mexikanische Lager erreichten. Dieses nahm eine weite Fläche ein. Verschiedene Gerätschaften, reichverzierte Kleidung und Luxusgegenstände lagen rings verstreut, und die Menge der bediensteten Sklaven verriet, mit welch rohem Prunk die mexikanischen Edelleute ins Feld zogen. Die Sieger machten reiche Beute; sie schwärmten durch das verödete Lager und beluden sich mit dem Raub, bis die anbrechende Dunkelheit sie zum Abstieg mahnte.

Cortez ließ diesem Schlag sogleich den nächsten folgen, indem er die befestigte Stadt Itzocan angriff, in der sich ebenfalls eine mexikanische Besatzung befand. Sie lag inmitten eines grünen, von künstlichen Gräben bewässerten Tales und prangte in der ganzen reichen Fülle dieser fruchtbaren Gegend. Obwohl tapfer verteidigt, wurde der Ort erstürmt und eingenommen; die Azteken wurden über einen Fluß unterhalb der Stadt gejagt, und wenn auch die leichten Brücken bei der Flucht, absichtlich oder zufällig, zertrümmert wurden, gelangten die Spanier, den Fluß durchwatend oder durchschwimmend, so gut es ging, doch ans jenseitige Ufer und setzten die Jagd mit der heißen Gier von Bluthunden fort. Auch dort war die Beute groß, und die indianischen Verbündeten strömten zu Tausenden unter die Fahnen des spanischen Befehlshabers, der sie so sicher zu Sieg und Gewinn führte.

Bald darauf kehrte Cortez nach seinem Hauptquartier in Tepeaca zurück. Von da aus kommandierte er seine Offiziere zu verschiedenen Kriegszügen ab, die gewöhnlich Erfolg hatten. Sandoval insbesondere zog gegen eine große feindliche Heeresmacht aus, die zwischen dem Lager und Veracruz stand, besiegte sie in zwei entscheidenden Schlachten und stellte damit die Verbindung mit dem Hafen wieder her.

Das Ergebnis dieser Unternehmungen war die Unterwerfung des dicht besiedelten und fruchtbaren Landstrichs, der im Westen von dem großen Vulkan und im Osten von den mächtigen Ausläufern des Orizaba begrenzt wird. Auch erkannten viele Orte in der benachbarten Provinz Mixtecapan die Herrschaft der Spanier an, und aus der entlegenen Gegend von Oaxaca kamen Gesandtschaften, um ihren Schutz zu erbitten. Cortez hatte sich durch sein Verhalten gegen seine Verbündeten den Ruf großer Uneigennützigkeit und Gerechtigkeit erworben. Die indianischen Ortschaften in dem angrenzenden Gebiet riefen ihn in ihren Streitigkeiten als Schiedsrichter an; und war bei einem Regierungswechsel die Nachfolge umstritten, so überließ man ihm die Entscheidung. Durch seine vorsichtige und maßvolle Staatsklugheit gewann er unmerklich bestimmenden Einfluß auf ihre Beschlüsse, den sie den gewalttätigen Azteken verweigert hatten. Sein Ansehen breitete sich täglich weiter aus, und ein neues Reich entstand im Herzen des Landes und bildete ein Gegengewicht zu der riesenhaften Macht, die es so lange überschattet hatte.

Cortez fühlte sich nun stark genug, die Pläne zur Wiedererlangung der Hauptstadt, über denen er von der Stunde seiner Vertreibung an gebrütet hatte, in die Tat umzusetzen. Er hatte die Hilfsquellen des Aztekenreiches sehr unterschätzt. Nun wußte er aus bitterer Erfahrung, daß zur Unterwerfung dieses Reiches seine eigenen Streitkräfte, soviel er auch aufzubringen hoffen durfte, nicht hinreichen würden ohne umfassende Unterstützung durch die Indianer selbst. Überdies würde ein großes Heer große Vorräte zu seinem Unterhalt brauchen, und regelmäßiger Nachschub während einer langen Belagerung wäre ohne die freundliche Mithilfe der Eingeborenen nicht möglich. Auf solche Unterstützung durfte er jetzt sicher rechnen, sowohl aus Tlaxcala wie aus den anderen indianischen Gebieten, deren Krieger darauf brannten, unter seinen Fahnen zu dienen.

Die Erfahrung hatte auch gezeigt, daß er sich bei einem künftigen Kampf um die Hauptstadt nicht auf die Dammwege verlassen durfte, sondern daß er, um sein Ziel zu erreichen, den See beherrschen mußte. Er beschloß daher, eine Anzahl Schiffe zu bauen, denen gleich, die zur Zeit Montezumas unter seinem Befehl gebaut und später von den Eingeborenen vernichtet worden waren. Hierzu standen ihm noch immer die Dienste des erfahrenen Schiffsbauers Martín López zur Verfügung, der, wie wir wissen, dem Gemetzel der ›traurigen Nacht‹ glücklicherweise entgangen war. Cortez schickte diesen Mann jetzt nach Tlaxcala, mit dem Auftrag, dreizehn Brigantinen zu bauen, die auseinandergenommen und von den Indianern auf den Schultern an den See von Texcoco getragen werden könnten, wo sie zu Wasser gebracht werden sollten. Segel, Takelwerk und Eisenteile sollten aus Veracruz geholt werden, wo sie seit der Zerstörung der Schiffe aufbewahrt wurden. Es war ein kühner Gedanke, eine Flotte zu bauen, um sie dann durch Wald und Gebirge bis an die für sie ausersehenen Gewässer zu schleppen! Aber er paßte zu Cortez' verwegenem Unternehmungsgeist, der gar nicht daran zweifelte, ihn mit Hilfe seiner treuen tlaxcaltekischen Verbündeten auch auszuführen.

Mit großem Bedauern erfuhr der Befehlshaber zu dieser Zeit vom Tode seines guten Freundes Maxixcatzin, des alten Häuptlings von Tlaxcala, der ihm in der Stunde der Not so treulich beigestanden hatte. Er war jener schrecklichen Seuche, den Pocken, zum Opfer gefallen, die jetzt über das Land strich wie Feuer über die Steppe, den Fürsten wie den Landmann niederwarf und zu der langen Reihe von Leiden, die dem Zug des weißen Mannes folgten, ein neues fügte. Sie soll durch einen Negersklaven aus Narváez' Flotte eingeschleppt worden sein. Zuerst brach sie in Cempoala aus. Die armen Eingeborenen, die nicht wußten, wie sie diese ekelhafte Krankheit am besten behandeln sollten, suchten sich auf die gewohnte Weise zu helfen, indem sie in kaltem Wasser badeten, wodurch ihr Übel aber nur verschlimmert wurde. Von Cempoala verbreitete sie sich rasch über die umliegende Gegend und erreichte über Tlaxcala die aztekische Hauptstadt, wo Montezumas Nachfolger Cuitlahuac ihr als einer der ersten zum Opfer fiel. Von dort zog sie zu den Ufern des Stillen Ozeans hinab und säumte ihren Weg mit den Leichen der Eingeborenen, die, wie ein Zeitgenosse es drastisch ausdrückt, in Haufen verreckten wie von der Pest befallenes Vieh. Unter den Spaniern scheint die Krankheit nicht so gewütet zu haben; denn viele hatten sie wahrscheinlich schon überstanden, und jedenfalls wußten sie, wie man sie am besten zu behandeln hatte.

Den Tod Maxixcatzins bedauerten die Truppen sehr, denn sie verloren in ihm einen treuen und nützlichen Verbündeten. Mit seinem letzten Atemzug empfahl er sie seinem Sohn und Nachfolger als die großen Wesen, deren Einzug in ihr Land von den Orakelsprüchen so lange prophezeit worden war. Er äußerte den Wunsch, im christlichen Glauben zu sterben. Sobald Cortez von seinem Zustand hörte, schickte er Pater Olmedo nach Tlaxcala. Als der Mönch kam, hatte Maxixcatzin schon ein Kruzifix als den Gegenstand seiner Anbetung vor seinem Krankenlager aufstellen lassen. Nachdem der Pater ihm, so verständlich er konnte, die Wahrheiten der Offenbarung erklärt hatte, taufte er den sterbenden Häuptling; und die Spanier hatten die Genugtuung, zu glauben, daß die Seele ihres Wohltäters von der ewigen Verdammnis errettet sei, die den unglücklichen, in seinem Unglauben sterbenden Indianer erwartete.

Die letzten glänzenden Erfolge scheinen die unzufriedenen Soldaten zum größten Teil wieder mit der Fortsetzung des Krieges versöhnt zu haben. Doch gab es immer noch einige, wie etwa den Schreiber Duero, den Schatzmeister Bermúdez und andere Würdenträger oder reiche Hidalgos, die mit Widerwillen an einen neuen Feldzug dachten und jetzt laut ihre Forderung wiederholten, ungehindert nach Kuba zurückzukehren. Dagegen hatte Cortez, zufrieden mit der Unterstützung, auf die er nun sicher rechnen konnte, nichts einzuwenden. Nachdem er einmal seine Einwilligung gegeben hatte, tat er alles, was in seiner Macht stand, um ihren Abzug zu erleichtern und für ihre Bequemlichkeit zu sorgen. Er stellte ihnen das beste Schiff in Veracruz zur Verfügung, ließ es mit Lebensmitteln und allem zur Reise Nötigen wohl versehen und sandte Alvarado an die Küste, um die Einschiffung zu überwachen. Er nahm den höflichsten Abschied von ihnen und versicherte sie seiner unveränderlichen Achtung. Aber wie sich zeigte, nahmen die Männer, die sich in diesem entscheidenden Augenblick von ihm trennen konnten, wenig Anteil an seinem Schicksal; und nicht viel später finden wir Duero in Spanien, wo er Velázquez' Ansprüche vor dem Kaiser gegen die seines früheren Freundes und Befehlshabers unterstützte.

Der Verlust dieser wenigen Männer wurde reichlich aufgewogen durch die Ankunft anderer, die das Glück — um keinen erhabeneren Namen zu nennen — ihm zuführte. Der erste von ihnen kam mit einem kleinen Schiff aus Kuba, das der Gouverneur Velázquez mit Vorräten für die Niederlassung in Veracruz abgesandt hatte. Dieser wußte nichts von den letzten Vorgängen im Lande und von Narváez' Niederlage. Das Schiff soll ein Schreiben von Fonseca, dem Bischof von Burgos, überbracht haben, worin Narváez angewiesen wurde, Cortez, wenn es nicht schon geschehen sei, zur gerichtlichen Untersuchung nach Spanien zu schicken. Den Anweisungen des Befehlshabers gemäß ließ der Alkalde von Veracruz den Schiffskapitän landen, der gar nicht daran zweifelte, daß sich das Land in Narváez' Händen befinde. Doch man belehrte ihn eines Besseren, indem man ihn und seine Leute festnahm, sobald sie den Fuß ans Ufer gesetzt hatten. Dann versicherte man sich des Schiffes, und da der Schiffsführer und seine Mannschaft ihren Irrtum einsahen, waren sie leicht zu bewegen, sich ihren Landsleuten in Tlaxcala anzuschließen.

Ein zweites, etwas später von Velázquez abgesandtes Schiff erlitt das gleiche Schicksal, und die Männer an Bord erklärten sich ebenfalls bereit, ihr Glück unter Cortez zu versuchen.

Ungefähr um dieselbe Zeit rüstete Garay, der Gouverneur von Jamaika, drei Schiffe mit Streitkräften aus, um am Panuco, einem Fluß, der sich wenige Grade nördlich von Villa Rica in den Golf ergießt, eine Niederlassung zu gründen. Garay bestand auf dem Vorhaben, trotz der Ansprüche Cortez', der schon in freundschaftliche Verbindung mit den Bewohnern jener Gegend getreten war. Aber die Schiffsmannschaften erfuhren bei ihrer Landung einen so rauhen Empfang von den Eingeborenen und verloren so viele Leute, daß sie froh waren, wieder zu ihren Schiffen zu gelangen. Eins davon scheiterte bei einem Sturm. Die anderen liefen in den Hafen von Veracruz ein, damit die von Hunger und Krankheit geschwächten Leute sich erholen konnten. Hier wurden sie freundlich aufgenommen, mit dem Nötigen versorgt, von ihren Wunden geheilt und durch Cortez' lockende Versprechungen bewogen, den unseligen Dienst bei ihrem Herrn zu quittieren und unter sein glückverheißendes Banner zu treten. Die so gewonnenen Verstärkungen beliefen sich auf hundertfünfzig Mann, wohlversehen mit Waffen und Munition, und zwanzig Pferde. Durch diese sonderbare Verkettung von Umständen gelangte Cortez in den Besitz der Vorräte, die er am dringendsten brauchte; und das obendrein aus den Händen seiner Feinde, deren kostspielige Vorbereitungen nun gerade dem Manne zugute kamen, den zu verderben sie bestimmt waren.

Sein Glück blieb hierbei nicht stehen. Ein Schiff von den Kanarischen Inseln, mit Waffen und Kriegsvorräten für die Abenteurer in der Neuen Welt beladen, legte in Kuba an. Der Kapitän hörte von den jüngsten Entdeckungen in Mexiko und nahm, in der Hoffnung, dort einen guten Markt zu finden, Kurs auf Veracruz. Er hatte sich nicht getäuscht. Im Auftrag des Befehlshabers kaufte der Alkalde so-

wohl Schiff wie Ladung; und die Schiffsmannschaft, vom Abenteurergeist angesteckt, folgte ihren Landsleuten ins Innere. Im Namen
Cortez schien ein Zauber zu liegen, der alle, die ihn hörten, unter
seine Fahnen zog.

Nachdem nun alle Anstalten zur Sicherung der neuen Eroberungen getroffen waren, schien es keinen Grund mehr zu geben, den
Aufbruch nach Tlaxcala länger aufzuschieben. Zunächst baten die
Einwohner von Tepeaca den Befehlshaber, eine Besatzung bei ihnen
zurückzulassen, um sie vor der Rache der Azteken zu schützen. Cortez kam der Bitte nach, und da die zentrale Lage der Stadt ihm günstig schien für die Behauptung der eroberten Gebiete, beschloß er,
dort eine Niederlassung zu gründen. Zu diesem Zweck wählte er
sechzig Soldaten aus, von denen die meisten durch Wunden und
Krankheit dienstunfähig waren. Er setzte die Alkalden, Regidores
und anderen Beamten einer städtischen Obrigkeit ein. Den Ort
nannte er Segura de la Frontera, ›Sicherheit der Grenze‹.

Während seines Aufenthalts in Segura schrieb Cortez jenen berühmten Brief an Karl V. — den zweiten in der Reihe der Berichte —,
der so oft auf den vorstehenden Seiten angeführt wurde. Er beginnt
mit dem Aufbruch von Veracruz und schildert kurz und umfassend
die Ereignisse bis zu dem Zeitpunkt, an dem wir jetzt angekommen
sind. Auf den letzten Seiten erwähnt der Befehlshaber die Schwierigkeiten, mit denen er zu kämpfen hat, und betont mit der ihm eigenen
Mannhaftigkeit, er achte Gefahr und Anstrengung gering gegenüber
der Erreichung seines Zieles; er hege die feste Überzeugung, die Spanier würden in kurzer Zeit ihre alte Postition wiedererlangt und alle
ihre Verluste wettgemacht haben.

Er weist darauf hin, daß Mexiko in manchen äußeren Zügen und in
seinen Erzeugnissen dem Mutterlande ähnlich sei, und schlägt darum
vor, es möge künftig ›Neuspanien des Weltmeers‹ genannt werden.
Schließlich bittet er darum, daß sogleich eine Kommisson abge-
schickt werde, um sein Vorgehen zu untersuchen und die Richtigkeit
seiner Angaben zu bestätigen.

Dieser Brief, der in Sevilla ein Jahr nach seiner Ankunft gedruckt
wurde, ist seitdem mehr als einmal nachgedruckt und übersetzt worden. Er erregte allgemeines Aufsehen am Hofe und bei den Freunden
der Wissenschaft. Die früheren Entdeckungen in der Neuen Welt
hatten nicht gehalten, was man sich versprochen hatte, nachdem das
große Rätsel ihrer Existenz einmal gelöst war. Sie hatten nur primi-

tive Stämme ans Licht gebracht, die, wie sanft und friedfertig sie auch in ihren Sitten sein mochten, doch noch in einem Urzustand der Unwissenheit lebten. Hier aber war nach zuverlässigen Zeugnissen ein großes und mächtiges Volk mit einer wohldurchdachten Gesellschaftsordnung, weit vorgeschritten in der Gesittung, ein Land bewohnend, das von Bodenschätzen und den mannigfaltigsten pflanzlichen Erzeugnissen strotzte, Reichtümern, sowohl natürlichen wie von Menschenhand geschaffenen, die zum ersten Mal die goldenen, bisher trügerischen Träume zu verwirklichen schienen, denen der große Endecker der Neuen Welt sich so gern hingegeben hatte. Der Gelehrte jener Zeit mochte nun mit Recht frohlocken über die Offenbarung dieser Wunder, die so mancher schon lange, doch vergebens, zu sehen gewünscht hatte.

Zugleich mit diesem Brief an den Kaiser ging ein anderer ab, der, wie es scheint, von fast allen Offizieren und Soldaten im Lager unterzeichnet war. Er ließ sich ausführlich über die Hindernisse aus, die Velázquez und Narváez der Unternehmung in den Weg gelegt hatten und die den Interessen der Krone so sehr zum Schaden gereichten. Dann wurden die Dienste Cortez' hervorgehoben und der Kaiser gebeten, ihn in seiner Befehlsgewalt zu bestätigen und jede Behinderung von außen zu unterbinden; sei doch ihr Befehlshaber durch seinen Charakter, seine genaue Kenntnis von Land und Leuten und die Anhänglichkeit seiner Soldaten wie kein anderer in der Welt geeignet, die Eroberung dieses Landes zu vollbringen.

Es beunruhigte Cortez nicht wenig, daß er noch immer völlig im unklaren war, in welchem Licht man sein Verhalten in Spanien sah. Er hatte noch nicht einmal gehört, ob seine im Vorjahr von Veracruz abgesandten Berichte angekommen waren. Mexiko war so weit entfernt von jeglichem Verkehr mit der zivilisierten Welt, als wenn es bei den Antipoden läge. Nur wenige Schiffe waren in seine Häfen eingelaufen, und keines hatte sie wieder verlassen dürfen. Der Gouverneur von Kuba, einer nur wenige Tagereisen entfernten Insel, wußte, wie wir gesehen haben, noch immer nichts vom Schicksal seiner Flotte. Bei der Ankunft jedes neuen Schiffes an diesen Küsten war Cortez mit Recht im Zweifel, ob es ihm Unterstützung für sein Unternehmen brachte oder eine königliche Order, ihn abzusetzen. Zuversichtlich von Natur, vertraute er auf das erstere, obgleich die andere Möglichkeit viel wahrscheinlicher war; um so mehr, als sein Feind, der Gouverneur, mit dem Bischof Fonseca eng verbunden war, einem auf

Cortez' Ansehen eifersüchtigen Mann, der vermöge seiner Stellung an der Spitze der westindischen Verwaltungsbehörde die Oberaufsicht über die Angelegenheiten der Neuen Welt führte. Cortez hielt es deshalb für geraten, keine Zeit zu verlieren und seine Vorbereitungen voranzutreiben, damit nicht ein anderer ihm den Lorbeer entreiße, der nun fast zum Greifen nahe war. Gelänge es ihm, die aztekische Hauptstadt zu unterwerfen, so wäre er in Sicherheit; und in welchem Licht sein eigenmächtiges Vorgehen jetzt auch immer erscheinen mochte, seine Dienste würden es in diesem Falle in den Augen der Krone wie des Landes mehr als aufwiegen.

Der Befehlshaber schrieb auch an den königlichen Gerichtshof in Santo Domingo auf Española, um diesen für seine Sache zu gewinnen. Er sandte vier Schiffe nach dieser Insel, um weiteren Nachschub an Waffen und Munition zu beschaffen; und um die Habgier von Abenteurern anzureizen und sie für sein Unternehmen zu ködern, fügte er Proben schöner einheimischer Gewebe und Edelmetalle bei. Zur Beschaffung dieser wichtigen Zufuhren diente wahrscheinlich die in den letzten Schlachten zusammengebrachte Beute und das Gold, das von den Spaniern aus dem allgemeinen Schiffbruch gerettet worden war.

Es war Mitte Dezember, als Cortez alle Vorbereitungen getroffen hatte und sich auf den Rückweg nach dem dreißig bis fünfunddreißig Meilen entfernten Tlaxcala machte. Er ritt in der Vorhut des Heeres und schlug den Weg über Cholula ein. Wie anders stand er jetzt da als vor kaum fünf Monaten, wo er die Hauptstadt des Freistaats verlassen hatte! Es war ein Triumphzug, geschmückt mit mannigfachen, dem Feind abgerungenen Bannern und Feldzeichen, mit langen Reihen von Gefangenen und der ganzen reichen, auf manch hartumkämpftem Schlachtfeld errungenen Beute. Wo immer das Heer durch die Städte und Dörfer zog, strömten die Einwohner herbei, sie zu begrüßen, und als sie in die Nähe von Tlaxcala kamen, hatte sich die ganze Bevölkerung, Männer, Frauen und Kinder, aufgemacht, um ihre Rückkehr mit Musik, Tanz und Gesang zu feiern. Blumenbogen spannten sich über die Straßen, durch die sie gingen, und ein tlaxcaltekischer Redner hielt dem Befehlshaber bei seinem Einzug in die Stadt eine hochtönende Lobrede auf seine letzten Taten und nannte ihn den ›Rächer des Volkes‹. Inmitten dieses Siegesgepränges erblickte man Cortez und seine Offiziere in Trauerkleidung, zu Ehren ihres Freundes Maxixcatzin. Und diese dem Andenken ihres verehrten Regenten gezollte Achtung bewegte die Tlaxcalteken mehr als die ganze stolze Schaustellung der Siegeszeichen.

Die erste Handlung des Befehlshabers war es, den Sohn seines verstorbenen Freundes in der Nachfolge zu bestätigen, die ihm von einem illegitimen Halbbruder streitig gemacht wurde. Der Jüngling war erst zwölf Jahre alt, und Cortez konnte ihn leicht bewegen, dem Beispiel seines Vaters zu folgen und die Taufe zu empfangen. Später schlug er ihn eigenhändig zum Ritter; wahrscheinlich das erste Beispiel von der Verleihung der Ritterwürde an einen amerikanischen Indianer. Auch der ältere Xicotencatl wurde bewogen, das Christentum anzunehmen; und das Beispiel der Regenten blieb offensichtlich nicht ohne Wirkung auf die Gemüter des Volkes und machte sie für den wahren Glauben empfänglich. Cortez bestand damals nicht weiter auf dem Bekehrungswerk — sei es, daß Pater Olmedo ihm davon abriet, sei es, daß seine eigenen Angelegenheiten ihn zu sehr in Anspruch nahmen. Vielmehr überließ er es dem guten Samen, der nun ausgestreut war, in der Stille heranzureifen, bis die Zeit die Früchte hervorbringen würde.

Während seines kurzen Aufenthaltes in Tlaxcala förderte er weiter die Vorbereitungen zum Feldzug. Er suchte die Tlaxcalteken im Waffendienst zu vervollkommnen und ihnen einen Begriff von europäischer Manneszucht und Kriegskunst zu vermitteln. Er ließ neue Waffen anfertigen und die alten in Ordnung bringen. Der Bau der Brigantinen machte unter der Leitung von López und mit Hilfe der Tlaxcalteken gute Fortschritte. Das Holz dafür wurde in den Wäldern geschlagen und Pech, den Indianern bis dahin unbekannt, aus den Kiefern in der nahe gelegenen Sierra de Malinche gewonnen. Tauwerk und anderes Zubehör wurde von den indianischen Tamanes aus Villa Rica herbeigeschafft; und um Weihnachten war die Arbeit so weit vorgeschritten, daß Cortez den Marsch nach Mexiko nicht länger aufzuschieben brauchte.

7

Während sich die im vorigen Kapitel erzählten Ereignisse zutrugen, war im Aztekenreich eine wichtige Veränderung eingetreten. Montezumas Bruder und Nachfolger Cuitlahuac war plötzlich an den Pokken gestorben, nachdem er nur vier Monate lang regiert hatte — kurz,

aber glorreich, denn unter seinem Zepter waren die Spanier besiegt
und aus Mexiko vertrieben worden. Nach dem Tode ihres kriegerischen Oberhauptes wurden die Wähler, wie gebräuchlich, zusam-
mengerufen, um den leeren Thron wieder zu besetzen. In dieser
dunklen Schicksalsstunde war das eine verantwortungsvolle Aufgabe. Der Teoteuctli oder Hohepriester flehte den Segen des obersten Gottes auf ihre Beratungen herab.

Die Wahl fiel auf Quauhtemoc, oder Guatimozín, wie die Spanier
ihn wohlklingender nannten. Er war ein Neffe der beiden letzten
Herrscher und heiratete seine Base, die schöne Prinzessin Tecuichpo,
Montezumas Tochter. ›Er war nicht älter aus fünfundzwanzig Jahre
und für einen Indianer von anmutigem Äußeren‹, sagt jemand, der
ihn oft gesehen hatte; ›dazu tapfer und so furchteinflößend, daß seine
Untertanen in seiner Gegenwart zitterten.‹ Er schreckte vor der gefahrvollen Stellung, die man ihm anbot, nicht zurück, und da er sah,
wie das Gewitter sich rings um ihn finster zusammenbraute, schickte
er sich an, ihm mannhaft entgegenzutreten. War er auch noch jung,
so besaß er doch große Erfahrung in Kriegsdingen und hatte sich
bei den blutigen Kämpfen in der Hauptstadt vor allen anderen ausgezeichnet. Er empfand gegen die Spanier eine Art von religiösem Haß,
wie man ihn auch Hannibal nachsagt, dessen Gefühle gegen die römischen Feinde sicher ähnlicher Natur waren.

Durch seine Kundschafter erhielt Quauhtemoc genaue Kenntnis
von den Bewegungen der Spanier und der geplanten Belagerung der
Hauptstadt. Er bereitete sich darauf vor, indem er den entbehrlichen
Teil der Bevölkerung fortschickte und seine mächtigen Vasallen aus
der Nähe zusammenrief. Den Plänen seines Vorgängers folgend, ver-
stärkte er die Verteidigungswerke der Stadt, musterte seine Truppen
und spornte sie durch Belohnungen an, sich in kriegerischen Übungen auszuzeichnen. Durch zündende Reden suchte er in seinen Soldaten den Geist tollkühnen Widerstands zu entfachen. Im ganzen
Lande ermutigte er seine Untertanen, die weißen Männer anzugreifen, wo immer sie ihnen begegneten, und setzte Preise auf ihre Köpfe
aus sowie auf alle, die man ihm lebend nach Mexiko brächte. Es war
für die Spanier nichts Ungewöhnliches, in den Tempeln der eroberten
Orte die Waffen und Rüstungen ihrer unglücklichen Landsleute hängen zu sehen, die man ergriffen und als Opfer nach der Hauptstadt
geschickt hatte. So also war der junge Herrscher beschaffen, der nun
den schwankenden Thron der Azteken bestiegen hatte; kühn und

hochherzig von Natur, wäre er würdig gewesen, das Zepter des Landes in der Blütezeit des Ruhmes zu führen; nun, im Mißgeschick, war er in echter Vaterlandsliebe bereit, das sinkende Glück zu halten oder als Held mit seinem Volke unterzugehen.

Wir müssen jetzt zu den Spaniern nach Tlaxcala zurückkehren, die sich anschickten, ihren Marsch nach Mexiko wiederaufzunehmen. Zur Freude des Befehlshabers waren die Truppen jetzt leidlich ausgerüstet; zwar unterschiedlich, je nach dem Zustand der einzelnen Verstärkungen, die von Zeit zu Zeit angekommen waren, aber im ganzen doch besser als beim ersten Einzug in das Land. Die spanische Streitmacht belief sich auf beinahe sechshundert Mann, darunter vierzig Berittene und achtzig Hakenbüchsen- und Armbrustschützen. Die übrigen waren mit Schwert und Tartsche und mit der kupferbeschlagenen Pike aus Chinantla bewaffnet. Sie hatten neun Kanonen mittleren Kalibers und waren leidlich mit Pulver versehen.

Als seine Truppen in Marschordnung aufgestellt waren, ritt Cortez wie gewöhnlich bei solchen Gelegenheiten durch die Reihen und ermahnte seine Soldaten, sich selbst und dem begonnenen Unternehmen treu zu sein. Sie zögen gegen Rebellen ins Feld, sagte er, die einst dem spanischen Herrscher Treue gelobt hätten; gegen Barbaren, die Feinde ihrer Religion. Sie kämpften für das Kreuz und für die Krone; und für sich selbst, um den Flecken von ihren Waffen zu tilgen, um Rache zu nehmen für alle Unbill und den Verlust der teuren Gefährten, die auf dem Schlachtfeld oder auf den verhaßten Opferaltären hingeschlachtet worden seien. Noch nie habe ein Krieg einem christlichen Ritter so hohen Lohn verheißen: Reichtum und Ruhm in diesem Leben und einen unvergänglichen Glorienschein im künftigen.

So rührte der kluge Feldherr an alle geheimen Triebfedern der Frömmigkeit, des Ehrgeizes und der Habsucht in den Herzen seiner kriegerischen Zuhörerschaft und brachte auch den Schwerfälligsten in Hitze, ehe er ihn dem gefahrvollen Unternehmen entgegenführte. Sie antworteten mit lautem Zuruf, sie seien bereit, in der Verteidigung ihres Glaubens zu sterben, entweder zu siegen oder gleich ihren Landsleuten ihre Gebeine in den Fluten des Sees von Texcoco zurückzulassen.

Dann zogen die Truppen der tlaxcaltekischen Verbündeten an dem Befehlshaber vorüber. Sie waren nach Art der Indianer bewaffnet, mit Bogen und Pfeilen, dem mit Obsidian bewährten Maquahuitl und der langen gefürchteten Pike, die Cortez, wie wir gesehen haben, auch bei seinen eigenen Truppen eingeführt hatte. Sie waren in Schlachthaufen eingeteilt, von denen jeder sein eigenes Feldzeichen mit dem jeweiligen Wappen oder Sinnbild mit sich führte. Die vier großen Häuptlinge des Volkes marschierten in der Vorhut; drei von ihnen, ehrwürdig durch ihr Alter, waren mit Ehrenzeichen geschmückt, die von mancher glorreichen Waffentat zeugten. Bunte Federbüsche wehten von ihren mit Smaragden und anderen Edelsteinen besetzten Helmen. Ihr Escaupil, das gepolsterte Baumwollwams, war von dem anmutigen Federüberwurf bedeckt, und die Füße steckten in goldbesetzten Sandalen. Hinter ihnen gingen vier Edelknaben, die ihnen die Waffen trugen, und vier andere führten die Fahnen mit sich, auf welchen die Sinnbilder der vier großen Distrikte des Freistaats prangten. Die Tlaxcalteken waren, wenn auch außerordentlich genügsam und schlicht in ihrer Lebensweise, doch ebenso ehrgeizig darauf bedacht, mit ihrem kriegerischen Putz zu prunken, wie jeder andere Stamm auf der Hochebene. Als sie an Cortez vorüberzogen, grüßten sie ihn mit Fahnenschwenken und einem Tusch ihrer wilden Musik, was der Befehlshaber höflich erwiderte, indem er sein Barett abnahm. Die tlaxcaltekischen Krieger, und besonders der jüngere Xicotencatl, ihr Anführer, gefielen sich darin, ihre europäischen Gebieter nachzuahmen, nicht nur ihre Kriegskunst, sondern auch belanglosere Einzelheiten der kriegerischen Etikette.

Mit Marinas Hilfe hielt Cortez eine kurze Ansprache an seine indianischen Bundesgenossen. Er erinnerte sie daran, daß er sie nun gegen ihre alten Feinde ins Feld führe, und rief sie auf, ihn so zu unterstützen, wie es ihres berühmten Freistaats würdig sei. Den Daheimbleibenden legte er ans Herz, beim Bau der Brigantinen zu helfen, von denen der Erfolg der Unternehmung weitgehend abhänge. Er betonte, keiner solle seinem Banner folgen, der nicht entschlossen sei, bis zur endgültigen Unterwerfung der Hauptstadt durchzuhalten. Laute Zurufe, ja Triumphgeschrei beantwortete diese Rede, denn die tlaxcaltekischen Verbündeten frohlockten bei der Aussicht, sich endlich für mannigfache Unbill rächen und ihren stolzen Feind demütigen zu können.

Bevor Cortez aufbrach, erließ er eine Reihe von Verordnungen oder Vorschriften für das Heer, eine Art Kriegsgesetzbuch, das, wie die Vorrede besagt, in der gefahrvollen Lage der Spanier dringend erforderlich sei.

Die Schrift erinnert das Heer zunächst daran, daß die Bekehrung der Heiden in den Augen des Allmächtigen das wohlgefälligste Werk sei, das seiner Unterstützung sicher sein könne. Sie fordert von einem jeden Soldaten, dieses als den Hauptzweck der Unternehmung zu betrachten; sonst würde der Krieg ungerechtfertigt und jede Eroberung Raub sein.

Der Befehlshaber versichert feierlich, die Haupttriebfeder in ihm selber sei der Wunsch, die Eingeborenen von ihrem finsteren Götzendienst abzubringen und ihnen zur Erkenntnis eines reineren Glaubens zu verhelfen; überdies aber, für seinen Herrn und Kaiser die Landgebiete wiederzuerlangen, die ihm von Rechts wegen gehörten.

Sodann wurden verboten jede Lästerung Gottes und der Heiligen, das Glücksspiel, der Zweikampf sowie Streit ganzer Heeresabteilungen untereinander. Es folgten Regeln für eine bessere Manneszucht der Truppen im Lager wie im Felde. Ferner wurde den Hauptleuten bei Todesstrafe untersagt, den Feind ohne Befehl anzugreifen. Zuletzt wurde jedem, dem Offizier wie dem Gemeinen, verboten, sich Beutegut anzueignen wie Gold, Silber, Federarbeit, Stoffe, Sklaven oder andere Werte, die vielmehr insgesamt dem Befehlshaber oder den dazu bestellten Offizieren abzuliefern seien. Die Übertretung dieses Gesetzes wurde mit Todesstrafe und Einziehung des Eigentums geahndet.

Die Anordnungen blieben kein toter Buchstabe. Schon kurz nach ihrer Bekanntgabe ließ Cortez zwei seiner eigenen Sklaven wegen Plünderung der Eingeborenen hängen. Ebendeshalb verurteilte er einen spanischen Soldaten zur selben Strafe, ließ ihn jedoch im letzten Augenblick abschneiden. Wenn er aus Klugheit zuweilen Nachsicht übte, so waren deren Grenzen doch scharf gezogen; denn er kannte den Charakter seiner Leute genau und wußte, daß diese Abenteurer mit harter Hand regiert werden mußten. Indem er Strenge durch Nachsicht milderte und den eisernen Willen unter dem offenen Gebaren eines Soldaten verbarg, übte Cortez eine solche Gewalt über seine Bande kühner und sorgloser Glücksritter, wie es ein steifer, um kleinliche soldatische Äußerlichkeiten ängstlich besorgter Zuchtmeister niemals vermocht hätte.

Die am 22. Dezember erlassenen Verordnungen wurden dem versammelten Heer am 26. bekanntgegeben. Zwei Tage später setzten sich die Truppen in Marsch, und Cortez zog an der Spitze seiner Schlachthaufen mit fliegenden Fahnen und klingender Musik aus den

Toren der tlaxcaltekischen Hauptstadt, die ihn so großzügig in seinem Unglück aufgenommen und ihn jetzt zum zweiten Mal mit den Mitteln ausgestattet hatte, sein großes Unternehmen zu vollenden. Die Einwohner der Stadt, Männer, Frauen und Kinder, schlossen sich der Nachhut des Heeres an, sagten ihren Landsleuten ein letztes Lebewohl und flehten die Götter an, ihre Waffen mit Sieg zu krönen.

Obgleich die indianischen Verbündeten eine große Streitmacht aufgebracht hatten, ließ der spanische Befehlshaber sich jetzt nur von einem kleinen Teil derselben begleiten. Er beschloß, sein Hauptquartier irgendwo am See von Texcoco aufzuschlagen und von dort aus die aztekische Hauptstadt einzuschließen, indem er die Umgebung unterwarf und die Zufuhren abschnitt.

Den eigentlichen Angriff auf Mexiko wollte er bis zur Ankunft der Brigantinen verschieben, sich aber mittlerweile nicht mit zu vielen Menschen belasten, die zu ernähren ihm schwergefallen wäre. Deshalb zog er es vor, sie in Tlaxcala zurückzulassen, bis sie die fertigen Schiffe nach dem Lager bringen und ihm bei seinen späteren Unternehmungen helfen konnten.

Es boten sich Cortez drei Wege an, auf denen er ins Tal vordringen konnte. Er wählte den beschwerlichsten über die mächtige Gebirgskette, welche die östliche Hochebene von der westlichen trennt, ein Weg, der in seiner schroffen Steilheit kaum zugänglich für ein ganzes Heer war. Cortez nahm mit Recht an, hier werde ihn der Feind am wenigsten belästigen, sondern auf die Unwegsamkeit der Sierra als auf seinen Schutz vertrauen.

Am ersten Tage rückten die Truppen, in der Vorhut Cortez an der Spitze seiner kleinen Reiterschar, fünfzehn bis achtzehn Meilen vor und begannen am nächsten Morgen den Aufstieg in die Sierra. Der Weg war steil und über die Maßen unwirtlich. Dicht verflochtenes Gebüsch bedeckte den Boden, und die Winterregengüsse hatten tiefe, steinige Furchen hineingerissen, über die das Geschütz kaum fortgeschafft werden konnte, während sich einzelne Baumzweige quer über den Weg streckten und diesen ebenso beschwerlich für die Reiterei machten. Je höher sie stiegen, desto kälter wurde es. Das einzige, was in diesen höheren Gegenden wuchs, waren Kiefern, die in dunklen Wäldern die Berghänge bekleideten, bis auch sie mit vereinzelten schwachen Baumkrüppeln aufhörten. Es war Nacht, als die erschöpften Soldaten den kahlen Kamm der Sierra erreichten, wo sie dann, um die Lagerfeuer gescharrt, ihre erstarrten Glieder wärmten und ihre Abendmahlzeit bereiteten.

Mit dem ersten Tagesschein waren die Truppen wieder in Bewegung. Die Messe wurde gelesen, und der Abstieg begann, was noch beschwerlicher und mühsamer war als am Vortag der Aufstieg; denn zu den natürlichen Hindernissen des Weges gesellten sich noch ungeheure Balken und Baumstämme, die offenbar eigens von den Eingeborenen gefällt worden waren. Cortez befahl einer Abteilung leichter Truppen, die Hindernisse beiseite zu räumen, und das Heer setzte nun seinen Marsch fort, immer in der Furcht, der Feind könne irgendwo im Hinterhalt liegen, um sie auf dem engen Paßweg zu überrumpeln. Behutsam bewegten sie sich vorwärts und spähten angespannt ins dichte Dunkel der Wälder, wo vielleicht der tückische Feind lauerte. Aber sie sahen kein lebendes Wesen außer den wilden Bewohnern des Waldes und Schwärmen von Zopiloten, den gefräßigen Geiern des Landes, die in Erwartung eines blutigen Schmauses den Marsch des Heeres wie eine Schar böser Geister verfolgten.

Als sie hinabstiegen, fühlten die Spanier einen merklichen und höchst willkommenen Temperaturwechsel. Damit änderte sich auch die Vegetation, und die düstere Kiefer, noch eben ihr einziger Begleiter, wich der kräftigen Eiche, dem Maulbeerfeigenbaum und weiter unten dem anmutigen Pfefferbaum, der seine roten Beeren unter das dunkle Laub des Waldes mischte, während in noch tieferen Lagen die farbenprächtigen Schlingpflanzen ihre bunten Blüten um die Zweige wanden und von einem milderen und verschwenderischen Klima kündeten.

Schließlich gelangte das Heer auf ein offenes Plateau, wo das Auge, nicht gehindert durch dazwischenliegende Wälder oder Bergspitzen, das Tal von Mexiko weit und breit überschauen konnte. Da lag es, in goldenem Sonnenschein gebadet, gleichsam schlummernd in den Armen der Riesenberge ausgestreckt, die es wie eine Phalanx von Schutzgeistern rings umgaben. Der prachtvolle Anblick, für viele neu, erfüllte die Spanier mit Entzücken. Selbst Cortez' alte Krieger konnten ihre Bewunderung nicht verhehlen, wenn diese auch bald von einem bitteren Gefühl abgelöst wurde, als sie an die Leiden dachten, die sie in dem schönen, aber trügerischen Lande erduldet hatten. ›Wir fühlten‹, sagt der löwenherzige Eroberer in seinen Briefen, ›daß uns keine andere Wahl blieb als Sieg oder Tod; und da wir einmal entschlossen waren, gingen wir so leichten Schrittes vorwärts, als führte unser Weg uns einer Lustbarkeit entgegen.‹

Während die Spanier vorrückten, sahen sie auf den benachbarten Berggipfeln Signalfeuer aufflammen, Anzeichen dafür, daß das Volk schon zu den Waffen gerufen wurde und sich sammelte, um ihnen entgegenzutreten. Der Befehlshaber ermahnte seine Leute, ihres hohen Rufes eingedenk zu sein; sich in strenger Ordnung zu bewegen, in geschlossenen Reihen, und den Befehlen ihrer Offiziere unbedingt Folge zu leisten. Bei jeder Wegbiegung in den Bergen erwarteten sie, auf die Streitkräfte des Feindes zu stoßen, die ihnen den Vormarsch verwehren würden. Und als sie unangefochten durch die Engpässe gedrungen waren und sich der offenen Ebene näherten, waren sie darauf gefaßt, diese von einem furchtbaren Kriegsheer besetzt zu finden, das sie nötigen würde, noch einmal eine Schlacht von Otumba zu liefern. Doch obwohl von Zeit zu Zeit Kriegerhorden schattenhaft über die Höhen huschten und ihren Vormarsch zu belauern schienen, wurden sie doch nicht aufgehalten, bis sie an eine Barranca oder tiefe Bergschlucht gelangten, durch die ein kleiner, von einer halbzerstörten Brücke überquerter Fluß strömte. Auf der anderen Seite war ein beträchtlicher Haufen Indianer aufgestellt und schien sie am Übergang hindern zu wollen; aber ob sie nun ihrer eigenen Stärke mißtrauten oder durch das beharrliche Vorrücken des Gegners eingeschüchtert waren, jedenfalls behelligten sie die Spanier nicht weiter und waren nach wenigen entschlossenen Angriffen der Reiterei schnell vertrieben. Das Heer setzte nun ungestört seinen Marsch fort und machte zur Nacht in einer kleinen Stadt namens Coatepec halt.

Angst und Zweifel mögen Cortez die Nacht hindurch wachgehalten haben. Er war jetzt nur neun Meilen von Texcoco entfernt, der weitberühmten Hauptstadt der Acolhua. Er faßte den Plan, nach Möglichkeit dort sein Hauptquartier aufzuschlagen. Die zahlreichen Gebäude in der Stadt würden seinem Heer hinreichende Unterkunft gewähren. Eine gute Verbindung mit Tlaxcala, auf einem anderen Wege als dem jetzt gewählten, würde ihm Zufuhren aus jenem befreundeten Lande und die sichere Beförderung der Brigantinen ermöglichen, wenn diese so weit fertig wären, daß sie auf dem See von Texcoco vom Stapel laufen konnten. Aber er hatte guten Grund, der Aufnahme zu mißtrauen, die er in der Stadt finden würde; denn nach der Vertreibung der Spanier aus Mexiko hatte dort ein bedeutsamer Umsturz stattgefunden, von dem wir einiges berichten müssen.

Der Leser wird sich erinnern, daß der Kazike jener Stadt, Cacama mit Namen, von Cortez während seines ersten Aufenthaltes in der aztekischen Hauptstadt wegen eines geplanten Aufstandes gegen die Spanier abgesetzt und daß die Krone dem jüngeren Bruder Cuicuitzca übertragen worden war. Der entthronte Herrscher befand sich in der Noche triste unter Cortez' Gefangenen und kam mit vielen anderen bei dem schrecklichen Rückzug über den Dammweg ums Leben. Sein Bruder scheute sich wohl, nach der Flucht der Spanier bei seinen eigenen Untertanen zu bleiben, die es ganz und gar mit den Azteken hielten; er begleitete seine Freunde auf ihrem Rückzug und gelangte auch glücklich nach Tlaxcala.

Unterdessen erhob Nezahualpillis zweiter Sohn, Coanaco mit Namen, beim Tode seines ältesten Bruders Anspruch auf die Krone als auf sein rechtmäßiges Erbteil. Da er mit seinen Landsleuten und den Azteken in der Verabscheuung der weißen Männer von Herzen übereinstimmte, wurden seine Ansprüche vom mexikanischen Kaiser bestätigt. Bald nach seiner Thronbesteigung hatte der neue Herrscher von Texcoco Gelegenheit, seinem kaiserlichen Gönner auf wirksame Art seine Ergebenheit zu bekunden.

Eine Abteilung von fünfundvierzig Spaniern, die von den unseligen Ereignissen in Mexiko nichts wußten, war im Begriff, eine große Menge Gold dorthin zu bringen, gerade als sich ihre Landsleute auf dem Rückzug nach Tlaxcala befanden. Als sie durch das Gebiet von Texcoco zogen, wurden sie auf Coanacos Befehl überfallen, die meisten von ihnen auf der Stelle niedergemetzelt und die übrigen als Opfer nach Mexiko geschickt. Waffen und Ausrüstungen der Unglücklichen wurden als Siegeszeichen in den Tempeln aufgehängt und die abgezogene Haut der Toten über die blutigen Altäre gebreitet, als willkommenste Opfergabe für die beleidigten Gottheiten.

Einige Monate nach diesem Ereignis machte sich der geflüchtete Cuicuitzca, seines Aufenthaltes in Tlaxcala überdrüssig und sehnsüchtig nach seinem königlichen Hofstaat zurückverlangend, heimlich auf den Weg nach Texcoco, offenbar in der Hoffnung, dort eine Partei für sich zu gewinnen. Aber wenn sich seine Hoffnung wirklich darauf richtete, so wurde sie bitter enttäuscht; denn kaum hatte er den Fuß in seine Hauptstadt gesetzt, als er auch schon seinem Bruder verraten wurde, der ihn auf den Rat Quauhtemocs als einen Landesverräter hinrichten ließ. So lagen die Dinge in der Stadt Texcoco, als Cortez sich zum zweiten Mal ihren Toren näherte; und mit Recht machte er sich Sorgen, nicht nur, wie man ihn dort aufnehmen, sondern ob es ihm überhaupt möglich sein werde, die Stadt ohne Anwendung von Gewalt zu betreten.

Diese Sorgen wurden am nächsten Morgen zerstreut; denn noch ehe die Truppen alle unter Waffen waren, erschien eine Gesandtschaft vom Herrscher von Texcoco. Sie bestand aus mehreren Edelleuten, von denen einige Cortez' Gefährten bekannt waren. Sie führten eine goldene Fahne als Freundschaftszeichen mit sich, dazu ein nicht eben wertvolles Geschenk für Cortez. Sie überbrachten auch eine Botschaft ihres Kaziken, der den Befehlshaber anflehte, sein Gebiet zu schonen, ihn einlud, sein Quartier in der Hauptstadt aufzuschlagen, und versprach, bei seiner Ankunft Untertan des spanischen Herrschers zu werden.

Cortez ließ sich die Freude über diese Eröffnungen nicht anmerken und forderte ernst von den Gesandten Rechenschaft wegen der niedergemetzelten Spanier; zugleich verlangte er die sofortige Herausgabe der Beute. Aber die indianischen Edelleute rechtfertigten sich, indem sie die ganze Schuld auf den aztekischen Kaiser abwälzten, der die Tat befohlen habe und jetzt auch im Besitz des Schatzes sei. Sie baten Cortez dringend, nicht schon am selben Tag in die Stadt einzurücken, sondern die Nacht in der Vorstadt zu verbringen, damit ihr Gebieter Zeit habe, angemessene Unterkünfte für ihn herrichten zu lassen. Der spanische Befehlshaber kümmerte sich jedoch nicht um diesen Vorschlag, sondern beschleunigte seinen Marsch und zog am Mittag des 31. Dezembers 1520 an der Spitze seiner Heerscharen in die ehrwürdige Stadt Texcoco ein.

Wie damals, als er in diese volkreiche Stadt kam, war er wieder von der Verlassenheit und Stille betroffen, die in allen Straßen herrschte. Er wurde zum Palast Nezahualpillis geführt, der ihm als Unterkunft angewiesen war. Es war ein unregelmäßiger Komplex niedriger Gebäude, der eine ausgedehnte Grundfläche einnahm, ähnlich dem Palast, den die Truppen in Mexiko bewohnt hatten. Das Gebäude war nicht nur geräumig genug, um allen Spaniern Unterkommen zu gewähren, berichtet Cortez, sondern es hätte sogar die doppelte Anzahl beherbergt. Bei seiner Ankunft erließ Cortez den Befehl, Leben und Eigentum der Bürger unbedingt zu achten, und verbot jedem Spanier bei Todesstrafe, sein Quartier zu verlassen.

Seine Befehle reichten jedoch nicht hin, einige Ausschreitungen seiner indianischen Verbündeten zu verhüten, sofern der Bericht des

Chronisten aus Texcoco zuverlässig ist, der erzählt, daß die Tlaxcalteken bald nach ihrer Ankunft einen der königlichen Paläste in Brand
steckten. In diesem Palast befand sich die Sammlung aller schriftlichen Dokumente, und die Feuersbrunst, wie sie auch entstanden sein
mag, ist gewiß beklagenswert für den Altertumsforscher, der in den
bilderschriftlichen Aufzeichnungen vielleicht einen Anhaltspunkt für
die Wanderungen der geheimnisvollen Stämme gefunden hätte, die
sich zuerst auf den Hochebenen Anahuacs niederließen.

Beunruhigt über die offenbare Verödung des Ortes und befremdet,
daß keiner der vornehmsten Einwohner zu seiner Begrüßung erschien, befahl Cortez einigen Soldaten, auf den nahen Teocalli zu
steigen und von dort Ausschau über die Stadt zu halten. Sie kamen
bald mit der Nachricht zurück, daß die Einwohner mit ihren Familien
und Habseligkeiten in Scharen die Stadt verließen, einige in Kanus
auf dem See, andere zu Fuß nach dem Gebirge hin. Der Befehlshaber
begriff jetzt, warum der Kazike den Spaniern so dringend empfohlen
hatte, die Nacht in der Vorstadt zuzubringen; er wollte Zeit gewinnen, um die Stadt zu räumen. Cortez befürchtete, der Kazike selbst
könnte die Flucht ergriffen haben. Unverzüglich sandte er Truppen
aus, um sich der Hauptzugänge zu versichern, wo sie die Flüchtlinge
zur Umkehr nötigen und den Kaziken festnehmen sollten, falls dieser
sich darunter befinden sollte. Allein es war zu spät. Coanaco war
schon weit draußen auf dem See, auf dem Wege nach Mexiko.

Cortez beschloß nun, sich den Vorfall zunutze zu machen und
einen anderen Herrscher einzusetzen, der seinen Zwecken dienlicher
sein sollte. Er rief die wenigen noch in der Hauptstadt verbliebenen
Edelleute zusammen, und auf ihren Rat besetzte er nach einer
Scheinwahl den Thron, den sie für erledigt erklärten, mit einem Bruder des letzten Herrschers. Dieser willigte darein, sich taufen zu lassen, und war ein gefügiges Werkzeug in den Händen der Spanier. Er
überlebte das Ereignis indes nur wenige Monate, und sein Nachfolger war wiederum ein Mitglied des königlichen Hauses, Ixtlilxochitl,
der als Befehlshaber der Streitkräfte eigentlich schon zu Lebzeiten
seines Bruders die Zügel der Regierung geführt hatte. Er war der
Sohn einer zweiten Gemahlin des großen Nezahualpilli. Beunruhigende Erscheinungen bei seiner Geburt und die unglückverheißende
Stellung der Planeten veranlaßten die Sterndeuter, die sein Horoskop
stellten, dem Vater zu raten, das Kind umzubringen; denn es sei,
wenn es erwachsen wäre, dazu bestimmt, sich mit den Feinden des

Vaterlandes zu verbünden und dessen Verfassung und Religion zu zerstören. Nezahualpilli jedoch verwarf den Rat; jetzt sei die Zeit gekommen, da die Söhne Quetzalcoatls aus dem Osten kommen und das Land in Besitz nehmen würden; wenn der Allmächtige sein Kind dazu ausersehen habe, sich mit ihnen zu verbünden, so möge sein Wille geschehen. Ixtlilxochitl durchlebte eine wilde Jugend voller Gewalttaten, liebte den Kriegsdient über alles und zeichnete sich bereits mit siebzehn Jahren als tapferer und siegreicher Feldherr aus. Wie sehr er als enger Verbündeter der Spanier zu deren Erfolg beitrug, werden wir noch sehen. Beim Tode seines Vaters machte er seinem Bruder Cacama die Thronfolge streitig. Das Land war von einem Bürgerkrieg bedroht; doch wurde die Sache dadurch beigelegt, daß Cacama ihm den im Gebirge gelegenen Teil seines Gebietes abtrat. Bei der Ankunft der Spanier erwies sich der junge, kaum zwanzigjährige Häuptling sehr freundschaftlich gegen sie, wie wir gesehen haben; zweifellos war die Ursache dafür sein Haß gegen Montezuma, der die Ansprüche Cacamas unterstützt hatte. Jedoch erst als er zur Herrschaft über Texcoco gelangt war, zeigte er seine Zuneigung zu ihnen in vollem Maße. Von der Zeit an war er der treue Freund der Christen und unterstützte sie durch seinen persönlichen Einfluß wie durch die ganze Stärke seiner Kriegsmacht und seiner Hilfsquellen, die, obwohl sie seit den Tagen seines Vaters viel von ihrem alten Glanz verloren hatten, doch noch beträchtlich waren und ihn zu einem unschätzbaren Verbündeten machten. Seine wichtigen Dienste sind von den kastilischen Chronisten dankbar festgehalten worden; und die Geschichte sollte ihm nicht seinen wohlverdienten Ruhm schmälern — den traurigen Ruhm, mehr als irgendein anderer Häuptling Anahuacs dazu beigetragen zu haben, die eigenen Landsleute in die Fesseln des weißen Mannes zu schlagen.

BELAGERUNG UND FALL MEXIKOS

Einen geeigneteren Ort als Texcoco hätte Cortez wohl kaum zum Hauptquartier des Heeres ausersehen können. Es gewährte einer großen Heeresmacht bequemes Unterkommen und bot ihr als große und volkreiche Stadt alle Möglichkeiten zum Unterhalt. Überdies standen dem Heer hier eine Menge Handwerker und andere Arbeitskräfte zur Verfügung. Da die Gebiete von Texcoco und Tlaxcala aneinandergrenzten, war die Verbindung mit den Bundesgenossen jederzeit gewährleistet, während die Nähe von Mexiko es dem Befehlshaber ohne große Schwierigkeit ermöglichte, sich über die Vorgänge in der Hauptstadt sichere Kunde zu verschaffen. Kurz, die Lage des Ortes erleichterte die Verbindung mit allen Teilen des Landes und machte ihn zu einem vortrefflichen Stützpunkt für künftige Unternehmungen.

Cortez' erste Sorge war, den ihm angewiesenen Palast zu befestigen und sein Quartier in Verteidigungszustand zu versetzen, um gegen Überrumpelung nicht nur von seiten der Mexikaner, sondern auch der Bewohner von Texcoco gewappnet zu sein. Seit der Wahl des neuen Herrschers waren viele Einwohner, nachdem man ihnen Sicherheit von Leben und Eigentum versprochen hatte, in ihre Häuser zurückgekehrt. Aber so willfährig sie sich auch zeigten, der spanische Befehlshaber mißtraute ihrer Aufrichtigkeit doch sehr; denn er wußte, daß viele von ihnen durch Heirat und andere Bande zu eng mit den Azteken verknüpft waren, um nicht für sie Partei zu nehmen. Der junge Herrscher indessen schien ganz auf Cortez' Seite zu stehen, und um sich seiner noch mehr zu versichern, umgab ihn der Befehlshaber mit mehreren Spaniern, deren vorgebliche Aufgabe es war, ihn in ihrer Sprache und Religion zu unterweisen, während sie in Wirklichkeit seine Schritte überwachen und seinen Umgang mit denen verhüten sollten, die den Spaniern vielleicht feindlich gesinnt waren.

Texcoco lag ungefähr anderthalb Meilen vom See entfernt. So ergab sich die Notwendigkeit, eine Verbindung mit dem See herzustellen, damit die Brigantinen, sobald sie in der Stadt zusammengesetzt wären, vom Stapel laufen könnten. Man beschloß daher, einen Graben zu ziehen, der von den Gärten Nezahualcoyotls, des alten Herrschers, der sie angelegt hatte, bis ans Seeufer reichen sollte. Ein kleines Flüßchen, das nach jener Richtung floß, mußte zu diesem Zweck genügend vertieft werden, und achttausend indianische Arbeiter wurden unter der Leitung des jungen Ixtlilxochitl sogleich bei diesem großen Werk eingesetzt.

Unterdessen erhielt Cortez Botschaften aus verschiedenen benachbarten Orten, die alle den Wunsch äußerten, Vasallen seines Landesherrn zu werden und sich unter seinen Schutz zu begeben. Der spanische Befehlshaber verlangte dagegen die Auslieferung eines jeden Mexikaners, der ihr Gebiet betreten sollte. Einige vornehme Azteken, die als Abgesandte nach jenen Orten geschickt worden waren, wurden ihm daraufhin in die Hände geliefert. Er bediente sich ihrer als Überbringer einer Botschaft an ihren Gebieter, den Kaiser. Er erklärte, die gegenwärtigen Feindseligkeiten seien keineswegs notwendig. Diejenigen, die ihn am meisten gekränkt, sagte er, seien nicht mehr am Leben. Er sei bereit, das Vergangene zu vergessen, und fordere die Mexikaner auf, durch rechtzeitige Unterwerfung ihre Hauptstadt vor den Schrecknissen einer Belagerung zu bewahren. Cortez erwartete nicht, mit dieser Aufforderung einen unmittelbaren Erfolg zu erzielen. Aber er glaubte, sie werde den Mexikanern im Gedächtnis bleiben, und falls es unter ihnen eine Partei gab, die geneigt war, mit ihm zu unterhandeln, so mochte diese sich ermutigt fühlen, wenn sie seine Bereitwilligkeit sah, ihnen entgegenzukommen. Zu der Zeit gab es jedoch keine Meinungsverschiedenheiten in der Hauptstadt. Die ganze Bevölkerung schien wie *ein Mann* vom Geist des Widerstandes beseelt zu sein.

Cortez hatte beschlossen, nach seinem Einzug in das Tal von Mexiko zunächst einige weniger bedeutende Städte zu unterwerfen, ehe er die Hauptstadt selbst anginge, die dann, einem stattlichen Baume gleich, dessen Wurzeln eine nach der anderen abgeschnitten worden sind, keinen Halt mehr gegen die Wut des Sturmes haben würde. Als erstes Ziel wählte er die alte Stadt Itztapalapan, einen Ort von fünfzigtausend Einwohnern nach seiner eigenen Angabe und etwa achtzehn Meilen entfernt auf der schmalen Landzunge gelegen, welche die Fluten des großen salzigen Sees von denen des süßen trennt. Es war der Wohnsitz des jüngst verstorbenen Herrschers von Mexiko, der dort, wie der Leser sich erinnern wird, die weißen Männer vor ihrem Einzug in die Hauptstadt bewirtet und sie durch die Pracht seiner Gärten in Erstaunen gesetzt hatte. Dem Andenken dieses Herrschers waren sie nichts schuldig; denn er hatte die Kampfhandlungen in der Noche triste geleitet. Zwar lebte er nicht mehr, aber sein Haß gegen die Fremden brannte noch in den Bewohnern seiner Stadt, die jetzt die treuesten Anhänger der mexikanischen Krone waren.

Eine Woche nach der Ankunft in seinem neuen Standquartier übertrug Cortez Sandoval den Befehl über die Besatzung und zog an der Spitze von zweihundert spanischen Fußsoldaten, achtzehn Reitern und drei- bis viertausend Tlaxcalteken gegen diese indianische Stadt zu Felde. Ihr Weg führte am östlichen Seeufer entlang, das mit mancher schimmernden Stadt oder Ortschaft besetzt oder von Zypressen- und Zedernhainen überschattet war, und mitunter tat sich vor ihren Blicken die weite Wasserfläche auf, aus der sich prangend die Königin des Tales erhob, als wäre sie sich ihrer Herrschaft über die schönen Städte ringsum stolz bewußt. Auch zeichnete sich über dem Wasser die dunkle Linie des Dammweges ab, der Mexiko mit dem Festland verband und bei den Spaniern manche bittere Erinnerung weckte.

Sie beschleunigten ihre Schritte und hatten sich bis auf etwa sechs Meilen ihrem Bestimmungsort genähert, als sie auf eine starke aztekische Streitmacht stießen, die dort aufgestellt war, um ihren Vormarsch zu verhindern. Cortez lieferte ihnen unverzüglich eine Schlacht. Die Eingeborenen kämpften mit dem gewohnten Mut, wurden aber nach hartem Widerstand gezwungen, der beharrlichen Kühnheit des spanischen Fußvolks sowie der wilden Wut der Tlaxcalteken zu weichen, die der Anblick eines Azteken fast bis zur Raserei zu entflammen schien. Der Feind zog sich ungeordnet zurück, und die Spanier folgten ihm auf dem Fuße. Als sie nur noch anderthalb Meilen von Itztapalapan entfernt waren, bemerkten sie eine Anzahl Kanus voller Indianer; diese schienen an dem Deich zu arbeiten, der die Fluten des Salzsees eindämmte. Im Drange der Verfolgung achteten sie wenig darauf, sondern zogen, die Jagd fortsetzend, in buntem Durcheinander zugleich mit den Flüchtlingen in die Stadt ein.

Die Häuser standen zum Teil auf trockenem Grund, andere auf Pfählen im Wasser. Erstere waren von den Bewohnern verlassen worden; die meisten von ihnen hatten in Kanus eiligst die Flucht über den See ergriffen und ihre Habe zurückgelassen. Die Tlaxcalteken fielen sogleich in die leeren Wohnungen ein und beluden sich mit Beute, während die Feinde, so schnell sie konnten, diesen Stadtteil hinter sich ließen und in den Pfahlbauten auf dem Wasser oder im Schilf Schutz suchten, das aus dem seichten Grunde aufschoß. In diesen Häusern befanden sich auch noch viele Einwohner mit ihren Frauen und Kindern, weil sie nicht die Möglichkeit hatten, sich vom Schauplatz der Gefahr zu entfernen.

Unterstützt von seinen eigenen Leuten und den Verbündeten, soweit sie zu bewegen waren, seinen Befehlen zu folgen, griff Cortez den Feind nun in seinem letzten Zufluchtsort an. Beide Parteien standen bis zum Gürtel im Wasser. Ein verzweifelter Kampf entbrannte, denn die Azteken setzten sich mit der Wut eines von Jägern bedrängten Tigers zur Wehr. Es war vergeblich. Sie wurden allenthalben überwältigt. Der Bürger teilte das Schicksal des Kriegers, und ein schonungsloses Gemetzel folgte, ohne Rücksicht auf Alter oder Geschlecht. Vergebens suchte Cortez ihm Einhalt zu gebieten. Aber ebensowenig wie der ausgehungerte Wolf von der Beute abläßt, die er gerade verschlingt, ließ der Tlaxcalteke von einem Feind ab, wenn er einmal sein Blut gekostet hatte. Über sechstausend Unglückliche, darunter Frauen und Kinder, kamen nach Cortez' Zeugnis in dem Kampf ums Leben.

Inzwischen war die Dunkelheit hereingebrochen, aber die in Brand gesteckten Häuser warfen ihren Flammenschein auf die Umgebung und vermehrten das Gräßliche des Schauspiels. Da aller Widerstand zu Ende war, überließen sich die Sieger der Plünderung.

Während sie in diesem Zerstörungswerke begriffen waren, vernahmen sie plötzlich ein leises dumpfes Brausen wie von aufschlagenden Wellen, und gleich darauf erhob sich unter den Indianern der Schreckensschrei, daß die Deiche gebrochen seien. Nun begriff Cortez die Geschäftigkeit der Männer, die er in den Kanus am Damm gesehen hatte, der das große Wasserbecken des Sees von Texcoco einfriedete. Er war von den verzweifelten Indianern durchstochen worden, und nun strömte das Wasser des Salzsees durch die Öffnung und überschwemmte die niedriger gelegene Umgebung. In großer Bestürzung rief der Befehlshaber seine Leute zusammen und traf eiligst Anstalten zur Räumung der Stadt. Wären sie nur drei Stunden länger geblieben, sagt er, so wäre nicht eine Seele entkommen. Wankend unter der Last der Beute, durchwateten sie mühsam das rasch steigende Wasser. Eine Strecke weit wurde ihr Weg vom Feuerschein der brennenden Häuser erleuchtet. Aber als dieses Licht in der Ferne verblaßte, wanderten sie unsicheren Schrittes weiter und quälten sich mit größter Anstrengung durch die Fluten, zuweilen bis an die Knie, mitunter auch bis über die Hüften im Wasser. Als sie an den Dammdurchbruch gelangten, wurde das Wasser tiefer und die Strömung so heftig, daß die Männer sich nicht auf den Füßen halten konnten. Die Spanier trotzten der Flut und erzwangen sich den Weg; aber viele Indianer, des Schwimmens unkundig, wurden von der Strömung fortgerissen. Die ganze Beute ging verloren, das Pulver verdarb, Waffen und Kleidung der Soldaten wurden von Salzwasser durchnäßt, und der kalte Nachtwind, der über sie hinstrich, ließ ihre müden Glieder erstarren, so daß sie sich kaum noch weiterschleppen konnten. Als es tagte, wimmelte es auf dem See von Kanus mit Indianern, die das Mißgeschick der Weißen vorausgesehen hatten und sie nun mit einem Regen von Steinen, Pfeilen und anderen tödlichen Wurfgeschossen begrüßten. Scharen leichter Truppen, die am Wege lauerten, belästigten das Heer gleichermaßen von den Seiten. Die Spanier verspürten keine Lust, sich mit dem Feinde zu messen. Sie verlangten nur danach, ihre behaglichen Quartiere in Texcoco wieder zu erreichen, wo sie noch am selben Tage anlangten, niedergeschlagener und erschöpfter als nach manch anderem langen Marsch und harten Kampf.

Diese Unternehmung, wenn auch von Mißgeschicken begleitet, war der Sache der Spanier dennoch dienlich. Das Schicksal von Itztapalapan verbreitete Schrecken im ganzen Tal. Die Folgen ließen nicht auf sich warten; denn verschiedene Ortschaften gaben durch Abgesandte eilfertig ihre Unterwerfung kund. Die Wirkung zeigte sich sogar jenseits des Gebirges. Unter anderen bekundeten auch die Einwohner der Stadt Otumba, in deren Nähe die Spanier ihren berühmten Sieg erfochten hatten, ihre Ergebenheit und erbaten den Schutz der mächtigen Fremden. Sie entschuldigten sich wegen ihrer Teilnahme an den letzten Feindseligkeiten und wälzten, wie gewöhnlich, die Schuld daran auf die Azteken ab.

Aber der wichtigste Ort, der den Schutz der Spanier in Anspruch nahm, war Chalco, am östlichen Ufer des gleichnamigen Sees gelegen. Es war eine alte Stadt, von einem der mit den Azteken verwandten Stämme bewohnt und einst deren furchtbarer Nebenbuhler. Da der mexikanische Kaiser ihrer Ergebenheit mißtraute, hatte er eine Besatzung in die Stadt gelegt, um sie in Schach zu halten. Die Gebieter von Chalco sandten jetzt heimlich eine Botschaft an Cortez, mit dem Anerbieten, sich unter seinen Schutz zu begeben, wenn er ihnen dabei helfen würde, die Besatzung zu vertreiben.

Der spanische Befehlshaber sandte zu diesem Zweck unverzüglich eine ansehnliche Streitmacht unter Sandovals Führung aus. Auf dem Marsch wurde seiner aus Tlaxcalteken bestehenden Nachhut von leichten mexikanischen Truppen übel mitgespielt. Aber er rächte sich dafür in einer offenen Feldschlacht, die er der Hauptmacht des Feindes nicht weit von Chalco lieferte. Die Mexikaner hatten sich auf einer mit grünen Mais- und Agavenpflanzungen bedeckten Ebene aufgestellt. Sandoval griff die Feinde an der Spitze seiner Reiterei an und brachte sie in Verwirrung. Aber sie ordneten sich schnell aufs neue und nahmen mit noch größerer Kühnheit den Kampf wieder auf. Ein zweiter Versuch war erfolgreicher, und indem Sandoval die feindlichen Reihen im Sturm durchbrach, gelang es dem tapferen Ritter nach hitzigem, aber vergeblichem Widerstand der Azteken, sie völlig zu schlagen und vom Schlachtfeld zu vertreiben. Das siegreiche Heer setzte seinen Marsch nach Chalco fort, das die mexikanische Besatzung bereits geräumt hatte, und wurde von den versammelten Einwohnern jubelnd empfangen. Alle schienen begierig, den Spaniern ihre Dankbarkeit für die Befreiung vom aztekischen Joch zu bekunden. Nachdem Sandoval die ihm möglichen Maßnahmen getroffen hatte, um die Stadt dauerhaft zu sichern, kehrte er nach Texcoco zurück, begleitet von den beiden jungen Kaziken der Stadt, Söhnen des verstorbenen Gebieters.

Diese wurden von Cortez höflich empfangen und teilten ihm mit, ihr Vater sei kurz zuvor in hohem Alter gestorben. Noch mit seinem letzten Atemzuge habe er beklagt, daß es ihm nicht mehr vergönnt sei, Malintzin zu sehen. Er habe geglaubt, die weißen Männer seien die von den Orakelsprüchen prophezeiten Wesen, die eines Tages von Osten kommen und das Land in Besitz nehmen würden; und er habe es seinen Kindern zur Pflicht gemacht, die Fremden als ihre Herren anzuerkennen und ihnen zu huldigen, falls sie in das Tal zurückkehren sollten. Die jungen Kaziken erklärten sich denn auch bereit dazu; da ihnen das aber die Rache der Azteken zuziehen müsse, baten sie den Befehlshaber dringend, eine hinreichende Streitmacht zu ihrem Schutz auszurüsten.

Ähnliche Gesuche empfing Cortez von verschiedenen anderen Städten, die bereit waren, das mexikanische Joch abzuschütteln, sofern ihnen keine Gefahr daraus erwüchse. Aber er war jetzt nicht in der Lage, ihrer Bitte nachzukommen. Stärker denn je empfand er die Unzulänglichkeit seiner Mittel. ›Ich versichere Eurer Majestät‹, schreibt er in seinem Brief an den Kaiser, ›daß es mir nach allen ausgestandenen Mühen und Beschwerden überaus schmerzlich ist, unseren indianischen Freunden, den treuen Untertanen Eurer Majestät, Schutz und Hilfe versagen zu müssen.‹ Seine Streitmacht, nicht im entferntesten dafür ausreichend, war kaum stark genug für seinen eigenen Schutz. Sein wachsamer Feind beobachtete jede seiner Bewegungen, und hätte er seine Kräfte zersplittert und zu viele einzelne Abteilungen ausgesandt oder sie in allzu großer Entfernung eingesetzt, so hätte der Feind unverzüglich Nutzen daraus gezogen. Seine Kriegszüge waren bisher auf die nächste Umgebung beschränkt geblieben, so daß seine Truppen nach einem raschen und entscheidenden Schlag eiligst in ihre Quartiere zurückkehren konnten. Dort beobachtete man die äußerste Wachsamkeit und war ständig auf einen Angriff gefaßt, als hätte man das Lager unmittelbar vor den Mauern Mexikos aufgeschlagen.

Bei zwei Gelegenheiten hatte der Befehlshaber einen Ausfall gemacht und den Feind in der Umgebung von Texcoco angegriffen. Einmal fuhren etwa tausend mit Azteken besetzte Kanus über den See, um an den Ufern eine große Maisernte einzubringen. Cortez hielt es für geraten, sich diese selbst zu sichern. Deshalb rückte er aus, lieferte dem Feind eine Schlacht, vertrieb ihn vom Felde und brachte die reiche Ernte in die Speicher von Texcoco. Ein andermal hatten sich starke mexikanische Abteilungen in einigen nahe gelegenen, ihnen freundlich gesinnten Städten festgesetzt. Cortez zog wiederum aus, vertrieb sie aus ihren Quartieren, schlug sie in verschiedenen Gefechten und führte die Städte zum Gehorsam zurück. Aber diese Kriegszüge nahmen alle seine Hilfsmittel in Anspruch und ließen ihm keine für seine Verbündeten übrig. In dieser Bedrängnis ersann sein erfindungsreicher Geist einen Ausweg.

Einige befreundete Städte außerhalb des Tales, welche die vielen Wachfeuer auf den Bergen bemerkten, schlossen daraus, daß die Mexikaner in Scharen unter Waffen stünden und die Spanier in ihrem neuen Standquartier hart bedrängten. Sie sandten Boten nach Texcoco, äußerten ihre Besorgnis und boten den Spaniern erneut Verstärkungen an, die der Befehlshaber seinerzeit, als er sich auf den Marsch begab, ausgeschlagen hatte. Er dankte ihnen für die angebotene Hilfe und lehnte sie für sich selbst als unnötig ab, deutete ihnen aber an, auf welche Weise ihre Dienste zur Verteidigung von Chalco und der anderen Städte, die seinen Schutz erbeten hatten, von Nutzen sein könnten. Nun waren seine indianischen Verbündeten mit diesen Städten tödlich verfeindet; hatten deren Einwohner doch allzu oft unter aztekischem Banner gefochten und waren mit dem Volk jenseits der Berge wiederholt in Kriege geraten.

Cortez gab sich alle Mühe, die Gegensätze auszugleichen. Er sagte den feindlichen Parteien, sie sollten ihre Streitigkeiten vergessen, da sie jetzt in neue Verhältnisse getreten seien. Jetzt seien sie Untertanen desselben Landesherrn, und ein gemeinsames Unternehmen gegen das furchtbare Mexiko verbinde sie. Nur durch Einigkeit könnten sie den Feind in Schach halten, bis ihnen die Spanier zu Hilfe kämen. Durch diese Gründe überzeugt, umarmten die verstrittenen Stämme einander und wurden Kämpfer für eine gemeinsame Sache.

Auf diese Weise lockerte sich zusehends das Gefüge des mexikanischen Reiches, da die großen Vasallen rings um die Hauptstadt, auf die es hauptsächlich rechnete, einer nach dem andern abfielen. Die eigentlichen Azteken machten nur einen kleinen Teil der Bevölkerung des Tales aus. Diese bestand hauptsächlich aus verwandten Stämmen, Gliedern derselben großen Familie der Nahua, die ungefähr um dieselbe Zeit auf die Hochebene gekommen waren. Sie rivalisierten miteinander und wurden einer nach dem andern von den kriegerischen Mexikanern bezwungen, die sie oft durch offene Gewalt, jedoch immer durch Furcht gefügig machten. Furcht war das große Bindemittel für die widerstrebenden Glieder des aztekischen Reichs, und dieses ging nun unter dem Einfluß einer stärkeren Macht schnell seiner Auflösung entgegen. Allerdings versuchten die unterjochten Stämme nicht zum ersten Mal, ihre Unabhängigkeit wiederzuerlangen. Aber jeder derartige Versuch war bisher an ihrer eigenen Uneinigkeit gescheitert. Cortez' beherrschendem Geist blieb es vorbehalten, die alten, ererbten Streitigkeiten zu schlichten, ihre zersplitterten Kräfte zu einen und sie zu gemeinsamem Handeln anzuspornen.

Ermutigt durch den neuen Stand der Dinge, hielt der spanische Befehlshaber den Augenblick für günstig, seine Unterhandlungen mit der Hauptstadt voranzutreiben. Er bediente sich einiger vornehmer Mexikaner, die man bei Sandovals letztem Unternehmen gefangengenommen hatte, um eine zweite Botschaft an ihren Gebieter abzusenden. Es war im wesentlichen eine Wiederholung der ersten, mit der erneuten Versicherung, daß Quauhtemocs Macht bestätigt und Leben und Eigentum seiner Untertanen geschont werden sollten, wenn die Stadt sich der spanischen Krone wieder unterwerfen würde. Die Botschaft blieb ohne Antwort. Der junge indianische Herrscher hatte einen ebenso unerschrockenen Sinn wie Cortez selbst. Er hatte alle Folgen des fehlerhaften, ihm von seinen Vorgängern hinterlassenen Regierungssystems zu tragen. Aber da er nun sein Reich unter seinen Händen zerbröckeln sah, suchte er es aus eigener Kraft und mit den ihm zu Gebote stehenden Mitteln aufrechtzuerhalten. Er beugte dem Abfall einiger Vasallen vor, indem er Besatzungen in ihre Städte legte. Andere beschwichtigte er, indem er sie von Abgaben befreite oder ihre Lasten erheblich erleichterte oder ihnen ehrenvolle und einflußreiche Staatsämter übertrug. Gleichzeitig erließ er einen Befehl, der seinen unversöhnlichen Haß gegen die Christen offenbarte: Wer immer innerhalb seines Gebietes gefangengenommen würde, sollte geradewegs nach der Hauptstadt geschickt und dort mit all dem barbarischen Aufwand, wie ihn das aztekische Ritual vorschrieb, geopfert werden.

Während sich die Lage in dieser Weise zuspitzte, erhielt Cortez die willkommene Nachricht, die Brigantinen seien fertig und warteten auf die Beförderung nach Texcoco. Er ordnete zweihundert spanische Fußsoldaten und fünfzehn Reiter zu diesem Dienst ab, die er unter den Befehl Sandovals stellte.

Sie mußten ihren Weg über Zoltepec nehmen, eine kleine Stadt, wo, wie schon erwähnt, die fünfundvierzig Spanier niedergemetzelt worden waren. Sandoval erhielt den Befehl, die Schuldigen wenn möglich aufzufinden und zu bestrafen.

Als die Spanier den Ort erreichten, mußten sie feststellen, daß die Einwohner, die von ihrem Herannahen Kunde erhalten hatten, alle geflohen waren. In den verlassenen Tempeln entdeckten sie viele Spuren vom Schicksal ihrer Landsleute; denn außer ihren Waffen und Kleidern und den Häuten ihrer Pferde hingen dort als Siegeszeichen auch die Köpfe einiger Soldaten, auf eine Weise präpariert, daß sie lange aufbewahrt werden konnten. In einem benachbarten Gebäude fanden sie an der Wand eine Holzkohleinschrift in kastilischer

Sprache: ›An diesem Ort saß der unglückliche Juan Juste mit vielen seiner Gefährten gefangen.‹ Dieser Hidalgo war mit Narváez ins Land gekommen, um Gold zu suchen, hatte aber statt dessen im Verborgenen einen ruhmlosen Tod gefunden. Den Soldaten traten Tränen in die Augen, als sie dieses düstere Zeugnis betrachteten, und Empörung ergriff sie, als sie an das schreckliche Schicksal der Gefangenen dachten. Glücklicherweise waren die Einwohner zu der Zeit nicht anwesend. Einige wenige, die ihnen später in die Hände fielen, wurden als Sklaven gebrandmarkt. Aber der größere Teil der Bevölkerung, der sich auf die erbärmlichste Weise der Gnade der Eroberer überantwortete und die Schuld an der ganzen Sache auf die Azteken abwälzte, wurde vom spanischen Anführer aus Mitleid oder auch aus Verachtung geschont.

Nun nahm er seinen Marsch nach Tlaxcala wieder auf; doch kaum hatte er die Grenze des Freistaats überschritten, entdeckte er die wehenden Banner der Abteilung, welche die Brigantinen beförderte und sich durch die Engpässe des Gebirges schlängelte. Dieser Anblick gewährte ihm große Freude, denn er hatte befürchtet, die Vorbereitungen zum Marsch würden ihn noch mehrere Tage in Tlaxcala festhalten.

Es waren im ganzen dreizehn Schiffe verschiedener Größe. Sie waren unter der Leitung des erfahrenen Schiffsbauers Martín López von drei oder vier spanischen Zimmerleuten und mit Hilfe der freundlichen Eingeborenen erbaut worden, die sich zum Teil als recht gelehrige Schüler erwiesen hatten. Nachdem dann die fertigen Brigantinen auf dem Flusse Zahuapan erprobt worden waren, wurden sie auseinandergenommen und, da López keine Zeit verlieren wollte, die verschiedenen Teile, Planken, Anker, Eisenwerk, Segel und Tauwerk, den Tamanes auf die Schultern geladen und unter einer starken Bedeckung auf den Weg nach Texcoco gebracht. Sandoval entließ nun einen Teil der indianischen Bedeckung als überflüssig.

Zwanzigtausend Krieger behielt er zurück und teilte sie in zwei gleich große Abteilungen ein, zum Schutz der Tamanes in der Mitte. Seine eigene kleine Schar von Spaniern verteilte er auf die gleiche Weise. Die Tlaxcalteken in der Vorhut marschierten unter dem Befehl eines Häuptlings namens Chichimecatl.

Langsam und mühsam setzten die Truppen, mit ihrer schweren Bürde beladen, ihren Weg über steile Höhen und rauhe Bergpässe fort, wobei sie, wie sich denken läßt, durch ihre weit auseinandergezogenen Marschlinien dem Feinde manche verwundbare Stelle darboten. Aber obgleich kleine Kriegerhaufen zuweilen an den Flanken und im Rücken des Heerzuges auftauchten, hielten sie sich doch in respektvoller Entfernung und schienen nicht eben geneigt, sich mit einem so furchtbaren Gegner zu messen. Am vierten Tag langte die kriegerische Karawane wohlbehalten vor Texcoco an.

Ihr Herannahen wurde von Cortez und seinen Soldaten freudig begrüßt; sahen sie darin doch die Gewähr für eine baldige Beendigung des Krieges. In festlicher Kleidung zogen der Befehlshaber und seine Offiziere vor die Tore der Stadt, um den Zug zu bewillkommnen. Er erstreckte sich über eine Länge von sechs Meilen und kam so langsam voran, daß sechs Stunden vergingen, bis die letzten Reihen in der Stadt anlangten. Die tlaxcaltekischen Häuptlinge waren mit dem gewohnten Prunk gekleidet, und ihre ganze Heeresmacht, aus der Blüte ihrer Krieger bestehend, gewährte einen glänzenden Anblick. Sie marschierten beim Klang der Trommeln und Zinken, und als sie unter dem lauten Beifall der Soldaten durch die Straßen zogen, erscholl in der ganzen Stadt der Freudenruf: ›Kastilien und Tlaxcala, lang lebe unser Herrscher, der Kaiser!‹

Cortez begrüßte seine indianischen Verbündeten mit der größten Herzlichkeit und bezeugte ihnen seinen Dank für ihre Dienste durch allerlei Auszeichnungen und Aufmerksamkeiten, von denen er wußte, daß sie ihrem Ehrgeiz höchst schmeichelhaft sein würden. »Wir kommen«, riefen die tapferen Krieger, »um unter deinem Banner zu kämpfen; um gemeinsam mit dir Rache zu nehmen oder an deiner Seite zu fallen!« Und mit der ihnen eigenen Ungeduld drängten sie ihn, sie sogleich gegen den Feind zu führen. »Wartet«, erwiderte der Befehlshaber gelassen, »bis ihr ausgeruht seid; dann sollt ihr alle Hände voll zu tun bekommen.«

2

Nach drei oder vier Tagen verschaffte der spanische Befehlshaber den Tlaxcalteken die ersehnte Gelegenheit, ihren sprudelnden Mut in Taten überschäumen zu lassen. Er hatte schon seit einiger Zeit erwogen, einen Erkundungszug in die nähere Umgebung der Hauptstadt zu unternehmen und auf dem Wege verschiedene Ortschaften zu strafen, die ihm beleidigende und herausfordernde Botschaften übersandt hatten und ihre Feindseligkeit in besonderem Maße betätigten. Er eröffnete seinen Plan nur wenigen vertrauten Offizieren, weil er den Bewohnern von Texcoco nicht traute und sie im Verdacht des Einverständnisses mit dem Feinde hatte.

Im zeitigen Frühjahr verließ er Texcoco an der Spitze von dreihundertfünfzig Spaniern und der ganzen Streitmacht seiner Verbündeten. Er nahm Alvarado und Olid mit und vertraute Sandoval die Besatzung an. Wie wenig der erstgenannte Ritter zu einem so heiklen Posten taugte, hatte sich ja während seiner kurzen, aber unheilvollen Herrschaft in Mexiko gezeigt.

Aber trotz aller Vorsicht des Befehlshabers blieben seine Absichten dem wachsamen Feind nicht verborgen, der alle seine Bewegungen verfolgte, ja offenbar selbst seine Gedanken erriet und vorbereitet war, deren Ausführung zu durchkreuzen. Cortez war erst wenige Meilen vorgerückt, als er auf eine beträchtliche mexikanische Streitmacht stieß, die ihm den Weg versperrte. Ein heftiges Scharmützel fand statt, wobei der Feind verjagt und den Christen der Weg freigemacht wurde. Sie schlugen einen weiten Umweg nach Norden ein, und ihr erstes Angriffsziel war die Inselstadt Xaltocan am nördlichen Ende des gleichnamigen Sees, das jetzige San Cristóbal. Die Stadt war ganz von Wasser umgeben und auf die gleiche Weise wie die mexikanische Hauptstadt durch Dammwege mit dem Festland verbunden. An der Spitze seiner Reiterei rückte Cortez auf dem Deich vor, bis eine breite Öffnung ihm Halt gebot, durch die das Wasser so reißend strömte, daß nicht nur das Fußvolk, sondern auch die Reiterei unmöglich hindurchgelangen konnte. Der See wimmelte von Kanus mit aztekischen Kriegern, die, das Vorhaben der Spanier voraussehend, der Stadt zu Hilfe gekommen waren. Sie begannen nun, furchtbare Ladungen von Pfeilen und Steinen auf die Angreifer abzuschießen, während sie selbst durch die leichten Bollwerke, mit denen sie ihre Kanus befestigt hatten, gegen das feindliche Gewehrfeuer leidlich geschützt waren.

Die heftigen Salven der Mexikaner taten den Spaniern und ihren Verbündeten einigen Schaden, und ihre Reihen, beengt auf dem schmalen Dammweg und ohne die Möglichkeit vorzurücken, begannen in Verwirrung zu geraten, so daß Cortez den Befehl zum Rückzug gab. Hierauf folgte ein neuer Hagel von Wurfgeschossen, begleitet von Schmähungen und wildem, herausforderndem Geschrei. Der Schlachtruf der Azteken, ähnlich dem Kriegsgeschrei der nordamerikanischen Indianer, war nach Cortez' eigenem Geständnis ein furchtbarer Laut in den Ohren der Spanier. In diesem kritischen Augenblick erhielt der Befehlshaber glücklicherweise durch einen Überläufer aus dem mexikanischen Lager Kunde von einer Furt, wo das Heer den seichten See durchqueren und in die Stadt eindringen könnte. Er kommandierte augenblicklich den größeren Teil des Fußvolks zu dieser Unternehmung ab und postierte sich selbst mit dem Rest und mit der Reiterei am Anfang der Furt, um den Angriff zu decken und jeder Belästigung der Nachhut vorzubeugen.

Unter der Führung des Indianers durchschritten die Soldaten den See ohne große Schwierigkeit, obgleich ihnen das Wasser an einigen Stellen bis über den Gürtel reichte. Während des Übergangs wurden sie von feindlichen Wurfgeschossen belästigt; aber sobald sie auf trockenes Land kamen, übten sie schonungslos Rache und ließen eiligst alle, die sich widersetzten, über die Klinge springen. Der größere Teil der Feinde wie auch der Bewohner entkam in Booten. Nun wurde die Stadt der Plünderung preisgegeben. Die Truppen fanden viele Frauen darin, die man ihrem Schicksal überlassen hatte; diese fielen nun mit beträchtlichen Mengen von Baumwollstoffen, Gold und Nahrungsmitteln den Siegern in die Hände, die alsbald die verlassene Stadt in Brand steckten und triumphierend zu ihren Gefährten zurückkehrten.

Während der Nächte lagerten die Truppen im Freien und übten strengste Wachsamkeit; denn das ganze Land stand unter Waffen, und Feuerzeichen flammten auf allen Bergspitzen, während man in der Ferne zuweilen dunkle Ansammlungen feindlicher Krieger gewahrte. Die Spanier durchzogen nun die reichste Gegend Anahuacs. Städte und Dörfer lagen über Berg und Tal verstreut, umgeben von üppig blühenden Feldern, Zeugnissen einer zahlreichen und fleißigen Bevölkerung. Inmitten des prangenden Landes erhob sich die indianische Hauptstadt mit ihrem prächtigen Kranz von Pyramiden und Tempeln und ließ in den Augen der Soldaten, als sie an den Ufern des Sees entlangzogen, alles andere verblassen. Jeder Zoll Boden, den das Heer betrat, war ihnen bekannt — so bekannt wie die Schauplätze ihrer Kindheit, wenn auch mit ganz anderen Erinnerungen verwoben; denn in blutigen Schriftzügen waren sie ihrem Gedächtnis eingeschrieben. Zur Rechten erhob sich jener Berg mit dem Teocalli, unter dessen Dach die zersplitterten Reste des Heeres sich am Tag nach der Flucht aus der Hauptstadt gesammelt hatten. Vor ihnen lag die Stadt

Tacuba, das alte Tlacopan, durch dessen ungastliche Straßen sie voller Angst und Bestürzung gehastet waren, und östlich davon dehnte sich der unselige Dammweg.

Der Befehlshaber hatte die Absicht, sofort auf Tacuba zu marschieren und sein Standquartier vorerst in dieser Stadt aufzuschlagen. Vor ihren Toren aber hatte eine starke feindliche Kriegsmacht ihr Lager bezogen, um ihm den Einlaß zu verwehren. Ohne ihr Anrücken abzuwarten, ritt er mit seiner kleinen Reiterschar in gestrecktem Galopp auf sie los. Die Büchsen- und Armbrustschützen eröffneten auf beiden Flügeln ein lebhaftes Feuer, und das Fußvolk, mit Schwertern und kupferbewehrten Lanzen bewaffnet und von den indianischen Schlachthaufen unterstützt, drängte mit solchem Ungestüm nach, daß der Feind bald in die Flucht geschlagen wurde. Cortez führte seine Truppen, ohne weiteren Widerstand zu finden, in die Vorstadt von Tacuba, wo er sich für die Nacht einrichtete.

Am nächsten Morgen standen die unermüdlichen Azteken aufs neue unter Waffen, um ihm auf der Ebene vor der Stadt eine Schlacht zu liefern. Er rückte gegen sie aus, und nach einem heißen, wenn auch nur kurzen Kampf schlug er sie wiederum in die Flucht. Sie flohen in die Stadt, wurden aber vor den Lanzenspitzen durch die Straßen getrieben und genötigt, zusammen mit den Einwohnern die Stadt zu räumen. Diese wurde nun der Plünderung preisgegeben; doch die indianischen Verbündeten begnügten sich nicht damit, jeden beweglichen Gegenstand aus den Häusern fortzuschleppen, sondern legten auch noch Feuer an, so daß in kurzer Zeit — da die dürftigen Behausungen vermutlich aus leichten, brennbaren Stoffen gebaut waren — ein Viertel der Stadt in Flammen stand. Cortez und seine Truppen taten alles, was in ihren Kräften stand, um dem Brand Einhalt zu tun, aber die Tlaxcalteken waren ein wildes Volk, das sich zu keiner Zeit leicht lenken ließ, und waren ihre Leidenschaften einmal entfesselt, so war es unmöglich, selbst für den Befehlshaber, sie zu zügeln. Sie waren schreckliche Bundesgenossen und wegen ihrer Zuchtlosigkeit mitunter für den Freund ebenso furchtbar wie für den Feind.

Cortez beschloß, einige Tage in der Stadt zu bleiben, und schlug für diese Zeit sein Quartier in dem alten Palast der Herrscher von Tlacopan auf. Dieser bestand wie die meisten Paläste im Lande aus einer langen Reihe niedriger Gebäude und bot den spanischen Truppen eine bequeme Unterkunft. Während ihres Aufenthaltes hier verging kein Tag, an dem das Heer nicht ein oder mehrere Treffen mit dem Feind zu bestehen hatte. Sie endeten fast alle zugunsten der Spanier, wenn auch mit mehr oder weniger Verlusten für sie und ihre Verbündeten. Ein Treffen allerdings hätte beinahe böse Folgen nach sich gezogen.

In der Hitze der Verfolgung hatte sich der spanische Feldherr auf den großen Dammweg locken lassen — denselben, der einst für sein Heer so verhängnisvoll gewesen war. Er verfolgte den fliehenden Feind bis über die nächste Brücke, die seit den unseligen Kämpfen in der Noche triste ausgebessert worden war. Dort kehrten sich die Azteken mit Blitzesschnelle gegen ihn, und er bemerkte hinter ihnen frisch angekommene große Verstärkungen, die sich anschickten, ihren Landsleuten beizustehen. Zu gleicher Zeit tauchten, in der Hitze der Verfolgung bis dahin unbemerkt, wie durch Zauberei Schwärme von Booten auf und bedeckten das Wasser ringsum. Die Spanier waren nun einem dichten Hagel von Wurfgeschossen ausgesetzt, sowohl vom Dammweg wie vom See her; aber sie standen unbewegt mitten im Sturm, bis Cortez, der seinen Fehler zu spät bemerkte, den Befehl zum Rückzug gab. Langsam und mit bewundernswerter Kaltblütigkeit gingen seine Leute Schritt für Schritt zurück, dem Feinde entschlossen die Stirn bietend. Die Mexikaner stürmten mit dem gewohnten Kriegsgeschrei heran, das von den Ufern widerhallte, und drangen mit ihren langen Piken und mit Stangen, an denen die von den Christen erbeuteten Schwerter befestigt waren, auf die Spanier ein. Ein Ritter namens Volante, der Cortez' Fahne trug, stürzte, von einer ihrer Waffen getroffen, in den See und wurde von den mexikanischen Booten aufgefischt. Er war ein kräftiger Mann, und als die Feinde ihn fortschleppen wollten, gelang es ihm, sich ihrer Umklammerung zu entwinden und, seine Fahne fest in der Hand, mit verzweifelter Anstrengung auf den Dammweg zurückzuspringen. Nach hartem Kampf, wobei viele Spanier verwundet und viele ihrer Verbündeten getötet wurden, gewannen die Truppen endlich wieder das feste Land, wo Cortez dem Himmel aus vollem Herzen für das dankte, was er wohl mit Recht als eine Errettung durch die göttliche Vorsehung betrachten durfte. Es war eine heilsame Lehre, deren es eigentlich kaum bedurft hätte, nachdem ihn bereits die Erfahrungen von Itztapalapan über die listige Kriegsführung des Feindes belehrt hatten.

Es war bei dieser Unternehmung eines von Cortez' Hauptanliegen gewesen, eine Unterredung mit dem aztekischen Kaiser oder einigen einflußreichen Männern seiner Umgebung herbeizuführen und den Versuch zu machen, irgendeinen Weg zu einer Verständigung zu finden, wodurch die Entscheidung durch die Waffen vermieden werden könnte. Die Gelegenheit zu einer solchen Unterredung bot sich, als seine Truppen eines Tages denen des Feindes gegenüberstanden, eine abgebrochene Brücke zwischen ihnen. Seinen Leuten vorausreitend, deutete Cortez durch ein Zeichen an, daß er in friedlicher Absicht komme und mit den Azteken verhandeln wolle. Sie achteten das Zeichen, und mit Hilfe seines Dolmetschers bat er, wenn sich ein großer Häuptling unter ihnen befände, so möge er vortreten und mit ihm unterhandeln. Die Mexikaner erwiderten höhnisch, sie seien alle Häuptlinge, und forderten ihn auf, in aller Öffentlichkeit zu sagen, was er ihnen mitzuteilen habe. Da der Befehlshaber darauf nicht antwortete, fragten sie, warum er seinen Besuch in der Hauptstadt denn nicht wiederhole, und fügten verächtlich hinzu: »Malintzin erwartet wohl kaum, dort einen zweiten Montezuma zu finden, so gehorsam gegen seine Befehle wie der erste.« Einige von ihnen nannten die Tlaxcalteken spottend ›Weiber‹, die sich ohne den Schutz der weißen Männer niemals so nahe an die Hauptstadt herangewagt haben würden.

Cortez war nun seit sechs Tagen in Tacuba. Er hatte keine Veranlassung, noch länger dortzubleiben, da die Hauptzwecke seines Unternehmens erreicht waren. Er hatte verschiedene Städte gedemütigt, die sich ihm besonders feindlich erwiesen hatten, und den guten Ruf der kastilischen Waffen aufgefrischt, der durch ihre früheren Niederlagen in dieser Gegend des Tales sehr verblichen war. Er hatte sich auch mit der Beschaffenheit der Hauptstadt bekannt gemacht, die er in besserem Verteidigungszustande fand, als er erwartet hatte. Alle Zerstörungen des vergangenen Jahres schienen beseitigt, und selbst seinem erfahrenen Auge verriet kein Zeichen, daß die verwüstende Hand des Krieges das Land erst vor so kurzer Zeit heimgesucht hatte. Die aztekischen Truppen, die das Tal durchschwärmten, schienen gut ausgerüstet zu sein und zeigten einen unüberwindlichen Mut, der bereit schien, Widerstand bis zum äußersten zu leisten. Freilich waren sie in jedem Treffen geschlagen worden. In offener Feldschlacht konnten sie gegen die Spanier nichts ausrichten; deren Reiterei bekamen sie nie zu fassen, und deren Feuerwaffen durchdrangen leicht die baumwollenen Panzer, die festeste Schutzwehr des indianischen Kriegers. Aber in den langen Straßen und schmalen Gassen der

Hauptstadt, wo jedes Haus eine Festung war, würden die Spanier, wie die Erfahrung gelehrt hatte, viel von ihrer Überlegenheit einbüßen. Der Befehlshaber sah ein, daß an eine Verständigung mit dem mexikanischen Kaiser, der auf die Stärke seiner Kriegsrüstungen vertraute, nicht zu denken war. Er sah, daß auch er die sorgfältigsten Vorbereitungen treffen, ja daß er seine Hilfsquellen bis zum äußersten ausschöpfen mußte, ehe er es ohne Gefahr wagen konnte, den Löwen in seiner Höhle aufzuscheuchen.

Die Spanier kehrten auf demselben Weg zurück, auf dem sie gekommen waren. Die Eingeborenen deuteten ihren Rückzug als Flucht. Sie blieben dem Heer auf den Fersen und schickten ihnen prahlerische Schmähreden und Ladungen von Pfeilen hinterher, die einigen Schaden anrichteten. Cortez nahm seine Zuflucht zu einer ihrer eigenen Kriegslisten, um sich von diesen Belästigungen zu befreien. Er teilte seine Reiterei in zwei oder drei kleine Gruppen und verbarg sie in dichtem Gebüsch, das beide Seiten des Weges säumte. Das übrige Heer setzte seinen Marsch fort. Die Mexikaner, die keinen Hinterhalt argwöhnten, folgten ihm nach, als plötzlich die Reiterei aus ihrem Schlupfwinkel hervorbrach und die Flanken des Feindes in Verwirrung brachte, während gleichzeitig das im Rückzug begriffene Fußvolk plötzlich kehrtmachte und den Feind durch einen raschen Angriff vollends in Bestürzung versetzte. Über eine weite Ebene ergriffen die Mexikaner in panischem Schrecken die Flucht, ohne Widerstand zu versuchen, während die Reiterei — in wahrhaft großartigem Stil, wie Cortez es nennt — die Verfolgung mehrere Meilen weit fortsetzte, die Flüchtigen niederreitend und mit ihren langen Lanzen durchbohrend. Das Heer wurde nun nicht weiter vom Feind belästigt.

Bei ihrer Ankunft in Texcoco wurden sie von ihren Gefährten freudig begrüßt; denn diese hatten während der vierzehn Tage, die seit ihrem Aufbruch verstrichen waren, keine Nachricht von ihnen erhalten. Unmittelbar nach ihrer Rückkehr baten die Tlaxcalteken den Befehlshaber um die Erlaubnis, die wertvolle Beute, die sie auf ihrem Streifzug gemacht hatten, in ihre Heimat bringen zu dürfen; eine Bitte, die er ihnen, sowenig sie ihm auch behagte, nicht abschlagen konnte.

Die Truppen befanden sich kaum zwei oder drei Tage in ihrem Standquartier, als eine Gesandtschaft aus Chalco ankam, um wiederum den Schutz der Spanier gegen die Mexikaner zu erbitten, die sie aus nächster Nähe von verschiedenen Punkten aus bedrohten. Aber die Soldaten waren so erschöpft von den vielen Wachen, Eilmärschen, Schlachten und Wunden, daß Cortez ihnen eine Atempause lassen wollte, ehe er sich auf eine neue Unternehmung einließ. Er entsprach der Bitte aus Chalco, indem er Sendschreiben an die verbündeten Städte schickte und sie aufforderte, ihrem Bundesgenossen zu Hilfe zu eilen. Es ist nicht anzunehmen, daß die Empfänger den Inhalt seiner Botschaften verstanden. Aber das Papier mit den geheimnisvollen Schriftzeichen diente dem Offizier, der es als Mittler von Cortez' Befehlen überbrachte, als Vollmacht.

Obwohl diese Befehle sogleich befolgt wurden, fühlten die Bewohner von Chalco sich doch so von Gefahr bedroht, daß sie alsbald ihre Bitte wiederholten, die Spanier möchten ihnen persönlich zu Hilfe kommen. Nun zögerte Cortez nicht länger; denn er wußte sehr wohl, wie wichtig Chalco für die Spanier war, nicht nur die Stadt an sich, sondern auch ihre Schlüsselstellung an einer der großen Straßen nach Tlaxcala und nach Veracruz; durfte man doch die Verbindung mit diesen Orten keinesfalls aufs Spiel setzen. Ohne weiteren Zeitverlust sandte er deshalb dreihundert spanische Fußsoldaten und zwanzig Reiter unter dem Befehl Sandovals zum Schutze der Stadt ab.

Dieser tatkräftige Offizier stellte sich denn auch bald vor Chalco ein, und verstärkt durch dessen eigene Truppen sowie durch die der verbündeten Städte, richtete er seinen Angriff zuerst gegen Uaxtepec, einen Ort von einiger Bedeutung, der gute sechs Meilen entfernt gegen Süden in den Bergen lag. Er war von einer starken mexikanischen Streitmacht besetzt, die auf eine günstige Gelegenheit wartete, einen Überfall auf Chalco zu machen. Der Feind hatte sich jetzt in einiger Enfernung von der Stadt aufgestellt, zum Empfang der Spanier bereit. Der Boden, zerklüftet und von Gebüsch überwuchert, war ungünstig für die Reiterei, die denn auch bald in Unordnung geriet und die anderen eher behinderte, so daß Sandoval, nachdem sie einige Verluste erlitten, den Reitern befahl, sich vom Schlachtfeld zurückzuziehen. Statt ihrer stellte er seine Büchsen- und Armbrustschützen auf, die ein lebhaftes Feuer auf die dichten Reihen der Indianer eröffneten. Der Rest des Fußvolks, mit Schwert und Pike bewaffnet, griff den Feind von der Seite an, der betäubt von dem Anprall nach beträchtlichen Verlusten in regelloser Flucht zurückwich und den Spaniern das Schlachtfeld überließ.

Die Sieger zogen nun, den Feind vor sich her treibend, in die von den Einwohnern verlassene Stadt ein. Sandoval schlug im Palast des Kaziken sein Quartier auf. Er war ganz umgeben von Gärten, welche an Pracht mit denen von Itztapalapan wetteiferten und sie an Ausdehnung übertrafen. Sie sollen einen Umfang von sechs Meilen gehabt haben und waren mit Lusthäusern und vielen Teichen mit den verschiedensten Fischarten versehen und mit Bäumen, Sträuchern und Blumen geschmückt, heimischen und ausländischen, von denen man einige um ihrer Schönheit und ihres Duftes willen, andere wegen ihrer Heilkräfte ausgewählt hatte. Sie waren nach einem wohldurchdachten System angeordnet, und die ganze Anlage zeigte ein Ausmaß von gärtnerischem Geschmack und Wissen, wie es in den Kulturstaaten Europas zu jener Zeit schwerlich seinesgleichen gefunden hätte. Dies ist das Urteil nicht nur der rauhen Eroberer, sondern auch kundiger Männer, welche die prachtvollen Anlagen in den Tagen ihres Glanzes besucht haben.

Nachdem er zwei Tage an diesem angenehmen Ort verbracht hatte, um seine Truppen neue Kräfte sammeln zu lassen, marschierte Sandoval auf Yacapichtlan, ungefähr sechs Meilen gegen Osten. Es war eine Stadt oder vielmehr Festung auf einer felsigen, wegen ihrer Steilheit fast unzugänglichen Anhöhe. Eine mexikanische Streitmacht hielt sie besetzt und rollte auf die Angreifenden, als sie versuchten, die Höhen zu erklimmen, ungeheure Felsblöcke hinab, die über die schroffen Hänge hinabdonnerten und Tod und Verderben mit sich führten. Die indianischen Verbündeten schreckten entsetzt vor dem Versuch zurück. Aber Sandoval, entrüstet, daß es irgend etwas geben sollte, was selbst für einen Spanier zu schwer war, befahl seinen Rittern abzusitzen, und mit der Erklärung, er wolle entweder die Festung nehmen oder aber bei dem Versuch sein Leben lassen, führte er seine Leute unter dem aufmunternden Kampfruf ›Santiago!‹ vorwärts. Mit erneutem Mut folgten sie jetzt ihrem tapferen Anführer bergan, ständig einem Hagel leichter Wurfgeschosse ausgesetzt und ungeheuren Steinbrocken, die zerschellend die Angreifer niederwarfen und furchtbare Verheerung in ihren Reihen anrichteten. Sandoval, der erst am vorhergehenden Tag verwundet worden war, erhielt eine schwere Kopfverletzung, während mehr als einer seiner Gefährten an seiner Seite niedergeschmettert wurde. Dennoch klommen sie weiter hinauf, sich an Sträuchern oder vorspringenden Felsstücken haltend, und es schienen ebensosehr die Kräfte des Willens wie des Körpers zu sein, die sie vorwärtszwangen.

Nach unglaublicher Anstrengung standen sie auf dem Gipfel, unmittelbar vor der erstaunten Besatzung. Einen Augenblick hielten sie inne, um wieder zu Atem zu kommen; dann stürzten sie sich wütend auf ihre Feinde. Der Kampf war kurz, aber verzweifelt. Die meisten Azteken wurden niedergehauen, einige kopfüber hinabgeschleudert und andere, die sich den Felshang hinabgleiten ließen, am Ufer eines kleinen Flusses getötet, der sich um den Fuß des Berges wand und dessen Wasser so von Blut gerötet wurde, daß die Sieger erst nach Stundenfrist ihren Durst daraus löschen konnten.

Da Sandoval nun den Zweck seines Unternehmens erreicht, nämlich die Festungen zur Übergabe gezwungen hatte, welche die Bewohner von Chalco so lange in Furcht gehalten, kehrte er siegesfroh nach Texcoco zurück. Unterdessen hatte der aztekische Herrscher mit wachsamem Auge alle Vorgänge aufmerksam beobachtet, und da gerade viele Krieger aus der Stadt Chalco abgezogen waren, hielt er die Gelegenheit für günstig, die Stadt zurückzugewinnen. Er sandte deshalb eine Anzahl Boote mit einer großen Streitmacht unter dem Befehl einiger seiner tapfersten Häuptlinge über den See. Glücklicherweise erreichten die abwesenden Bewohner von Chalco ihre Stadt noch vor der Ankunft des Feindes; aber obgleich sie von ihren indianischen Verbündeten unterstützt wurden, beunruhigte sie die Größe der feindlichen Kriegerschar doch so sehr, daß sie wiederum um Hilfe zu den Spaniern sandten.

Die Boten langten gleichzeitig mit Sandoval und seinem Heer an. Cortez war recht bestürzt über die einander widersprechenden Berichte und vermutete, sein Stellvertreter habe eine Nachlässigkeit begangen. Unwillig über dessen übereilte Rückkehr bei dem ungewissen Stand der Dinge, befahl er ihm, mit dem Teil seiner Truppen, der noch kampffähig war, sogleich umzukehren. Sandoval fühlte sich durch diese Behandlung tief gekränkt, versuchte aber nicht, sich zu rechtfertigen, sondern stellte sich, seinem Befehlshaber stillschweigend gehorchend, wiederum an die Spitze seiner Truppen und marschierte eilends zurück nach der indianischen Stadt.

Noch ehe er dort anlangte, war es zu einer Schlacht zwischen den Mexikanern und den Verbündeten gekommen, in welcher die letzteren, die durch ihre jüngsten Erfolge ungewöhnliches Selbstvertrauen gewonnen hatten, Sieger blieben. Während des Treffens fielen ihnen einige aztekische Edelleute in die Hände, die sie Sandoval auslieferten, damit er sie als Gefangene nach Texcoco mitnehme. Dort angelangt, zog sich der Ritter, verletzt durch die unwürdige Behandlung, die ihm widerfahren, in sein Quartier zurück, ohne sich vor seinem Feldherrn sehen zu lassen.

Während seiner Abwesenheit hatte Cortez indessen genaue Erkundigungen eingezogen und sich überzeugen müssen, daß er selber übereilt gehandelt und seinem Stellvertreter bitter unrecht getan hatte. Es gab keinen zweiten im Heer, dessen Dienste er so hoch schätzte, wie die verantwortungsvollen Aufgaben, die er ihm übertragen hatte, deutlich bewiesen; und es gab allem Anschein nach niemand, vor dem er größere persönliche Achtung gehegt hat. Bei Sandovals Rückkehr ließ ihn Cortez daher unverzüglich zu sich bitten und hellte mit der Offenheit eines Kriegers das Mißverständnis auf, so daß die Verstimmung des Ritters sich legte — was nicht schwerhielt, da dieser einen zu großmütigen Charakter hatte und seinem Befehlshaber und der Sache, der sie sich verschrieben, zu aufrichtig ergeben war, um kleinlichen Groll in sich zu nähren.

Während dieser Vorfälle ging die Arbeit an dem Wassergraben rasch vonstatten, und innerhalb von vierzehn Tagen konnten die Brigantinen segelfertig sein. Während dieser Zeit war die größte Wachsamkeit geboten, um ihre Zerstörung durch den Feind zu verhüten, der schon dreimal, wenn auch ohne Erfolg, versucht hatte, sie auf den Stapeln zu verbrennen. Die Vorsicht, die Cortez auch gegenüber den Bewohnern von Texcoco für nötig hielt, vermehrte die Schwierigkeiten nicht wenig.

Zu dieser Zeit empfing er Gesandtschaften verschiedener indianischer Stämme — darunter einige von den entlegenen Küsten des mexikanischen Golfes —, die ihre Unterwerfung anboten und seinen Schutz erbaten. Dies verdankte er zum Teil den guten Diensten Ixtlilxochitls, der nach seines Bruders Tod zur Herrschaft über Texcoco gelangt war. Diese wichtige Stellung vermehrte sein Ansehen und seine Macht im Lande beträchtlich, und er bediente sich ihrer großzügig, um die Eingeborenen unter spanische Herrschaft zu bringen.

Um diese Zeit erhielt der Befehlshaber auch die willkommene Nachricht, daß in Villa Rica drei Schiffe gelandet seien, mit zweihundert Mann an Bord, wohlversorgt mit Waffen und Munition, und mit siebzig oder achtzig Pferden. Dieser Nachschub traf zur rechten Zeit ein. Von welcher Seite er kam, ist ungewiß; wahrscheinlich von Española. Cortez hatte, wie man sich erinnern wird, um Verstärkung dorthin gesandt, und die Behörden der Insel, denen die Aufsicht über die Pflanzstaaten oblag, hatten sich ihm bei mehr als einer Gelegenheit gewogen gezeigt, offenbar weil er ihnen unter den gegebenen Umständen besser als jeder andere geeignet schien, die Eroberung des Landes zu vollbringen.

Die Neuangekommenen fanden bald ihren Weg nach Texcoco, da die Verbindung mit dem Hafen jetzt frei und gesichert war. Unter ihnen befanden sich mehrere angesehene Ritter; so auch der königliche Schatzmeister Julián de Alderete, der herüberkam, um die Interessen der Krone wahrzunehmen.

Auch ein Dominikanermönch war dabei, mit einer Anzahl päpstlicher Bullen ausgerüstet, der den Kriegern, die im Kampf gegen die Ungläubigen standen, Ablaßbriefe anbot. Die Soldaten säumten nicht, sich mit den Gnadenmitteln der Kirche zu wappnen; und nachdem der würdige Pater ein einträgliches Geschäft mit seinen geistlichen Waren getrieben, kehrte er nach einigen Monaten, nunmehr mit den gewichtigeren Schätzen Westindiens beladen, befriedigt in seine Heimat zurück.

3

Die den Bewohnern von Chalco geleistete Hilfe war doch so wenig nachhaltig, daß abermals Abgesandte der Stadt nach Texcoco kamen, mit einer bilderschriftlichen Karte, auf der einige befestigte Orte in ihrer Nachbarschaft aufgezeichnet waren, von deren aztekischen Besatzungen sie sich bedroht fühlten. Cortez entschloß sich, dieses Mal die Sache selbst in die Hand zu nehmen und die Gegend so gründlich zu säubern, daß Chalco, soweit möglich, in Zukunft vor Feinden sicher wäre. Er beschränkte sich nicht auf dieses Vorhaben, sondern beschloß, vor seiner Rückkehr ganz um die großen Seen herumzuziehen und das Land südlich davon auf dieselbe Weise zu erkunden wie vorher die westlichen Gebiete. Auf seinem Marsch wollte er mit Waffengewalt gegen einige befestigte Orte vorgehen, von denen die Mexikaner bei der Belagerung Unterstützung erwarten könnten. Bis zur Fertigstellung der Brigantinen mußten noch zwei oder drei Wochen vergehen; und erwüchse aus der Unternehmung auch kein anderer Vorteil, so würde sie doch wenigstens seine Truppen in Tätigkeit halten, deren unruhiger Geist bei dem einförmigen Lagerleben leicht in Mißvergnügen ausarten konnte.

Er wählte für das Unternehmen dreißig Reiter und dreihundert spanische Fußsoldaten aus, überdies eine ansehnliche Menge Krieger aus Tlaxcala und Texcoco. Die übrige Besatzung ließ er unter dem Befehl des zuverlässigen Sandoval zurück, der mit dem freundlichgesinnten Gebieter der Hauptstadt den Bau der Brigantinen überwachen und sie vor den Angriffen der Azteken schützen sollte.

Am 5. April trat er seinen Marsch an und gelangte am folgenden Tag nach Chalco, wo er von mehreren verbündeten Häuptlingen empfangen wurde. Mit Hilfe seiner getreuen Dolmetscher Doña Marina und Aguilar erklärte er ihnen den Zweck seines gegenwärtigen Unternehmens, gab seine Absicht kund, Mexiko bald einzuschließen, und verlangte dazu die Mitwirkung ihrer gesamten Heeresmacht. Sie stimmten bereitwillig zu, und kurz darauf erhielt er einen hinreichenden Beweis von ihrer freundlichen Gesinnung durch die Streitkräfte, die sich ihm auf dem Marsch anschlossen; nach dem Zeugnis eines Spaniers waren es mehr, als sich jemals zuvor unter seine Fahnen gestellt hatten.

Nachdem sie Chalco verlassen, drangen die Truppen südwärts in die Einöden der wilden Sierra vor, die mit ihren zackigen Spitzen eine gewaltige Schutzwehr rings um das schöne Tal bildet, während sie mit ihren zerklüfteten Höhen noch manchen grünen und fruchtbaren Landstrich umschließt. Auf dem Weg durch die tief eingeschnittenen Schluchten wanden sich die Spanier zuweilen um ungeheure Klippen oder Felshöhen, auf denen die Einwohner ihre Ortschaften auf dieselbe Weise errichtet hatten wie die europäischen Völker im Lehnszeitalter; doch wie malerisch eine solche Lage auch sein mag, immer zeugt sie von einem Gefühl der Unsicherheit und Schutzbedürftigkeit der Erbauer.

Die Bewohner dieser luftigen Höhen benutzten ihre Lage dazu, Steine und Pfeile auf die Truppen niederprasseln zu lassen, wenn diese durch die engen Pässe der Sierra zogen. Trotz der fortgesetzten Feindseligkeiten und Belästigungen verfolgte Cortez unbeirrt seinen Weg, bis er am Fuß eines Felsenkastells, das mit einer starken indianischen Besatzung versehen war, ernstlich in Bedrängnis geriet. Er fürchtete, wenn er vorbeizöge, ohne die Angreifer zu züchtigen, so würde ihm das als Schwäche ausgelegt werden und ihn in den Augen seiner Verbündeten herabsetzen. Deshalb machte er im Tal halt und befahl einer kleinen Schar leichter Truppen, die Höhe zu ersteigen, während er selbst mit der Hauptmacht des Heeres unten blieb, um sich vor einer Überrumpelung durch den Feind zu schützen. Der untere Teil der felsigen Anhöhe war so steil, daß die Soldaten nur mit Mühe hinaufkamen und auf allen vieren, so gut es gehen wollte, klettern mußten. Als sie aber den Blicken der Besatzung freier ausgesetzt waren, rollte diese ungeheure Felsbrocken hinab, welche, am Steilhang aufprallend und zerschellend, die vordersten Angreifer zerschmetterten und ihnen auf fürchterliche Weise die Glieder zerfetzten. Dennoch mühten sie sich weiter aufwärts, bald in einer tiefen Rinne Schutz suchend, die ein Gießbach gerissen, bald hinter einer vorspringenden Klippe oder einem aus einer Felsspalte aufschießenden Baum. Es war vergebens. Denn kaum kamen sie den Feinden wieder in Sicht, donnerte die Felslawine mit einer solchen Wucht auf ihre Köpfe nieder, daß stählerner Helm und Harnisch so wenig Schutz gewährten wie Spinngewebe. Alle wurden mehr oder weniger schwer verwundet. Acht von ihnen waren auf der Stelle tot – ein Verlust, den die kleine Schar nur schwer verwinden konnte –, und dem tapferen Fahnenträger Corral, der den Angriff führte, wurde die Fahne in seinen Händen zu Fetzen zerrissen. Cortez mußte sich endlich überzeugen, daß der Versuch nicht ausführbar war, wenigstens nicht ohne einen größeren Verlust, als er daran wagen durfte, und er gab den Befehl zum Rückzug. Es war höchste Zeit; denn schon rückte ein großer feindlicher Heerhaufen im Eilmarsch durch das Tal, um ihn anzugreifen.

Er wartete ihre Ankunft nicht ab, sondern sammelte seine aufgelösten Reihen, setzte sich an die Spitze seiner Reiterei und jagte ihnen kühn entgegen. Auf dem ebenen Boden waren die Spanier zu Hause. Die Indianer vermochten dem wütenden Angriff nicht standzuhalten und wichen zurück. Der Kampf wurde bald zur wilden Flucht, und die hitzigen Ritter überrannten die Feinde in vollem Galopp oder durchbohrten sie mit ihren Lanzen und rächten sich so für ihre letzte Niederlage. Sie setzten die Verfolgung einige Meilen weit fort, bis sich der behende Feind in die zerklüfteten Höhen der Sierra flüchtete, wohin die Spanier ihnen nicht folgen wollten. Das Wetter war schwül, und da es in jener Gegend kaum Wasser gab, litten Menschen und Pferde große Not. Gegen Abend erreichten sie einen schattenspendenden Maulbeerhain, wo einige dürftige Quellen dem Heer kärgliche Hilfe boten.

In der Nähe erhob sich wiederum ein felsiger Gipfel der Sierra, von einer noch stärkeren Streitmacht besetzt als jener, auf den sie am

Morgen gestoßen waren; und nicht weit davon stand eine zweite Festung in größerer Höhe, aber bedeutend kleiner als ihr Nachbar. Auch diese war von einem Haufen Krieger besetzt, und beide Besatzungen bekundeten den Spaniern sogleich ihre Feindschaft, indem sie Wurfgeschosse auf die Truppen hinabschleuderten. Cortez, der die Schlappe vom Morgen gern wettgemacht hätte, befahl einen Angriff auf die größere und, wie es schien, zugänglichere Anhöhe. Aber obgleich zweimal mit großer Entschlossenheit der Versuch gemacht wurde, mußten die Angreifer sich doch unter Verlusten zurückziehen. Die felsigen Berghänge waren künstlich behauen und geglättet, was die natürlichen Schwierigkeiten des Aufstiegs beträchtlich vermehrte.

Nun senkten sich ringsumher die Abendschatten, und Cortez führte seine Leute zum Maulbeerhain zurück, wo er für die Nacht sein Lager aufschlug, tief verstimmt, daß er an einem Tag zweimal dem Feind hatte weichen müssen.

Während der Nacht ging die indianische Streitmacht, welche die angrenzende Höhe besetzthielt, zur Nachbarbesatzung über, um ihr bei dem Angriff beizustehen, der, wie sie voraussahen, am nächsten Morgen wiederholt werden würde. Kaum hatte der spanische Feldherr bei Tagesanbruch die Veränderung wahrgenommen, machte er sich diese mit der gewohnten Raschheit zunutze. Er schickte eine Abteilung Büchsen- und Armbrustschützen aus, die verlassene Anhöhe zu besetzen, um dann, sobald das geschehen wäre, persönlich den Angriff gegen die andere zu leiten. Es dauerte nicht lange, so sah man das kastilische Banner vom Felsgipfel herabwehen, und sogleich führte der Befehlshaber seine Leute zum Angriff. Während die indianische Besatzung ihnen auf dieser Seite entschlossen entgegentrat, hielten die Schützen von der benachbarten Höhe aus den Ort unter Beschuß, was dem Feind so heftig zusetzte, daß er sich nach kurzer Zeit zur Übergabe bereitfand.

Als die Spanier in die Festung einzogen, sahen sie, daß sich eine ausgedehnte Hochfläche am Kamm der Sierra entlangzog und daß sie bewohnt war, nicht nur von Männern, sondern auch von Frauen und ganzen Familien mit ihren Habseligkeiten. Die Sieger schonten Eigentum und Leben der Besiegten, und die Kunde von dieser Milde bewog die indianische Besatzung, die am Morgen des vorhergehenden Tages so tapfer Widerstand geleistet hatte, ebenfalls ihre Unterwerfung anzubieten.

Nachdem das Heer zwei Tage in dieser einsamen Gegend verbracht hatte, setzte es seinen Marsch fort und wandte sich südwestlich nach Uaxtepec, der nämlichen Stadt, die sich Sandoval bereits ergeben hatte. Hier wurden sie vom Kaziken freundlich empfangen und in seinen prächtigen Gärten bewirtet, welche Cortez und seine Offiziere, die sie bisher noch nicht gesehen hatten, den schönsten in Kastilien an die Seite stellten. Die labyrinthische Gebirgswildnis weiter durchziehend, kam das Heer durch Yauhtepec und mehrere andere Orte, die bei ihrem Herannahen geräumt wurden. Da die Einwohner ihnen aber in bewaffneten Haufen folgten und ihnen gelegentlich Schaden zufügten, rächten sich die Spanier, indem sie die verlassenen Städte niederbrannten.

So stiegen sie, eine Feuerspur hinter sich lassend, die steilen Abhänge der Kordilleren hinab, die gegen Süden weitaus abschüssiger sind als auf der atlantischen Seite. Wirklich reicht ein einziger Tag hin, um den Reisenden einige tausend Fuß tiefer zu führen, so daß er in wenigen Stunden die Klimaunterschiede mehrerer Breitengrade erfährt. Der Weg des Heeres lief über manche mit Lava und schwarzer Schlacke bedeckte Strecke, die den vulkanischen Charakter der Gegend bezeugte; doch wurde die Landschaft oft aufgehellt von grünen Flecken, ja sogar Gebieten von üppiger Fruchtbarkeit, als ob die Natur durch solch ungewöhnliche Anstrengungen den Fluch der Unfruchtbarkeit wettmachen wollte, der sonst auf dem Lande lastete. Am neunten Tag ihres Marsches gelangten die Truppen vor die feste Stadt Quauhnahuac oder Cuernavaca, wie sie seither von den Spaniern genannt wird. Sie war die ehemalige Hauptstadt dieses Gebiets und die wohlhabendste und volkreichste Ansiedlung in diesem Teil des Landes. Sie war den Azteken tributpflichtig und hatte eine aztekische Besatzung in ihren Mauern. Die Stadt war eigentümlich auf einer vorspringenden Stelle gelegen und von furchtbaren Schluchten, barrancas, umschlossen; nur eine Seite öffnete sich auf fruchtbares, wohlbestelltes Ackerland. Denn obgleich der Ort zwischen fünf- und sechstausend Fuß über dem Meeresspiegel lag, hatte er doch, weil nach Süden zu offen und gegen Norden durch die Bergwand geschützt, das milde und angenehme Klima viel tiefer gelegener Gegenden.

Vor dieser Stadt angekommen, der südlichsten, welche die Spanier auf ihrem Zuge berührten, sahen sie sich durch eine der soeben erwähnten großen Barrancas von ihr getrennt, eine jener schrecklichen

Spalten, wie sie in den mexikanischen Anden nicht selten sind, zweifellos das Ergebnis einer furchtbaren Erderschütterung früherer Zeitalter. Die felsigen Wände der Schlucht stürzten senkrecht ab und waren so nackt, daß sie kaum auch nur eine Spur des Kaktus oder anderer genügsamer Pflanzen zeigten, mit denen die Natur in diesen fruchtbaren Gegenden so anmutig ihre Ungestalt verdeckt. Der Boden der Schlucht bot indes einen auffallenden Gegensatz dazu und war ganz und gar überwuchert von einer reichen, wildaufschießenden Pflanzenwelt; denn die ungeheuren Felswände, welche die Barrancas umschließen, schützen sie vor den kalten Winden der Kordilleren, während sie die senkrecht einfallenden Sonnenstrahlen so zurückwerfen, daß eine fast erstickende Hitze innerhalb der Einhegung entsteht und den Boden zu der üppigen Fruchtbarkeit der Tierra caliente anreizt. Es ist sozusagen ein Treibhaus, das den Bewohnern hier oben am Rande ihrer Städte Bodenerzeugnisse schenkt, die man sonst nur in den schwülen Niederungen findet.

Im Grunde der Schlucht sah man einen kleinen Wasserlauf, der aus dem steinigen Inneren der Sierra hervorquoll und, in seinem schmalen Bett weiterrinnend, zur üppigen Fruchtbarkeit des Tales beitrug. Über dieses Flüßchen, das zu gewissen Zeiten des Jahres zum reißenden Strom anschwoll, führten in einiger Entfernung unterhalb der Stadt, wo die nicht mehr gar so schroff abfallenden Wände der Barranca einen bequemeren Übergang erlaubten, zwei rohe Brücken, die jedoch beide vor der Ankunft der Spanier abgebrochen worden waren. Diese waren nun am Rande der Schlucht angelangt, die zwischen ihnen und der Stadt lag. Wie schon bemerkt, war sie nicht sehr breit, und das Heer fand sich den Bogenschützen der Besatzung unmittelbar ausgesetzt, auf die das Feuer der Spanier dagegen wenig Eindruck machte, da sie durch ihre Festungswerke geschützt waren.

Diese unangenehme Lage verdroß den Befehlshaber, und er beauftragte eine Abteilung, weiter unten einen Übergang zu suchen, damit die Truppen auf die andere Seite gelangen könnten. Aber obgleich die Wände der Schlucht weniger schroff wurden, je tiefer sie kamen, fanden sie doch keine Möglichkeit, den Wasserlauf zu überqueren, bis sich unerwartet ein Weg anbot, auf den sich wahrscheinlich noch nie ein Mensch gewagt hatte.

Aus den Felshängen zu beiden Seiten der Barranca waren zwei Bäume zu ungeheurer Höhe aufgeschossen und hatten, einer gegen den andern geneigt, ihre Zweige so ineinanderverschlungen, daß sie eine Art natürlicher Brücke bildeten. Auf diesem Wege mitten durch die Luft, meinte ein Tlaxcalteke, würde es nicht schwer sein, auf die gegenüberliegende Seite zu gelangen. Dem kühnen Bergbewohner gelang der Versuch, und bald folgten einige seiner Landsleute nach; waren sie doch in ihren heimischen Bergen an Körperübungen gewöhnt, die Gewandtheit und Kraft erheischten. Die Spanier folgten ihrem Beispiel. Es war ein gefährliches Unterfangen für einen bewaffneten Mann, diese luftige, im Winde schwankende Brücke zu passieren; Schwindel konnte ihn ergreifen und eine einzige falsche Bewegung von Hand oder Fuß ihn in den Abgrund stürzen. Drei Soldaten verloren das Gleichgewicht und fielen hinab. Die übrigen, einige zwanzig oder dreißig Spanier und eine beträchtliche Anzahl Tlaxcalteken, gelangten glücklich ans jenseitige Ufer. Dort formierten sie sich schnell und marschierten eilends nach der Stadt. Der Feind, der unterdessen über die Schlucht hinweg mit den Spaniern auf der gegenüberliegenden Seite im Kampf lag, war völlig überrumpelt, und die Überraschung hätte in der Tat kaum größer sein können, wenn die Gegner plötzlich aus den Wolken aufs Schlachtfeld gefallen wären.

Sie leisteten jedoch tapfer Widerstand, bis es den Spaniern glücklicherweise gelang, eine der zerstörten Brücken so weit wiederherzustellen, daß sowohl Reiter wie Fußvolk, wenn auch etwas langsam, über den Fluß setzen konnten. Die Reiter unter Olid und Andrés de Tapia eilten ihren Landsleuten sogleich zu Hilfe. Cortez folgte an der Spitze der übrigen Schlachthaufen, und der Feind, von einem Winkel in den andern getrieben, sah sich genötigt, die Stadt zu räumen und im Gebirge Zuflucht zu suchen. Die Häuser in einem Teil der Stadt gingen bald in Flammen auf. Der Ort wurde der Plünderung preisgegeben, und da es einer der reichsten Märkte im ganzen Lande war, wurden die Sieger hinreichend für alle bestandene Mühe und Gefahr entschädigt. Bald darauf erschienen die in die Stadt zurückgekehrten Kaziken zitternd vor Cortez, versuchten seinen Zorn zu besänftigen, indem sie wie gewöhnlich alle Schuld auf die Mexikaner schoben, und überantworteten sich seiner Gnade. Zufrieden mit ihrer Unterwerfung, verbot er jede weitere Gewalttat gegen die Einwohner.

Nachdem der spanische Befehlshaber nun den Hauptzweck seines Zuges über die Berge erreicht hatte, wendete er sich nordwärts, um wiederum die furchtbare Schranke zu überschreiten, die ihn vom Tal von Mexiko trennte. Der steile und mühselige Aufstieg wurde noch erschwert durch Felsbrocken und lose Steine, welche die Paßwege versperrten.

Das Wetter war schwül, und da der steinige Boden kaum Wasser barg, litten die Truppen entsetzlichen Durst. Mehrere Soldaten fielen ohnmächtig am Wege nieder, und einige indianische Verbündete starben vor Erschöpfung. Der Marsch des Heeres muß über den östlichen Teil des Cruz del Marqués — Kreuz des Marquis — geführt haben, eines Berges, der später seinen Namen von einem riesigen dort errichteten Steinkreuz empfing. Es bezeichnete die Grenze des Gebiets, das Cortez als dem Marqués del Valle von der Krone übereignet wurde. Ein großer Teil des zuletzt von den Truppen zurückgelegten Weges führte in der Tat durch die königlichen Ländereien, die später dem Eroberer gehören sollten.

Von diesen Höhen aus genossen die Spanier eine völlig neue Aussicht auf das mexikanische Tal, das durch den Gegensatz zu der Bergwildnis, die sie eben erst umfangen hatte, in ihren Augen noch an Reiz gewann. Es war der freundlichste und dichtest besiedelte Teil des Tales; nirgendwo sonst lagen Städte und Dörfer so nah beieinander wie rings um den Süßwassersee. Doch von welcher Seite auch betrachtet, immer offenbarte die zauberische Gegend in gleichem Maße natürliche Anmut und menschlichen Fleiß mit ihren prangenden Landhäusern und dem schönen See in der Mitte, dessen dunkle und glatte Oberfläche wie ein Spiegel glänzte, tief eingelassen in den ungeheuren Porphyrrahmen, mit dem die Natur ihn umschlossen hatte.

Als Angriffsziel hatte der Befehlshaber Xochimilco erwählt, das ›Blumenfeld‹ — so genannt nach den schwimmenden Gärten, die auf dem angrenzenden Wasser gleichsam vor Anker lagen. Es war eine der mächtigsten und wohlhabendsten Städte im Tal und der aztekischen Krone treu ergeben. Gleich der Hauptstadt selbst war ein Teil der Stadt ins Wasser gebaut und mit dem festen Lande durch nicht sehr lange Dammwege verbunden. Wie in den meisten anderen indianischen Städten bewohnten die Leute zumeist Hütten oder Katen aus Lehm und leichtem Bambus; dazwischen erhoben sich Teocallis und Steinhäuser, die den reicheren Ständen gehörten.

Beim Vorrücken stießen die Spanier auf feindliche Plänkler, die eine leichte Ladung Pfeile auf sie abschossen und sich dann zurückzogen. Da sie die Richtung nach Xochimilco einschlugen, schloß Cortez, daß man dort darauf vorbereitet war, ihm mit einer bedeutenden Streitmacht Widerstand zu leisten. Seine Erwartungen wurden noch übertroffen. Als er den Hauptdammweg passierte, stieß er am äußersten Ende auf einen großen Kriegerhaufen, der jenseits einer zerstörten Brücke postiert war, um ihm den Übergang zu verwehren. Sie hatten eine Brustwehr aus Pfählen errichtet, die sie vor dem Gewehrfeuer schützte. Aber das Wasser neben dem Dammweg war sehr seicht, und Reiter und Fußvolk stürzten sich hinein und gelangten unter einem Hagel von Wurfgeschossen, schwimmend oder watend, so gut es gehen wollte, bis zum Anlegeplatz dicht vor der Stadt. Hier wurden sie, Mann gegen Mann, mit dem Feinde handgemein und drängten ihn nach heftigem Kampf in die Stadt zurück, während einige, die ihre Zuflucht zum offenen Land nahmen, von der Reiterei verfolgt wurden. Die große Masse, vom Fußvolk heftig bedrängt, wurde durch Straße und Gasse getrieben, ohne noch viel Widerstand zu leisten. Cortez, der sich mit wenigen Gefährten aus dem Getümmel löste, blieb dicht am Eingang der Stadt zurück. Er befand sich noch nicht lange dort, als er plötzlich von einem neuen Haufen Indianer angegriffen wurde, die von einem nahen Dammweg aus in die Stadt strömten. Mit der gewohnten Furchtlosigkeit warf sich ihnen der Befehlshaber entgegen, in der Hoffnung, ihren Ansturm aufzuhalten. Aber seine eigenen Leute waren zu gering an Zahl, um ihm beizustehn, und er wurde von der Menge der Gegner überwältigt. Sein Pferd strauchelte und stürzte, und ehe Cortez sich aufrichten konnte, erhielt er einen harten Schlag auf den Kopf, wurde ergriffen und von den Indianern unter Triumphgeheul fortgeschleppt. In diesem entscheidenden Augenblick sprang ein Tlaxcalteke, der die höchste Not seines Herrn erspähte, gleich einer Pardelkatze seiner heimischen Wälder mitten unter die Feinde und suchte ihnen die Beute zu entreißen. Zwei Diener des Befehlshabers kamen ihm zu Hilfe, und so gelang es Cortez, mit ihrem und des tapferen Tlaxcalteken Beistand wieder auf die Füße zu kommen und seine Feinde abzuschütteln. Schon im nächsten Augenblick saß er im Sattel und schwang seine gute Lanze. Andere seiner Gefährten eilten herzu, und da das Waffengeklirr zu den Ohren der Spanier drang, welche die Verfolgung aufgenommen hatten, kehrten sie um und trieben nach verzweifeltem Kampf die Feinde aus der Stadt. Deren Rückzug wurde indes von der Reiterei abgeschnitten, die von draußen zurückkam; und von beiden Seiten in die Zange genommen, wurden sie in Stücke gehauen oder retteten sich in den See.

Dies war wohl die größte Gefahr, in die Cortez bisher geraten war. Sein Leben war in der Gewalt der Wilden, und er hätte es ohne Zweifel eingebüßt, wenn sie nicht so begierig gewesen wären, ihn zum Gefangenen zu machen. Ebendieses Bestreben mag wohl manchem Spanier in den Kämpfen das Leben gerettet haben.

Es war noch nicht dunkel, als Cortez mit seiner Streitmacht wieder in die Stadt einzog. Zuallererst bestieg der Befehlshaber einen der nahen Teocallis, um die umliegende Gegend zu erkunden. Der Anblick, der sich ihm bot, mußte selbst den Kühnsten beunruhigen. Die Oberfläche des Salzsees war verdunkelt von Kanus und der Dammweg auf viele Meilen mit indianischen Kriegerscharen bedeckt, die augenscheinlich gegen das christliche Lager anrückten. In der Tat hatte Quauhtemoc, kaum daß er von der Ankunft der weißen Männer erfahren hatte, eine gewaltige Streitmacht aufgeboten, um der Stadt zu Hilfe zu eilen. Nun waren seine Truppen unterwegs und mußten, da die Hauptstadt nur zwölf Meilen entfernt war, bald nach Einbruch der Nacht zur Stelle sein.

Cortez traf sofort Anstalten zur Verteidigung seines Lagers. Er stellte eine Abteilung Pikenträger am Landungsplatz auf, wo die Azteken vermutlich anlegen würden. Er verdoppelte die Schildwachen und machte mit seinen besten Offizieren öfters während der Nacht die Runde. Er hatte allen Grund zur Wachsamkeit, zumal der Pfeilvorrat für die Armbrüste nahezu erschöpft und die Schützen eifrig damit beschäftigt waren, zu den Kupferspitzen, mit denen das Heer reichlich versorgt war, Schäfte zu schneiden und einzupassen. Kaum einer im Lager schlief in jener Nacht.

Sie ging jedoch ohne Störungen von seiten des Feindes vorüber. Wenn auch nicht stürmisch, so war es doch außerordentlich finster, und die Spanier auf ihren Posten konnten nichts sehen; doch hörten sie deutlich das Geräusch vieler Ruder im Wasser, nicht weit entfernt vom Ufer. Indessen machten die Krieger an Bord keinen Versuch zu landen; vielleicht argwöhnten sie oder hatten Kunde bekommen, daß man zu ihrem Empfang gerüstet war. Mit Tagesanbruch waren sie unter Waffen, und ohne abzuwarten, was die Spanier unternehmen würden, strömten sie in die Stadt und griffen sie in ihren Quartieren an.

Die Spanier, die sich auf dem freien Platz um einen der Teocallis versammelt hatten, waren innerhalb der Stadt im Nachteil, da die engen Straßen und Gassen, die größtenteils mit weichem, schlüpfrigem

Mörtel bedeckt waren, die Bewegungen der Reiterei außerordentlich behinderten. Aber Cortez ließ eiligst seine Büchsen- und Armbrustschützen aufmarschieren und richtete ein so lebhaftes, wohlgezieltes Feuer auf die feindlichen Reihen, daß sie in Unordnung gerieten und zum Rückzug genötigt wurden. Das Fußvolk verfolgte sie mit seinen langen Piken; und sobald die zurückweichenden Azteken die Stadt verlassen hatten, griff die Reiterei an und jagte sie mehrere Meilen weit übers Land.

In einiger Entfernung trafen die Fliehenden jedoch auf eine beträchtliche Verstärkung durch ihre Landsleute und vereinten sich mit ihnen; die Reihen formierten sich neu, der Strom der Schlacht änderte die Richtung, und die Reiter, davon fortgerissen, ließen ihren Rossen die Zügel schießen und jagten in gestrecktem Galopp nach der Stadt zurück. Sie waren noch nicht weit gekommen, als sie auf den Hauptteil des spanischen Heeres stießen, der rasch zu ihrer Unterstützung heranrückte. So verstärkt, kehrten sie noch einmal zum Angriff um, und die beiden feindlichen Scharen prallten mit der Gewalt eines Erdbebens aufeinander. Eine Zeitlang schien das Kriegsglück in der Schwebe, das Schlachtgetümmel wogte hin und her, und in dem verworrenen Geschrei, das zum Himmel aufstieg, mischte sich das Kriegsgeheul des Wilden mit dem Schlachtruf des Christen — einem noch fremderen Laut an diesen entlegenen Ufern. Aber am Ende behielt doch kastilischer Mut oder vielmehr kastilische Waffenkunst und Kriegszucht die Oberhand. Der Feind wankte, gab nach, wich Schritt für Schritt, bis der Rückzug bald in allgemeiner Flucht endete und die nachsetzenden Spanier den Feind unter so schrecklichem Gemetzel vom Schlachtfeld vertrieben, daß er keinen weiteren Versuch machte, den Kampf von neuem zu beginnen.

Nun waren die Sieger unbestrittene Herren der Stadt. Es war ein wohlhabender Ort, reich versehen mit indianischen Stoffen, Baumwolle, Gold, Federarbeiten und anderen Luxus- und Gebrauchsgegenständen, die den Soldaten reiche Beute gewährten. Während sie mit Plündern beschäftigt waren, überfiel eine Schar feindlicher Krieger, die mit Kanus gelandet war, ein paar umherstreifende, mit Beute beladene Spanier und nahm vier von ihnen gefangen. Das erregte bei den Truppen mehr Aufsehen, als wenn zehnmal so viele auf dem Schlachtfeld gefallen wären. Denn es kam wirklich selten vor, daß ein Spanier sich lebendig gefangennehmen ließ. In diesem Fall wurden die Unglücklichen überrumpelt. Sie wurden eiligst nach der Haupt-

yeqrnnvaltocaquecaltzatan.

Abb. 12 Der Fall der mexikanischen Hauptstadt

chalchicueyecā

*Abb. 13 Indianische Träger bringen Nachschub von der Küste
nach Tlaxcala*

tetzcohco.

te tz coco lla vam
yxx Ixlxochitzi

Abb. 14 Cortez in Texcoco

stadt entführt und bald darauf geopfert; dabei wurden ihnen auf Befehl des wilden junge Aztekenherrschers Arme und Beine abgeschnitten und an die verschiedenen Städte gesandt, mit der Versicherung, dies solle das Schicksal aller Feinde Mexikos sein.

Von den Gefangenen aus dem letzten Treffen erfuhr Cortez, daß die von Quauhtemoc bisher ausgesandten Truppen nur einen kleinen Teil seiner Streitkräfte ausmachten und daß es kluge Berechnung von ihm sei, eine Abteilung nach der anderen zu schicken, bis die Spanier, wie siegreich sie auch den Kampf mit einer jeden bestehen mochten, zuletzt aus purer Erschöpfung unterliegen und gleichsam durch ihre eigenen Siege überwältigt werden würden.

Nachdem die Soldaten die Stadt geplündert hatten, gedachte Cortez keine weiteren Angriffe des Feindes in seinem jetzigen Lager abzuwarten. Am vierten Morgen nach seiner Ankunft versammelte er die Truppen auf einer nahe gelegenen Ebene. Viele schwankten unter der Last ihrer Beute. Der Befehlshaber bemerkte es mit Unbehagen. Sie müßten jetzt durch dicht besiedeltes Land, sagte er, das unter Waffen stehe, um ihnen den Durchzug streitig zu machen. Um ihrer eigenen Sicherheit willen sollten sie sich so leicht und unbehindert wie möglich bewegen können. Der Anblick der reichen Beute würde nur die Gier ihrer Feinde reizen und sie anlocken wie einen Schwarm raubhungriger Geier. Aber seine Beredsamkeit war vergeblich; seine Leute erklärten ihm unumwunden, sie hätten ein Recht auf die Früchte ihrer Siege, und was sie mit ihrem Schwert erbeutet, das würden sie auch mit dem Schwert zu verteidigen wissen.

Da der Befehlshaber sah, wie fest sie auf ihrem Vorhaben bestanden, wollte er sich ihren Wünschen nicht länger widersetzen. Er ließ das Gepäck in die Mitte bringen und von einigen Reitern flankieren; die übrigen verteilte er auf Vorhut und Nachhut, und da ihm diese am meisten durch feindliche Angriffe gefährdet schien, postierte er dort auch seine Büchsen- und Armbrustschützen. So vorbereitet, trat er seinen Marsch wieder an, steckte aber vorher alle brennbaren Gebäude Xochimilcos in Brand, als Vergeltung für den Widerstand, auf den er dort gestoßen war. Die Flammen der brennenden Stadt loderten hoch empor, sandten ihren verhängnisvollen Schein weit und breit über das Wasser und verkündeten den Bewohnern rings um den See, daß die unseligen Fremden, von den Orakelsprüchen schon so lange prophezeit, nun wie ein verzehrendes Feuer über sie gekommen seien.

Zuweilen ließen sich kleine feindliche Horden in der Ferne sehen, aber sie wagten nicht, das Heer auf seinem Marsch anzugreifen. Noch vor Mittag kamen die Spanier nach Coyoacan, einer großen Stadt, ungefähr sechs Meilen von Xochimilco entfernt. In diesem dicht besiedelten Teil des Tales konnte man kaum eine solche Wegstrecke zurücklegen, ohne auf eine ansehnliche Ortschaft zu stoßen, oft die Hauptstadt eines ehemals unabhängigen Landes. Die Einwohner, verschiedenen Volksstämmen angehörend und in verschiedenen Mundarten redend, zählten alle zu derselben großen Völkerfamilie, die aus der — in Wirklichkeit oder nur in der Vorstellung existierenden — Gegend von Aztlan im fernen Nordwesten gekommen war. Rings um ihren Gebirgssee angesiedelt, nährten diese kleinen Gemeinwesen nach ihrer Einverleibung in das aztekische Reich in ihrem Verkehr miteinander weiterhin einen Geist der Eifersucht, der — wie das auch bei den Städten am Mittelmeer im Lehnszeitalter der Fall war — ihre geistigen Kräfte belebte und das mexikanische Tal auf eine höhere Kulturstufe hob als die meisten anderen Gegenden Anahuacs.

Die Stadt, in der das Heer jetzt anlangte, war von den Einwohnern verlassen worden; Cortez hielt sich zwei Tage dort auf, um seinen Truppen Erholung und den Verwundeten die nötige Pflege zu verschaffen.

Am übernächsten Tag setzten die Spanier ihren Marsch fort und schlugen den Weg nach dem nur wenige Meilen entfernten Tacuba ein. Unterwegs hatten sie viel von umherstreifenden feindlichen Kriegerhorden zu leiden, die, wütend angesichts der Beute, welche die Eindringlinge fortschleppten, sie mehrmals von der Seite und im Rücken angriffen. Cortez rächte sich, wie bei der früheren Unternehmung, durch eine ihrer eigenen Kriegslisten, aber mit geringerem Erfolg als vorher; denn indem er den zurückweichenden Feind allzu hitzig verfolgte, geriet er mit seiner Reiterei in einen Hinterhalt, den sie ihm ihrerseits gelegt hatten. Er war ihrer schlauen Kriegführung noch nicht völlig gewachsen. Die spanischen Ritter waren im Augenblick von dem gewitzten Gegner eingeschlossen und vom übrigen Heer abgeschnitten. Aber sie gaben ihren tüchtigen Pferden die Sporen, stürmten in geschlossener Front vor, und wirklich gelang es ihnen, die indianischen Reihen zu durchbrechen und zu entkommen, bis auf zwei Mann, die dem Feind in die Hände fielen. Es waren die Diener des Befehlshabers, die ihn auf dem ganzen Feldzug treulich begleitet hatten, und ihr Verlust schmerzte ihn tief, um so mehr, wenn er an das traurige Schicksal dachte, das ihrer wartete. Als die kleine Schar zum Heer zurückkehrte, das besorgt über ihr Ausbleiben unter den Mauern von Tacuba haltgemacht hatte, waren die Soldaten erstaunt über die niedergeschlagene Miene ihres Befehlshabers, die seine Gemütsbewegung nur allzu deutlich verriet.

Die Sonne stand noch hoch am Himmel, als sie in die ehemalige Hauptstadt der Tepaneken einzogen. Cortez' erste Sorge war, auf den Hauptteocalli zu steigen und die umliegende Gegend zu überschauen. Es war ein herrlicher Aussichtspunkt, von wo man die kaum drei Meilen entfernte Hauptstadt und deren unmittelbare Umgebung übersehen konnte. In Cortez' Begleitung befanden sich Alderete, der Schatzmeister, und einige andere Ritter, die erst vor kurzem unter sein Banner getreten waren. Der Anblick war noch neu für sie; und als sie die prächtige Stadt vor sich liegen sahen, mit dem breiten See, auf dem eilig Boote hin und her glitten — die einen beladen mit Handelsgütern, Früchten und Gemüse für die Märkte von Tenochtitlan, andere von Kriegern wimmelnd —, da konnten sie nur staunen über so viel Leben und Tätigkeit und erklärten, daß allein die Hand der Vorsehung ihre Landsleute durch das Herz dieses mächtigen Reiches sicher habe hindurchführen können.

Mitten in dem bewundernden Kreise war allein Cortez' Stirn umwölkt, und Seufzer, die sich zuweilen hörbar aus seiner Brust stahlen, verrieten seine düsteren Gedanken. »Tröstet Euch«, sagte einer der Ritter, indem er sich seinem Befehlshaber zuwandte, um ihm auf seine rauhe Weise über den eben erlittenen Verlust hinwegzuhelfen; »Ihr müßt Euch solche Dinge nicht so zu Herzen nehmen; das ist Kriegsgeschick.« Die Antwort des Befehlshabers ließ erkennen, welcher Art seine Grübeleien waren. »Ihr seid mein Zeuge«, sagte er, »wie oft ich mich bemüht habe, jene Hauptstadt zur friedlichen Übergabe zu bewegen. Es erfüllt mich mit Kummer, wenn ich an die Mühen und Gefahren denke, die meinen tapferen Gefährten noch bevorstehen, ehe wir sie unser nennen können. Aber die Zeit ist gekommen, wo wir Hand ans Werk legen müssen.«

Zweifellos war Cortez wie jeder andere im Heer überzeugt davon, daß er auf einem heiligen Kreuzzug begriffen sei und, von persönlichen Beweggründen abgesehen, dem Himmel nicht besser dienen könne, als wenn er das Kreuz auf die blutbefleckten Türme der heidnischen Hauptstadt pflanzte. Aber es war nur natürlich, daß Zerknirschung ihn ankam, als er das anmutige Bild betrachtete und an den nahenden Sturm dachte: Wie bald würden die eben aufbrechenden Blüten der Kultur, die sich seinem Auge darboten, unter dem rauhen Atem des Krieges vergehen müssen! Es war ein bewegender Anblick, wie der große Eroberer schweigend über die Verwüstung nachdachte, die er alsbald über das Land bringen würde.

Tacuba war der Punkt, bis zu dem Cortez auf seinem früheren Zuge durch den nördlichen Teil des Tales gelangt war. Er hatte also jetzt die ganze Runde um den großen See gemacht, die verschiedenen Zugänge zur Hauptstadt erkundet und mit eigenen Augen gesehen, welche Anstalten die Gegenseite zu ihrer Verteidigung getroffen hatte. Es bestand keine Veranlassung, länger in Tacuba zu verweilen, denn die Nachbarschaft Mexikos mußte ihm bald dessen ganze kriegerische Bevölkerung auf den Hals ziehen.

Früh am nächsten Morgen trat er seinen Marsch wieder an und schlug denselben Weg nördlich der kleinen Seen ein wie auf seinem früheren Zuge. Er wurde vom Feind weniger belästigt als an den vorangegangenen Tagen, was vielleicht auch dem außerordentlich stürmischen Wetter zuzuschreiben war. Die Soldaten mit ihrer von Nässe schweren Kleidung schleppten sich mühsam über die schlammigen, von Regengüssen überfluteten Wege. In einer Nacht, so berichtet uns ihr Chronist, unterließen es die Offiziere, ihre Runde um das Lager zu machen, und die Schildwachen, ihre Posten zu beziehen, weil sie sich auf den heftigen Sturm als Schutz verließen; wiewohl das Schicksal Narváez' sie gelehrt haben müßte, sich nicht auf die Elemente zu verlassen.

Zu Acolman, im Gebiet der Acolhua, trafen sie Sandoval mit dem freundlich gesinnten Kaziken von Texcoco und mehreren Rittern, von denen einige erst vor kurzem von den Inseln gekommen waren. Sie begrüßten ihre Landsleute herzlich und überbrachten die Kunde, daß der Wassergraben fertig sei und die Brigantinen, aufgetakelt und ausgerüstet, nunmehr vom Stapel laufen könnten. So schien es keinen Grund mehr zu geben, den Feldzug gegen Mexiko länger aufzuschieben. — Mit dieser willkommenen Nachricht zogen Cortez und seine siegreichen Scharen zum letzten Mal in die Hauptstadt der Acolhua ein, nachdem sie genau drei Wochen für ihren Marsch rings um das Tal gebraucht hatten.

4

Zur selben Zeit, da Cortez seinen Erkundungszug durch das Tal machte, um die Belagerung der Hauptstadt vorzubereiten, war in Kastilien eine Clique eifrig bemüht, sein Ansehen zu untergraben und seine Eroberungspläne gänzlich zunichte zu machen. Die Fama von seinen glänzenden Taten hatte sich nicht nur auf den Inseln verbreitet, sondern war auch nach Spanien und vielen Teilen Europas gedrungen, und überall bewunderte man die unbesiegbare Willensstärke des Mannes, der es, nahezu auf sich allein gestellt, so lange mit dem mächtigen indianischen Reich aufnehmen konnte. Nur die Abwesenheit des spanischen Herrschers von seinem Königreich und die Unruhen im Lande können die stumpfe Gleichgültigkeit erklären, welche die Regierung diesem großen Unternehmen gegenüber an den Tag legte. Denselben Ursachen mag es zuzuschreiben sein, daß auch in den Klagesachen von Velázquez und Narváez, obgleich sie sich auf einen so mächtigen Fürsprecher wie den Bischof Fonseca, Vorsitzenden des Indienrates, stützten, keine Entscheidung zu erlangen war. Die Zügel der Regierung waren in die Hände Adrians von Utrecht, des Erziehers Karls und späteren Papstes geraten, der, wiewohl gelehrt und nicht ohne Scharfblick, allzu langsam und zaghaft in seinem Handeln und zu jener entschlossenen Tatkraft gar nicht fähig war, die dem kühnen Geiste seines Vorgängers, des Kardinals Ximenes, so wohl anstand.

Im Frühjahr 1521 wurden indessen eine Reihe von Verordnungen im Indienrat erlassen, welche die Angelegenheiten Neuspaniens mit einer gewichtigen Veränderung bedrohten. Es wurde unter anderm verfügt, daß Narváez aus seiner Gefangenschaft in Veracruz befreit und ein Schiedsrichter nach Mexiko gesandt werden solle, mit der Vollmacht, die Angelegenheiten und das Verhalten von Cortez zu untersuchen und dem Gouverneur von Kuba volle Gerechtigkeit widerfahren zu lassen. Es fehlte am Hofe zwar nicht an Personen, welche dieses Verfahren als eine unwürdige Vergeltung der von Cortez geleisteten Dienste mißbilligten oder es doch zumindest im Augenblick für verfehlt hielten. Maßnahmen zu ergreifen, die den Befehlshaber behindern oder gar völlig entmutigen könnten. Aber der anmaßende Charakter des Bischofs von Burgos setzte sich über alle Einwände hinweg; und da die Verordnungen von der Regierung gebilligt worden waren, wurden sie von jener Körperschaft am

11. April 1521 unterzeichnet. Ein Beamter vom Appellationsgericht in Santo Domingo namens Tapia sollte als neuer Bevollmächtigter nach Veracruz geschickt werden. Glücklicherweise traten Umstände ein, welche die Ausführung des Vorhabens fürs erste verschoben und es Cortez erlaubten, seine Eroberungspläne ungehindert weiterzuverfolgen.

Aber während es ihm wenigstens für den Augenblick vergönnt war, im Besitz seiner Macht zu bleiben, erwuchs ihm in nächster Nähe eine Gefahr, die nicht nur seine Autorität, sondern auch sein Leben bedrohte. Es war eine Verschwörung in seinem Heer, dunkler und gefährlicher als je eine zuvor. Sie wurde von einem einfachen Soldaten angezettelt, einem gewissen Antonio Villafaña aus Altkastilien, von dem nichts weiter bekannt ist als eben sein Anteil an diesem Vorfall. Er gehörte zu Narváez' Truppen, jenem Sauerteig des Mißvergnügens im spanischen Heer, der bei jedem geringfügigen Anlaß in Unzufriedenheit aufgor und jederzeit bereit war, sich meuterisch zu erheben. Sie waren, nachdem sich ihre Gefährten in Tlaxcala vom Heer gelöst hatten, freiwillig im Dienst geblieben; aber ihr Antrieb war die gleiche Gewinnsucht, die sie schon bewogen hatte, an Narváez' Unternehmen teilzunehmen; und noch immer sollten sie sich in ihren Hoffnungen getäuscht sehen. Sie hatten wenig von dem echten Abenteurergeist, der Cortez' alte Gefährten auszeichnete, und die dürren Siegeslorbeeren waren ihnen nur ein klägliches Entgelt für alle Mühen und Leiden.

Zu diesen Leuten gesellten sich andere, die Grund zu persönlichem Groll gegen den Befehlshaber hatten, und wieder andere, die dem Erfolg des Krieges mißtrauten. Das trübe Los ihrer Landsleute, die dem Feind in die Hände gefallen waren, erfüllte sie mit Schrecken. Sie betrachteten sich als Opfer der Hirngespinste ihres Anführers, der, selber mit nur unzulänglichen Mitteln ausgestattet, einen so wilden und furchtbaren Feind bis zum Äußersten trieb; Unheil ahnend, scheuten sie davor zurück, den Feind nun bis in seine eigenen Schlupfwinkel zu verfolgen, wo Verzweiflung ihm zehnfache Kräfte verleihen würde.

Diese Leute hätten gern das ganze Unternehmen aufgegeben und sich nach Kuba zurückgezogen; aber wie sollten sie das bewerkstelligen? Cortez beherrschte den ganzen Weg von der Stadt bis zur Meeresküste, ohne seine Erlaubnis durfte kein Schiff die Häfen verlassen. Und selbst wenn er aus dem Wege geräumt würde, wären andere da, seine obersten Offiziere, die sogleich an seine Stelle treten und den

Tod ihres Befehlshabers rächen würden. Es war also nötig, auch diese in den Vernichtungsplan einzubeziehen, und man beschloß daher, zugleich mit Cortez auch Sandoval, Olid, Alvarado und zwei oder drei andere ihm treu Ergebene umzubringen. Dann wollten die Verschwörer den Ruf nach Freiheit erheben und zweifelten nicht, daß der größere Teil des Heeres sich ihnen anschließen werde, oder doch wenigstens so viele, daß sie imstande wären, ihre eigenen Wünsche durchzusetzen. Sie beabsichtigten, den Oberbefehl nach Cortez' Tode Francisco Verdugo, einem Schwager Velázquez', anzubieten. Er war ein ehrenwerter Ritter und in ihren Plan nicht eingeweiht. Aber sie zweifelten kaum daran, daß er die ihm gewissermaßen aufgedrungene Befehlsgewalt auch annehmen werde, und dies sollte ihnen wiederum den Schutz des Gouverneurs von Kuba sichern, der aus Haß gegen Cortez gewiß geneigt sein würde, ihr Vorgehen nachsichtig zu beurteilen.

Die Verschwörer gingen sogar so weit, die untergeordneten Würdenträger zu ernennen, einen Alguacil mayor anstelle von Sandoval, einen Generalquartiermeister anstelle von Olid und einige andere. Der Anschlag sollte bald nach Cortez' Rückkehr von seinem Erkundungszug ausgeführt werden. Ein Packen Briefe, angeblich soeben aus Kastilien angekommen, sollte ihm bei Tisch überreicht werden, und während er die Briefe öffnete, wollten die Verschwörer über ihn und seine Offiziere herfallen und sie mit ihren Dolchen ermorden. Dies war der schändliche Plan, den man zur Vernichtung Cortez' und seines ganzen Unternehmens ersonnen hatte. Aber soll eine Verschwörung gelingen, so darf, zumal wenn viele daran beteiligt sind, nur wenig Zeit zwischen dem Vorsatz und seiner Verwirklichung verstreichen.

Einen Tag, ehe der Anschlag ausgeführt werden sollte, ging einer der Verschwörer, von Gewissensbissen gepeinigt, in das Quartier des Befehlshabers und bat um eine geheime Unterredung mit ihm. Er warf sich ihm zu Füßen, entdeckte ihm alle Einzelheiten des Komplotts und setzte hinzu, daß man in Villafañas Händen ein Papier mit den Namen seiner Komplicen finden werde. Cortez, bei dieser Enthüllung wie vom Donner gerührt, verlor keinen Augenblick, die Konsequenzen zu ziehen. Er schickte nach Alvarado, Sandoval und ein paar anderen von dem Verschwörer genannten Offizieren, und nachdem er ihnen die Sache mitgeteilt hatte, begab er sich, von vier Alguacils begleitet, unverzüglich in Villafañas Quartier.

Sie fanden ihn im Gespräch mit drei oder vier Freunden, die sogleich aus dem Zimmer gebracht und in Gewahrsam genommen wurden. Über das plötzliche Erscheinen seines Befehlshabers bestürzt, hatte Villafaña gerade noch Zeit, rasch nach einem Papier auf der Brust zu greifen, um es zu verschlucken. Aber Cortez fiel ihm in den Arm und nahm es an sich; es war das Blatt mit den Unterschriften der Verschwörer. Als er einen flüchtigen Blick auf die verhängnisvolle Liste warf, war er betroffen; denn unter den Namen befand sich mehr als einer, der einigen Anspruch auf Achtung im Heere hatte. Er riß das Blatt in Stücke und befahl, Villafaña festzunehmen. Unverzüglich wurde er von einem eilig einberufenen Kriegsgericht verhört, bei dem der Befehlshaber selbst den Vorsitz führte. Über die Schuld des Mannes scheint kein Zweifel bestanden zu haben. Er wurde zum Tode verurteilt, und nachdem man ihm Zeit zu Beichte und Absolution gelassen hatte, wurde das Urteil vollstreckt, indem man ihn am Fenster seines eigenen Quartiers aufknüpfte.

Wer von der ganzen Sache nichts wußte, war erstaunt über dieses Schauspiel; die übrigen Verschwörer ergriff Bestürzung, als sie sahen, daß ihr Anschlag entdeckt war, und sie fürchteten für sich selbst ein ähnliches Schicksal. Aber sie irrten sich. Cortez ging der Angelegenheit nicht weiter nach. Kurzes Nachdenken überzeugte ihn, daß ihm nur die unangenehmsten, ja gefährlichsten Schwierigkeiten daraus erwachsen konnten. Und wie sehr auch die bei dem schändlichen Anschlag Beteiligten den Tod verdient haben mochten, er konnte bei seiner jetzt so beschränkten Truppenzahl selbst die Schuldigen schlecht entbehren. So beschloß er, sich mit der Bestrafung des Rädelsführers zu begnügen.

Er rief seine Truppen zusammen und erklärte ihnen kurz, für welches Verbrechen Villafaña bestraft worden sei. Dieser habe aber keinerlei Einzelheiten gestanden, sagte er, und das Geheimnis seiner Schuld sei mit ihm ausgelöscht. Hierauf drückte er seinen Kummer darüber aus, daß einer aus ihren Reihen einer so verächtlichen Tat fähig gewesen sei; er versicherte, er sei sich nicht bewußt, je einem unter ihnen Unrecht getan zu haben; sei es aber dennoch geschehen, so fordere er sie auf, es offen zu bekennen, da ihm alles daran liege, ihnen jede ihm zu Gebote stehende Genugtuung zu verschaffen. Aber nicht einer fand sich unter seinen Zuhörern, was immer er auch zu bemängeln haben mochte, der seine Klage in einem solchen Augenblick hätte vorbringen mögen; am allerwenigsten die Verschwörer

selbst, denn sie waren heilfroh, der Entdeckung, wie sie sich einbilde-
ten, entgangen zu sein, und hüteten sich, jetzt als die Unzufriedenen
hervorzutreten. Die Sache ging daher ohne weitere Folgen vorüber.

Es wurde jedoch beschlossen, Cortez mit einer Wachmannschaft
zu umgeben, die unter den Befehl eines zuverlässigen Ritters namens
Antonio de Quiñones gestellt wurde. Diese Leibgarde begleitete den
Befehlshaber auf dem ganzen weiteren Feldzug, wachte Tag und
Nacht über ihm und schützte ihn sowohl vor Verrat aus den eigenen
Reihen wie vor dem Schwert des Feindes.

Wie schon am Schluß des letzten Kapitels bemerkt, erfuhren die
Spanier bei ihrer Rückkehr nach Texcoco, daß die Brigantinen, voll
aufgetakelt und ausgerüstet, nunmehr segelfertig seien. Auch der
Wassergraben, an dem achttausend Eingeborene beinahe zwei Monate lang gearbeitet hatten, war fertig geworden. Dies war ein sehr
mühseliges Werk gewesen; denn er war anderthalb Meilen lang,
zwölf Fuß breit und ebenso tief. Die Seiten waren durch hölzerne
Pfähle oder festes Mauerwerk abgestützt. In bestimmten Abständen
waren Staudämme und Schleusen errichtet, und teilweise führte der
Graben durch harten Fels. Auf diesem Wege konnten nun die Brigantinen sicher in den See gebracht werden.

Cortez gedachte ein so glückverheißendes Ereignis mit dem gebührenden Gepränge zu begehen. Am 28. April standen die Truppen
unter Waffen, und die ganze Bevölkerung von Texcoco war versammelt, um der Feierlichkeit beizuwohnen. Die Messe wurde gelesen,
und jeder Mann im Heer, wie auch der Befehlshaber selbst, beichtete
und empfing die Kommunion. Pater Olmedo sprach Gebete und
flehte um Segen für die kleine Flotte, die erste dieses Namens würdige, die jemals in amerikanischen Gewässern vom Stapel lief. Ein
Kanonenschuß gab das Zeichen, und die Schiffe glitten eines nach
dem andern den Graben hinab und gelangten wohlbehalten in den
See. Als sie auf der weiten Wasserfläche auftauchten, mit klingender
Musik, auf den Masten stolz die königlich kastilische Flagge, da erhob sich aus der riesigen Zuschauermenge ein Schrei der Bewunderung, der sich mit Kanonendonner und Gewehrfeuer von Schiffen
und Ufer mischte. Es war für die Eingeborenen ein völlig neues
Schauspiel, und sie betrachteten staunend die prächtigen Schiffe, die
gleich Seevögeln mit ihren schneeweißen Schwingen leicht über das
Wasser glitten, als freuten sie sich, in ihrem Element zu sein. Selbst

die verhärteten Gemüter der Eroberer wurden von einem Sturm der Begeisterung hingerissen, und in dem Bewußtsein, daß der Himmel ihr Beginnen gesegnet habe, brachen sie einstimmig in den hohen Lobgesang des Tedeum aus. Doch gab es in der riesigen Menge keinen, den das Schauspiel tiefer ergriff als den Befehlshaber selbst. Denn er betrachtete es gewissermaßen als das Werk seiner Hände, und ein Triumphgefühl überkam ihn bei dem Gedanken, daß er jetzt ein Machtmittel besaß, stark genug, den See zu beherrschen und die stolzen Türme Tenochtitlans zu erschüttern.

Als nächstes nahm der Befehlshaber auf dem großen Platz in Texcoco eine Musterung seiner Truppen vor. Sie beliefen sich auf 87 Reiter und 818 Fußsoldaten, darunter 118 Hakenbüchsen- und Armbrustschützen. Er hatte drei große eiserne Feldgeschütze und 15 leichtere Kanonen oder Falkonette aus Bronze. Die schwereren Geschütze waren von den treuen Tlaxcalteken kurz zuvor von Veracruz nach Texcoco geschafft worden. Er war wohlversorgt mit Geschossen und Kugeln, mit ungefähr elf Zentnern Pulver und 50000 nach indianischem Muster gefertigten kupferbewehrten Pfeilen. Das Heer war größer an Zahl und besser ausgerüstet als jemals seit der Flucht aus Mexiko, und die letzten Zufuhren von den Inseln waren ihm sehr zugute gekommen. Ja, wenn man die Flotte in Betracht zog, war Cortez überhaupt nie zuvor so gut für sein großes Vorhaben ausgestattet gewesen. Dreihundert Mann wurden zur Bemannung der Schiffe abkommandiert, die sich auf dreizehn oder vielmehr nur auf zwölf beliefen, da eins von den kleineren sich bei der Probefahrt als zu langsamer Segler erwies, um von Nutzen zu sein. Die Hälfte der Mannschaften wurde für die Bedienung der Schiffe selbst gebraucht. Es bereitete einige Schwierigkeiten, Leute dafür zu finden, da den meisten diese Beschäftigung zuwider war. Cortez suchte solche aus, die von Palos, Moguer und anderen Seestädten kamen, und obwohl viele den Anspruch erhoben, als Hidalgos von so niedrigen Diensten verschont zu werden, zwang er sie dazu. Jedes Schiff hatte ein schweres Geschütz an Bord und unterstand einem angesehenen Offizier; ihnen allen erteilte Cortez die nötigen Instruktionen zur Führung der Schiffe, während er selbst sich den Oberbefehl über die kleine Flotte vorbehielt.

Er hatte schon zu seinen indianischen Verbündeten geschickt, ihnen sein Vorhaben angekündigt, Mexiko nunmehr zu belagern, und sie aufgefordert, ihm die versprochenen Hilfstruppen innerhalb von höchstens zehn Tagen zu stellen. Die Tlaxcalteken sollten sich ihm in Texcoco anschließen; die anderen wies er an, sich in Chalco zu sammeln, einem für die Operationen im südlichen Teil des Tales geeigneteren Ausgangspunkt. Die Tlaxcalteken langten innerhalb der vorgeschriebenen Zeit an, angeführt von dem jüngeren Xicotencatl sowie von Chichimecatl, demselben tapferen Krieger, der die Brigantinen nach Texcoco geleitet hatte. Sie waren nach Cortez' Zeugnis fünfzigtausend an der Zahl und gewährten einen herrlichen Anblick, wie sie da in kriegerischem Prunk stolz einherzogen, unter dem großen Banner ihres Freistaates, worauf ein Adler mit ausgebreiteten Schwingen prangte. Mit siegessicherem, männlichem Schritt, als ginge es zur Schlacht, marschierten sie durch die Tore Texcocos, und ihr Freundesruf ›Kastilien und Tlaxcala!‹ hallte von den Mauern der Stadt wider.

Cortez' Beobachtungen auf seinem letzten Erkundungszug hatten ihn bestimmt, zu Beginn der Belagerung seine Truppen drei verschiedenen Lagern zuzuordnen, die er an den äußersten Enden der Hauptdammwege aufschlagen wollte. So würden sich die Truppen gleichzeitig auf die Hauptstadt zubewegen und am sichersten den Nachschub aus der Umgebung abschneiden können. Der erste dieser Ausgangspunkte war Tacuba, das den unseligen Dammweg der Noche triste beherrschte. Dieser Abschnitt wurde Pedro de Alvarado anvertraut, dessen Streitmacht nach Cortez' eigenen Angaben aus 30 Reitern, 168 spanischen Fußsoldaten und 25 000 Tlaxcalteken bestand. Cristóbal de Olid befehligte die zweite ungefähr ebenso starke Abteilung, die sich in Coyoacan aufstellen sollte, einer Stadt, die den kurzen Dammweg beherrschte, der wiederum mit dem von Itztapalapan in Verbindung stand. Gonzalo de Sandoval unterstand die dritte Abteilung, von gleicher Stärke wie die beiden anderen; doch sollte sie ihre indianischen Mannschaften von den in Chalco versammelten Streitkräften beziehen. Sandoval sollte nach Itztapalapan marschieren und die Zerstörung der Stadt vollenden, die Cortez auf seinem früheren Kriegszug bereits begonnen hatte. Dies war ein zu gefährlicher Platz, als daß er hätte im Rücken des Heeres bleiben können. Der Befehlshaber hatte die Absicht, den Angriff mit seinen Brigantinen zu unterstützen, worauf dann die folgenden Bewegungen Sandovals sich nach den Umständen richten sollten.

Nachdem er den Offizieren seine Pläne unterbreitet hatte, rief der spanische Befehlshaber seine Truppen zusammen und hielt eine jener kurzen mitreißenden Reden, mit denen er bei großen Gelegenheiten die Herzen seiner Soldaten zu entflammen pflegte. »Ich habe den letzten Schritt getan«, sagte er, »ich habe euch zu dem Ziel geführt, nach dem ihr so lange gedürstet habt. In wenigen Tagen werdet ihr vor den Toren Mexikos stehen — der Stadt, aus der ihr so schmählich vertrieben worden seid. Jetzt aber lächelt uns das Glück. Zweifelt jemand daran? Dann mag er nur unsere gegenwärtige Lage mit der vergleichen, in welcher wir uns vor noch nicht zwölf Monaten befanden, als wir geschlagen und mutlos in den Mauern Tlaxcalas Zuflucht suchten; ja, sogar noch vor wenigen Monaten sah es anders aus, als wir unser Lager in Texcoco aufschlugen. Seitdem hat sich unsere Stärke fast verdoppelt. Wir kämpfen den Kampf des Glaubens; es geht um unsere Ehre, um Reichtum, um Rache. Ich habe euch vor euren Feind geführt. An euch ist es, das übrige zu tun.«

Die Rede des kühnen Heerführers wurde von seinen Anhängern mit tosendem Beifall beantwortet. Jedermann werde unter einem solchen Führer seine Pflicht tun, erklärten sie, und sie hätten nur den einen Wunsch, gegen den Feind geführt zu werden. Cortez ließ nun noch einmal die in Tlaxcala erlassenen Vorschriften für das Heer verlesen und versicherte, sie würden dem Wortlaut getreu durchgesetzt werden.

Es war vorgesehen, daß die indianischen Truppen den spanischen um einen Tagesmarsch voraus sein und ihre Verbündeten an der Grenze des Gebiets von Texcoco erwarten sollten. Bald nach ihrem Aufbruch ereignete sich ein Vorfall, der von böser Vorbedeutung für die Zukunft war. Im Lager von Texcoco war ein Streit zwischen einem spanischen Soldaten und einem tlaxcaltekischen Häuptling ausgebrochen, wobei letzterer schwer verletzt wurde. Er wurde nach Tlaxcala zurückgeschickt und die Sache vertuscht, damit sie nicht dem Befehlshaber zu Ohren komme, der, wie man wohl wußte, nicht gleichmütig darüber hinweggehen würde. Xicotencatl war ein naher Verwandter des Verletzten, und bei der ersten Rast ergriff er eine Gelegenheit, das Heer mit mehreren seiner Anhänger zu verlassen und sich nach Tlaxcala aufzumachen. Es werden noch andere Ursachen für seinen Abfall angegeben. Fest steht, daß er von Anfang an gegen diesen Kriegszug gewesen war und prophezeit hatte, nichts Gutes könne daraus erwachsen. Nur widerstrebend ließ er sich darauf ein, da er die Spanier im Grunde seines Herzens verabscheute.

Der zweite tlaxcaltekische Heerführer unterrichtete von dem Vorfall sogleich den spanischen Befehlshaber, der sich noch im Lager von Texcoco befand. Cortez erkannte auf der Stelle, welche unseligen Folgen dieser Abfall zu einem solchen Zeitpunkt nach sich ziehen konnte, und sandte dem Flüchtling eine Abteilung Indianer aus Tlaxcala und Texcoco mit dem Auftrag nach, ihn wenn möglich zur Rückkehr zu seiner Pflicht zu bewegen. Sie holten ihn auf dem Wege ein und machten ihm Vorwürfe wegen seines Verhaltens, das in krassem Widerspruch stehe zu dem seiner Landsleute und vor allem seines eigenen Vaters, des treuen Freundes der weißen Männer. »Desto schlimmer«, erwiderte der Häuptling; »hätten sie meinen Rat befolgt, so wären sie niemals auf die treulosen Fremden hereingefallen.« Da die Abgesandten sahen, daß sie ihn mit ihren Vorhaltungen nur aufbrachten und Hohn und Spott ernteten, kehrten sie unverrichtetersache zurück.

Cortez schwankte nun nicht mehr, welchen Weg er einzuschlagen habe. Xicotencatl, sagte er, sei stets der Feind der Spanier gewesen, zuerst auf dem Schlachtfeld und dann in der Ratsversammlung. Offen oder im geheimen, stets sei er geblieben, was er war — ihr unversöhnlicher Feind. Es habe keinen Sinn, mit dem verräterischen Indianer zu unterhandeln. Sofort sandte er eine kleine Reiterschar mit einem Alguacil ab, die den Häuptling, wo immer sie ihn finden mochten, und wenn es in den Straßen von Tlaxcala wäre, gefangennehmen und nach Texcoco zurückbringen sollte. Gleichzeitig benachrichtigte er den tlaxcaltekischen Ältestenrat von Xicotencatls Vergehen und fügte hinzu, Fahnenflucht werde bei den Spaniern mit dem Tode bestraft.

Cortez' Abgesandte führten seine Befehle pünktlich aus. Sie nahmen den flüchtigen Häuptling fest — ob in Tlaxcala oder in der Nähe der Stadt, ist ungewiß — und brachten ihn als Gefangenen nach Texcoco, wo auf dem großen Platz ein hoher Galgen zu seinem Empfang errichtet war. Er wurde sogleich auf den Richtplatz geführt, das Urteil und das Verbrechen, für das er bestraft wurde, öffentlich bekanntgegeben, und der unglückliche Kazike sühnte sein Vergehen mit dem schmählichen Tod eines Missetäters. Sein ganzer reicher Besitz, Ländereien, Sklaven und etwas Gold, wurde für die kastilische Krone beschlagnahmt. So starb Xicotencatl in der Blüte seines Lebens — einer der tapfersten Krieger, die je ein indianisches Heer in die Schlacht geführt haben. Er war der erste Häuptling, der den Eindringlingen mit Erfolg Widerstand geleistet hatte; und wären alle

Eingeborenen Anahuacs von seinem Geist beseelt gewesen, so hätte Cortez wahrscheinlich niemals den Fuß in die Hauptstadt Montezumas gesetzt. Er sah klarer in die Zukunft als seine Landsleute; denn er wußte, daß der Europäer ein viel gefährlicherer Feind war als der Azteke. Wegen seiner ritterlichen Tugenden war er allgemein beliebt, besonders bei seinen jüngeren Landsleuten; und bei seinem Tode wurden seine Kleider in Stücke gerissen und als heilige Andenken unter ihnen verteilt. Dennoch begegnete die Vollstreckung des Urteils keinem Widerstand und hatte keinen Aufruhr zur Folge. Er blieb der einzige Tlaxcalteke, der jemals den Spaniern die Treue gebrochen hat.

Nach Cortez' Plan sollte Sandoval mit seiner Abteilung südwärts marschieren, während Alvarado und Olid im Norden die Seen umgehen sollten. Nachdem diese beiden Ritter Tacuba besetzt hätten, sollten sie auf Chapultepec vorrücken und dort den großen Aquädukt zerstören, der Mexiko mit Wasser versorgte. Am 10. Mai setzten sie sich in Marsch; aber in Acolman, wo sie für die Nacht haltmachten, entspann sich zwischen den Soldaten der beiden Abteilungen ein Streit um ihre Quartiere. Auf Worte folgten Tätlichkeiten, und es kam sogar zu einer Auseinandersetzung zwischen den Heerführern, die in die Entrüstung ihrer Leute einstimmten. Cortez, der davon benachrichtigt wurde, schickte sogleich zu den beiden hitzigen Offizieren und beschwor sie, ihre Zwistigkeiten beizulegen, die sie selbst und das ganze Unternehmen zugrunde richten müßten. Sein Einspruch bewirkte wenigstens eine äußerliche Versöhnung der beiden Parteien. Aber Olid war nicht der Mann, der vergessen oder leicht vergeben konnte; und Alvarado, obwohl offen und großzügig, war von heftiger Gemütsart und viel leichter zu erregen als zu besänftigen. Sie wurden nicht wieder Freunde.

Die Spanier fanden auf ihrem Marsch nirgends Widerstand. Die größeren Städte waren menschenleer, weil die Einwohner entweder nach Mexiko gezogen waren, um die Besatzung zu verstärken, oder mit ihren Familien in den Bergen Zuflucht gesucht hatten. Auch Tacuba war verödet, und die Truppen richteten sich noch einmal in ihren alten Quartieren in der stolzen Stadt der Tepaneken ein.

Ihr erstes Vorhaben war, die Röhrenleitung zu durchtrennen, welche das Wasser vom Chapultepec den zahlreichen Becken und Springbrunnen zuführte, die in den Höfen der Hauptstadt funkelten. Die teils aus Ziegeln, teils aus Stein und Mörtel gebaute Wasserleitung war auf einem festen, aber schmalen Deich verlegt, der einen Arm des Sees überquerte, und das ganze Bauwerk war eins der beachtlichsten Zeugnisse mexikanischer Kultur. Die Indianer waren sich seiner Wichtigkeit wohl bewußt und hatten eine große Streitmacht zu seinem Schutz aufgestellt. Es kam zu einer Schlacht, in der beide Seiten beträchtliche Verluste hatten, aber die Spanier trugen den Sieg davon. Ein Teil des Aquädukts wurde zerstört, und während der ganzen Belagerung fand kein Wasser durch diese Röhrenleitung den Weg in die Hauptstadt.

Am nächsten Tage betraten die vereinten Truppen den verhängnisvollen Dammweg, um sich wenn möglich die nächste Brücke zu sichern. Der Deich wimmelte von Kriegern, nicht anders als in der Nacht ihres Unheils, während die Oberfläche des Sees von unzähligen Kanus verfinstert war. Unter einem dichten Hagel von Wurfgeschossen, sowohl vom Wasser wie vom Lande her, suchten die unerschrockenen Christen vorwärts zu kommen, aber sie machten nur langsame Fortschritte. Quer über dem Dammweg aufgeworfene Verschanzungen hemmten die Reiterei und machten sie fast nutzlos. Die Seitenwände der indianischen Boote waren mit Brustwehren versehen, welche die Mannschaften vor den Hakenbüchsen und Armbrüsten schützten; und wenn die Krieger auf dem Deich von den spanischen Piken allzu hart bedrängt wurden, warfen sie sich furchtlos ins Wasser, als wäre es ihr eigentliches Element, um gleich darauf an den Seiten des Deiches wieder aufzutauchen und von dort mit ihren Pfeilen und Wurfspießen Verderben in die spanischen Reihen zu senden. Nach langem und verbissenem Kampf blieb den Christen nichts anderes übrig, als sich schmählich in ihre Quartiere zurückzuziehen; ihre eigenen Verluste, die der Verbündeten eingerechnet, waren kaum geringer als die der Feinde. Verdrossen über den Ausgang des Treffens, warf Olid seinem Gefährten vor, er habe sie durch seine Leichtfertigkeit darein verwickelt, und zog am nächsten Morgen seine Streitkräfte nach seinem eigenen Standquartier in Coyoacan zurück. Dies geschah gegen Ende Mai, und hiermit beginnt die eigentliche Belagerung Mexikos.

5

Sobald Cortez die Nachricht erhalten hatte, daß seine beiden Offiziere sich auf den ihnen angewiesenen Posten befanden, befahl er Sandoval, auf Itztapalapan vorzurücken. Der Weg führte diesen durch eine großenteils freundlich gesinnte Gegend, und in Chalco wurde seine kleine Schar Spanier durch ein riesiges Aufgebot indianischer Mannschaften verstärkt, die dort seine Ankunft erwartet hatten. Vereint setzten sie ihren Marsch fort, ohne auf Widerstand zu stoßen, bis sie vor der feindlichen Stadt anlangten, unter deren Mauern eine große indianische Streitmacht zu ihrem Empfang bereitstand. Eine Schlacht entbrannte, und die Eingeborenen, nachdem sie sich eine Zeitlang hartnäckig behauptet hatten, mußten schließlich weichen und auf dem See oder in dem Stadtteil, der über dem Wasser errichtet war, Zuflucht suchen. Die übrige Stadt wurde eiligst von den Spaniern besetzt.

Mittlerweile war Cortez mit seiner Flotte abgesegelt, um vom Wasser aus den Angriff seines Offiziers zu unterstützen. Als er sich dem südlichen Seeufer näherte, kam er an einer vereinzelten hohen Klippe vorbei, die seitdem nach ihm ›Fels des Marqués‹ genannt wird. Sie war von einem Indianerhaufen besetzt, der die vorüberfahrende Flotte mit einem Hagel von Steinen und Pfeilen begrüßte. Entschlossen, ihre Verwegenheit zu strafen und den See von den Störenfrieden zu säubern, ging Cortez augenblicklich mit hundertfünfzig Leuten an Land. Er stellte sich an ihre Spitze, erklomm trotz eines ununterbrochenen Geschoßhagels die steile Höhe und ließ, auf dem Gipfel angelangt, die ganze Besatzung über die Klinge springen. Einige Frauen und Kinder, die er ebenfalls dort vorfand, verschonte er.

Auf dem Gipfel der Anhöhe brannte ein Signalfeuer als Zeichen für die Bewohner der Hauptstadt, daß die spanische Flotte die Anker gelichtet habe. Noch ehe Cortez wieder auf sein Schiff gelangt war, hatten die Kanus und Pirogen des Feindes die Häfen von Mexiko verlassen und verdunkelten auf breiter Fläche den See. Es waren Hunderte, alle voll Kriegsvolk, und auf der glatten Wasserfläche kamen sie mit ihren Rudern rasch näher.

Nach seinen eigenen Worten betrachtete Cortez seine Flotte als den Schlüssel des Krieges, und er wußte, wie wichtig es war, gleich beim ersten Zusammentreffen mit dem Feind einen entscheidenden Schlag zu führen. Deshalb verdroß es ihn, daß seine Segel ihm, weil es an

Wind fehlte, nichts nützten. Er erwartete ruhig die Ankunft des feindlichen Geschwaders, das jedoch in etwas mehr als Büchsenschußweite die Ruder ruhen ließ, als zögerte es, mit diesen Leviathans zusammenzutreffen. In diesem Augenblick kräuselte ein Lüftchen vom Lande her die Oberfläche des Sees; es frischte allmählich zu einer Brise auf, und Cortez benutzte die freundliche Hilfe, die er — was unter den gegebenen Umständen verzeihlich ist — als ihm eigens vom Himmel zugedachtes Geschenk betrachtete, und hielt mit vollen Segeln und in breiter Front auf die feindlichen Kanus zu.

Kaum wurden diese vom Bug ihrer furchtbaren Gegner getroffen, als sie auch schon durch den Anprall umgeworfen und auf den Grund geschickt oder so schwer beschädigt wurden, daß sie schnell Wasser zogen und sanken. Die Seefläche war bedeckt mit den Trümmern zerbrochener Kanus und den Leibern von Menschen, die mit den Wellen um ihr Leben kämpften und ihre Gefährten vergebens anflehten, sie an Bord ihrer überfüllten Fahrzeuge zu nehmen. Die spanische Flotte bahnte sich unbeirrt ihren Weg durch das Gedränge der Boote, feuerte nach rechts und links mit fürchterlicher Wirkung ihre verderbenbringenden Salven ab und machte so die Niederlage der Azteken vollkommen. Diese machten keinen Versuch zum Widerstand — kaum daß sie ein paar Pfeilschüsse wagten—, sondern strebten mit aller Kraft dem Hafen zu, aus dem sie erst vor so kurzer Zeit ausgelaufen waren. Doch weder fliehend noch kämpfend waren sie ihrem furchtbaren Gegner gewachsen, der auf Windesflügeln nach Belieben hin und her flog und Tod und Verderben um sich her verbreitete, während die Ufer vom Donner seiner Geschütze widerhallten. Nur wenigen indianischen Booten gelang es, den Hafen zu erreichen; von dort glitten sie in die Kanäle hinein und fanden Schutz im Innern der Stadt, wohin die Brigantinen ihnen wegen ihres größeren Tiefgangs nicht folgen konnten. Dieser Sieg, vollständiger als selbst Cortez bei aller Zuversicht geahnt hatte, erwies die Überlegenheit der Spanier und machte sie zu unbestrittenen Herrschern über den aztekischen See.

Es war schon fast finster, als das Geschwader, nachdem es an dem großen südlichen Dammweg entlanggesegelt war, auf der Höhe von Xoloc vor Anker ging, wo der von Coyoacan ausgehende Nebendamm mit dem Hauptdamm zusammentraf. Die Straße erweiterte sich an diesem Punkt und ließ Raum für zwei Türme oder mit Türmen gekrönte Tempel, die, aus Stein errichtet und von Steinmauern umgeben, eine recht ansehnliche Verteidigungsstellung abgaben und zu diesem Zeitpunkt von Azteken besetzt waren. Die Besatzung war nicht groß, und Cortez, nachdem er mit seinen Soldaten gelandet war, konnte den Feind ohne Schwierigkeit daraus vertreiben und die Festungswerke besetzen.

Ursprünglich scheint der Befehlshaber die Absicht gehabt zu haben, sein eigenes Quartier mit Olid in Coyoacan aufzuschlagen. Falls das zutrifft, so änderte er jedenfalls jetzt seinen Plan und entschied sich wohlweislich für diese Stelle, da sie ihm für sein Lager am besten geeignet schien. Sie war nur anderthalb Meilen von der Hauptstadt entfernt, und da sie den großen südlichen Zugang beherrschte, hatte er unmittelbare Verbindung mit der Besatzung von Coyoacan, von wo er Zufuhren aus der umliegenden Gegend erhalten konnte. Hier also beschloß er, sein Hauptquartier aufzuschlagen. Er ließ sofort seine schweren eisernen Geschütze aus den Brigantinen auf den Dammweg schaffen, beorderte Olid mit der Hälfte seiner Truppen zu sich, während Sandoval angewiesen wurde, seine gegenwärtige Stellung aufzugeben und nach Coyoacan vorzurücken, von wo er fünfzig ausgesuchte Leute seines Fußvolks in Cortez' Lager schicken sollte. Nach diesen Vorkehrungen ging der Befehlshaber eifrig daran, die Befestigungswerke in Xoloc zu verstärken und in besten Verteidigungszustand zu versetzen.

Während der nächsten fünf oder sechs Tage wurden die Spanier immer wieder vom Feind belästigt, der sie, wenn auch zu spät, daran zu hindern suchte, sich in einer der Hauptstadt so nahen Stellung einzunisten. Hätten sie mehr von der Kriegskunst verstanden, so hätten sie schon eher alles daran gesetzt, sich dieses Fort selbst zu sichern. Entgegen ihren sonstigen Gepflogenheiten griffen die Indianer sowohl nachts wie bei Tage an. Das Wasser wimmelte von Kanus, die sich aus Furcht vor den Brigantinen in einiger Entfernung hielten, aber doch immerhin nahe genug kamen, besonders im Schutz der Dunkelheit, um Pfeile ins christliche Lager hageln zu lassen, so dicht, daß sie den Boden bedeckten und die Bewegungen der Soldaten behinderten. Andere fuhren an der Westseite des Dammweges entlang, die von der spanischen Flotte nicht geschützt war, und setzten mit ihren Bogenschützen den Spaniern so heftig zu, daß diese sich zu einem Deichdurchbruch genötigt sahen, so daß zwei ihrer kleineren Schiffe hindurchgelangen konnten und denn auch bald das innere Wasserbecken so völlig beherrschten wie vorher das äußere. Dennoch näherten sich die kühnen Wilden auf dem Dammweg den christlichen Wällen bis auf Bogenschußweite und erhoben dabei ein so gellendes Kriegsgeschrei, daß es nach Cortez' Worten war, als ob Himmel und Erde zusammenstießen. Aber sie wurden für ihre Verwegenheit hart bestraft, da die Geschütze, welche die Zugänge zum Lager bestrichen, ein verheerendes Feuer eröffneten, das die Angreifer zerstreute und sie in wildem Durcheinander in ihre Quartiere zurückscheuchte.

Die beiden Hauptzugänge Mexikos, der südliche und westliche, waren nun von den Christen besetzt. Es blieb aber noch ein dritter im Norden, der große Deich von Tepeyacac, der an die Hauptstraße anschloß, die geradlinig mitten durch die Stadt führte und als eine Fortsetzung des Deiches von Itztapalapan angesehen werden konnte. Mit diesem nördlichen Zugang blieb den Belagerten noch immer ein Fluchtweg offen, und sie bedienten sich seiner jetzt, um die Verbindung mit dem Land aufrechtzuerhalten und sich mit Vorräten zu versorgen. Alvarado, der das von seiner Stellung in Tacuba aus beobachtete, benachrichtigte seinen Befehlshaber davon, und dieser wies Sandoval an, auf jenem Dammweg Stellung zu beziehen. Der Offizier, obwohl in einem der letzten Scharmützel durch einen Lanzenstoß schwer verwundet, beeilte sich, dem Befehl nachzukommen; und damit war die Hauptstadt, nunmehr der letzten Verbindung mit dem umliegenden Festland beraubt, vollständig eingeschlossen.

Aber Cortez gedachte nicht die Auswirkungen einer langen Einschließung ruhig abzuwarten, die sowohl die Geduld seiner Verbündeten als auch seine eigenen Hilfsmittel erschöpfen mußte. Er beschloß, die Belagerung durch wiederholte Angriffe zu verschärfen, um damit der Stadt noch mehr Schaden zuzufügen und die Übergabe zu beschleunigen. Zu diesem Zweck befahl er einen gleichzeitigen Angriff aller drei Abteilungen auf die ihnen zunächst liegenden Stadtteile.

Am dafür vorgesehenen Tag waren seine Truppen bei Morgengrauen unter Waffen. Wie gewöhnlich wurde die Messe gelesen; und die indianischen Verbündeten, die dem erhabenen, eindrucksvollen Gottesdienst mit ernster Aufmerksamkeit folgten, bemerkten mit unverhohlener Bewunderung die andächtige Ehrfurcht der Christen und hielten in ihrer Einfalt diese selbst für kaum etwas Geringeres als Gottheiten. Das spanische Fußvolk marschierte in der Vorhut; an der Spitze, gleichfalls zu Fuß, Cortez mit einigen Rittern. Sie waren auf dem Dammweg noch nicht weit vorgerückt, als sie durch einen der offenen Durchbrüche aufgehalten wurden, über den ehemals eine Brücke geführt hatte. Auf der gegenüberliegenden Seite war ein fester Wall aus Stein und Mörtel errichtet und dahinter ein starker Trupp aztekischer Krieger postiert, welche die anrückenden Spanier mit einem dichten Pfeilhagel empfingen. Letztere bemühten sich vergebens, sie mit ihren Feuerwaffen und Armbrüsten zu verjagen; sie waren hinter ihren Verteidigungswerken zu gut geschützt.

Hier nun ließ Cortez die zwei Brigantinen, die zu beiden Seiten des Dammwegs neben ihm hergefahren waren, um dem Heer Beistand zu leisten, die feindliche Stellung unter Beschuß nehmen. Auf diese Weise zwischen zwei wohlgezielte Feuer genommen, wurden die Indianer zum Weichen gezwungen. Die Soldaten an Bord der Schiffe sprangen an Land und erklommen wie die Raubkatzen den Damm. Bald folgten ihre Landsleute unter Cortez, die sich ins Wasser stürzten, durch die unverteidigte Öffnung schwammen und gleichfalls die Verfolgung des Feindes aufnahmen. Die Mexikaner zogen sich jedoch in einiger Ordnung zurück, bis sie an eine zweite Deichöffnung kamen, deren Brücke ebenfalls zerstört und die nun durch ein steinernes Bollwerk befestigt war. Hier fanden die fliehenden Azteken, nachdem sie den Graben durchschwommen hatten, aufs neue Schutz und wurden durch frische Trupps ihrer Landsleute verstärkt.

Sie behaupteten ihren Posten, bis sie wiederum durch das Geschützfeuer der Brigantinen zum Rückzug gezwungen wurden. Auf diese Weise wurde ein Durchbruch nach dem andern erobert, und bei jedem neuen Sieg erhoben die Schiffsmannschaften ein Freudengeschrei, in das die langen Reihen der Spanier und ihrer Verbündeten auf dem Dammweg einstimmten, so daß das Tal bis an seine Grenzen davon widerhallte.

Cortez hatte nun das Ende des großen Zugangs erreicht, wo dieser in die Vorstadt mündete. Hier machte er halt, um der Nachhut Zeit zu lassen, sich ihm anzuschließen. Diese wurde noch durch die Arbeit an den Durchbrüchen aufgehalten, die sie notdürftig auffüllten, um Geschütz und Reiterei einen brauchbaren Übergang zu schaffen und auch den Rückzug des Heeres zu sichern. Mit dieser wichtigen Aufgabe wurden die Verbündeten betraut. Sie halfen sich damit, daß sie die Bollwerke von den Dämmen herunterrissen und sie in die Öffnungen warfen; und wenn das nicht ausreichte — denn das Wasser rings um den südlichen Dammweg war tief —, brachen sie aus dem Deich selbst, der dafür breit genug war, große Steine und Geröll und füllten damit den Graben aus, bis sich die Notbrücke über den Wasserspiegel erhob.

Die große Straße, durch welche die Spanier nun einzogen, dieselbe, auf der sie das erste Mal in die Hauptstadt gekommen waren, durchschnitt die Stadt von Norden nach Süden. Sie war breit und schnurgerade, und in der Ferne wurden dunkle Kriegerscharen sichtbar, die sich zur Unterstützung ihrer Landsleute sammelten, um die Spanier am weiteren Vordringen zu hindern. Die Straßenränder waren von Häusern gesäumt, deren flache Dächer ebenfalls von Streitern wimmelten; von ihnen wurde das vorrückende Heer mit einem erbarmungslosen Hagel von Wurfgeschossen bedacht, die allerdings von den Harnischen abprallten, ohne Schaden anzurichten, aber doch nur allzu oft durch die einfacheren Escaupils der Soldaten drangen, in denen ohnehin schon manch böser Riß klaffte. Um sich von dieser Plage künftig zu befreien, ließ Cortez auf seinem Vormarsch die Hauptgebäude von seinen indianischen Helfern niederreißen, und wie schon beim Ausfüllen der Durchbrüche leisteten sie ihm auch bei diesem Zerstörungswerk unschätzbare Dienste.

Die Spanier rückten unterdessen stetig, wenn auch langsam vor, während der Feind vor dem heftigen Gewehrfeuer zurückwich, obgleich er sich hin und wieder umkehrte, um Wurfspieße und Pfeile gegen die Verfolger zu schleudern. Auf diese Weise durchmaßen sie die große Straße, bis ein breiter Graben oder Kanal sie aufhielt; von der Brücke, die früher hinüberführte, waren nur wenige Planken übrig. Aber auch diese wurden von den Indianern abgebrochen, sobald sie hinübergelangt waren, und eine furchtbare Reihe Speere ragte sogleich über den Rand eines festen Steinwalls, der die andere Grabenseite schützte. Cortez hatte jetzt nicht mehr den Beistand seiner Brigantinen, da sie in den seichten Kanälen nicht in die Vorstadt eindringen konnten. Er stellte nun seine Büchsenschützen auf, die, durch die Schilde ihrer Gefährten geschützt, das Feuer auf den Feind eröffneten. Aber die Kugeln prallten von den steinernen Bollwerken ab, ohne Schaden anzurichten, während die Angreifer ihren Gegnern ein nur allzu sicheres Ziel boten.

Jetzt ließ der Befehlshaber die schweren Geschütze auffahren, und das heftige Kanonenfeuer riß denn auch bald eine Lücke in die Schutzwerke, durch welche die Büchsen- und Armbrustschützen ihre hageldichten Salven feuerten. Endlich wichen die Indianer ungeordnet zurück, nachdem sie die Gegner zwei Stunden lang in Schach gehalten hatten. Die Verfolger sprangen in das seichte Wasser, erstiegen das jenseitige Ufer, ohne weiteren Widerstand zu finden, und trieben den Feind die Straße entlang nach dem großen Platz hin, wo die heilige Pyramide sich riesenhaft über die anderen Gebäude der Stadt erhob.

Dieser Ort war den Spaniern nur allzu bekannt. Auf der einen Seite stand der Palast Axayacatls, ihre frühere Unterkunft, für manch einen der Schauplatz so vieler Leiden. Gegenüber befand sich die weitläufige Gruppe niedriger Gebäude, einst der Sitz des unglücklichen Montezuma; während die dritte Seite des Platzes von der Coatepantli, der Schlangenmauer, begrenzt war, die den großen Teocalli mit dem ganzen Tempelbezirk umschloß. Angesichts dieses Platzes hielten die Spanier inne, als seien sie bedrückt und für den Augenblick überwältigt von den bitteren Erinnerungen, die sie bedrängten. Aber ihr unerschrockener Führer, ungeduldig über ihr Zögern, trieb sie laut an, vorwärts zu gehen, ehe die Azteken Zeit hätten, sich zu sammeln; und in der einen Hand den Schild, mit der anderen das Schwert hoch über seinem Kopf schwingend, führte er sie mit dem Kriegsruf ›Santiago!‹ dem Feind entgegen.

Eingeschüchtert durch die Nähe des verhaßten Feindes, der sich trotz aller ihrer Anstrengungen wiederum den Weg ins Innere ihrer Stadt erzwungen hatte, leisteten die Mexikaner keinen weiteren Widerstand, sondern wichen zurück und suchten im heiligen Bezirk des Teocalli Zuflucht, wo die vielen weit verstreuten Gebäude manch guten Verteidigungspunkt boten. Einige Priester sah man in ihren fremdartigen, blutstarrenden Gewändern auf den Terrassen herumgeistern, die um die mächtigen Seiten der Pyramide führten; mit Gesängen priesen sie ihre Gottheit und feuerten die Krieger unten an, sich tapfer für die heiligen Altäre zu schlagen.

Die Spanier strömten durch die offenen Tore in den geweihten Bezirk, und eine kleine Gruppe stürmte die gewundenen Gänge zum Gipfel hinauf. Keine Spur mehr war von dem Kreuz zu finden oder von irgendeinem anderen Zeichen des reinen Glaubens, dem die Stätte geweiht worden war. Eine neue Bildsäule des aztekischen Kriegsgottes hatte die Stelle der alten, von den Christen zertrümmerten eingenommen, und die phantastisch gräßliche Ungestalt erhob sich in derselben Wandvertiefung, die die vorige eingenommen hatte. Die Spanier rissen ihr sogleich die goldene Maske und die kostbaren

Juwelen ab, mit denen sie aufgeputzt war, schleuderten die sich sträubenden Priester die Pyramide hinab und machten sich eiligst auf den Rückweg zu ihren Gefährten unten. Es war die höchste Zeit.

Entrüstet über den vor ihren Augen verübten Frevel und von dem geweihten Ort und der Nähe ihrer Gottheiten mit neuem Mut beseelt, erhoben die Azteken ein Geheul des Entsetzens und der wütenden Rache, brachten eilends eine gewisse Ordnung in ihre Reihen und stürzten sich wie *ein Mann* auf die Spanier. Diese hatten nahe am Eingang des Tempelbezirks haltgemacht und bemühten sich, obgleich unerwartet angefallen, ihre Stellung am Tor zu behaupten. Aber vergebens; der ungestüme Ansturm der Feinde trieb sie sogleich auf den Platz, wo sie von anderen Indianerhaufen angegriffen wurden, die aus den benachbarten Straßen strömten. Auseinandergetrieben und kopflos versuchten die Truppen erst gar nicht, sich wieder zu sammeln, sondern überquerten eiligst den Platz, überließen die dort aufgepflanzten Geschütze dem Feind und liefen die große Straße nach Itztapalapan entlang. Hier trafen sie bald mit den indianischen Verbündeten zusammen, die den Weg versperrten und, angesteckt vom Schrecken der Spanier, die Verwirrung vermehrten, während die Augen der Flüchtigen, durch die von den Azoteas herabregnenden Wurfgeschosse geblendet, kaum Freund von Feind zu unterscheiden vermochten. Vergebens suchte Cortez den Strom aufzuhalten und die Ordnung wiederherzustellen. Seine Stimme ging in dem wilden Aufruhr unter, und er wurde wie Treibholz von der reißenden Strömung mit fortgerissen.

Alles schien verloren — als man plötzlich aus einer angrenzenden Straße ein Geräusch wie von fernen Pferdehufen vernahm, die rasch über Pflaster galoppieren. Es kam immer näher, und bald tauchte ein Trupp Reiter auf dem großen Platz auf. Obwohl nur gering an Zahl stürzten sie sich kühn ins dichteste Feindgetümmel. Wir haben schon bei mancher Gelegenheit die abergläubische Furcht wahrgenommen, welche die Indianer vor Pferd und Reiter hegten. Zwar hatten sich während des langen Aufenthaltes der Reiterei in der Hauptstadt die Eingeborenen einigermaßen damit vertraut gemacht; doch war seitdem eine lange Zeit vergangen, so daß nun bei dem Anblick alle Schrecken in voller Stärke wieder auflebten; und als sie von den furchtbaren Geschöpfen so plötzlich in der Flanke angegriffen wurden, faßte sie tödliche Angst, und sie gerieten in Unordnung. Diese teilte sich bald den vordersten Reihen mit; Cortez nahm seinen Vorteil wahr, machte mit Blitzesschnelle kehrt und konnte diesmal, von seinen Leuten unterstützt, den Feind unter beträchtlichen Verlusten in den Tempelbezirk zurücktreiben.

Es war jetzt die Stunde der Vesper, und da die Nacht bald hereinbrechen mußte, suchte er seinen Vorteil nicht weiter zu verfolgen. Er ließ die Trompeten zum Rückzug blasen, zog seine Truppen in guter Ordnung zurück und nahm die auf dem Platz zurückgelassenen Geschütze mit. Die Verbündeten verließen zuerst das Feld, dann das spanische Fußvolk, während die Nachhut von der Reiterei gedeckt wurde, so daß die Marschordnung gerade umgekehrt als bei ihrem Einzug war. Die Azteken hielten sich hinter den letzten Reihen, und obwohl sie immer wieder durch Reiterangriffe zurückgejagt wurden, folgten sie doch in einiger Entfernung, schickten dem Feind ihre wirkungslosen Geschosse nach und erfüllten die Luft mit wildem Geschrei und Geheul, gleich einem Rudel raubgieriger Wölfe, das sich um seine Beute betrogen sieht. Es wurde spät, ehe das Heer seine Quartiere in Xoloc erreichte.

Der Erfolg dieses spanischen Angriffs verbreitete Bestürzung nicht nur unter den Mexikanern, sondern auch bei ihren Vasallen; denn sie sahen, daß die gewaltigen Vorbereitungen, die sie zu ihrer Verteidigung getroffen, wenig gegen den weißen Mann ausrichten konnten, der sich trotz alledem so bald den Weg mitten ins Herz ihrer Hauptstadt erzwungen hatte. Einige der benachbarten Orte zeigten sich daher jetzt geneigt, ihre Untertanenpflicht abzuschütteln, und baten die Spanier um ihren Schutz. Darunter war das Gebiet von Xochimilco, das von den Eindringlingen so hart behandelt worden war, und einige Stämme der Otomi, eines ungesitteten, aber tapferen Volkes, das an den westlichen Rändern des Tales wohnte. Ihre Bundesgenossenschaft war wichtig, nicht so sehr wegen der zusätzlichen Verstärkungen als wegen der größeren Sicherheit für das Heer, dessen Außenposten bisher durch diese kriegerischen Stämme ständig bedroht waren.

Die wichtigste Hilfe, die den Spaniern in dieser Zeit zuteil wurde, kam aus Texcoco, dessen Gebieter Ixtlilxochitl seine gesamte Kriegerschaft aufbot — fünfzigtausend an der Zahl, wenn wir Cortez' Angaben glauben dürfen — und persönlich dem christlichen Lager zuführte. Der Befehlshaber verteilte sie auf die drei Abteilungen der Belagerer.

Auf diese Weise verstärkt, schickte sich Cortez zu einem zweiten

Angriff auf die Hauptstadt an, und zwar noch ehe diese Zeit hätte, sich von dem ersten zu erholen. Er wies seine Offiziere auf den anderen Dammwegen an, gleichzeitig mit ihm aufzubrechen und seinen Angriff zu unterstützen. Alles war genauso angeordnet wie beim ersten Mal; das spanische Fußvolk marschierte in der Vorhut, die Verbündeten und die Reiterei dahinter. Aber zum großen Schrecken der Spanier waren zwei Drittel der Durchbrüche in den früheren Zustand zurückversetzt und die Steine und anderen Baustoffe, mit denen sie ausgefüllt waren, von dem unermüdlichen Feind entfernt worden. Wiederum waren sie genötigt, die Geschütze heranzubringen, die Brigantinen fuhren an den Seiten hin, und der Feind wurde aus einer Stellung nach der andern vertrieben, auf dieselbe Weise wie beim vorigen Angriff. Kurz, die ganze Arbeit mußte von neuem getan werden. Erst eine Stunde nach Mittag hatte das Heer in der Vorstadt Fuß gefaßt.

Hier war ihr Vormarsch nicht so beschwerlich wie vorher; hatten sie doch die Häuser niedergerissen, von deren Dächern herab ihnen der meiste Schaden zugefügt worden war. Dennoch kamen sie nur schrittweise gegen das mexikanische Kriegsvolk an, das sich ihrem Vordringen mit demselben Mut wie vorher widersetzte. Cortez, der gern die Einwohner verschont hätte, wären sie nur zur Annahme seiner Bedingungen bereit gewesen, sah mit Bedauern ihre verzweifelte Entschlossenheit zu äußerstem Widerstand. Er dachte, daß sich ihr Sinn vielleicht am ehesten erschüttern ließe, wenn er plötzlich einige der ansehnlichsten Gebäude zerstörte, die sie von jeher als den Stolz und die Zierde der Stadt verehrt hatten.

Auf dem großen Platz angelangt, ersah er als erstes Opfer den alten Palast Axayacatls, sein früheres Quartier, dazu aus. Die weitläufige Anlage niedriger Gebäude war zwar aus Stein, aber das Innere sowie die Außenwerke, Türme und Dächer aus Holz. Die Spanier, bei denen diese Häuser so düstere Erinnerungen weckten, machten sich mit der gleichen Genugtuung an das Zerstörungswerk, wie sie das französische Volk bei der Zerstörung der Bastille empfunden haben mag. Fackeln und Feuerbrände flogen nach allen Richtungen; die unteren Teile des Gebäudes standen bald in Flammen, die an den leicht brennbaren Wandbehängen und dem Holzwerk im Innern emporleckten und rasch auf das zweite Stockwerk übergriffen. Dort breitete sich das Feuer freier aus, und ehe es noch von außen sichtbar war, quollen aus jeder Öffnung und Spalte dichte Rauchschwaden, die sich wie ein

Leichentuch über die Stadt legten. Dieses wurde alsbald von einem grellen Feuermeer zerteilt, bis die Stützpfeiler nachgaben und die ganze weitläufige Anlage turmartiger Aufbauten unter Wolken von Staub und Asche mit so fürchterlichem Krachen zusammenstürzte, daß die Spanier für einen Augenblick in ihrem Zerstörungswerk innehielten.

Aber nur für einen Augenblick. Auf der anderen Seite des Platzes grenzten an Montezumas Palast mehrere Gebäude, die, wie der Leser weiß, für Tiere bestimmt waren. Eines dieser Häuser wurde jetzt der Zerstörung preisgegeben — das Vogelhaus, angefüllt mit allen Gattungen der bunten Geschöpfe aus den ausgedehnten Wäldern Mexikos. Es war ein luftiges, anmutiges Gebäude nach indianischer Art, das gerade in Anbetracht seiner Bestimmung ein erstaunliches Zeugnis abgab für den verfeinerten und verständigen Geschmack eines Barbarenfürsten. Die leichten brennbaren Baustoffe, Holz und Bambus, bildeten einen auffallenden Gegensatz zu den schweren steinernen Gebäuden ringsum und waren den Eindringlingen für ihren Zweck offenbar willkommen. Die Fackeln wurden darangelegt, und der phantasievolle Bau war bald von Flammen umhüllt, die ihren unheilvollen Schein weit über Stadt und See sandten. Die gefiederten Bewohner kamen entweder im Feuer um oder durchbrachen, wenn sie stark genug waren, das brennende Gitterwerk des Vogelhauses, schwangen sich hoch in die Luft, flatterten noch eine Weile über der dem Untergang geweihten Stadt und flogen dann mit lautem Gekreisch ihren heimischen Wäldern jenseits der Berge zu.

Die Azteken starrten mit unsäglichem Grauen auf dieses Zerstörungswerk, dem der ehrwürdige Wohnsitz ihrer Herrscher und die Denkmäler ihrer Pracht und Herrlichkeit zum Opfer fielen. Ihre Wut steigerte sich fast zum Wahnsinn, als sie sahen, wie ihre verhaßten Feinde, die Tlaxcalteken, sich eifrig an den Verheerungen beteiligten, unterstützt von den Bewohnern Texcocos, ihren eigenen Verbündeten und nicht selten sogar Verwandten. Sie machten ihrem Zorn in bitteren Verwünschungen Luft, besonders gegen den jungen Fürsten Ixtlilxochitl, der an Cortez' Seite an den Gefahren des Tages vollen Anteil hatte. Von den Hausdächern herab überschütteten ihn die Krieger mit den schmählichsten Beschimpfungen, als er vorüberkam, und brandmarkten ihn als treulosen Verräter — treulos gegen sein Vaterland und sein Blut; Vorwürfe, die freilich nicht so ganz unberechtigt waren. Er achtete jedoch wenig auf ihre Schmähungen, sondern verfolgte seinen Weg mit der starren Entschlossenheit eines Mannes, welcher der Sache treu bleibt, auf die er sich einmal eingelassen hat. Als er auf dem großen Platz angelangt war, wurde er mit dem Anführer der aztekischen Streitkräfte handgemein, entwand ihm eine Lanze, die dieser von den Christen erbeutet hatte, und versetzte ihm mit seinem Maquahuitl einen Schlag, der ihn leblos zu Boden streckte.

Als das Zerstörungswerk vollbracht war, ließ der spanische Befehlshaber zum Rückzug blasen und schickte die indianischen Verbündeten voraus, deren Menge den Weg vor ihm verstopfte. Durch ihre Verluste rasend gemacht, hängten sich die Mexikaner in wilder Wut an seine Nachhut, und obgleich sie durch die Reiterei zurückgetrieben wurden, kehrten sie doch immer wieder um, warfen sich tollkühn unter die Pferde, um die Reiter aus den Sätteln zu reißen, und gaben bereitwillig ihr eigenes Leben hin, um dem Feind nur einen einzigen Hieb zu versetzen. Glücklicherweise war der größere Teil ihres Kriegsvolks mit den Angreifern auf der entgegengesetzten Seite der Stadt beschäftigt; trotzdem bedrängten sie Cortez' Leute so heftig, daß kaum einer in dieser Nacht das Lager erreichte, der nicht irgendein Zeichen des verzweifelten Kampfes an seinem Leibe davongetragen hatte.

Am nächsten und mehreren folgenden Tagen wiederholte der Befehlshaber seine Angriffe und gönnte sich so wenig Ruhe, als wenn er und seine Soldaten von Eisen wären. Einmal rückte er ein Stück auf der Straße nach Tacuba vor, wobei er drei Brücken eroberte; denn er hätte gern eine Verbindung mit Alvarado hergestellt, der auf dem angrenzenden Dammweg postiert war. Aber die Spanier waren auf dieser Seite nicht über die Vorstadt hinaus vorgedrungen.

Bei jedem Angriff mußten sie feststellen, daß die Durchbrüche von den beharrlichen Mexikanern in den alten Zustand zurückversetzt und die Baustoffe, womit sie sie so mühsam aufgefüllt hatten, wieder entfernt worden waren. Seltsamerweise schützte sich Cortez nicht vor solchen Maßnahmen des Feindes, die seine Bewegungen immer aufs neue verzögern und behindern mußten.

Alvarado indessen griff zu Gegenmaßnahmen; er stellte nachts eine Schutzwache von vierzig Mann an der dem Feinde zunächst liegenden Dammlücke auf. Die Wache wurde nach wenigen Stunden von einer zweiten und diese wiederum von einer dritten abgelöst, während die beiden andern jeweils auf ihren Posten ausruhten, so daß bei einem plötzlichen Überfall hundertundzwanzig Mann auf der Stelle bereitstanden, um den Angriff abzuwehren. Mitunter schlug sogar die ganze Abteilung in der Nähe des Durchbruchs ihr Nachtlager auf und legte sich bewaffnet zur Ruhe, um jeden Augenblick kampfbereit zu sein.

Aber ein Leben so unaufhörlicher Anspannung und Wachsamkeit war selbst für die zähen Naturen der Spanier fast allzu hart. ›Die lange Nacht hindurch‹, sagt Díaz, der Alvarados Abteilung angehörte, ›hielten wir unsere trübselige Wache, trotz Wind, Nässe und Kälte. Da standen wir, zu alledem noch gepeinigt von den Wunden, die wir tags zuvor im Kampf empfangen hatten.‹ Es war Regenzeit, die in diesem Land von Juli bis September dauert, und die Oberfläche der Dammwege, überschwemmt von Unwettern und zerstampft durch die ständigen Truppenbewegungen, hatte sich in Morast verwandelt, was die Plagen für das Heer unermeßlich vermehrte.

Die Soldaten in Cortez' Abteilung befanden sich kaum in einer besseren Lage. Nur wenige konnten in den rohen Türmen Schutz finden, mit denen die Festungswerke in Xoloc versehen waren. Der größere Teil mußte im Freien biwakieren, allen Unbilden der Witterung preisgegeben. Nach den Lagervorschriften mußte jedermann, wenn seine Wunden ihn nicht kampfunfähig machten, gewaffnet schlafen; und oft wurden sie durch den mitternächtigen Schlachtruf aus flüchtigem Schlummer geschreckt. Denn Quauhtemoc wählte, entgegen dem Brauch seiner Landsleute, oft die Stunden der Finsternis, um dem Feind einen Schlag zu versetzen. ›Kurzum‹, sagt der oben zitierte alte Krieger, ›so unablässig waren wir während der drei Monate, die wir vor der Hauptstadt lagen, in Gefechte verwickelt, bei Tag und bei Nacht, daß ich, wollte ich sie alle aufzählen, die Geduld des Lesers nur erschöpfen und ihn glauben machen würde, er lese von den phantastischen Taten eines fahrenden Ritters in einem Abenteuerroman.‹

Der aztekische Kaiser führte seine kriegerischen Unternehmungen nach einem wohldurchdachten Plan aus, der fast so etwas wie überlegene Kriegskunst verriet. Nicht selten machte er gleichzeitig Angriffe auf die drei verschiedenen Abteilungen der Spanier, die auf den Dammwegen und in den angrenzenden Festungen postiert waren. Zu diesem Zweck zwang er nicht nur die Soldaten aus seiner Hauptstadt zum Kriegsdienst, sondern auch aus den großen benachbarten Städten; und auf das wohlbekannte Zeichen — wenn die Leuchtfeuer aufflammten oder die Priester auf dem Gipfel des großen Teocalli die riesige Trommel rührten — setzten sich alle zugleich in Bewegung.

Trotz der unaufhörlichen harten Beanspruchung seiner Krieger wußte der junge Herrscher ihnen doch eine gewisse Erleichterung zu verschaffen, indem er mehrere Abteilungen einander ablösen ließ. Das war an der verschiedenartigen Kleidung und den unterschiedlichen Feldzeichen der indianischen Schlachthaufen zu erkennen, die einer nach dem andern anrückten und wieder vom Schauplatz verschwanden. Bei Nacht wurde in den aztekischen Quartieren streng Wache gehalten, was bei den Völkern des Tafellandes sonst nicht üblich war. Die Außenposten der feindlichen Heere waren so aufgestellt, daß einer den andern in Sicht behielt. Die Mexikaner postierten ihre Wachen gewöhnlich in der Nähe eines breiten Dammdurchbruchs, und ein großes Feuer davor bezeichnete die Stelle. Die Wachablösungen wurden durch den gellenden aztekischen Pfeifton angekündet; dann konnte man sehen, wie sich hinter den Flammen Menschenleiber bewegten, deren zimtfarbene Haut im Schein des Feuers noch rötlicher glänzte.

Es mag uns wundernehmen, das Quauhtemoc es fertigbrachte, für den Unterhalt einer so großen, jetzt in der Hauptstadt zusammengedrängten Bevölkerung zu sorgen, zumal doch die Zugänge alle im Besitz des Belagerungsheeres waren. Aber abgesehen von den Vorkehrungen, die man vor der Belagerung getroffen hatte, und der ekelhaften Nahrung, die ihnen täglich die Schlachtopfer lieferten, erhielten sie auch fortwährend über den See Zufuhren aus der umliegenden Gegend. Das blieb eine Zeitlang fast unbemerkt; und selbst als die Brigantinen den Befehl erhielten, Tag und Nacht auf dem See zu kreuzen und das Wasser von solchen Booten zu säubern, gelang es doch noch vielen, im Schutz der Dunkelheit der Wachsamkeit der Spanier zu entgehen und ihre Ladungen sicher in den Hafen zu bringen. Erst als die großen Städte in der Umgebung von ihrer Untertanenpflicht abfielen, begann die Zufuhr, weil die Quellen versiegten, zu stocken. Immer mehr fielen ab, da jene Städte sich sagen mußten, daß die Regierung, unfähig zu ihrer eigenen Verteidigung, erst recht nicht für den Schutz der anderen aufkommen konnte; und so sah denn die aztekische Hauptstadt ihre Vasallen einen nach dem andern abtrünnig werden, so wie ein absterbender Baum beim ersten Blasen des Sturmes seine Blätter verliert.

Die Städte, die jetzt den Schutz des spanischen Befehlshabers erbaten, versorgten das Lager mit einer unvorstellbaren Menge Krieger, hundertfünfzigtausend an der Zahl, wenn wir Cortez' eigene Schätzung gelten lassen wollen; eine Menge, die seinen Bewegungen auf den langen Dämmen nur hinderlich sein konnte. In der Tat strotzte das Tal von Städten und Dörfern und wimmelte von Menschen — von denen obendrein jeder Mann ein Krieger war —, und die Bevölkerungszahl übertraf die heutige bei weitem. Die neuen Truppen wurden auf die drei Besatzungen an den Enden der Dammwege verteilt; und viele fanden hinreichende Beschäftigung, indem sie das Land nach Lebensmitteln durchstreiften oder die den Spaniern noch feindlich gesinnten Ortschaften bekriegten.

Außerdem beschäftigte Cortez sie mit der Errichtung von Lagerhütten für seine Truppen, denn diese hatten sehr unter den unaufhörlichen Regengüssen der Jahreszeit zu leiden, die sie nachts mit besonderer Heftigkeit heimsuchten. Steine und Balken lieferten die Gebäude, die in der Stadt zerstört worden waren. Sie wurden von den Brigantinen nach dem Dammweg gebracht, und aus diesen Baustoffen wurde zu beiden Seiten der Befestigungswerke von Xoloc eine Reihe von Lagerhütten errichtet. Man kann sich einen ungefähren Begriff von der Breite des Dammweges an dieser Stelle machen — übrigens einer der tiefsten Stellen des Sees —, wenn man bedenkt, daß die Hütten, obwohl zu beiden Seiten des Weges errichtet, doch noch so viel Platz ließen, daß das Heer in der Mitte hindurchmarschieren konnte.

Das spanische Lager wurde von den freundlich gesinnten Städten in der Nachbarschaft, vor allem von Texcoco, mit Lebensmitteln versorgt. Es waren Fische und einheimische Früchte, besonders die des Feigenkaktus und eine kirschenähnliche Frucht, die es in dieser Jahreszeit im Überfluß gab. Aber ihre Hauptnahrung bestand aus Tortillas, Fladen aus Maismehl, wie sie noch heute in Mexiko üblich sind. Um sie zu backen, wurden in den Festungen am Anfang der Dammwege mit Hilfe der Eingeborenen Backhäuser errichtet. Aller Wahrscheinlichkeit nach ergänzten die Verbündeten ihre karge Kost mitunter durch einen Festschmaus von Menschenfleisch, wozu ihnen das Schlachtfeld unseligerweise nur allzuoft Gelegenheit bot; und Cortez, sosehr ihn solche Gelage auch mit Abscheu erfüllten, hielt es im Augenblick nicht für geraten, sie zu verhindern.

So brach denn endlich der so lange drohende Sturm mit aller Gewalt über die aztekische Hauptstadt herein. So weit das Auge reichte, sahen sich die unglücklichen Bewohner von den schimmernden Reihen der feindlichen Legionen eingeschlossen. Sie fanden sich in ihrer äußersten Not von den Verbündeten und Vasallen verlassen; sahen mit an, wie der furchtbare Fremdling in ihre Heiligtümer eindrang, ihre Tempel schändete, ihre Paläste plünderte, die schöne Stadt bei Tag verwüstete, die Vorstädte des Nachts in Brand steckte und sich vor ihren Mauern in festen Gebäuden verschanzte, als wäre er entschlossen, nicht zu weichen, solange noch ein Stein auf dem andern blieb. All dies sahen sie mit an, aber ihr Mut wankte nicht; und obgleich Hunger und Seuche sich schon einzuschleichen begannen, zeigten sie den Feinden noch immer dieselbe Entschlossenheit. Cortez, der die Stadt und ihre Bewohner gern verschont hätte, staunte über diese Beharrlichkeit. Mehr als einmal ließ er sie durch freigelassene Gefangene wissen, er sei bereit, ihnen günstige Übergabebedingungen zu gewähren. Tag für Tag erwartete er, daß sie seine Angebote annehmen würden. Aber Tag für Tag sah er sich getäuscht. Er sollte nun erfahren, wie hartnäckig das Gedächtnis der Azteken war; so schrecklich ihre gegenwärtige Lage und ihre Furcht vor der Zukunft auch sein mochten, mächtiger als alles war ihr Haß gegen den weißen Mann.

6

Allmählich breitete sich der Hunger in der belagerten Stadt aus. Es schien gewiß, daß bei dieser völligen Einschließung die zusammengedrängte Bevölkerung zuletzt doch zur Übergabe gezwungen sein würde, auch ohne die Gewalt der Waffen. Aber das brauchte seine Zeit, und obgleich standhaft und ausdauernd von Natur, wurden die Spanier doch langsam ungeduldig über ihr Ungemach, das kaum geringer war als das der Belagerten. In mancher Hinsicht war ihre Lage sogar schlimmer, da sie dem kalten, alles durchweichenden Regen, der fast ununterbrochen herabströmte, schutzlos preisgegeben waren.

Bei diesem Stand der Dinge fanden sich viele, die ihrem Leiden gern ein Ende gemacht und versucht hätten, den Ort durch einen Handstreich einzunehmen. Andere hielten es für das beste, sich in Besitz des großen Marktplatzes von Tlatelolco zu setzen, der durch seine Lage im nordwestlichen Teil der Stadt vielleicht eine Verbindung mit den Lagern Alvarados und Sandovals ermöglichte. Dieser von geräumigen Säulenhallen umschlossene Platz könnte einem großen Heer Unterkunft bieten; und hätten sie erst einmal in der Hauptstadt Fuß gefaßt, so würden sie den Angriff viel wirksamer fortsetzen können als aus der Ferne.

Diese Argumente wurden von einigen Offizieren geltend gemacht, besonders von Alderete, dem königlichen Schatzmeister, einem Mann, der in hohem Ansehen stand, nicht nur seines Ranges, sondern vor allem der Fähigkeiten und des Eifers wegen, die er im Kriegsdienst bewiesen hatte. Aus Rücksicht auf ihre Wünsche berief Cortez einen Kriegsrat ein und legte diesem die Sache vor. Die meisten ritterlichen Heißsporne schlossen sich den Ansichten des Schatzmeisters stürmisch an, da sie eine Veränderung ihres derzeitigen trostlosen und beschwerlichen Lebens herbeisehnten; und Cortez, der es offenbar für klüger hielt, den weniger zweckmäßigen Weg einzuschlagen, als einen kalten und widerstrebenden Gehorsam zu erzwingen, ließ sich überstimmen.

Es wurde ein Tag für den Angriff festgesetzt, der gleichzeitig von den beiden Abteilungen unter Alvarado und dem Befehlshaber ausgehen sollte. Sandoval wurde angewiesen, den größeren Teil seiner Truppen vom nördlichen Dammweg abzuziehen und sich mit Alvarado zu vereinigen, während siebzig ausgesuchte Soldaten als Verstärkung zu Cortez geschickt werden sollten.

Am dafür bestimmten Morgen rückten die beiden Heere, nachdem wie gewöhnlich die Messe gelesen worden war, auf ihren Dammwegen gegen die Stadt an. Außer von den Brigantinen wurden sie von einer großen Flotte indianischer Boote unterstützt, die sich über die Wassergräben einen Weg in die Stadt erzwingen sollten, und überdies von einer unübersehbaren Menge Verbündeter, die eben durch ihre Zahl am Ende ihre Bewegungen nur behindern konnten. Nachdem sie den Feind aus der Vorstadt vertrieben hatten, boten sich Cortez' Truppen drei Zugänge an, die alle auf den Marktplatz von Tlatelolco führten. Der bedeutendste, viel breiter als die beiden anderen, war eher ein Dammweg als eine Straße, da er auf beiden Seiten von tiefen Wassergräben begleitet wurde. Cortez teilte seine Streitmacht in drei Abteilungen. Die eine stellte er unter den Befehl von Alderete, der die Hauptstraße besetzen sollte. Die zweite vertraute er Andrés de Tapia und Jorge de Alvarado an; ersterer war ein mutiger und befähigter Ritter, letzterer ein jüngerer Bruder Don Pedros, von ebendem unerschrockenen Geist beseelt, wie er dieser ritterlichen Familie eigen war. Diese beiden sollten auf einer der parallelen Straßen vordringen, während der Befehlshaber selbst, an der Spitze der dritten Abteilung, die andere besetzen wollte. Ein kleiner Reitertrupp mit zwei oder drei Feldgeschützen wurde als Reserve vor der großen Straße nach Tacuba postiert, die den verschiedenen Abteilungen als Sammelpunkt bezeichnet war.

Cortez gab seinen Hauptleuten die ausdrücklichsten Anweisungen, nicht einen Schritt vorwärts zu tun, ohne sich den Rückzug durch sorgfältiges Ausfüllen der Gräben und Durchbrüche im Dammweg gesichert zu haben. Alvarado hatte diese Vorsichtsmaßnahme bei einem erst wenige Tage zurückliegenden Angriff auf die Stadt vernachlässigt, und das hatte so ernste Folgen für seine Streitkräfte gehabt, daß Cortez selbst sich in das Quartier seines Offiziers begab, um ihm einen öffentlichen Verweis für seinen Ungehorsam zu erteilen. Als er indes im Lager ankam, stellte sich heraus, daß sein Hauptmann das Treffen mit solcher Tapferkeit geführt hatte, daß aus dem beabsichtigten Verweis — obgleich er ihn wohl verdient hatte — nur ein milder Vorwurf wurde.

Als alle Vorbereitungen getroffen waren, rückten die drei Abteilungen gleichzeitig auf den verschiedenen Straßen vor. Cortez stieg vom Pferde und führte die Vorhut an der Spitze seines Fußvolks an. Die Mexikaner wichen seinem Ansturm und leisteten geringeren Widerstand als sonst. So drangen die Spanier immer weiter vor, eroberten eine Verschanzung nach der andern und füllten die Durchbrüche sorgfältig mit Bauschutt aus, um sich einen festen Übergang zu sichern. Die Kanus unterstützten den Angriff, indem sie die Kanäle entlangfuhren und die feindlichen Boote enterten, während die behenden Tlaxcalteken in Scharen die Dächer erkletterten, von einem Haus auf das andere stürmten, soweit sie miteinander verbunden waren, und die Verteidiger auf die Straßen hinunterschleuderten. Der augenscheinlich überrumpelte Feind schien nicht fähig, der Wut des Angriffs auch nur einen Augenblick standzuhalten; und die siegreichen Christen, angefeuert durch das Triumphgeschrei ihrer Gefährten in den benachbarten Straßen, waren nur um so begieriger, als erste an das vorgesehene Ziel zu gelangen.

Allerdings weckte das leichte Gelingen in dem Befehlshaber die Sorge, er rücke vielleicht allzu schnell vor, und womöglich verberge sich dahinter eine List des Feindes, der sie in die Mitte der Stadt lokken wollte, um sie dann zu umzingeln oder im Rücken anzugreifen. Überdies befürchtete er, seine allzu hitzigen Offiziere könnten es ungeachtet seiner Befehle im Eifer des Gefechts versäumt haben, die notwendige Vorsorge zu treffen und die Durchbrüche auszufüllen. Er machte deshalb mit seiner Abteilung halt, bereit, jede hinterhältige Bewegung des Feindes zu vereiteln. Unterdessen erhielt er von Alderete mehr als eine Botschaft, daß er beinahe bis zum Marktplatz gelangt sei. Das vermehrte jedoch nur die Sorge des Befehlshabers, er könnte in der Hitze des Vormarsches versäumt haben, die Übergänge abzusichern. Er beschloß, keinen anderen als seinen eigenen Augen zu trauen, und brach mit einer kleinen Schar sogleich auf, um den vom Schatzmeister eingeschlagenen Weg zu prüfen.

Er war auf der großen Straße oder vielmehr dem Dammweg noch nicht weit gekommen, als ein zehn bis zwölf Schritt breiter und wenigstens zwölf Fuß tiefer Wassergraben vor ihm klaffte, der die Kanäle zu beiden Seiten der Straße miteinander verband. Ein schwacher Versuch war gemacht worden, die Lücke mit allerlei Bauschutt vom Dammweg auszufüllen, aber so nachlässig, daß es nicht den geringsten Sinn hatte; ein paar umherliegende Steine und Holzstücke zeigten nur, daß man die Arbeit, kaum begonnen, schon wieder aufgegeben hatte. Zu seiner noch größeren Bestürzung bemerkte der Befehlshaber, daß die Seiten des Dammweges in der Nähe dieser Stelle etwas abgetragen worden waren, und zwar offenbar erst vor ganz kurzer Zeit. In alledem erkannte er die Listen des verschlagenen Feindes und zweifelte nun kaum noch, daß sein hitziger Offizier in eine ihm absichtlich gelegte Falle gegangen sei. Höchst beunruhigt schickte er sich an, den Schaden so schnell wie möglich wiedergutzumachen, und befahl seinen Leuten, die gähnende Kluft auszufüllen.

Aber kaum hatten sie ihre Arbeit begonnen, als in den rauhen Widerhall des fernen Kampfes ein gräßliches, gellendes Kriegsgeschrei brach, das die Luft förmlich zu zerreißen schien. Gleich darauf hörte man ein Getümmel wie von den Tritten sich drängender Menschenmassen, welches ankündigte, daß das Schlachtgetriebe die Richtung geändert hatte und sich nun der Stelle zu bewegte, wo Cortez mit seiner kleinen Schar stand.

Seine Vermutung erwies sich als nur allzu wahr. Alderete hatte die fliehenden Azteken mit einem Ungestüm verfolgt, das mit jedem Schritt zunahm. Er hatte sich der Verschanzungen, die den Durchbruch schützten, ohne große Mühe bemächtigt und weiterstürmend den Befehl gegeben, die Lücke zu verstopfen. Aber das Blut der kühnen Ritter war durch die Verfolgung erhitzt, und keiner wollte sich durch die unwürdige Beschäftigung, die Gräben zuzuschütten, aufhalten lassen, wo er doch so leicht Lorbeeren im Kampf erringen konnte; so jagten sie alle vorwärts, einander anfeuernd und sich in der schmeichelhaften Hoffnung wiegend, als erste den Marktplatz von Tlatelolco zu erreichen. Auf diese Weise ließen sie sich mitten in die Stadt locken, als plötzlich das Horn Quauhtemocs — das heilige Zeichen, das nur in Zeiten höchster Gefahr ertönte — lang und durchdringend vom Gipfel eines nahen Teocalli gellte. Wie rasend gemacht von dem Ton, schwenkten die fliehenden Azteken augenblicklich herum und wendeten sich gegen ihre Verfolger. Gleichzeitig stürzten sich zahllose Kriegerhorden aus den angrenzenden Straßen und Gassen auf die Flanken der Angreifer und erfüllten die Luft mit dem schrillen, unheimlichen Geschrei, das zu Cortez' Ohren gedrungen war und für einen Augenblick den wilden Wirrwarr übertönt hatte, der in den anderen Stadtteilen herrschte.

Das überrumpelte und von der Heftigkeit des Angriffs ins Wanken gebrachte Heer geriet in die größte Unordnung. Freund und Feind, Weiße und Indianer, alles verknäulte sich zu einer verworrenen Masse. Lanzen, Schwerter und Kriegskeulen wurden geschwungen. Die Hiebe fielen aufs Geratewohl. Nur noch auf Flucht bedacht, traten die Fliehenden einander nieder. Geblendet durch die Wurfgeschosse, die jetzt von den Azoteas herab auf sie niederhagelten, taumelten sie dahin, kaum wissend, in welche Richtung, oder brachen zusammen, von Händen niedergeschlagen, die sie nicht sehen konnten. Das brandete heran wie ein brausender Gießbach, der einen steilen Abhang herunterstürzt, und wälzte sich in wilder Flut auf den offenen Durchbruch zu, an dessen anderer Seite Cortez mit seinen Gefährten stand, von Entsetzen ergriffen beim Anblick des nahenden Verderbens. Die vorderen Reihen stürzten bald in den Schlund und traten sich gegenseitig unter das Wasser; vergebens versuchten einige zu schwimmen, andere mit besserem Erfolg, über die Haufen erstickter Gefährten hinwegzuklettern. Viele glitten bei dem Versuch, die gegenüberliegende Seite des schlüpfrigen Deiches zu erklimmen, aufs neue ins Wasser oder wurden von den Kriegern in den Kanus fortgeschleppt, die die Schrecknisse der Flucht noch durch neue Ladungen von Pfeilen und Wurfspießen vermehrten, die sie auf die Fliehenden abschossen.

Währenddessen behauptete Cortez mit seiner tapferen Schar furchtlos seine Stellung auf der anderen Seite des Durchbruchs. ›Ich war entschlossen‹, sagt er, ›lieber zu sterben als meine armen Gefährten in ihrer Not zu verlassen.‹ Mit ausgestreckten Händen suchte er so viele wie möglich vor dem Ertrinken und dem noch schrecklicheren Schicksal der Gefangenschaft zu erretten. Vergebens bemühte er sich, etwas wie Ruhe und Ordnung unter den verstörten Flüchtlingen wiederherzustellen. Seine Person war den Azteken nur allzugut bekannt, und sein Standort machte ihn nun zu einem weithin sichtbaren Ziel für ihre Waffen. Wurfspieße, Steine und Pfeile fielen hageldicht um ihn her, glitten aber, ohne Schaden zu tun, von seinem stählernen Helm und seiner undurchdringlichen Rüstung ab. Plötzlich erhob sich der Ruf ›Malintzin, Malintzin!‹ unter den Feinden, und sechs von ihnen, starke, muskulöse Gestalten, stürzten sich plötzlich auf ihn und machten gewaltige Anstrengungen, ihn an Bord ihres Bootes zu ziehen. Im Handgemenge erhielt er eine schwere Wunde am Bein, die ihn für den Augenblick kampfunfähig machte. Schon schien er verloren, als einer seiner Getreuen, Christóbal de Olea, der seinen Befehlshaber in dieser Not erblickte, sich auf die Azteken warf, dem einen mit einem Streich den Arm abhieb und einen anderen mit seinem Schwert durchbohrte. Er wurde rasch von einem Gefährten namens Lerma und einem tlaxcaltekischen Häuptling unterstützt, der über Cortez' hingestreckten Körper hinweg noch drei weitere Angreifer ins Jenseits beförderte; der tapfere Olea aber mußte seine Treue teuer bezahlen, denn er fiel tödlich verwundet an der Seite seines Befehlshabers.

Rasch verbreitete sich unter den Soldaten die Kunde, daß ihr Feldherr gefangen sei. Auch Quiñones, der Hauptmann seiner Leibwache, eilte ihm mit einigen anderen zu Hilfe, und es gelang ihnen, Cortez aus den Händen seiner Feinde, die im Wasser mit ihm rangen, zu befreien und ihn auf ihren Armen auf den Dammweg zurückzubringen. Einer seiner Pagen hatte sich unterdessen durch die Menge gedrängt, um ein Pferd heranzuführen, das sein Herr besteigen sollte. Aber der Jüngling erhielt von einem Wurfspieß eine Wunde am Hals, noch ehe er sein Ziel erreicht hatte. Ein anderer seiner Diener hatte mehr Erfolg. Es war Guzmán, sein Kämmerer; aber während er noch den Zügel hielt und man Cortez in den Sattel half, wurde er von den Azteken ergriffen und mit Blitzesschnelle in einem Kanu entführt. Der Befehlshaber zögerte und wollte die Stelle nicht verlassen, solange seine Anwesenheit noch im geringsten nützen konnte. Aber der treue Quiñones nahm sein Pferd beim Zügel und kehrte dem Graben den Rücken, indem er ausrief, seines Gebieters Leben sei zu wichtig für das Heer, als daß es hier geopfert werden dürfe.

Es war jedoch nicht leicht, sich durch das Gedränge einen Weg zu bahnen. Die Oberfläche des Dammweges war von Menschenfüßen und Pferdehufen so aufgewühlt, daß man knietief in Morast versank, und an einigen Stellen war der Deich so beschädigt, daß das Wasser aus den Kanälen darüber hinfloß. Die zusammengedrängte Menge, angestrengt bemüht, sich aus ihrer gefährlichen Lage zu befreien, torkelte wie betrunken daher. Die am Rande Gehenden rutschten in dem Gedränge oft die schlüpfrigen Wände des Deiches hinab und wurden unten von den Kanus der Feinde aufgegriffen, deren Triumphgeschrei die wilde Freude verriet, mit der sie jedes neue Schlachtopfer begrüßten. Zwei Edelleute, die an der Seite des Befehlshabers ritten, glitten aus und stürzten die Böschung hinab ins Wasser. Einer wurde gefangen und sein Pferd getötet; der andere konnte glücklich entkommen. Auch der tapfere Fahnenträger Corral war vom Glück begünstigt. Er glitt in den Graben, und die Feinde glaubten schon ihrer Beute sicher zu sein, als es ihm doch noch gelang, den Dammweg wieder zu erklimmen, das zerfetzte Banner Kastiliens noch immer emporhaltend. Die Mexikaner brachen in Wutgeschrei aus, bitter enttäuscht, daß ihnen ein Siegeszeichen entgangen war, dem das Volk von Anahuac, wie wir gesehen haben, die größte Wichtigkeit beimaß und dessen Besitz in ihren Augen kaum weniger galt als die Gefangennahme des Befehlshabers selbst.

Endlich konnte Cortez wieder festen Boden gewinnen und den offenen Platz vor der großen Straße nach Tacuba erreichen. Hier sammelte er unter scharfem Geschützfeuer seine zersplitterten Scharen, setzte sich an die Spitze eines kleinen Reiterhaufens, der bisher nicht ins Gefecht gekommen und deshalb noch frisch war, und schlug den Feind zurück. Dann gab er den beiden anderen Abteilungen den Befehl zum Rückzug. Die zersprengten Truppen sammelten sich wieder, und während der Befehlshaber die indianischen Verbündeten vorausschickte, bildete er selbst mit einer ausgewählten Reiterschar die Nachhut, um den Rückzug des Heeres zu decken, der mit nur geringfügigen weiteren Verlusten vonstatten ging.

Andrés de Tapia wurde nach dem westlichen Dammweg geschickt, um Alvarado und Sandoval vom Scheitern der Unternehmung zu benachrichtigen. Unterdessen waren diese beiden Hauptleute weit in die Stadt vorgedrungen. Durch das Siegesgeschrei ihrer Landsleute in den benachbarten Straßen ermutigt, waren sie unter Anspannung aller Kräfte vorwärts gestürmt, um in dem Ruhmeswettlauf nicht zurückzubleiben. Sie hatten den Marktplatz, der ihren Quartieren näher lag als denen des Befehlshabers, fast erreicht, da vernahmen sie das furchtbare Horn Quauhtemocs und gleich darauf das gellende Geschrei der Eingeborenen, das auch Cortez so alarmiert hatte, bis sich endlich das Getöse der zurückflutenden Schlacht in der Ferne verlor. Die beiden Hauptleute begriffen nun, daß der Tag für ihre Landsleute schlimm ausgegangen sein mußte. Bald erhielten sie weitere Beweise dafür; denn als die siegreichen Azteken von der Verfolgung zurückkehrten, vereinigten sie sich mit den Streitkräften, die gegen Sandoval und Alvarado kämpften, und fielen nun mit verdoppelter Wut über sie her. Zugleich rollten sie mit dem Ruf ›Malintzin!‹ ein paar blutige Köpfe von Spaniern über den Boden. Bei diesem Anblick von Grauen gepackt, gaben die Hauptleute — obwohl sie den Worten des Feindes wenig Glauben schenkten — augenblicklich den Befehl zum Rückzug. Es stand wirklich nicht in ihrer Macht, das Feld gegen die ungestümen Angriffe der Belagerten zu behaupten, die Schwarm auf Schwarm mit dem Mut der Verzweiflung auf sie losstürzten. Die wütenden Mexikaner verfolgten die Spanier bis vor ihre Verschanzungen. Hier aber wurden sie von dem Kreuzfeuer der Brigantinen empfangen, die das Pfahlwerk, das ihre Bewegungen hindern sollte, durchbrochen hatten und den Dammweg von beiden Seiten bestrichen. Dazu kam das Feuer des kleinen vor dem Lager errichteten Geschützstandes, der unter der Leitung eines geschickten Feuerwerkers namens Medrano die ganze Länge des Deiches unter Beschuß nahm. So von vorn und von der Seite angegriffen, waren die zerrütteten aztekischen Kolonnen endlich genötigt, zurückzuweichen und in den Festungswerken der Stadt Zuflucht zu suchen.

Im Lager herrschte jetzt größte Sorge um Cortez' Schicksal; denn Tapia war auf dem Wege von einzelnen feindlichen Haufen aufgehalten worden, die Quauhtemoc dort postiert hatte, um die Verbindung zwischen den Lagern zu unterbrechen. Endlich langte er an, aus mehreren Wunden blutend. Seine Nachricht beruhigte die Spanier zwar über die persönliche Sicherheit des Befehlshabers, war aber nicht danach angetan, ihre sonstigen Sorgen zu vermindern.

Sandoval lag vor allem daran, etwas über den jetzigen Stand der

Dinge und Cortez' weitere Absichten zu erfahren. Obwohl in den Kämpfen dieses Tages dreimal verwundet, beschloß er, sich persönlich ins Lager des Befehlshabers zu begeben. Es war Mittag — denn die Wirren des Morgens hatten nur wenige Stunden gedauert —, als Sandoval aufs neue sein gutes Streitroß bestieg, auf dessen Stärke und Schnelligkeit er sich verlassen konnte. Es war ein edles Tier, wohlbekannt im ganzen Heer und seines tapferen Reiters würdig, den es sicher durch alle Gefahren der langen Märsche und blutigen Schlachten getragen hatte. Unterwegs stieß er auf Quauhtemocs Kundschafter, die ihn verfolgten und Ladungen von Wurfgeschossen um ihn her niederprasseln ließen, glücklicherweise ohne eine verwundbare Stelle in seinem Harnisch oder dem seines wohlgerüsteten Rosses zu finden.

Bei seiner Ankunft in Cortez' Lager fand er die Truppen erschöpft und entmutigt von den Mißgeschicken des Morgens. Sie hatten auch alle Ursache dazu. Von den Toten und einer langen Reihe Verwundeter abgesehen, waren zweiundsechzig Spanier und eine Menge Verbündete dem Feind lebend in die Hände gefallen — einem Feind, von dem man wußte, daß er niemals einen Gefangenen verschonte. Die Einbuße von zwei Geschützen und sieben Pferden schien ihr Mißgeschick und den Triumph der Azteken zu besiegeln. Dieser Verlust, so geringfügig in europäischen Kriegen, war hier besonders schwerwiegend, da Pferde und Geschütze, die mächtigsten Waffen im Kampf gegen die Eingeborenen, nur mit den größten Kosten und Schwierigkeiten zu beschaffen waren.

Cortez hatte diesen ganzen verhängnisvollen Tag über die gewohnte Unerschrockenheit und Kaltblütigkeit gezeigt. Ein einziges Mal hatte man ihn wanken sehen: als die Mexikaner die Köpfe einiger Spanier vor ihn hinwarfen und dabei ausriefen: ›Sandoval!‹, ›Tonatiuh!‹ — der wohlbekannte Beiname Alvarados. Beim Anblick der blutigen Trophäen wurde er leichenblaß; aber schon im nächsten Augenblick gewann er seine gewohnte Zuversicht wieder und bemühte sich, den sinkenden Mut seiner Anhänger zu beleben. Mit heiterer Miene empfing er nun seinen Stellvertreter, aber unter der zur Schau getragenen Gelassenheit verbarg sich ein Schatten von Traurigkeit, und man merkte ihm an, wie schwer das Verhängnis der Puente cuitada, der ›unseligen Brücke‹, ihn bedrückte.

Auf die besorgten Fragen des Ritters nach der Ursache des Mißgeschicks erwiderte er: »Meiner Sünden wegen hat es mich betroffen,

mein Sohn.« Denn mit diesem zärtlichen Beinamen redete Cortez oft
seinen liebsten und treusten Offizier an. Dann erklärte er ihm, die
eigentliche Schuld sei in der Nachlässigkeit des Schatzmeisters zu suchen. Im Verlauf des Gesprächs eröffnete er ihm seinen Entschluß,
von kriegerischen Unternehmungen während der nächsten Tage ab-
zusehen. »Ihr müßt mich vertreten«, fuhr er fort, »denn ich bin jetzt
zu schwer mitgenommen, um meine Schuldigkeit zu tun. Ihr müßt
über die Sicherheit der Lager wachen. Gebt besonders acht auf Alvarado. Er ist ein tapferer Soldat, ich weiß es wohl; aber ich fürchte, die
mexikanischen Hunde könnten ihn einmal zur ungelegenen Zeit
überrumpeln.« Diese wenigen Worte zeigen, wie der Befehlshaber
seine beiden Stellvertreter beurteilte. Nachdem er Sandoval die nötigen Anweisungen gegeben hatte, umarmte er ihn liebevoll und entließ
ihn nach seinem Lager.

Es war spätnachmittags, als er dort anlangte; aber die Sonne stand
noch über den westlichen Hügeln, warf ihre Strahlen weit über das
Tal und ließ die alten Türme und Tempel Tenochtitlans in einem milden Glanz aufleuchten, der wenig zu den finsteren Kriegswirren
paßte, welche die Stadt erst vor so kurzer Zeit erschüttert hatten. Die
Stille der Stunde wurde plötzlich von dem ungewohnten Dröhnen
der großen Trommel im Tempel des Kriegsgottes unterbrochen —
einem Dröhnen, das die Noche triste mit all ihren Schreckensbildern
ins Gedächtnis der Spanier zurückrief; denn das war die einzige Gelegenheit, bei der sie es vernommen hatten. Es deutete auf ein feierli-
ches Zeremoniell im teuflischen Bereich des Teocalli; und erschreckt
durch den dumpfen Klang, den man meilenweit über das Tal hin hören konnte, wandten die Soldaten den Blick in die Richtung, aus der
er kam. Da sahen sie einen langen Zug, der sich um die mächtigen
Seiten der Pyramide hinaufwand; denn Alvarados Lager war kaum
eine Meile von der Stadt entfernt, und in der klaren Luft des Tafellandes kann man die Dinge selbst auf große Entfernung hin deutlich erkennen.

Als die lange Reihe der Priester und Krieger den abgeplatteten
Gipfel des Teocalli erreicht hatte, erblickten die Spanier die Gestalten
mehrerer bis zum Gürtel hinab entkleideter Männer, von denen sie
einige an der hellen Haut als ihre Landsleute erkannten. Sie waren zu
Opfern bestimmt. Ihre Köpfe waren mit Federkränzen festlich geschmückt, und sie trugen Fächer in den Händen. Man trieb sie mit
Schlägen vorwärts und zwang sie, an den Tänzen zu Ehren des azte-

kischen Kriegsgottes teilzunehmen. Dann wurden die unglücklichen Gefangenen ihres traurigen Putzes entkleidet und einer nach dem andern auf den großen Opferstein hingestreckt. Auf seiner gewölbten Oberfläche hob sich ihre Brust dem teuflischen Vorhaben des priesterlichen Henkers entgegen, der nun mit einem kräftigen Schnitt seines scharfen Itztlimessers die Rippen auseinandertrennte und, mit der Hand in die Wunde fahrend, das Herz herausriß, das heiß und dampfend auf die goldene Schale vor dem Götzenbild gelegt wurde. Der Leichnam des geschlachteten Opfers wurde dann die steilen Treppen hinabgeschleudert, die, wie man sich erinnern wird, alle an derselben Ecke der Pyramide, eine Flucht unter der andern, angelegt waren. Unten hoben die Eingeborenen die verstümmelten Überreste auf und bereiteten sich alsbald ein kannibalisches Mahl, das die grauenhafte Festlichkeit beschloß.

Man kann sich vorstellen, mit welchem Entsetzen die Spanier diesem furchtbaren Schauspiel zugesehen haben; waren sie ihm doch so nah, daß sie fast die Gesichter ihrer unglücklichen Freunde erkennen, das Aufbäumen und Zucken ihrer Leiber sehen, ihre Todesschreie hören konnten — oder wenigstens zu hören glaubten; und doch so weit entfernt, daß sie ihnen nicht zu Hilfe eilen konnten. Sie zitterten an allen Gliedern, als sie bedachten, was vielleicht eines Tages ihr eigenes Schicksal sein würde; und selbst die Tapfersten, die bisher so sorglos und unbekümmert in die Schlacht gegangen waren wie zum Festschmaus oder zum Tanz, konnten von nun an ihrem gewalttätigen Feind nicht mehr entgegentreten, ohne daß ein banges, der Furcht nahe verwandtes Gefühl sie beschlich.

Anders wirkte das Schauspiel auf die am Ende des Dammweges versammelten mexikanischen Truppen. Gleich Geiern von der Witterung fernen Aases lüstern gemacht, erhoben sie ein gellendes Geschrei, und mit der Drohung, so werde es allen ihren Feinden ergehen, ergossen sie sich in einem reißenden Strom über den ganzen Deich. Aber die Spanier ließen sich nicht überrumpeln, und kaum war die wilde Horde in Schußweite gelangt, eröffneten sie ein mörderisches Feuer aus ihren schweren Kanonen, das von den Hakenbüchsen und Armbrüsten noch unterstützt wurde, so daß die Angreifenden genötigt waren, sich langsam, aber unter schweren Verlusten auf ihre frühere Stellung zurückzuziehen.

Die nächsten fünf Tage verliefen einigermaßen ruhig, nur daß man, soweit es nötig war, die Ausfälle abwehrte, welche die Besatzung der Hauptstadt von Zeit zu Zeit machte. Die Mexikaner, trunken von ihren Erfolgen, überließen sich unterdessen dem Siegesjubel, sangen, tanzten und taten sich gütlich an den verstümmelten Überresten ihrer unseligen Schlachtopfer. Quauhtemoc schickte mehrere Köpfe von Spaniern sowie von Pferden im Lande umher und forderte seine früheren Vasallen auf, die Banner der weißen Männer zu verlassen, wenn sie nicht das Schicksal der Feinde Mexikos teilen wollten. Die Priester ermutigten nun den jungen Herrscher und das Volk mit der feierlichen Versicherung, daß ihre schwer beleidigte Gottheit, der furchtbare Huitzilopochtli, durch die ihm dargebrachten Opfer besänftigt, die Azteken wieder unter seinen Schutz nehmen und noch vor Ablauf von acht Tagen die Feinde in ihre Hand geben wolle.

An diese tröstliche Verheißung glaubten die Mexikaner zuversichtlich und schrien sie dem Belagerungsheer triumphierend und herausfordernd in die Ohren. Und wenn die Spanier sie auch verächtlich abtun mochten, so machte sie doch Eindruck auf ihre Verbündeten. Diese waren allmählich eines Dienstes überdrüssig geworden, der mit so vielen Gefahren und Leiden verknüpft war und überdies schon viel länger währte, als es bei indianischen Kriegen üblich war. Sie hegten nicht mehr das alte Vertrauen zu den Spaniern. Die Erfahrung hatte gezeigt, daß die Weißen weder unbesiegbar noch unsterblich waren, und nach den letzten Fehlschlägen bezweifelten sie sogar die Fähigkeit der Christen, die aztekische Hauptstadt zu erobern. Sie riefen sich die warnenden Worte Xicotencatls ins Gedächtnis zurück, daß ein so frevelhafter Krieg für das Volk von Anahuac nicht gut ausgehen könne. Sie waren sich bewußt, daß sie den Arm gegen die Götter ihres Landes erhoben. Die Prophezeiung der Priester bedrückte sie schwer. Kaum zweifelten sie daran, daß sie sich erfüllen werde, und wünschten nun sehnlichst, sich rechtzeitig von der Sache der Spanier loszusagen und damit den Blitzstrahl von ihren eigenen Köpfen abzuwenden.

Sie benutzten daher den freundlichen Schutz der Nacht, um sich aus ihren Quartieren fortzustehlen. Ein Trupp nach dem andern machte sich auf diese Weise davon und wandte sich heimwärts. Die Krieger aus den großen Städten des Tales, die sich zuallerletzt den Spaniern angeschlossen hatten, sagten sich als erste von ihnen los. Ihrem Beispiel folgten die älteren Verbündeten, die Streitkräfte aus Cholula, Tepeaca, Texcoco und selbst aus dem treuen Tlaxcala. Allerdings gab es Ausnahmen, und zu diesen gehörten Ixtlilxochitl, der junge Gebieter von Texcoco, und der tapfere tlaxcaltekische Häuptling Chichimecatl, die mit wenigen ihrer nächsten Anhänger dem Banner treu blieben, dem sie sich verpflichtet hatten. Aber ihre Zahl war gering.

Mit Schrecken sahen die Spanier, wie die mächtige Kriegerschar, auf deren Beistand sie rechneten, nun unter dem Anhauch des Aberglaubens lautlos zusammenschmolz. Allein Cortez bewahrte eine heitere Gelassenheit. Er betrachtete die Weissagung verächtlich als eine Erfindung der Priester, sandte den abziehenden Truppen seine Boten nach und bat sie dringend, ihren Aufbruch zu verschieben oder doch wenigstens auf dem Wege haltzumachen, bis sich nach kurzer Frist die Falschheit der Prophezeiung erweisen werde.

Freilich läßt sich nicht leugnen, daß es um die Sache der Spanier in diesem Augenblick schlecht bestellt schien. Von ihren Verbündeten verlassen, beinahe am Ende mit ihren Kriegsvorräten, von den gewohnten Zufuhren aus der Nachbarschaft abgeschnitten, von ununterbrochenen Wachen und Strapazen ermattet, an Wunden leidend, von denen keiner im Heer verschont geblieben, mit einem unfreundlich gesinnten Land im Rücken und einem Todfeinde vor sich, hätten sie wohl allen Grund gehabt, in ihrem Vorhaben wankend zu werden. Bei Tage waren sie hinreichend damit beschäftigt, das Land nach Lebensmitteln zu durchstreifen und ihre Stellungen auf den Dammwegen gegen den Feind zu behaupten, der jetzt durch seinen Sieg und die Verheißungen seiner Priester doppelt dreist geworden war; nachts aber wurden sie durch das Dröhnen der unseligen Trommel im Schlaf gestört, das weit über das Wasser hallte — das Totengeläut für ihre verlorenen Gefährten. Nacht für Nacht wurden neue Schlachtopfer zum großen Altar hinaufgeführt; und während die Stadt im Glanz der tausend Freudenfeuer erstrahlte, die auf den flachen Dächern der Häuser und in den Tempelbezirken brannten, konnte man das gräßliche Schauspiel, das im grellen Feuerschein wie Teufelsspuk anmutete, vom Lager unten deutlich verfolgen. Eines der letzten Opfer war Guzmán, Cortez' unglücklicher Kämmerer, der achtzehn Tage lang in Gefangenschaft schmachtete, ehe ihn sein Schicksal ereilte. Doch schwankten die Spanier in dieser Prüfungsstunde nicht. In allen Gefahren und vielfältigen Schwierigkeiten blieben sie ihrem Vorhaben treu. Ohne im geringsten zu erlahmen, setzten sie die Einschließung fort. Noch immer hielten sie die einzigen Zugänge zur Stadt besetzt, und ihre Geschütze, die bei jedem neuen

Ausfall der Azteken die langen Dämme bestrichen, streckten die Angreifer zu Hunderten nieder. Ihre Brigantinen kreuzten noch auf dem Wasser und schnitten die Verbindung mit der Küste ab. Zwar fehlten ihnen jetzt die Kanus der Verbündeten, so daß mitunter doch Lieferungen in die Hauptstadt gelangten; aber im ganzen waren die Zufuhren geringfügig, und die zusammengedrängte Bevölkerung, noch frohlockend über ihren vorläufigen Erfolg und die trügerischen Verheißungen ihrer Priester, spürte doch allmählich den vernichtenden Zugriff eines Feindes innerhalb ihrer Mauern, der schrecklicher war als der vor ihren Toren.

7

Auf diese Weise vergingen die vom Orakel bestimmten acht Tage; und als am neunten die Sonne aufging, sah sie die schöne Stadt noch immer auf allen Seiten vom unerbittlichen Feind umlagert. Es war ein großer Fehler der aztekischen Priester — nicht ungewöhnlich bei falschen Propheten, denen darum zu tun ist, ihre Anhänger aufzurütteln —, für die Erfüllung ihrer Weissagung einen so kurzen Zeitraum anzusetzen.

Nun wurden die Truppen aus Texcoco und Tlaxcala von ihren Heerführern benachrichtigt, daß die Prophezeiung nicht eingetroffen sei und sie ins christliche Lager zurückkehren sollten. Die Tlaxcalteken, die auf dem Wege haltgemacht hatten, kehrten beschämt über ihre Leichtgläubigkeit um, nun erst recht erbittert, weil sie auf die List des Feindes hereingefallen waren. Ihrem Beispiel folgten viele der anderen Verbündeten, mit der Unbeständigkeit, wie sie einem Volke eigen ist, dessen Überzeugungen sich nicht auf Vernunft, sondern auf Aberglauben gründen. Nach kurzer Zeit sah sich der spanische Befehlshaber an der Spitze einer Hilfsschar, die zwar nicht so zahlreich wie vorher, aber doch mehr als ausreichend für alle seine Zwecke war. Er empfing sie mit kluger Milde; und wiewohl er sie daran erinnerte, daß sie sich durch ihren Abfall eines großen Verbrechens schuldig gemacht hatten, zeigte er sich doch bereit, es in Anbetracht ihrer bisherigen Dienste zu übersehen. Sie dürften gewiß sein, daß die Spanier auf diese Dienste gar nicht angewiesen seien; denn während ihrer Abwesenheit hätten sie die Belagerung ebenso energisch fortgesetzt wie vorher. Aber ihm liege daran, daß diejenigen, welche die Gefahren des Krieges mit ihm geteilt, nun auch an den Triumphen teilhätten und dem Fall ihres Feindes beiwohnten, der nicht lange auf sich warten lassen werde. Das verspreche er ihnen mit einer Zuversicht, die fester gegründet sei als das Vertrauen der Priester auf ihren Orakelspruch.

Fortuna, die Gunst oder Ungunst gern mit vollen Händen austeilt, zeigte sich den Spaniern zu diesem Zeitpunkt auch dadurch gewogen, daß sie ein mit Munition und anderen Kriegsvorräten beladenes Schiff nach Veracruz sandte. Es gehörte zu der nach der Küste von Florida bestimmten Flotte des alten Schwärmers Ponce de León. Die Ladung wurde sogleich von den Hafenbehörden in Empfang genommen und unverzüglich ins spanische Lager befördert, wo sie sehr gelegen kam, da sich dort vor allem der Mangel an Pulver bedenklich bemerkbar zu machen begann. Mit erneuerten Kräften beschloß Cortez, wieder zu Angriffen überzugehen, aber nach einem Plan, der bedeutend von dem bisherigen abwich.

Bei den früheren Überlegungen hatten sich, wie wir gesehen haben, dem Befehlshaber zwei Möglichkeiten angeboten. Die eine war, bis in die Mitte der Hauptstadt vorzudringen und von dort aus die Feindseligkeiten fortzusetzen; die andere, wie bisher die Belagerung aufrechtzuerhalten. Gegen beide Wege ließen sich ernste Einwände erheben, die, wie er hoffte, bei dem neuen Plan hinfällig wurden. Dieser bestand darin, keinen Schritt vorwärts zu tun, ohne vorher für die völlige Sicherheit des Heeres gesorgt zu haben, nicht nur für den Fall eines Rückzuges, sondern auch für weitere Angriffe. Jeder Durchbruch im Dammweg, jeder Wassergraben in den Straßen sollte so dauerhaft ausgefüllt werden, daß das Werk nicht wieder zerstört werden konnte. Die Baustoffe dazu sollten die Gebäude liefern, die sämtlich, ob öffentlich oder privat, Hütte, Tempel oder Palast, beim Vormarsch des Heeres niedergerissen werden sollten. Nicht ein einziges Bauwerk auf ihrem Weg sollte verschont bleiben. Ohne Unterschied sollten alle dem Erdboden gleichgemacht werden, bis nach des Eroberers eigenen Worten ›das Wasser in trockenes Land verwandelt‹ und den Bewegungen von Reiterei und Geschütz ein glattes, ebenes Gelände bereitet sei.

Cortez konnte sich nur schwer zu diesem schrecklichen Entschluß durchringen. Er wünschte aufrichtig, die Stadt zu verschonen — die köstlichste Perle der Welt, wie er sie bewundernd nennt —, welche zudem die prächtigste Trophäe seines Eroberungszuges abgegeben

333

hätte. Aber eine Stadt, in der jedes Haus eine Festung und jede Straße von Gräben durchschnitten war, die alle Bewegungen hemmten, konnte man, wie die Erfahrung lehrte, unmöglich zugleich verschonen und unterwerfen. Ebensowenig aber war auf friedliche Verständigung mit den Azteken zu hoffen, die allen bisher erduldeten und ihnen noch bevorstehenden Leiden zum Trotz keineswegs entmutigt waren, sondern die alte stolze Unversöhnlichkeit zeigten.

Die indianischen Verbündeten begrüßten die Absichten des Befehlshabers mit grenzenloser Genugtuung, und auf seinen Hilferuf strömten Tausende von Schanzarbeitern herbei, mit ihren Coas, den landesüblichen Grabstöcken, ausgerüstet, und beteiligten sich mit dem größten Eifer an dem Zerstörungswerk. In kurzer Zeit waren die Durchbrüche in den großen Dammwegen so dauerhaft ausgefüllt, daß die Übergänge nicht wieder beschädigt wurden. Cortez selbst gab ein Beispiel, indem er eigenhändig Steine und Balken herbeischleppte. Dann wurden die Gebäude in der Vorstadt eingeebnet, die Gräben mit dem Bauschutt ausgefüllt, und so entstand rings um die Stadt ein breiter Erdgürtel für die Bewegungen der Reiterei, die nun frei und ungehindert darüber hinsprengte. Die Mexikaner sahen nicht gleichgültig zu, wie man ihre Stadt allmählich verheerte und sie selbst schutzlos dem Feind preisgab. Sie bemühten sich unablässig, die Arbeiten der Belagerer zu behindern; doch im Schutz der Kanonen, die pausenlos donnerten, schritt das Zerstörungswerk der Spanier immer weiter vor.

Der Glücksstrahl, der noch kurz zuvor die Mexikaner beschienen hatte, verschwand, und der finstere Nebel, der sich für einen Augenblick gehoben hatte, legte sich dichter als vorher auf die dem Untergang geweihte Stadt. Der Hunger mit seinem ganzen gräßlichen Leidensgefolge suchte unaufhaltsam die zusammengepferchte Bevölkerung heim. Die für die Belagerung herbeigeschafften Vorräte waren erschöpft. Die gelegentlichen Menschenopfer oder Zufuhren durch eine vereinzelte Piroge, die von den benachbarten Küsten herübergelangte, waren zu unbeträchtlich, um dem Mangel fühlbar abzuhelfen. Einige gewannen einem schleimigen Stoff, den man in geringen Mengen auf der Oberfläche des Sees und der Kanäle sammelte, ein kärgliches Mahl ab. Andere stillten den wütenden Hunger mit Ratten, Eidechsen und dergleichen ekelhaftem Getier, das die verhungernde Stadt noch nicht verlassen hatte. Ihre Tage schienen gezählt. Aber die Bücher der Geschichte geben manches Beispiel dafür, wie unermeßlich die Leidenskraft des Menschen sein kann, wenn Haß und Verzweiflung ihn beseelen.

Während so das Schwert über der Hauptstadt hing, bewog der spanische Befehlshaber, um einen letzten Versuch zur Rettung der Stadt zu machen, drei aztekische Edelleute, Gefangene aus einem der letzten Gefechte, Quauhtemoc eine Botschaft von ihm zu überbringen, wozu sie sich aus Furcht vor den Folgen für sie selbst nur widerstrebend bereit fanden. Cortez erklärte dem Kaiser, nunmehr sei alles getan, was tapfere Männer zur Verteidigung ihres Landes zu tun vermögen. Es bleibe den Mexikanern keine Hoffnung mehr, keine Möglichkeit zu entrinnen. Ihre Vorräte seien erschöpft, ihre Verbindungen abgeschnitten, ihre Vasallen von ihnen abgefallen; selbst ihre Götter hätten sie verraten. Sie stünden allein, die Völker Anahuacs im Bunde gegen sie. Es gebe keinen anderen Ausweg für sie als die unverzügliche Übergabe. Er beschwor den jungen Herrscher, doch Mitleid mit seinen tapferen Untertanen zu haben, die täglich vor seinen Augen dahinstürben, und mit der schönen Stadt, deren prächtige Gebäude schnell in Trümmer sänken. ›Kehre zur Treuepflicht zurück‹, schloß er, ›die du einst dem Herrscher von Kastilien gelobt hast. Das Vergangene soll vergessen sein. Leben und Eigentum, kurz, alle Rechte der Azteken sollen unangetastet bleiben. Du sollst in deiner Macht bestätigt werden, und Spanien wird deine Stadt aufs neue unter seinen Schutz nehmen.‹

Das Auge des jungen Herrschers flammte, und seine dunkle Wange glühte in jähem Zorn, als er diese demütigenden Vorschläge vernahm. Aber obgleich die ungezügelte Wildheit des Indianers in ihm brannte, besaß er doch die Eigenschaften eines ›edlen Ritters‹, wie einer seiner Feinde sagt, der ihn gut gekannt hat. Er fügte den Abgesandten kein Leid zu; vielmehr überlegte er sich die Sache ruhig, nachdem die erste zornige Aufwallung vorüber war, und berief einen Rat von Priestern und Kriegern ein, um sich mit ihnen zu besprechen. Einige waren dafür, die Vorschläge anzunehmen als die einzige Möglichkeit, die Stadt zu retten. Aber die Priester sahen die Sache anders an. Sie wußten, der Sieg des Christentums würde den Untergang ihres Standes bedeuten. Friede sei gut, sagten sie, aber nicht mit den weißen Männern. Sie erinnerten Quauhtemoc an das Schicksal seines Oheims Montezuma und an den Lohn, den jener für all seine Gastfreundschaft empfangen habe; an die Gefangennahme und Einkerkerung Cacamas, des Kaziken von Texcoco; an die Niedermetzelung der Edelleute durch Alvarado; an die unersättliche Habgier der Eindringlinge, die das Land seiner Schätze beraubt; an die Entweihung der Tempel; an die maßlosen Kränkungen und Beleidigungen, mit denen sie das Volk und seine Religion überhäuft hätten. ›Es ist besser‹, sagten sie, ›wir glauben den Verheißungen unserer eigenen Götter, die so lange über das Volk gewacht haben. Lieber geben wir, wenn es sein muß, sogleich unser Leben für unser Land, als daß wir es in Sklaverei und Leiden unter den falschen Fremden dahinschleppen.‹

So berührten die Priester geschickt die mannigfachen durch die Spanier erlittenen Kränkungen, und ihre Beredsamkeit entflammte das heiße Blut Quauhtemocs aufs neue. »Da es so ist«, rief er plötzlich aus, »so wollen wir nur darauf bedacht sein, den wahren Willen des Volkes zu vollstrecken. Von nun an soll keiner, dem sein Leben lieb ist, mehr von Übergabe sprechen. Wenigstens ist es uns gegeben, gleich Kriegern zu sterben.«

Die Spanier warteten zwei Tage auf eine Antwort. Statt ihrer erfolgte schließlich ein allgemeiner Ausfall der Mexikaner, die aus allen Toren der Hauptstadt strömten, einem Fluß gleich, der über die Ufer tritt, sich Welle auf Welle bis an die Verschanzungen der Belagerer wälzten und sie allein schon durch ihre Masse zu überwältigen drohten. Glücklicherweise waren durch die günstige Position auf den Deichen die Flanken der Spanier geschützt, und die Enge der Dammwege verlieh ihren kleinen Geschützständen die Überlegenheit größerer Batterien. Ununterbrochen bestrichen Kanonen und Hakenbüchsen die verschiedenen Zugänge und spien schwefelige Rauchschwaden aus, die sich träge über das Wasser fortwälzten, die indianische Hauptstadt dunkel umlagerten und vor der umliegenden Gegend verbargen. Die Brigantinen donnerten gleichzeitig gegen die Flanken der Kriegerscharen, die nach einigen vergeblichen Anstrengungen, sich zu halten, in wildem Durcheinander zurückwichen, bis sich ihre ohnmächtige Wut innerhalb der Hauptstadt in dumpfem Murren verlor.

Cortez verfolgte nun beharrlich den Plan, den er zur Verwüstung der Stadt entworfen hatte. Tag für Tag brachen die Heeresabteilungen in die verschiedenen Stadtteile ein; Sandoval richtete seine Angriffe wahrscheinlich gegen den nordöstlichen Bezirk. Die aus dem porösen Tetzontli gebauten Häuser waren, wenn auch zumeist niedrig, doch so fest und weitläufig und die Gräben so zahlreich, daß man nur langsam vorankam. Doch gewannen die Spanier täglich neue Verstärkungen; denn aus der umliegenden Gegend strömten die Eingeborenen scharenweise ins christliche Lager und beteiligten sich an dem Zerstörungswerk mit einem Eifer, der deutlich verriet, wie sie darauf brannten, das verhaßte Joch der Azteken abzuschütteln. Diese wüteten in ohnmächtigem Zorn, als sie sahen, wie ihre herrlichen Gebäude, ihre Tempel, alles, was sie von jeher verehrt hatten, erbarmungslos niedergerissen, wie ihre mit so vieler Mühe und aller ihnen zu Gebote stehenden Kunst gebauten Wassergräben mit Schutt ausgefüllt, kurz, wie ihre blühende Stadt in eine Wüste verwandelt wurde, über die der übermütige Feind nun siegreich dahinzog. Sie überschütteten die indianischen Verbündeten der Spanier mit Schmähungen. ›Fahrt nur so fort‹, sagten sie bitter, ›je mehr ihr zerstört, desto mehr werdet ihr nachher wieder aufbauen müssen. Wenn wir siegen, sollt ihr für uns bauen; und siegen eure weißen Freunde, so werdet ihr dasselbe für sie tun müssen.‹ Die Zukunft sollte ihnen recht geben.

In ihrer Wut stürzten sie sich blindlings auf die Truppen, welche die indianischen Schanzarbeiter deckten. Aber ebensooft wurden sie durch die ungestümen Angriffe der Reiterei zurückgetrieben oder von den langen Piken aus Chinantla in Empfang genommen, die den Belagerern gute Dienste leisteten. Gegen Abend indes, wenn die Spanier ihre Streitkräfte zurückzogen, wobei sie stets dafür sorgten, daß das große Heer der Verbündeten zuerst das Feld räumte, sammelten sich die Mexikaner gewöhnlich zu einem heftigeren Angriff. Dann strömten sie, Gebirgsbächen gleich, aus jeder Straße und Gasse, verbreiteten sich über die weite vom Feind geräumte Fläche und fielen diesem ungestüm in Flanke und Rücken. Bei solchen Gelegenheiten brachten sie dem Gegner große Verluste bei, bis Cortez ihnen zwischen den Gebäuden neben dem großen Tempel einen Hinterhalt legte und ihnen so viel Schaden zufügte, daß sie genötigt waren, künftig behutsamer zu Werke zu gehen.

Mitunter nahm der Krieg geradezu ritterliche Formen an, und es kam zu feindlichen Auseinandersetzungen Mann gegen Mann. Einzelne Krieger, besonders Eingeborene, forderten einander zum Kampf heraus. Diese Zweikämpfe wurden gewöhnlich auf den Azoteas ausgetragen, deren breite, ebene Fläche einen guten Kampfplatz abgab. Einmal forderte ein Mexikaner von mächtiger Gestalt, Schwert und Schild schwingend, die er von den Christen erbeutet

hatte, den Gegner zu einem Zweikampf heraus. Einer von Cortez'
Edelknaben, Núñez mit Namen, erhielt von seinem Gebieter die Erlaubnis, die prahlerische Herausforderung des Azteken anzunehmen; er sprang auf die Azotea, siegte nach hartem Kampf über seinen
Gegner — der sich selbst benachteiligt hatte, weil er mit Waffen focht,
in deren Gebrauch er nicht geübt war —, und nachdem er ihn durchbohrt hatte, trug er die Beutestücke triumphierend davon und legte
sie dem Befehlshaber zu Füßen.

Cortez' Abteilung hatte sich nun nordwärts bis zur großen Straße
nach Tacuba durchgearbeitet, die eine Verbindung mit Alvarados Lager eröffnete und in deren Nähe der Palast Quauhtemocs stand. Es
war ein weitläufiges steinernes Gebäude, das wohl eine Festung genannt werden konnte. Von seinem Besitzer verlassen, war es von
einer starken aztekischen Streitmacht besetzt, die sich anfangs verte-
digte, aber gegen die donnernden Kriegsgeräte der Belagerer wenig
ausrichten konnte. Der Palast wurde alsbald in Brand gesteckt und
dem Erdboden gleichgemacht, wie all die anderen stattlichen Gebäude der Hauptstadt, Stolz und Zierde der Azteken und herrlichste
Zeugnisse ihrer Kultur. ›Es war eine traurige Sache, das Zerstörungswerk mit anzusehen‹, ruft Cortez aus, ›aber es gehörte zu unserem
Feldzugsplan, und es blieb uns keine Wahl.‹

Diese Unternehmungen hatten mehrere Wochen in Anspruch genommen, so daß mittlerweile der Juli zur Neige ging. Während der
ganzen Zeit war die Einschließung mit äußerster Strenge fortgesetzt
worden, und die unglücklichen Einwohner erduldeten alle Qualen
der Hungersnot. Von Zeit zu Zeit wurden vereinzelte Mexikaner
aufgegriffen, die in der Nähe des christlichen Lagers nach Nahrung
umherstreiften. Auf Cortez' Befehl wurden sie freundlich behandelt;
denn er hoffte, damit andere zu verleiten, ihrem Beispiel zu folgen,
und auf diese Weise die Einwohner zu gewinnen, was ihm vielleicht
den Weg zu ihrer Unterwerfung ebnen könnte. Aber nur wenige fanden sich bereit, die schützende Hauptstadt zu verlassen; fast alle
wollten lieber das Schicksal ihrer leidenden Landsleute teilen als sich
der Gnade der Belagerer überantworten.

Von diesen wenigen Gefangenen hörten die Spanier indes die trübselige Leidensgeschichte der im Innern der Stadt zusammengedrängten Bevölkerung. An allen gebräuchlichen Nahrungsmitteln fehlte es
schon längst, und nun fristeten sie ihr Leben so gut sie konnten mit
Wurzeln, die sie aus der Erde gruben, mit Baumrinde, mit Gras —

kurz, mit allem, und sei es noch so ekelhaft, was ihren wütenden Hunger lindern konnte. Ihr einziges Getränk war das brackige Wasser aus dem vom Salzsee durchtränkten Boden. Geschwächt durch diese unzuträgliche Kost und die dadurch erzeugten Krankheiten, schwand die Bevölkerung allmählich dahin. Täglich erkrankten und starben Menschen unter den Folterqualen des Hungers, und die bleichen und ausgemergelten Überlebenden schienen nur darauf zu warten, daß auch ihnen die letzte Stunde schlage.

Von alledem konnten sich die Spanier selbst überzeugen, als sie tiefer ins Stadtinnere vordrangen und sich dem Bezirk von Tlatelolco näherten, den die Belagerten noch besetzt hielten. Sie fanden den Boden aufgewühlt nach Wurzeln und Unkraut, die Bäume ihrer grünen Schößlinge, der Blätter und der Rinde beraubt. Haufen ausgehungerter Indianer schlichen in der Ferne wie Geister über den Schauplatz ihres ehemaligen Lebens. Leichen lagen unbeerdigt in den Straßen und Höfen oder füllten die Gräben. Dies war ein untrügliches Zeichen für die äußerste Not der Azteken; denn das Begraben der Toten galt ihnen als heilige und gebieterische Pflicht. In der ersten Zeit der Belagerung hatten sie sie noch gewissenhaft erfüllt. Später hatten sie die Toten wenigstens sorgfältig dem Auge der Öffentlichkeit entzogen und sie in die Häuser gebracht. Aber die Todesfälle sowie ihre eigenen Leiden hatten mittlerweile so furchtbar überhandgenommen, daß sie gleichgültig dagegen geworden waren, und nun ließen sie ihre Freunde und Verwandten an der Stelle, wo sie ihren letzten Atemzug getan hatten, einfach liegen und verwesen.

In den Wohnungen bot sich den Eindringlingen ein noch schrecklicheres Schauspiel: der Boden war bedeckt mit den ausgestreckten Körpern der unseligen Bewohner, einige noch im Todeskampf, andere schon in Fäulnis übergegangen; dazwischen, durcheinandergewürfelt, dem Pesthauch preisgegeben, Männer, Frauen und Kinder; Mütter mit Säuglingen im Arm, die vor ihren Augen verhungerten, weil sie selbst nicht mehr fähig waren, ihnen die Nahrung der Natur zu gewähren; Verwundete mit gräßlich verstümmelten Körpern, die beim Eintreten des Feindes vergebens fortzukriechen suchten. Aber selbst in diesem Zustand verschmähten sie es, um Gnade zu bitten, und starrten den Eindringlingen mit der feindseligen Wildheit des verwundeten Tigers entgegen, den die Jäger in seinem Dschungelversteck aufgespürt haben. Der spanische Befehlshaber erließ strenge Befehle, die armen, entkräfteten Menschen zu schonen. Aber die indianischen Verbündeten machten keinen Unterschied. Ein Azteke, unter welchen Umständen auch immer, war ein Feind; mit gräßlichem Siegesgeschrei rissen sie ihnen die brennenden Häuser über den Köpfen nieder, und ein Scheiterhaufen vernichtete die Lebendigen und die Toten.

Doch machten alle Leiden, so schrecklich sie auch waren, die Azteken nicht gefügiger. Es gab sogar viele, die sich dank einer kräftigeren Konstitution oder günstigerer Umstände ihre alte Körper- und Geistesstärke bewahrt hatten und dieselbe furchtlose Entschlossenheit wie vorher behaupteten. Sie verwarfen hartnäckig alle Angebote des spanischen Befehlshabers, erklärten, sie wollten lieber sterben als sich ergeben, und fügten mit bitterem Triumph hinzu, die Eindringlinge sollten wenigstens in ihren Hoffnungen auf Schätze enttäuscht werden, denn diese seien vergraben, wo sie keiner je finden könne.

Die mexikanischen Frauen, so wird berichtet, waren von der gleichen verzweifelten — oder sagen wir besser heldenmütigen — Entschlossenheit beseelt. Unermüdlich pflegten sie die Kranken, verbanden die Verwundeten; sie halfen den Kriegern in der Schlacht, indem sie ihnen Steine und Pfeile zutrugen, ihre Schleudern instand setzten, ihre Bogen spannten; kurz, sie legten dieselbe Beharrlichkeit und Tapferkeit an den Tag wie die edlen Jungfrauen aus dem antiken Karthago.

Cortez hatte jetzt eine der großen Straßen erreicht, die zum Marktplatz von Tlatelolco führten, dem Stadtteil, gegen den auch Alvarado anrückte. Nur ein einziger Graben versperrte ihm noch den Weg, dieser aber war sehr breit und wurde von mexikanischen Bogenschützen hartnäckig verteidigt. Zu dieser Zeit wurde Cortez' Heer eines Abends in seinen Verschanzungen auf dem Dammweg von einem ungewöhnlichen Feuerschein überrascht; er kam von dem riesigen Teocalli im nördlichen Stadtteil, der von ihrer eigenen Stellung weit entfernt war. Dieser dem furchtbaren Kriegsgott geweihte Tempelbau stand nur der Pyramide auf dem großen Platz nach; und mehr als einmal hatten die Spanier gesehen, wie man auf ebendiesem Teocalli ihre unglücklichen Landsleute zur Schlachtbank führte. Sie vermuteten nun, der Feind feiere wieder eines seiner teuflischen Opferfeste; aber die immer höher steigenden Flammen zeigten an, daß die Kultstätten selbst in Brand standen. Bei diesem Anblick brachen die versammelten Soldaten in Jubelgeschrei aus, und einer versicherte dem andern, ihre Landsleute unter Alvarado hätten sich in den Besitz des Tempels gesetzt.

So war es in der Tat. Jener tapfere Offizier, dessen Stellung auf dem westlichen Dammweg dem Bezirk von Tlatelolco am nächsten war, hatte die Anweisung seines Befehlshabers buchstäblich befolgt, jedes Gebäude auf seinem Wege niedergerissen und mit den Trümmern die Gräben zugeschüttet. Endlich befand er sich vor dem großen Teocalli in der Nähe des Marktplatzes. Er ließ ihn stürmen, die Besatzung wurde die Stufen hinaufgetrieben, und auf der breiten Plattform des Gipfels entbrannte ein blutiges Gefecht, das mit der Vernichtung der Azteken endete, die sämtlich erschlagen oder von der Höhe der Pyramide hinabgestürzt wurden.

Auf der Plattform befanden sich allerlei Sinnbilder des rohen landesüblichen Götzendienstes und zwei hohe Tempel mit zähnefletschenden Idolen, vor denen mehrere Köpfe lagen, die Überreste gefangener Christen, die man auf den heidnischen Altären hingeschlachtet hatte. Waren die fahlen Gesichter auch von langem, verfilztem Haar und buschigen Bärten überwachsen, so erkannten die Spanier doch ihre Gefährten wieder, die dem Feind in die Hände gefallen waren. Tränen stürzten ihnen bei dem schmerzlichen Anblick aus den Augen, und schaudernd dachten sie an den grauenvollen Tod, den ihre Landsleute erlitten hatten. Mit gebührender Sorgfalt schafften sie die traurigen Überreste beiseite und begruben sie nach der Eroberung in geweihter Erde, an einer Stelle, wo später die Märtyrerkirche errichtet wurde.

Sie besiegelten ihr Werk, indem sie die Tempel in Brand steckten, auf daß dieser Ort nie wieder durch solch abscheuliche Riten befleckt werde. Die Flammen züngelten langsam an den hohen Türmen hinauf, in denen Stein mit Holz abwechselte, bis sie schließlich zu einer einzigen grellen Feuersäule zusammenschlugen, die zu solcher Höhe emporloderte, daß sie von den entferntesten Gegenden des Tales gesehen werden konnte.

Dieses Flammenzeichen war es, das Cortez' Kriegsvolk jubelnd begrüßt hatte; leuchtend bezeugte es Freund und Feind das Vordringen der christlichen Waffen.

Ermutigt von diesem Anblick, traf der Befehlshaber mit seiner Abteilung Anstalten, sich am nächsten Tag mit Alvarados Truppen zu vereinigen. Als einziges größeres Hindernis mußte der erwähnte breite Graben überschritten werden, der von Cortez' indianischen

Schanzarbeitern eifrig mit den Trümmern der umliegenden Gebäude ausgefüllt wurde. Jenseits standen aztekische Krieger, jämmerlich abgezehrte Schatten ihrer einstigen Kraft, und suchten durch einen Hagel von Wurfgeschossen den Spaniern den Übergang zu verwehren. Aber pausenlos wurden die Zuschüttungsarbeiten fortgesetzt, wobei immer neue Hilfstruppen die im Pfeilregen Gefallenen ersetzten. Schließlich erzwang die Reiterei, begleitet von der Phalanx der Pikenträger, den Durchbruch durch die feindlichen Reihen und machte alles nieder, was sich widersetzte.

Nun befanden sich Alvarados und Cortez' Abteilungen auf demselben Boden, nämlich in der Nähe des riesigen, von Säulenhallen und leichten Gebäuden umgebenen Marktes. Cortez bestieg sogleich den Teocalli, von dem nun, nachdem die Wahrzeichen des aztekischen Aberglaubens ausgemerzt waren, siegreich die Fahne Kastiliens herabwehte. Der Eroberer schritt zwischen den rauchenden Aschenhaufen auf der Plattform umher und sah ruhig hinunter auf den Schauplatz der Zerstörung. Die Paläste, die Tempel, die geschäftigen Märkte, die glitzernden Wasserstraßen, wimmelnd von Frachten aus der umliegenden Gegend, die Pracht der Haine und Gärten, aller Glanz der Kaiserstadt, der Hauptstadt der westlichen Welt — für immer verschwunden, und statt dessen eine kahle Wüste! Wie anders war der Anblick, der sich ihm vor Jahresfrist geboten hatte, als er von der Höhe des benachbarten Teocalli an Montezumas Seite Umschau gehalten hatte. Sieben Achtel der Stadt lagen in Trümmern, ausgenommen vielleicht hier und da ein riesiger Tempel, dessen Zerstörung zuviel Zeit gekostet hätte. Nur ein Achtel, das den Bezirk von Tlatelolco in sich begriff, war den Azteken geblieben, und die nach allen Verlusten noch immer große Bevölkerung war nun auf einem Raum zusammengedrängt, der eigentlich kaum für ein Drittel dieser Menge ausgereicht hätte.

Am folgenden Tag begab sich Cortez an der Spitze seiner Truppen zum zweiten Mal auf den großen Marktplatz. Aber dieses Mal waren die Mexikaner besser auf seine Ankunft vorbereitet. Eine ansehnliche Streitmacht hatte sich auf dem geräumigen Platz versammelt. Ein hitziges Treffen folgte; aber es war nur kurz. Ihre Kraft war geringer als ihr Mut, sie schwanden unter den Gewehrsalven dahin und überließen den Spaniern den eingefriedeten Platz.

Deren erstes Werk war nun, einige kleinere Tempel in Brand zu stecken, die innerhalb des Platzes oder, was wahrscheinlicher ist, an den Seiten standen. Als die Flammen emporloderten, brachen die Azteken in jämmerliches Klagegeschrei aus, entsetzt, daß man ihre Gottheiten vernichtete, auf deren Schutz sie vertraut hatten.

8

Es hätte keiner Nachhilfe von Menschenhand bedurft, um das Verderben der Azteken zu besiegeln. Von mächtigeren, außermenschlichen Kräften beschleunigt, schritt es mit jeder Stunde schneller voran. Da lagen sie zusammengepfercht in ihren engen, stickigen Wohnungen, Vornehme, Geringe und Sklaven, Männer, Frauen und Kinder, manche in Häusern, die meisten in Hütten — denn dieser Teil der Stadt war nicht der beste —, andere unter freiem Himmel in Kanus oder auf den Straßen, im kalten Nachtregen schauernd oder von der brennenden Tageshitze versengt. Ein Chronist berichtet von zwei vornehmen Frauen, die drei Tage und drei Nächte im Uferschilf standen, bis an den Hals im Wasser, mit einer Handvoll Mais als einziger Nahrung. Die herkömmlichen Lebensmittel hatten sie schon lange nicht mehr. Sie irrten umher auf der Suche nach irgend etwas, wie unzuträglich oder widerlich auch immer, was ihren nagenden Hunger lindern könnte. Einige fingen Insekten und Würmer an den Ufern des Sees oder sammelten die salzigen Wasserpflanzen und Moose auf dem Grund, wobei sie wohl zuweilen einen sehnsüchtigen Blick nach den grünen Hügeln jenseits des Wassers werfen mochten, die viele von ihnen verlassen hatten, um das Schicksal ihrer Brüder in der Hauptstadt zu teilen.

Zu ihrem Lobe erzählen die spanischen Geschichtsschreiber, daß sie sich in ihrer Not nicht hätten hinreißen lassen, die Gesetze der Natur zu verletzen und sich gegenseitig aufzuessen. Aber leider widersprechen dem die indianischen Quellen, die behaupten, manche Mutter habe in ihrer Qual das Kind verzehrt, das sie nicht länger erhalten konnte. Dies wird in der Geschichtsschreibung von mehr als einer Belagerung berichtet; und hier ist es um so wahrscheinlicher, als das Gefühl durch die Gewöhnung an die unmenschlichen Bräuche des landesüblichen Götzendienstes abgestumpft gewesen sein muß.

Aber all dies reichte nicht hin, und Hunderte von Unglücklichen starben täglich an Hunger und Entkräftung. Einige schleppten sich in die Häuser und hauchten allein und in der Stille ihr Leben aus. Andere brachen auf der Straße zusammen. Wo sie auch starben, ließ man sie liegen. Niemand fand sich, sie zu begraben oder fortzuschaffen. Die Alltäglichkeit des Schauspiels machte die Menschen gleichgültig dagegen. In dumpfer Verzweiflung sahen sie es mit an und warteten, bis auch sie an die Reihe kamen. Es gab kein Klagen, kein Jammern, nur tiefes, unaussprechliches Leiden.

Auch in anderen Stadtteilen sah man die Leichen auf den Straßen herumliegen, aber hier waren sie zu Haufen aufgetürmt. ›Sie lagen so dicht‹, sagt Bernal Díaz, ›daß man nicht anders treten konnte als zwischen Tote.‹ — ›Man konnte‹, sagt Cortez noch deutlicher, ›den Fuß nicht aufsetzen, ohne auf den Leichnam eines Indianers zu treten!‹ Sie lagen neben- und übereinander, zwischen den Toten die Lebenden. Sie streckten sich auf den Leichen ihrer Freunde nieder, um dort zu schlafen. Überall war der Tod. Die Stadt war ein einziges Beinhaus, in dem alles dem Untergang und der Verwesung zueilte. Durch den Wechsel von Regen und Sonnenschein begünstigt, stieg ein giftiger Dunst aus der verwesenden Masse auf und verpestete die Luft, so daß den Spaniern, den Befehlshaber selbst nicht ausgenommen, bei ihren kurzen Besuchen in der Gegend übel davon wurde; und Seuchen breiteten sich aus, die noch mehr Menschen fortrafften als der Hunger.

Unter diesen beispiellosen, nicht enden wollenden Schrecknissen verwirrte sich allmählich der Verstand der Menschen. Abergläubisch nahmen sie ihre Zuflucht zu allen von ihrer Religion vorgeschriebenen Bräuchen, um die Krankheit zu bannen. Sie forderten ihre Priester auf, die Götter um ihren Beistand zu bitten. Aber die Orakel blieben stumm oder gaben nur dunkle Antworten. Ihre Gottheiten hatten sie verlassen, und statt ihrer erblickten sie Zeichen göttlichen Zorns, die ihnen noch größeres Unheil für die Zukunft verhießen. Nach der Belagerung erklärten viele, unter anderen Wunderzeichen hätten sie auch einen blutroten Lichtstrom gesehen; mit gewaltigem Brausen wie von einem Wirbelwind sei er von Norden aus der Richtung von Tepeyacac gekommen, habe, Funken und Feuerflocken ausspeiend, den Stadtteil Tlatelolco umkreist und sei endlich weit in den See hinausgeschossen. Eine geheimnisvolle Furcht bemächtigte sich ihrer überreizten Sinne. Wunderzeichen wurden alltäglich und die alltäglichsten Naturerscheinungen in Wunder umgedeutet. Betäubt durch ihr Elend, verloren sie den Verstand und wurden zum Spielball der tollsten und abergläubischsten Hirngespinste.

Inmitten dieser Schrecknisse blieb der junge Herrscher, nach allen Berichten, ruhig und entschlossen. Seine schöne Hauptstadt wurde vor seinen Augen in Schutt und Asche gelegt, seine Edelleute und treuen Untertanen rings um ihn her starben, sein Gebiet wurde ihm Fuß um Fuß entrissen, bis ihm kaum genug Boden blieb, darauf zu stehen — und dennoch verwarf er jede Aufforderung, sich zu ergeben, und zeigte denselben unbeugsamen Mut wie zu Beginn der Belagerung. Als Cortez in der Hoffnung, die Belagerten würden sich in ihrer Not vielleicht doch zu einer Verständigung bereitfinden, einen gefangenen Edelmann bewogen hatte, Quauhtemoc seine Vorschläge zu überbringen, befahl der erzürnte junge Herrscher, wie Cortez berichtet, ihn sogleich zu opfern. Freilich müssen wir bedenken, daß es ein Spanier ist, der diese Geschichte erzählt.

Nachdem der Befehlshaber die Feindseligkeiten mehrere Tage eingestellt hatte, vergeblich hoffend, daß die Leiden die Mexikaner gefügiger machen würden, beschloß er nun doch, sie durch einen allgemeinen Angriff zur Unterwerfung zu zwingen. Daß sie in einem engen Stadtviertel eingeschlossen waren, begünstigte einen solchen Versuch. Er befahl Alvarado, sich in Bereitschaft zu halten, und Sandoval — dem außer dem Dammweg auch die Flotte anvertraut war, die außerhalb des Bezirks von Tlatelolco lag — sollte den Angriff durch eine Beschießung der nahe am Wasser stehenden Häuser unterstützen. Dann führte er seine Truppen in die Stadt oder vielmehr über die schreckliche Wüste hinweg, die sie jetzt umgab.

Als er in die indianischen Bezirke kam, traten ihm mehrere Häuptlinge entgegen, die ihre abgezehrten Arme ausstreckten und riefen: »Ihr seid die Kinder der Sonne. Aber die Sonne ist rasch in ihrem Lauf. Warum nur seid ihr so langsam? Warum zögert ihr so lange, unserem Elend ein Ende zu machen? Tötet uns doch lieber gleich, damit wir zu unserem Gott Huitzilopochtli gehen können, der im Himmel auf uns wartet, um uns von unseren Leiden ausruhen zu lassen!«

Cortez war bewegt von dem kläglichen Anruf und erwiderte, nicht ihren Tod, sondern ihre Unterwerfung wünsche er. »Warum weigert sich euer Gebieter, mit mir zu verhandeln«, sagte er, »da mir doch eine einzige Stunde genügen wird, um ihn und sein ganzes Volk zu vernichten?« Hierauf bat er sie dringend, Quauhtemoc zu einer Zusammenkunft mit ihm zu bewegen, und sicherte ihnen zu, daß ihr Gebieter völlig unbesorgt sein könne; seine Person solle nicht angetastet werden. Nach einigem Zureden übernahmen die Edelleute die Botschaft; und sie wurde von dem jungen Herrscher auf eine Weise aufgenommen, die zeigte — sofern der obenerwähnte Vorfall der Wahrheit entspricht —, daß das Unglück endlich einige Macht über seinen stolzen Sinn gewonnen hatte. Er erklärte sich zu einer Zusammenkunft bereit, bestand aber darauf, daß sie nicht schon am selben Tag, sondern erst am folgenden stattfinden solle, und zwar auf dem großen Platz von Tlatelolco. Sehr zufrieden damit, zog sich Cortez augenblicklich aus der Stadt zurück und nahm wieder seine Stellung auf dem Dammweg ein.

Am nächsten Morgen fand er sich auf dem verabredeten Platz ein, nachdem er vorher, um sich gegen Verrat zu sichern, Alvarado mit einem starken Trupp Fußvolk dort postiert hatte. Die steinerne Erhöhung in der Mitte des Platzes war mit Matten und Teppichen belegt, und ein Mahl zur Erfrischung des ausgehungerten Herrschers und seiner Edelleute stand bereit. Nachdem diese Vorkehrungen getroffen waren, erwartete der Befehlshaber die Zusammenkunft.

Aber statt selbst zu erscheinen, schickte Quauhtemoc seine Edelleute, dieselben, die ihm die Einladung des Befehlshabers überbracht hatten, und ließ sich unter dem Vorwand, er sei krank, entschuldigen. Cortez, obwohl enttäuscht, bereitete den Abgesandten einen höflichen Empfang und hoffte, auf diesem Wege doch noch eine Unterhandlung mit dem Kaiser zu erreichen. Sie ließen sich nicht lange zureden, von den aufgetischten guten Speisen zu essen, und ihre Gier verriet, wie lange sie dergleichen entbehrt hatten. Dann entließ er sie mit einem gehörigen Vorrat von Lebensmitteln für ihren Gebieter und drang auf eine Zusammenkunft als die einzige Möglichkeit, ihre Streitigkeiten beizulegen.

Nach kurzer Zeit kehrten die indianischen Abgesandten zurück und überbrachten feine, aber nicht sehr wertvolle Baumwollstoffe als Geschenk von Quauhtemoc, der es noch immer ablehnte, mit dem spanischen Befehlshaber zusammenzukommen. Cortez war zwar sehr ungehalten darüber, doch wollte er die Sache nicht aufgeben. »Er wird gewiß kommen«, sagte er zu den Abgesandten, »wenn er sieht, wie ich euch unbehelligt kommen und gehen lasse, die ihr doch, nicht weniger als er selbst, den ganzen Krieg über meine erbitterten Feinde gewesen seid. Er hat nichts von mir zu fürchten.« Wieder trennte er sich von ihnen und versprach, am folgenden Tag ihre Antwort entgegenzunehmen.

Am nächsten Morgen kamen die aztekischen Häuptlinge ins christliche Lager, um Cortez anzukünden, Quauhtemoc wolle mittags mit ihm auf dem Marktplatz zusammentreffen. Der Befehlshaber stellte sich pünktlich ein; aber vergebens. Weder der Kaiser noch seine Sendboten erschienen. Es war offenkundig, daß der indianische Fürst den Versprechungen seines Feindes mißtraute. Der Gedanke an Montezuma mag ihm durch den Sinn gegangen sein. Nachdem der Befehlshaber drei Stunden gewartet hatte, war seine Geduld zu Ende, und da er erfuhr, daß die Mexikaner unterdessen eifrig mit Vorbereitungen zu ihrer Verteidigung beschäftigt waren, traf er unverzüglich seine Vorkehrungen zum Angriff.

Die Verbündeten hatte man außerhalb der Stadt zurückgelassen; denn die Meute sollte das Wild nicht eher sehen, als bis Cortez bereit war, sie loszukoppeln. Jetzt befahl er ihnen, zu ihm zu stoßen, und von Alvarados Abteilung unterstützt, marschierte er sofort in die feindlichen Stadtviertel. Er fand den Gegner zu seinem Empfang gerüstet. Die kräftigsten Krieger standen in den vordersten Reihen und deckten ihre schwachen und verstümmelten Gefährten. Mitunter sah man auch Frauen unter den Kämpfenden, oder sie drängten sich, Kinder dazwischen, auf den Azoteas, von wo sie, hohläugig, die Gesichter vom Hunger entstellt, herausfordernde und haßerfüllte Blicke auf die Angreifer warfen.

Beim Herannahen der Spanier erhoben die Mexikaner ein wildes Kriegsgeschrei und schossen mit dem gewohnten Kampfesmut ihre Pfeile ab, während die Frauen und Knaben von ihrer erhöhten Stellung auf den Dachterrassen Wurfspieße und Steine hinabhageln ließen. Aber die Geschosse wurden von zu schwachen Händen geschleudert, um großen Schaden zu tun, und als es zum Handgemenge kam, zeigte sich erst recht, daß die Azteken ihre alte Kraft eingebüßt hatten. Ihre Hiebe fielen schwach und unsicher, wenn auch einige, stärker von Natur oder aus der Verzweiflung letzte Kraft schöpfend, sich bis zum äußersten zur Wehr setzten.

Nun eröffneten die Büchsenschützen ein mörderisches Feuer, das die Brigantinen durch dicht aufeinanderfolgende Salven von der entgegengesetzten Seite unterstützten. Wie Wild, das rings von Jägern umstellt ist, wurden die Belagerten von allen Seiten erlegt. Das Gemetzel war entsetzlich. Auf dem Erdboden häuften sich die Toten, bis die wütenden Streiter über Hügel von Menschenleibern klettern mußten, um aufeinanderzutreffen. Der schlammige Boden war mit

Blut getränkt; es rann dahin wie Wasser und färbte selbst die Kanäle purpurrot. Alles war Aufruhr und heilloses Chaos. Das gräßliche Geheul der Wilden, die Flüche und Verwünschungen der Spanier, das Schreien der Verwundeten, das Kreischen der Weiber und Kinder, die mächtigen Hiebe der Sieger, der Todeskampf ihrer Opfer, die rasch aufeinanderfolgenden widerhallenden Gewehrsalven, das Pfeifen der zahllosen Wurfgeschosse, das Krachen und Prasseln brennender Gebäude, die Hunderte unter ihren Trümmern begruben, die undurchdringlichen Staubwolken und schwefelgelben Rauchschwaden, die alles einhüllten — es war eine Hölle, selbst für Cortez' Soldaten, so gestählt sie auch waren durch so manches harte Treffen und die lange Vertrautheit mit Blut und Gewalt. ›Besonders das jämmerliche Geschrei der Frauen und Kinder‹, sagt der Eroberer, ›konnte einem das Herz brechen.‹ Er befahl, man solle sie schonen und allen, die es verlangten, das Leben schenken. Zumal den Verbündeten schärfte er das ein und durchsetzte ihre Reihen mit Spaniern, um ihr Ungestüm zu zügeln. Aber er hatte ein Triebwerk in Bewegung gesetzt, zu furchtbar, als daß man ihm nun hätte Einhalt gebieten können. Ebensowenig wie der Orkan in seiner Wut ließen sich die einmal entfesselten Leidenschaften einer Horde von Wilden zügeln. ›Niemals ist mir ein so erbarmungsloses Volk begegnet‹, ruft Cortez aus, ›Wesen in Menschengestalt und so bar jeglicher Menschlichkeit.‹ Sie fragten nicht nach Alter und Geschlecht und schienen in dieser Rachestunde die angestauten Leiden eines Jahrhunderts vergelten zu wollen. Endlich ließ der Befehlshaber, des Gemetzels müde, zum Rückzug blasen. Es war höchste Zeit, denn nach seiner eigenen Angabe — die hoffentlich übertrieben ist — waren bereits vierzigtausend Menschen umgekommen. Und doch waren sie im Vergleich zu den Überlebenden noch um ihr Los zu beneiden.

In der ganzen folgenden Nacht war nicht die geringste Bewegung im aztekischen Lager zu bemerken. Man sah kein Licht, hörte keinen Laut außer dem leisen Stöhnen eines Verwundeten oder qualvoll Sterbenden. Finsternis und Stille herrschte — die Finsternis des Grabes. Der letzte Schlag schien sie vollends niedergeschmettert zu haben. Sie hatten alle Hoffnung fahrenlassen und verharrten in dumpfer Verzweiflung, Menschen gleich, die schweigend den Streich des Scharfrichters erwarten. Und trotz alledem zeigten sie keine Neigung, sich zu ergeben. Jede neue Unbill hatte sich tiefer in ihre Seele gegraben und erfüllte sie mit bittererem Haß gegen den Feind. Besitz,

Freunde, Familie, Heimstatt — alles war dahin. So waren sie bereit, das Leben selbst wegzuwerfen, nun es nichts mehr gab, für das sie hätten leben mögen.

Ganz anders sah es im christlichen Lager aus, wo alles, trunken von den letzten Erfolgen, in lebhafter Bewegung war und geschäftig den nächsten Tag vorbereitete. Freudenfeuer brannten längs der Dammwege, aus Zelten und Schutzhütten glänzten Lichter, und die Klänge von Musik und Lustbarkeit kündeten weit über das Wasser hin von der Freude der Soldaten über das nahe Ende ihres mühseligen Feldzugs.

Am nächsten Morgen versammelte der spanische Feldherr seine Streitkräfte aufs neue; denn er wollte, ehe der Feind Zeit hätte, sich zu erholen, dem letzten Schlag sogleich den nächsten folgen lassen und so dem Krieg unverzüglich ein Ende machen. Er hatte am Abend zuvor mit Alvarado verabredet, den Marktplatz von Tlatelolco zu besetzen, und ein Büchsenschuß sollte das Zeichen zum gleichzeitigen Angriff sein. Sandoval sollte den nördlichen Dammweg einnehmen, im Verein mit der Flotte die Bewegungen des indianischen Kaisers beobachten und dessen Flucht auf das Festland verhindern, die, wie Cortez wußte, geplant war. Gelänge sie, so behielten die Spanier damit einen furchtbaren Feind im Rücken, der jederzeit die Flamme des Aufruhrs im ganzen Lande entfachen konnte. Der Befehlshaber wies Sandoval jedoch an, der Person des Kaisers keinen Schaden zuzufügen und nicht auf den Feind zu feuern, es sei denn in Notwehr.

Es war am denkwürdigen 13. August 1521 — dem Tag des Heiligen Hippolyt, der deshalb zum Schutzpatron des neuen Mexiko erkoren wurde —, als Cortez seine Streitmacht zum letzten Mal über die verkohlte und versenkte Wüstenei führte, welche jetzt die indianische Hauptstadt umgab. Vor dem aztekischen Stadtteil hielt er inne, da er den unglücklichen Bewohnern noch eine letzte Möglichkeit zur Rettung lassen wollte, ehe er den vernichtenden Schlag führte. Er erreichte eine Zusammenkunft mit einigen der vornehmsten Häuptlinge und stellte sie ernstlich zur Rede wegen des Verhaltens ihres Gebieters. »Er kann doch gewiß nicht wollen«, sagte er, »daß ihr alle umkommt, wo er euch so leicht retten kann.« Dann bat er sie dringend, Quauhtemoc zu einer Unterredung mit ihm zu bewegen, und verbürgte sich aufs neue für seine persönliche Sicherheit.

Die Abgesandten überbrachten die Botschaft und kehrten bald mit dem Cihuacoatl an ihrer Spitze zurück, einem Würdenträger, der bei den Mexikanern in hohem Ansehen stand. Er sagte mit trauriger Miene, die seine eigene Enttäuschung verriet, Quauhtemoc sei bereit, auf der Stelle zu sterben, wolle aber keine Unterredung mit dem spanischen Befehlshaber; und im Ton der Ergebung fügte er hinzu: »Handle also nach deinem Belieben!« — »So geh denn«, erwiderte der Eroberer ernst, »und bereite deine Landsleute auf den Tod vor. Ihre Stunde ist gekommen.«

Dennoch schob er den Angriff noch mehrere Stunden hinaus. Aber die Ungeduld seiner Truppen war groß und steigerte sich noch, als es hieß, Quauhtemoc und seine Edelleute schickten sich an, mit ihrer Habe in den Pirogen und Kanus zu entfliehen, die am Seeufer vor Anker lagen. Von der Fruchtlosigkeit und Unklugheit weiteren Zögerns überzeugt, traf Cortez nunmehr die letzten Vorkehrungen zum Angriff und bezog seine eigene Stellung auf einer Azotea, die den Schauplatz des Kampfes beherrschte.

Als die Angreifer in das feindliche Stadtviertel einrückten, fanden sie die Azteken, Menschen jeden Alters und Geschlechts bunt durcheinandergewürfelt, in der größten Verwirrung zusammengepfercht, so dicht, daß sie einander fast über den Rand der Dammwege ins Wasser hinabdrängten. Einige waren auf die flachen Dächer geklettert, andere hielten sich mühsam an den Hauswänden aufrecht. Ihre schmutzige und zerfetzte Kleidung verlieh ihrem Äußeren eine Wildheit, die auch die Gesichter noch wilder erscheinen ließ, als sie jetzt dem Feind entgegenstarrten, aus Augen, in denen Haß und Verzweiflung sich mischten. Sobald die Spanier in Bogenschußweite gekommen waren, empfingen die Azteken sie mit einer Salve unwirksamer Wurfgeschosse und zeigten so bis zuletzt den verbissenen Mut, nicht aber die Kraft ihrer besseren Zeiten. Jetzt wurde mit dem Abfeuern einer Hakenbüchse das verhängnisvolle Zeichen gegeben, und gleich darauf folgten der Donner des schweren Geschützes, das Geknatter der Feuerwaffen und die höllischen Kampfrufe der Verbündeten, die sich auf ihre Opfer stürzten. Es erübrigt sich, diese Blätter mit einer Wiederholung der Greuel des Vortages zu besudeln. Einige der unglücklichen Azteken warfen sich ins Wasser und wurden von Kanus aufgefischt. Andere ertranken in den Gräben. Die Menge der Ertrunkenen war so groß, daß ihre Leiber eine Brücke bildeten, über welche die Angreifer die jenseitigen Ufer gewinnen konnten. Wieder andere, besonders Frauen, baten um Gnade, die, wie uns die Chronisten versichern, von den Spaniern überall gewährt, aber entgegen

Cortez' Befehlen und Bitten von den Verbündeten überall verweigert wurde.

Während das Gemetzel seinen Lauf nahm, bemerkte man, wie eine große Anzahl Azteken in den Booten, die am Ufer lagen, schleunigst über den See das Weite suchten. Sie wurden aber von den Brigantinen gehindert, welche die schwache Reihe der Boote durchbrachen und ihre Ladungen nach rechts und links abfeuerten, da sie von den indianischen Bootsmannschaften heftig angegriffen wurden. Die Schlacht tobte ebenso wild zu Wasser wie zu Lande. Viele indianische Boote wurden zerschmettert und in den Grund gebohrt. Einigen wenigen indes gelang es, im Schutz der Rauchschwaden, die sich dunkel übers Wasser wälzten, einen Weg durch den Tumult zu gewinnen und sich rasch dem jenseitigen Ufer zu nähern.

Sandoval hatte seinen Offizieren besonders eingeschärft, ein wachsames Auge auf jedes Boot zu haben, in dem sich möglicherweise Quauhtemoc verborgen halten könnte. In diesem entscheidenden Augenblick sah man drei oder vier von den größten Pirogen über das Wasser gleiten und in schneller Fahrt auf das jenseitige Ufer zuhalten. Ein Hauptmann, García Holguín mit Namen, der einen der besten Segler der Flotte befehligte, machte sogleich Jagd auf die Boote. Der Wind war günstig, und mit jedem Augenblick kam er den Flüchtigen näher, die ihrerseits die Ruder mit einer Kraft führten, wie nur die Verzweiflung sie ihnen verleihen konnte. Aber es war vergebens; nach kurzem Wettlauf befand sich Holguín längsseits einer Piroge, in der er — sei es wegen ihres vornehmeren Aussehens, sei es, daß er Kunde davon erhalten hatte — den indianischen Kaiser vermutete, und befahl seinen Leuten, ihre Armbrüste gegen das Boot zu richten. Noch ehe sie diese abschießen konnten, gaben die Azteken schreiend kund, ihr Gebieter sei an Bord. Im selben Augenblick stand ein mit Schild und Maquahuitl bewaffneter junger Krieger auf, als wollte er die Angreifer zurückschlagen. Aber da der spanische Hauptmann seinen Leuten befahl, nicht zu schießen, senkte er die Waffen und rief: »Ich bin Quauhtemoc; führt mich zu Malintzin, ich bin sein Gefangener; aber fügt meinem Weibe und meinem Gefolge kein Leid zu!«

Holguín versicherte ihm, man werde seine Wünsche achten, und half ihm an Bord der Brigantine, wohin ihm seine Gemahlin und seine Begleiter folgten. Es waren zwanzig Personen, unter ihnen Coanaco, der abgesetzte Herrscher von Texcoco, der Herrscher von Tlacopan und mehrere andere Kaziken und Würdenträger, die durch ihren Rang wahrscheinlich vor den schlimmsten Nöten der Belagerung leidlich bewahrt geblieben waren. Als die Gefangenen ihre Plätze auf dem Deck des Schiffes eingenommen hatten, forderte Holguín den aztekischen Fürsten auf, er möge dem Kampf ein Ende machen und seinen Leuten in den anderen Kanus gebieten, sich zu ergeben. Aber düster erwiderte jener: »Es ist nicht nötig. Sie werden nicht länger kämpfen, wenn sie sehen, daß ihr Gebieter gefangen ist.« Er hatte recht. Die Nachricht von Quauhtemocs Gefangennahme verbreitete sich schnell bei der Flotte und in der Stadt, wo die Mexikaner noch immer ihren Feinden standhielten. Doch mit einemmal brach der Kampf ab. Sie leisteten keinen weiteren Widerstand, und die Boote auf dem Wasser folgten rasch den Brigantinen, die den gefangenen Herrscher an Land brachten. Offenbar hatten die Azteken das Gefecht nur so lange fortgesetzt, um die Aufmerksamkeit des Feindes abzulenken und die Flucht ihres Gebieters zu decken.

Als Sandoval Kunde von Quauhtemocs Gefangennahme erhielt, brachte er seine Brigantine längsseits des Schiffes von Holguín und forderte die Auslieferung des kaiserlichen Gefangenen. Aber der Hauptmann nahm ihn für sich in Anspruch. Es kam zum Streit, da jeder den Ruhm für sich begehrte und damit vielleicht auch das Recht, die Tat auf seinem Wappen zu verewigen. Die Auseinandersetzung dauerte so lange, daß sie Cortez zu Ohren kam, der auf der Azotea zu seiner großen Erleichterung von der Gefangennahme seines Feindes erfahren hatte. Er ließ den streitenden Offizieren sogleich den Befehl überbringen, ihm Quauhtemoc zuzuführen, damit er ihren Zwist schlichten könne. Zugleich wies er sie an, den Gefangenen mit der gebührenden Achtung zu behandeln. Dann traf er Vorbereitungen für die Zusammenkunft, ließ die Dachterrasse mit karmesinrotem Tuch und Matten belegen und eine Tafel mit Speisen aufstellen, deren die unglücklichen Azteken so dringend bedurften. Seine schöne indianische Geliebte, Doña Marina, sollte ihnen als Dolmetscherin dienen. Sie hatte ihm während aller Kriegswirren der Eroberung zur Seite gestanden und war nun zugegen, um der siegreichen Beendigung des Feldzugs beizuwohnen.

Nachdem Quauhtemoc an Land gegangen war, wurde er von einer Abteilung Fußvolk zum spanischen Befehlshaber geleitet. Mit ruhigem, festem Schritt erstieg er die Azotea, unter den Edelleuten seines Gefolges leicht herauszukennen, obgleich in seinem großen dunklen

Abb. 15   Eröffnung der Belagerung Tenochtitlans

Abb. 16 Der Kampf auf den Dammstraßen der Inselstadt

Auge nicht mehr das gewohnte Feuer brannte und seine Züge einen Ausdruck gleichmütiger Entsagung trugen, der wenig von dem wilden, leidenschaftlichen Mut verriet, der in seinem Innern glomm. Sein Kopf war groß, seine Glieder ebenmäßig, seine Haut heller als bei seinen bronzefarbenen Stammesgenossen, und sein ganzes Auftreten war ungewöhnlich maßvoll und gewinnend.

Cortez trat ihm mit würdevoller, wohlüberlegter Höflichkeit entgegen. Wahrscheinlich kannte der aztekische Herrscher Cortez von Ansehen, denn er brach als erster das Schweigen und sagte: »Ich habe getan, was ich konnte, um mich und mein Volk zu verteidigen. So weit ist es nun mit mir gekommen. Du wirst mit mir verfahren, Malintzin, wie es dir beliebt.« Dann legte er seine Hand an den Griff eines Dolches, der in Cortez' Gürtel steckte, und fügte mit jäher Heftigkeit hinzu: »Doch stoße lieber gleich damit zu und befreie mich vom Leben!« Cortez war tief beeindruckt von der stolzen Haltung des jungen Barbaren, der in seinem Unglück einen Hochsinn offenbarte, wie er eines alten Römers würdig gewesen wäre. »Fürchte nichts«, erwiderte er, »du sollst mit allen Ehren behandelt werden. Du hast deine Hauptstadt verteidigt, wie es einem tapferen Krieger zukommt. Ein Spanier weiß Kühnheit auch bei seinem Feinde zu schätzen.« Dann fragte er ihn, wo er die Fürstin, seine Gemahlin, gelassen habe; und als man ihm sagte, sie befinde sich noch unter dem Schutz einer spanischen Wache an Bord der Brigantine, sandte der Befehlshaber dorthin, um sie zu ihm zu geleiten.

Sie war die jüngste Tochter Montezumas, kaum der Kindheit entwachsen. Bei der Thronbesteigung ihres Vetters Quauhtemoc war sie ihm als rechtmäßige Gemahlin angetraut worden. Sie wird von ihren Zeitgenossen wegen ihres persönlichen Liebreizes gepriesen, und die Erinnerung an die schöne Prinzessin Tecuichpo ist noch immer bei den Spaniern lebendig, da von ihr, aus einer späteren Ehe, einige der berühmtesten spanischen Familien abstammen. Sie wurde von Cortez freundlich willkommen geheißen, und er erwies ihr die ihrem Range gebührende ehrerbietige Rücksicht. Zweifellos machte ihre Herkunft sie in seinen Augen noch anziehender, und er mag wohl eine gewisse Zerknirschung empfunden haben, als er die Tochter des unglücklichen Montezuma vor sich sah. Er lud seine königlichen Gefangenen ein, sich an den Erfrischungen zu erlaben, deren sie in ihrem erschöpften Zustand so dringend bedurften. Unterdessen traf der spanische Befehlshaber seine Vorkehrungen für die Nacht und wies Sandoval an, die Gefangenen nach Coyoacan zu geleiten, wohin er selbst alsbald nachfolgen wollte. Die anderen Hauptleute, Olid und Alvarado, sollten sich mit ihren Truppen in ihre Stellungen zurückziehen. Es war unmöglich, länger in der Hauptstadt zu bleiben, wo die giftigen Ausdünstungen der unbestatteten Leichen die Luft verpesteten. Nur eine kleine Wache wurde zurückgelassen, um in den verwüsteten Randbezirken die Ordnung zu wahren. — Es war die Stunde der Vesper, als sich Quauhtemoc ergab, und die Belagerung konnte damit als beendet angesehen werden. Finster brach der Abend an, und es begann zu regnen, ehe die verschiedenen Abteilungen die Stadt geräumt hatten.

Während der Nacht entlud sich über dem mexikanischen Tal ein furchtbares Gewitter, wie die Spanier selten eins erlebt hatten und wie man es nur in den Tropen kennt. Der von dem felsigen Bergkranz widerhallende Donner brüllte über die Wasserfläche hin und erschütterte die Teocallis und die gebrechlichen Gebäude Tenochtitlans — die wenigen, die noch erhalten waren — bis in ihre Grundfesten. Die Blitze schienen das Himmelsgewölbe auseinanderzureißen, und für Augenblicke tauchten sie den ganzen Schauplatz in grelle, geisterhafte Helle, um ihn gleich wieder in Finsternis versinken zu lassen. Der Krieg der Elemente entsprach dem Los der verwüsteten Stadt. Es war, als wenn die Gottheiten Anahuacs, aus ihren alten Wohnstätten vertrieben, kreischend und heulend mit dem Sturmwind davonstöben und die gefallene Hauptstadt ihrem Schicksal überließen.

Am Tag nach der Übergabe bat Quauhtemoc den spanischen Befehlshaber, die Mexikaner die Stadt räumen und unbehelligt aufs feste Land ziehen zu lassen. Cortez stimmte bereitwillig zu, zumal er ja sonst keine Maßnahmen zur Reinigung der Hauptstadt ergreifen konnte. Er erteilte also seine Befehle zur Räumung und wies sowohl Spanier wie Verbündete an, den Azteken keinerlei Gewalt anzutun und ihren Abzug nicht im geringsten zu behindern. Die Zahl der Überlebenden, die Schwert, Seuche und Hunger entgangen waren, wird unterschiedlich angegeben und schwankt zwischen dreißig- und siebzigtausend, Frauen und Kinder nicht gerechnet. Sicher ist, daß sie drei Tage lang über die verschiedenen Dammwege strömten — ein trauriger Zug: Männer mit ihren Frauen, Eltern und Kinder, Kranke und Verwundete schleppten sich, einer den anderen stützend, mühsam fort, die Leiber schmutzig, nur halb mit Lumpen bedeckt, die mit jedem Schritt gräßliche Wunden ans Licht brachten, teils jüngst empfangen, teils lange vernachlässigt, eiternd und übelriechend. Ihre abgezehrten Gestalten und die vom Hunger entstellten Gesichter verrieten die ganze Geschichte der Belagerung; und wenn die Vertriebenen, eine Gruppe nach der andern, das jenseitige Ufer erreichten, konnte man beobachten, wie sie von Zeit zu Zeit innehielten, als wollten sie einen letzten Blick auf die Stelle werfen, wo noch vor so kurzer Zeit die Kaiserstadt prangte, einst ihre schöne und ihnen durch manche glorreiche Erinnerung teuer gewordene Heimat.

Nach dem Auszug der Bewohner ging man sogleich daran, die Stadt zu reinigen, ließ Tag und Nacht zahllose Feuer brennen, besonders in dem verpesteten Viertel von Tlatelolco, sammelte die Toten, die zu Haufen verwesend in den Straßen lagen, und beerdigte sie. Die Zahl derer, die im Lauf der Belagerung umgekommen sind, läßt sich unmöglich auch nur annähernd ermessen. Die Berichte schwanken zwischen hundertzwanzigtausend, der niedrigsten Schätzung, und zweihundertvierzigtausend. Die Anzahl der gefallenen Spanier war verhältnismäßig klein, aber die Verluste der Verbündeten müssen groß gewesen sein, wenn der Geschichtsschreiber von Texcoco mit seiner Behauptung recht hat, daß allein von seinen Landsleuten dreißigtausend umkamen. Daß die Zahl der Todesopfer innerhalb der Stadt unermeßlich gewesen ist, kann nicht bezweifelt werden, wenn wir bedenken, daß außer ihrer eigenen großen Bevölkerung sich auch die Einwohner der benachbarten Städte dort zusammendrängten, weil sie sich nicht zutrauten, dem Feind standzuhalten, und deshalb Schutz innerhalb der Mauern Mexikos suchten.

Die in der Stadt gefundene Beute – das heißt Gold und Juwelen, die einzige Beute von Wert in den Augen der Spanier – blieb weit hinter ihrer Erwartung zurück. Sie überstieg nach der Angabe des Befehlshabers nicht den Wert von hundertdreißigtausend Goldcastellanos, den Anteil der Krone eingerechnet, der allerdings – wenn man die vielen vom Heer freiwillig abgetretenen merkwürdigen und kostbaren Kunstgegenstände berücksichtigt – das ihr gebührende Fünftel weit überstieg. Die Azteken müssen jedoch im Besitz eines viel größeren Schatzes gewesen sein, selbst wenn es nur die Überreste der Beute waren, die sie in jener denkwürdigen Nacht den aus Mexiko flüchtenden Spaniern wieder abgenommen hatten. Einiges von den Schätzen mag wohl aus der Hauptstadt herausgebracht, einiges zu Verteidigungszwecken verwendet und mehr noch in der Erde vergraben oder im See versenkt worden sein. Die Drohungen der Mexikaner waren gewiß nicht unbegründet gewesen. Sie hatten wenigstens die Genugtuung, die Feinde in ihrer Habgier enttäuscht zu haben.

Cortez brauchte nun seine indianischen Verbündeten nicht mehr. Er versammelte die Häuptlinge der verschiedenen Kriegshaufen, dankte ihnen für ihre Dienste, pries ihre Tapferkeit mit den schmeichelhaftesten Worten, und nachdem er Geschenke unter sie verteilt und ihnen versichert hatte, sein Herr, der Kaiser, werde ihre Treue noch reichlicher belohnen, entließ er sie in ihre Heimat. Sie nahmen einen ansehnlichen Teil der Beute mit, die sie aus den Häusern geplündert hatten — freilich nicht von der Art, die Habgier der Spanier zu reizen —, und kehrten im Triumph, welch kurzsichtigem Triumph, nach Hause zurück, frohlockend über den Erfolg ihres Unternehmens und den Untergang der Aztekenherrschaft.

Groß war auch die Genugtuung der Spanier über die glorreiche Beendigung ihres langen und mühseligen Feldzugs. Freilich waren sie enttäuscht über das geringe Ausmaß der Schätze, die sie in der eroberten Stadt vorfanden. Aber der Soldat ist gewöhnlich zu sehr von der Gegenwart in Anspruch genommen, um sich viel um die Zukunft zu scheren; und machten sie später auch ihrer Unzufriedenheit gehörig Luft, so dachten sie im Augenblick doch nur an ihren Sieg und überließen sich dem Jubel. Cortez feierte das Ereignis mit einem Bankett, so üppig, wie es die Umstände erlaubten, und lud alle Ritter und Offiziere dazu ein. Ihr Gelage war laut und währte lange und artete zu so geräuschvoller Lustbarkeit aus, daß Pater Olmedo tadelnd eingriff und ihnen vorhielt, dies sei nicht die schickliche Art, ihre Dankbarkeit für die ihnen vom Allmächtigen erwiesene Gnade an den Tag zu legen. Cortez gab zwar die Berechtigung des Vorwurfs zu, bat aber doch um einige Nachsicht mit der Ausgelassenheit eines Soldaten in der Stunde des Triumphes. Für den nächsten Tag wurde eine angemessenere Siegesfeier vorgesehen.

Eine Prozession des ganzen Heeres fand statt, mit Pater Olmedo an der Spitze. Die beschmutzten und zerfetzten Fahnen Kastiliens, die auf so manchem Schlachtfeld geweht hatten, warfen ihre Schatten jetzt über die friedliche Kriegerschar, die langsam dahinschritt, die Litanei hersagte und das Bild der Jungfrau und das Gnadenzeichen der Erlösung emporhielt. Der ehrwürdige Pater hielt eine Predigt und erinnerte die Truppen in wenigen Worten daran, wie überaus dankbar sie der göttlichen Vorsehung sein müßten, daß sie wohlbehalten durch diese lange und gefahrvolle Pilgerfahrt hindurchgeleitet worden seien; er sprach über die Verantwortung, die ihnen aus ihrem Sieg erwachse, und bat sie eindringlich, die Rechte des Eroberers nicht zu mißbrauchen, sondern die unglücklichen Indianer mit Menschlichkeit zu behandeln. Hierauf empfingen der Befehlshaber und die vornehmsten Ritter die Kommunion, und der Gottesdienst schloß mit einem feierlichen Dankgebet zum Gott der Schlachten, der ihnen die Kraft verliehen, das Banner des Kreuzes siegreich in diesem Barbarenreich aufzupflanzen.

So fiel denn nach fast dreimonatiger Belagerung die berühmte Hauptstadt der Azteken; beispiellos in der Geschichte waren Beharrlichkeit und Mut der Belagerten, selten übertroffen die Härte der erduldeten Leiden. Beispiellos dürfen wir ihre Beharrlichkeit und ihren Mut mit Recht nennen, wenn wir bedenken, daß ihnen die Möglichkeit zur Übergabe unter den ehrenvollsten Bedingungen während der ganzen Einschließung offenblieb und daß sie dennoch jeden Vorschlag des Feindes starr zurückwiesen und bis auf den letzten Mann lieber sterben als sich ergeben wollten.

ANHANG

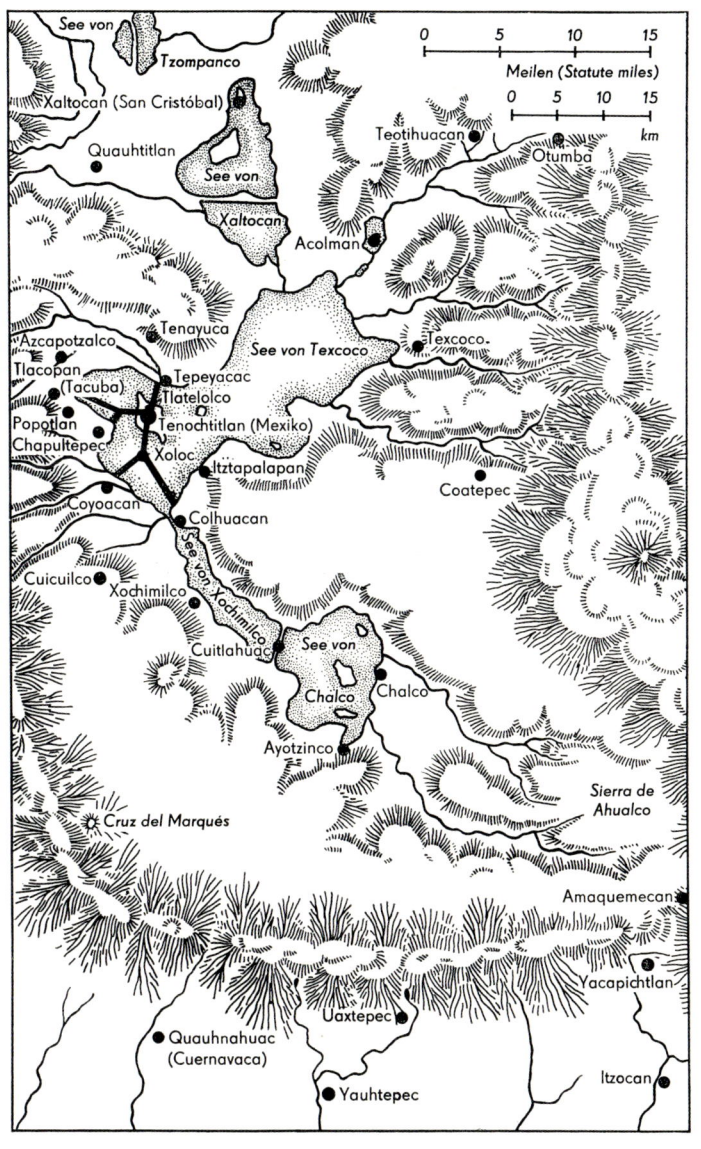

0	5	10	15

Meilen (Statute miles)

0	5	10	15

km

See von Tzompanco

Xaltocan (San Cristóbal)

Quauhtitlan

See von Xaltocan

Teotihuacan

Otumba

Acolman

Tenayuca

Azcapotzalco

Tlacopan (Tacuba)

Popotlan

Chapultepec

Tepeyacac

Tlatelolco

Tenochtitlan (Mexiko)

Xoloc

Itztapalapan

See von Texcoco

Texcoco

Coatepec

Coyoacan

Colhuacan

Cuicuilco

Xochimilco

See von Xochimilco

Cuitlahuac

See von Chalco

Chalco

Ayotzinco

Cruz del Marqués

Sierra de Ahualco

Amaquemecan

Yacapichtlan

Quauhnahuac (Cuernavaca)

Uaxtepec

Yauhtepec

Itzocan

ZU DIESER AUSGABE

Die deutsche Neuausgabe von Prescotts ›Eroberung Mexikos‹ will der Erwartung des Lesers von heute und dem Stand der Wissenschaft gleichermaßen gerecht werden. Daher war die Auslassung einiger Teile und eine Zusammenziehung des umfangreichen Werkes im ganzen erforderlich.

Als wissenschaftlich überholt entfielen die Abschnitte, in denen Prescott Vorgeschichte, Sozialwesen und Kultur des alten Mexiko behandelt. Ausgelassen wurden so das erste Buch (Einleitung. Übersicht über die aztekische Kultur) und der erste Anhang (Ursprung der mexikanischen Kultur. Gemeinsamkeiten mit der Alten Welt); was die heutige Wissenschaft darüber weiß, wird im Nachwort kurz dargestellt. Innerhalb des zweiten bis sechsten Buches wurden Absätze ausgeschieden, in denen Prescott von seinem zeitbedingten geschichtsphilosophischen Standpunkt aus über die geschilderten Ereignisse reflektiert oder altmexikanische Verhältnisse mit europäischen vergleicht.

Durch die Zusammenziehung soll Prescotts besonderer Vorzug, der ihn bis heute so lesenswert macht: die anschauliche Darstellung des geschichtlichen Ablaufs, um so deutlicher hervortreten. Außerdem konzentriert sich unsere Ausgabe auf das eigentliche Thema seines Werkes: die Eroberung Mexikos bis zum endgültigen Fall der Hauptstadt der Azteken und der Gefangennahme ihres letzten Herrschers. So konnte auch auf das siebente Buch (Schluß. Cortez' späterer Lebensweg) mit der Schilderung der Besiedlung und Christianisierung des Landes, der Eroberungszüge über das mexikanische Gebiet hinaus, der Züge nach dem heutigen Honduras und Guatemala, und der Fortsetzung von Cortez' Biographie verzichtet werden; auch darauf geht das Nachwort ein. Um dieser Konzentration auf das Hauptgeschehen willen konnten schließlich innerhalb des zweiten bis sechsten Buches für die eigentliche Handlung unwichtige und als Wiederholungen wirkende Episoden wegbleiben, wie kleinere Gefechte und Marscherlebnisse, umständliche Berichte von Verhandlungen mit einzelnen Häuptlingen und unterdrückten Meutereien in den eigenen Reihen, Gedanken und Pläne, die Prescott den Trägern der Handlung in den Sinn legt, ohne daß sie verwirklicht werden, und Beschreibungen mexikanischer Landschaften, wie sie zur Entstehungszeit des Werkes aussahen. Ebenso entbehrlich waren für den Leser die Quellenangaben und -belege in den Fußnoten, der zweite Anhang (Originalzeugnisse) und einige Textabschnitte, die sich in ihrer oft allzu ausführlichen Erörterung von

Einzelfragen nur an den Kenner der älteren Geschichte des mittelamerikanischen Raumes wenden; er wird ohnehin zur Originalausgabe greifen.

Ausgelassen wurden somit nur dem Stand der Wissenschaft nicht mehr entsprechende Abschnitte, thematische Abschweifungen und Aufschwemmungen. Alles für den Gang der Handlung Wichtige jedoch, alles, um dessentwillen wir Prescotts Werk heute in erster Linie noch lesen, blieb bestehen. Auslassungen wurden, wo nötig, durch kurze Zusammenfassungen oder Überleitungen ersetzt, die sich in Inhalt und Formulierung eng an Prescotts Text anlehnen. Auf die Kennzeichnung beider wurde dem Zweck unserer Ausgabe gemäß verzichtet: sie will Prescotts noch heute gültige, fesselnde und farbige Darstellung, durch die sein Buch mit dem historischen Roman wetteifern kann, in ihrem Eindruck unvermindert erhalten.

Erich Marx

NACHWORT

Die vorliegende Ausgabe der ›Eroberung Mexikos‹ schließt mit dem Fall und der Zerstörung Tenochtitlans. In Prescotts Werk folgt noch ein Teil mit Ergänzungen, die sich auf Cortez und sein späteres Leben beziehen, sich mit Marina beschäftigen und Betrachtungen über Ähnlichkeiten und Übereinstimmungen zwischen den Kulturen der Alten und der Neuen Welt anstellen. Sie wurden hier fortgelassen, weil sie nicht mehr dem heutigen Wissensstand entsprechen.

Nach der Eroberung der Hauptstadt des aztekischen Reiches begann für die mexikanischen Indianer eine jahrhundertelange blutige Unterdrückung und schonungslose Ausbeutung. Die Nachricht von der Zerstörung Tenochtitlans und der Gefangennahme des Herrschers breitete sich mit Windeseile aus, und Abgesandte der verschiedensten Stämme erschienen vor Cortez, um sich von der Wahrheit der Vernichtung der Stadt zu überzeugen, die Fremden mit ihren fürchterlichen Waffen zu sehen und ihnen ihre Ergebenheit zu bekunden. Cortez benutzte diese Gelegenheit und unterrichtete sich genau über die Erzeugnisse und Bodenschätze der einzelnen Provinzen. Um ganz sicherzugehen, sandte er mehrere Abteilungen aus, die das Banner Spaniens weit ins Land trugen. Auf diesen Zügen erreichten die Weißen im Westen den Pazifischen Ozean. Von ihren Expeditionen brachten sie Goldproben und Perlen mit, und die Entdeckung der goldreichen Provinz Oaxaca ließ in Cortez den Wunsch aufkommen, dieses Gebiet als eigenen Besitz zu beanspruchen.

Nicht alle Volksstämme unterwarfen sich freiwillig. Es gab Provinzen, die sich gegen die Spanier erhoben oder doch die Oberherrschaft eines fernen fremden Königs nicht anerkannten. Hierzu gehörten die Bewohner der Landschaft Panuco an der mittleren Ostküste des heutigen Mexiko. Cortez unterwarf auch sie, aber immer wieder flackerten Aufstände auf. Die Indianer drohten die neue Ansiedlung San Estevan zu zerstören. Da wurde Sandoval beauftragt, die ›Rebellen‹ zu bestrafen. Er besiegte sie und nahm fast alle Häuptlinge gefangen. Zum Schein wurde eine Untersuchung eingeleitet und ein Gerichtsverfahren eröffnet, in dem die Häuptlinge zum Tode durch Erhängen verurteilt wurden. ›Durch welches Mittel, Gott sei es gedankt, die Sicherheit der Spanier gewährleistet und noch einmal Ruhe und Frieden in der Landschaft hergestellt ward‹, schreibt Cortez in seinem vierten Bericht an den spanischen König. Anstelle der gehängten Häuptlinge wurden von den Weißen neue eingesetzt, schwache, ihnen willfährige Männer, die so handeln mußten, wie die Spanier es vorschrieben. Dieses Verfahren erwies sich in der Folge als günstig für die spanische Herrschaft und wurde bald allgemein angewandt. So war es leicht, den ›Frieden‹ in einer Provinz herzustellen und zu erhalten.

Noch hatte Cortez nicht den Platz bestimmt, auf dem eine neue Hauptstadt der eroberten mexikanischen Provinzen entstehen sollte. Die alte Inselstadt im Salzsee Texcoco hatte unter häufigen Überschwemmungen zu leiden gehabt, und erst nach längerem Zögern entschloß sich Cortez, die neue Stadt doch auf den Trümmern der alten erbauen zu lassen. Zur Arbeit wurde die Bevölkerung aller eroberten Provinzen gezwungen, auch Bewohner des alten Tenochtitlan. So war die Prophezeiung, die Indianer müßten bei einem Sieg der Weißen für die verhaßten Fremden fronen, in Erfüllung gegangen. Dort, wo einst Montezumas prächtige Residenz gestanden hatte, ließ sich Cortez einen Palast errichten. Als einzige Bauwerke waren Tempel und Pyramiden des Huitzilopochtli bei der Eroberung der Stadt nicht zerstört worden; jetzt fielen auch sie den Hacken zum Opfer. Nur die Grundmauern des Tempels blieben stehen und wurden zum Fundament der Kirche des Heiligen Franziskus, der heutigen Catedral de la Asunción in der Stadt Mexiko. Eine der nächsten Aufgaben war es, die neue Hauptstadt entsprechend zu bevölkern. Durch Verleihung von Häusern und Ländereien zog Cortez Spanier in die Stadt, während die Indianer fast ausschließlich auf den ehemaligen Stadtteil Tlatelolco beschränkt blieben.

Gleich nach der Einnahme von Tenochtitlan hatten die Spanier die Suche nach weiterem Gold aufgenommen; denn was ihnen in die Hände gefallen war, genügte ihnen nicht, sie hatten mit mehr gerechnet. So überantwortete Cortez den Herrscher Quauhtemoc und den Häuptling von Tacuba den Folterknechten, um das Geheimnis verborgener Schätze zu erfahren. Diese Handlung verzeiht ihm selbst Prescott nicht, der in seiner Einschätzung von Cortez als dem Helden sonst immer auf seiner Seite steht: ›Beschämt über die niedrige Rolle, die zu spielen er sich hatte verleiten lassen, befreite Cortez endlich den aztekischen Fürsten von seinen Peinigern, ehe es zu spät war, doch nicht, ehe es für seine eigene Ehre zu spät war, auf der diese Behandlung seines königlichen Gefangenen einen untilgbaren Flecken hinterlassen hatte.‹

Von dieser Zeit an hatte Cortez ein schlechtes Gewissen gegenüber dem Herrscher. Wahrscheinlich fürchtete er ihn auch; denn mußte man nicht annehmen, daß ein Mann, der sein Reich mit todesverachtender Tapferkeit verteidigt und dem verhaßten Feind selbst auf der Folterbank widerstanden hatte, noch immer großen Einfluß auf die Azteken besaß? Der Eroberer wagte in der Folge nicht einmal, seine Wohnung zu verlassen, ohne daß sich der Herrscher als Geisel in seiner Begleitung befand.

Von gefangenen Indianern hatte Cortez erfahren, daß es in den Provinzen der heutigen Republik Honduras reiche Goldvorkommen gäbe und die Fischer an den Küsten nur die Netze ins Meer zu werfen brauchten, um sie mit Gold gefüllt wieder herauszuziehen. Zur Eroberung des neuen Landes sandte er eine erste Expedition unter dem scheinbar treuergebenen Cristóbal de Olid aus. Dieser aber machte sich selbständig und suchte eine Kolonie zu seinem eigenen Nutzen zu gründen. Wegen der schlechten Wegverhältnisse und der weiten Entfernungen blieb Cortez lange ohne Nachricht, so daß er unruhig wurde und sich selbst aufmachte. Mit 3000 indianischen Lastträgern, 100 Reitern und 50 Fußsoldaten brach er am 12. Oktober 1524 auf. Der Zug währte zwei Jahre, war reich an Gefahren, überreich an Entbehrungen und arm an Erfolgen. Unter den auf diesem Feldzug mitgeführten Indianern befanden sich auch Quauhtemoc und der Häuptling von Tacuba. Cortez ließ sie in seiner ständigen Furcht, sie könnten zum Aufstand und Krieg gegen die Spanier aufrufen, auf eine bloße Anschuldigung hin an einer Ceiba aufhängen, dem heiligen Baum der Indianer, dessen breite, schattenspendende Krone als Wohnsitz guter Geister angesehen wurde.

Auf dieser Expedition verschwand auch Marina aus Cortez' Leben. Sie hatte in der Landschaft Coatzacualco ihr Geburtsland betreten, war hier von Cortez mit Land beschenkt und mit dem Spanier Juan Xamarillo verheiratet worden. Seit dieser Zeit taucht Marinas Name nicht mehr in den Geschichtsbüchern auf. Als Cortez ihrer Dienste nicht mehr bedurfte und ihrer Liebe überdrüssig geworden war, verkuppelte er sie mit einem Ritter seines Gefolges. War er sich dessen bewußt, daß ohne Marina, ohne ihre Sprachkenntnisse, ohne ihre Vertrautheit mit den einheimischen Sitten und Gebräuchen die Eroberung Mexikos weitaus schwieriger und verlustreicher gewesen wäre? Aus Liebe zu dem Weißen wurde Marina zur Verräterin ihrer eigenen Stammesangehörigen.

Noch ehe Cortez nach Honduras gelangte, hatte man Olid hingerichtet. Nach der Befriedung des Landes begab sich der Eroberer auf dem Seewege nach Mexiko zurück, wo infolge seiner langen Abwesenheit Streitigkeiten und offener Aufruhr ausgebrochen waren. Seine Rückkehr schaffte jedoch bald wieder Ruhe.

Etwa zur gleichen Zeit, als Cortez nach Honduras aufgebrochen war, hatte sich Pedro de Alvarado in seinem Auftrag gegen Guatemala gewandt, um auch dieses Land der spanischen Krone zu unterwerfen. Ähnlich wie Cortez in Mexiko machte sich Alvarado Machtkämpfe und Streitigkeiten unter den einheimischen Herrschern zunutze, spielte den einen gegen den anderen aus und eroberte mit geringen Verlusten riesige Gebiete. Seine eigenen Erwartungen und die Hoffnung seiner Soldaten auf reiche Goldschätze gingen jedoch nicht in Erfüllung. Die in Guatemala ansässigen Maya besaßen nur wenig Gold und keine Smaragde, widersetzten sich aber den eindringenden Spaniern nicht minder hartnäckig als die Azteken.

Guatemala zerfiel vor der spanischen Eroberung in mehrere Herrschaftsbereiche, unter denen der der Quiché am mächtigsten war. Sie lagen im Kampf mit den benachbarten Kakchiquel. Diese hatten eine Gesandtschaft an Cortez geschickt, mit der Bitte, ihnen gegen die Quiché beizustehen. So wurden die Quiché von den Spaniern in mehreren Schlachten geschlagen, zuletzt nahe ihrer Hauptsiedlung Utatlan. Doch was vermochten bunte, federbestickte Baumwollgewänder und steinzeitliche Waffen gegen Eisenpanzer, Kanonen und Gewehre? Als ihr Herrscher Tecum-Umám gefallen war und die Quiché erkennen mußten, daß sie im offenen Kampf machtlos waren, versuchten sie, Alvarado in ihre Hauptstadt zu locken, um ihn dort zu vernichten. Die Spanier erfuhren jedoch von dieser Kriegslist. Sie nahmen die beiden Häuptlinge gefangen, die in ihr Lager gekommen waren, um Alvarado einzuladen, und verbrannten sie. Darauf wurden alle Bewohner von Utatlan in ihre Häuser getrieben und die Stadt angezündet. Die Nachricht von diesen unmenschlichen Grausamkeiten bewog die überlebenden Quiché, sich den Spaniern zu unterwerfen. Und ähnlich wie sie wurden die anderen Stämme an der pazifischen Küste Mittelamerikas behandelt. Ganze Dörfer wurden eingeäschert, die Bewohner niedergemacht oder versklavt. Die Weißen hinterließen ein Meer von Blut und Tränen in allen Teilen der Länder, die sie unterwarfen.

Cortez, der stolz und selbstbewußt von sich sagte: ›Ich habe Seiner Majestät mehr Provinzen geschenkt, als ihr seine Vorfahren Städte hinterlassen haben‹, war am 15. Oktober 1522 von Kaiser Karl V., Karl I. von Spanien, als Statthalter und Generalkapitän – der Oberbefehlshaber der Truppen der neuentdeckten Länder – bestätigt worden. Als er 1526 aus Honduras zurückkehrte, hatte jedoch die spanische Regierung inzwischen einen ihm übergeordneten Beamten als Statthalter eingesetzt. Dies und Verleumdungen gegen ihn veranlaßten Cortez, sich selbst nach Spanien zu begeben. Mit großem Gefolge und vielen Schätzen – allein der Wert an Edelmetallen wurde auf 6 Millionen Gulden geschätzt – landete er 1528 im spanischen Hafen Palos, zog mit fürstlichem Prunk in Toledo ein und erreichte, daß er vom König in Audienz empfangen, als Generalkapitän bestätigt und zum Marqués del Valle de Oaxaca erhoben wurde. Auch erhielt der Dreiundvierzigjährige zwar den Orden San Jago de Compostella, aber bei weitem nicht die höchste Auszeichnung, die die spanische Krone zu vergeben hatte, sondern einen Orden für mehr oder minder verdiente Hofbeamte.

Immerhin öffneten ihm sein Reichtum und sein Ruhm die Türen der vornehmsten Häuser Spaniens, und er hielt um die Hand Doña Juana de Zuñigas aus einem der ältesten Adelsgeschlechter an. Seine Morgengabe für die Braut bestand aus fünf großen Smaragden aus dem Schatz Montezumas. Zwei Jahre später, 1530, kehrte er nach Neuspanien zurück und mußte hier erfahren, daß die Statthalterschaft und der Titel eines Vizekönigs an einen anderen vergeben worden waren.

Die Einrichtung von Vizekönigreichen in den überseeischen spanischen Besitzungen nahm damit ihren Anfang; sie währte bis zum Ende der Kolonialzeit. Dabei befolgte die spanische Krone den Grundsatz, den Rang eines Vizekönigs nur einem Angehörigen des Hochadels zu übertragen, doch auch nur für kurze Zeit: ein Untertan der Krone mit weitreichenden Vollmachten sollte nicht darauf verfallen, nach Unabhängigkeit von Spanien zu streben; deshalb wurde der Vizekönig meist nach einigen Jahren abberufen oder in eine andere Provinz versetzt.

Cortez, dem nur das Amt des Generalkapitäns belassen worden war, zog sich, verärgert über solche Behandlung, auf seine Güter in Cuernavaca – dem indianischen Quauhnahuac etwa 60 km südlich der Stadt Mexiko – zurück. Aus ihrem Ertrag und dem Frondienst von 23 000 Indianern gewann er jährlich rund 50 000 Dukaten. Dieses Einkommen und große Teile seines Vermögens verwandte er in den folgenden Jahren auf die Ausrüstung von zwei Flotten, mit denen er die kalifornische Halbinsel erforschen wollte. Doch die Ergebnisse der Fahrten enttäuschten ihn, denn sie brachten nicht den erhofften Gewinn; nur der Name Cortez-Meer für den späteren Golf von Kalifornien taucht eine Zeitlang auf spanischen Karten auf.

1540 reiste Cortez abermals nach Spanien, um dem König seine Klagen, Beschwerden und Forderungen vorzutragen. Diesmal aber fand er verschlossene Türen. Sieben Jahre lang versuchte er sich vergeblich als Bittsteller am spanischen Hof. Verärgert und verbittert über die Behandlung, beabsichtigte er, nach Mexiko zurückzukehren, erkrankte jedoch an der Ruhr und starb auf dem Weg zum Hafen, im Dorfe Castillejo de la Cuesta bei Sevilla, am 2. Dezember 1547 im dreiundsechzigsten Lebensjahr. Das einzige Denkmal, das einzige Bild von Cortez in Mexiko, findet sich in der Hauptstadt auf einem Relief, das die Folterung von Quauhtemoc zeigt. Kein Monument sonst kündet in der heutigen Republik Mexiko von den Taten des spanischen Eroberers.

Die Frage bleibt, wie Cortez und seine wenigen Soldaten das mächtige aztekische Reich erobern und besetzt halten konnten. Das war nur möglich durch die Hilfe der indianischen Verbündeten und der Dolmetscherin Marina. Das erste Gefecht der Spanier gegen die Tlaxcalteken entschied schon den Sieg über Mexiko; es sicherte ihnen eine starke Stellung im Lande, von der aus sie die indianischen Stämme, die unter der Herrschaft und dem Tribut der Azteken ächzten, zum vernichtenden Schlag gegen Tenochtitlan sammeln konnten. Auch erschienen den Indianern jetzt ihre alten Götter als zu schwach; denn sie hatten offensichtlich nicht die Macht gehabt, dem Vordringen der Fremden und deren Gott Einhalt zu gebieten. Hinzu kommt die technische Überlegenheit der europäischen Feuerwaffen, denen die Indianer nichts auch nur annähernd Gleichwertiges entgegenzusetzen hatten. Viel zum Erfolg mag auch — zumindest in den ersten Kämpfen — das Entsetzen vor den Reitern auf ihren Pferden beigetragen haben.

Verschiedene Faktoren spielen also in der Geschichte der Eroberung Mexikos eine Rolle, der ausschlaggebende Grund war aber wohl, daß die Azteken von ihren Untertanen ebenso gehaßt wie gefürchtet wurden und daß diese Indianer sich den Spaniern anschlossen, um die aztekische Herrschaft abzuschütteln, ohne zu ahnen, daß ihnen das Joch der Weißen das Verderben brachte. Wenn sich diese Stämme mit den Azteken verbündet hätten, wäre der Kampf um Tenochtitlan zunächst anders ausgegangen. So aber fielen auch sie der Goldgier der Spanier zum Opfer.

Welchen spanischen Eroberer man sich vornimmt, ob einen Ritter wie Pedro de Alvarado oder einen ehemaligen Schweinehirten wie Pizarro, den Eroberer des Inkareichs in Peru, der nicht einmal lesen und schreiben konnte, wie verschieden ihre soziale Herkunft, ihr Leben und ihre Stellung gewesen sein mochten — in einem glichen sie sich alle: sie waren goldhungrig und machtgierig, hatten weder ein Herz für die Menschen, die durch sie zugrunde gingen, noch einen Blick für die alten Kulturen, die sie vernichteten. Mit Recht klagt der Indianerfreund Bartolomé de Las Casas in seinem ›Kürzesten Bericht über die Ausplünderung und Verwüstung der indischen Länder‹ (1552): ›Vom Jahre 1518 bis auf das Jahr 1542 hat die Ungerechtigkeit, Gewalttätigkeit und Tyrannei der Spanier die äußerste Grenze erreicht; denn die Spanier haben die Furcht vor Gott und König, ja sich selbst vergessen: die Metzeleien nämlich, das Erschlagen, die Grausamkeiten, Morde, Verwüstungen, Brandstiftungen, Städtezerstörungen, Räubereien, Gewalttaten und Tyranneien, die sie sich in den zahlreichen, so ausgedehnten Ländern zuschulden kommen ließen, sind so groß und empören den Sinn mit solchem Schrekken, daß alles früher Beschriebene nichts ist im Vergleich zu der Sündhaftigkeit und Scheußlichkeit dessen, was vom Jahre 1518 bis zum Jahre 1542 begangen wurde, so daß die Regel, die wir oben als These aufgestellt haben, durchaus zutrifft: Von Anfang an haben sie sich vom Bösen ins Schlechtere gestürzt und sich mit ihren teuflischen Taten und Ausschreitungen selbst übertroffen . . . Und so haben vom Betreten des Neuen Spanien an . . . kein Ende genommen die Gemetzel und Morde, welche die blutbefleckten Hände und Schwerter der Spanier in den ungefähr 450 Meilen festen Landes um die Stadt Mexiko herum und an den nahe gelegenen Orten verübten: das entspricht einem Land, in dem wohl vier oder fünf Königreiche Raum hätten, die an Größe und Fruchtbarkeit Spanien nicht nachstehen.‹

Mit solchen erschütternden Worten versuchte Las Casas, das Gewissen seiner Zeitgenossen wachzurütteln. Doch vergeblich: das Morden und Plündern ging weiter. Die Ausbeutung der indianischen Arbeitskraft wurde systematisch betrieben. Spanischen Soldaten wurden Land und Indianer zugewiesen. Diese hatten für ihren Herrn zu arbeiten und waren zudem von Anfang an zu Tributleistungen für die spanische Krone verpflichtet: ›Sobald die Indianer durch Landzuteilungen an Weiße zusammengefaßt sind, soll man sie dazu überreden, den König durch eine mäßige Abgabe zu unterstützen‹, heißt es in einem der in Spanien erlassenen Gesetze.

Das Christentum wurde eingeführt. An erster Stelle waren es Franziskaner, deren Missionare die aztekische Sprache erlernten, in ihr predigten und alte ›heidnische‹ Sitten und Gebräuche aufzeichneten. Sie stellten Wörterbücher des Aztekischen zusammen und versuchten, nach den Regeln des Spanischen eine aztekische Grammatik zu schaffen. Wenn die Missionstätigkeit auch nicht immer glücklich verlaufen sein mag und die Mönche und Priester — mit wenigen Ausnahmen — die Indianer verachteten und ausbeuteten, so verdanken wir Sahagún, Benavente und anderen doch die bedeutendsten Quellenschriften zur Geschichte, Kultur und Religion der mexikanischen und mittelamerikanischen Indianer. Vieles, was in ihren Werken aufgezeichnet worden war, entsetzte ihre Oberen und blieb daher jahrhundertelang in den Archiven der Kirche verschollen. Erst um die Mitte des vorigen Jahrhunderts wurden ihre Handschriften gedruckt, teilweise übersetzt und kommentiert. Sie bilden heute wertvolle und unersetzliche Quellen für die Rekonstruktion der Geschichte der Indianer.

Prescott, der Geschichtsschreiber der Eroberung Mexikos, stellte die historischen Fakten für seine spannende und in dramatischer Verknüpfung abrollende Darstellung aus zahlreichen Quellen zusammen. Dazu zählen die fünf Briefe von Cortez an Karl V. und Berichte spanischer Eroberer, Chronisten und Missionare, an erster Stelle die anschauliche und durch Beobachtungs- und Darstellungsgabe ausgezeichnete ›Wahrhafte Geschichte der Eroberung Neuspaniens‹ (erschienen 1632) von Bernal Díaz del Castillo, der unter Cortez am mexikanischen Feldzug teilgenommen hatte. Ferner verwertete Prescott unveröffentlichtes Archivmaterial, bei dessen Sammlung hilfreich von spanischen Familien unterstützt, die ihm ihre Familien- und Privatarchive zugänglich machten, darunter von der Familie der von Cortez abstammenden Herzöge von Monteleone. Neuere historische Forschungen konnten kaum ergänzendes Archivmaterial zur Geschichte der Eroberung Mexikos beibringen.

Dem aufmerksamen Leser wird allerdings kaum entgangen sein, daß die Eroberung Mexikos, so wie sie Prescott schildert, eigentlich nur einem Mann, nämlich Cortez, zu verdanken sei. Ihn stellt er in den Mittelpunkt der Handlung, um ihn ranken sich letztlich alle Ereignisse und alles Geschehen. Mit ihm hat Prescott immer Nachsicht, ihm verzeiht er alle Fehler, Schwächen und Grausamkeiten. Eine Ausnahme bildet nur die Folterung von Quauhtemoc, die auch er seinem Helden nicht vergibt; für alles andere, selbst für die Ermordung des letzten Herrschers der Azteken auf dem Zug nach Honduras, findet er eine Rechtfertigung.

William Hickling Prescott wurde am 4. Mai 1796 als Sohn eines wohlhabenden Rechtsanwalts in Salem, Massachusetts, im äußersten Nordosten der Vereinigten Staaten, geboren. Sein Großvater war einer der Helden des nordamerikanischen Unabhängigkeitskrieges gewesen und hatte als Oberst 1775 die amerikanischen Truppen in der Schlacht von Bunkers Hill befehligt. Der Enkel wollte ursprünglich Jurist werden wie sein Vater, lebte dann aber als freier Schriftsteller. Durch seine im Geiste der englischen Aufklärung und des französischen Liberalismus verfaßten Werke wurde er zum Begründer der nordamerikanischen Geschichtsschreibung. Sein Vorbild fand er vor allem in dem Franzosen Prosper Brugière, Baron von Barante, der, liberal gesinnt, geschichtliche Vorgänge tendenz- und reflexionslos, doch mit dem Lokalkolorit des Romantikers einfach erzählt hatte, um der Geschichte den Reiz des historischen Romans zu geben; dies gilt besonders für sein Hauptwerk ›Geschichte der Herzöge von Burgund aus dem Hause Valois‹ (1824/26). Barante und Prescott übertrugen damit die Vorzüge anschaulicher Darstellung, die Walter Scotts historische Romane auszeichnen, ihre fast wissenschaftlich genaue Umwelts- und Persönlichkeitsschilderung, dazu ihren spannenden Handlungsablauf weitgehend auf die Geschichtsschreibung.

Prescotts erstes Werk erschien 1839. Es war die ›Geschichte der Regierung Ferdinands von Aragon und Isabellas von Kastilien‹: Um das Buch schreiben zu können, hatte er zehn Jahre lang Quellen studiert und Material gesammelt. Ihm folgten 1842 die ›Geschichte der Eroberung Mexikos‹ und 1847 die ›Geschichte der Eroberung Perus‹. Zwischen 1855 und 1858 erschien dann noch die unvollendet gebliebene ›Geschichte der Regierung Philipps II. von Spanien‹. Prescott ging also in zeitlicher Reihenfolge vor und behandelte im Grunde ein und denselben Stoffkreis: das Wachsen Spaniens zur Welt- und Kolonialmacht um die Wende des 15. zum 16. Jahrhundert. Dieses Thema war bis dahin geschichtlich kaum behandelt, geschweige denn erschöpfend dargestellt worden, weil die spanischen Archive erst im 19. Jahrhundert zugänglich wurden.

Als Prescott am 28. Januar 1859 in Boston starb, hinterließ er ein Lebenswerk, das vier Zeitabschnitte in mehrbändigen Darstellungen behandelte. Für sich allein genommen, wäre ein solch reiches Schaffen nichts Besonderes für seine Zeit. Er aber schrieb unter Bedingungen, die einen weniger Begabten und weniger Mutigen von vornherein abgehalten hätten. Durch einen Unfall hatte er nämlich während seiner Studentenzeit im Harvard-College ein Auge verloren, und das andere büßte im Laufe der Zeit immer mehr an Sehkraft ein, so daß er fast blind war. Mehr als eine Stunde am Tage konnte er nicht lesen und war auf die Hilfe von Freunden – selbst Alexander von Humboldt hatte ihm seine Hilfe angeboten – und Sekretären angewiesen. Im Vorwort zur ›Geschichte der Eroberung Mexikos‹ bittet Prescott denn auch den Leser um Nachsicht, weil seine Schreibvorrichtung für Blinde es nicht gestatte, Geschriebenes zu lesen; ebensowenig sei er in der Lage, selbst zu korrigieren, so daß Druckfehler und Irrtümer wohl vorkommen könnten. Zu seiner und seiner Helfer Ehre sei gesagt, daß sie nur wenige Fehler übersehen haben. Die Zeitgenossen bewunderten sein geübtes Gedächtnis; sie berichten, er habe immer bis zu siebzig Druckseiten ausgefeilt im Kopfe gehabt, ehe er sie seinem Sekretär diktierte. Erstaunlich waren auch seine Sprachkenntnisse. Außer seiner Muttersprache, die er planmäßig studiert hatte, sprach er fließend spanisch, französisch und italienisch. Er ritt gern, und viele seiner farbenprächtigen Schlachtenschilderungen sind im Sattel entworfen. Seine Biographie verdanken wir seinem Freunde, dem Literaturhistoriker George Ticknor (›Prescotts Leben‹, 1864).

Prescotts Werke sind Musterbeispiele einer deskriptiven Geschichtsdarstellung. Bei aller kritischen Benutzung der Quellen stand für ihn die anschauliche Erzählung der Ereignisse durchaus im Vordergrund; auf philosophische Reflexionen verzichtete er weitgehend. Natürlich blieb er ein Kind seiner Zeit, und seine Werke müssen aus ihrem Geist verstanden werden. Er entnahm den frühen spanischen Quellen die Tatsachen, denen sich die Eroberer gegenübergestellt sahen. Über die *Geschichte* der mexikanisch-mittelamerikanischen Indianer war weder den Spaniern noch Prescott und seinen Zeitgenossen viel bekannt. So gebraucht Prescott, dem Stil der Zeit folgend, unbedenklich den Ausdruck ›Wilde‹, wenn er von den Indianern spricht, und in den allgemeinen Betrachtungen über den Fall von Tenochtitlan sagt er: ›Wir können den Sturz eines Reiches nicht bedauern, das so wenig für die wahrhaften Aufgaben der Menschheit getan hat ... die Azteken waren doch durchaus ein wilder, roher Menschenstamm, der – selbst von der günstigsten Seite betrachtet – wenig geeignet ist, uns Mitgefühl und Achtung einzuflößen.‹

Was war denn um die Mitte des vorigen Jahrhunderts über die altamerikanischen Kulturen schon bekannt? So gut wie nichts! Die ersten Nachrichten über diese fremde Kultur brachten in den vierziger Jahren des 19. Jahrhunderts die nordamerikanischen Reisenden John Lloyd Stephens und Frederick Catherwood nach einem Besuch alter Ruinenstätten in Yukatan und Guatemala mit. Dann sollten nochmals Jahre vergehen, bis erkannt wurde, daß es sich um die Reste der untergegangenen Mayakultur handelte. Unter den Reisenden und Gelehrten, die sich gegen Ende des 19. und Anfang des 20. Jahrhunderts bemühten, Licht in das Dunkel zu bringen, sind besonders Teobert Maler, Paul Schellhas, Ernst Förstemann und Eduard Seler zu erwähnen. Doch bis zum heutigen Tage sind nicht alle Rätsel dieser Kultur gelöst. Immerhin steht aber seit der Mitte unseres Jahrhunderts fest, daß das mexikanische Gebiet Schauplatz mehrerer Kulturen auf unterschiedlicher Entwicklungsstufe war und die Azteken als letzte Gruppe auftraten, an Vorhandenes anknüpften und von der Urgemeinschaftsordnung zum Staat übergingen.

Wahrscheinlich schon im 3. Jahrtausend v. u. Z. wurde im Hochtal von Mexiko Mais angebaut. Alle Fundstellen der sogenannten archaischen Kultur liegen um den See Texcoco und lassen erkennen, daß diese Gegend schon seit langem besiedelt war. Die Bevölkerung lebte in Hütten, deren Flechtwerk mit Lehm beworfen war. Sie baute Mais an, betrieb daneben die Jagd auf Hirsche und sicherlich auch den Fischfang im See. Aus dieser Epoche stammen zahlreiche Steinwerkzeuge, die sich in ihren Grundformen bis in die aztekische Zeit erhalten haben. Obsidian, ein glasiges Lavagestein, wurde zu Pfeilspitzen, Schabern und Messern benutzt, poröse Lava zu Mahlsteinen und Steinreibern verarbeitet, mit denen man die Maiskörner zerkleinerte. Man kannte die Weberei; Reste von Baumwollgeweben wurden in Gräbern gefunden. Der Austausch der Produkte zwischen der Bevölkerung des Hochtals von Mexiko und der des östlichen Tieflands blühte. Aus dem Süden des heutigen Mexiko (Oaxaca) und aus dem äußersten Norden (Zacatecas) wurden Serpentinäxte und Jadeïtschmuck eingeführt; aus Muscheln von der pazifischen Küste fertigte man Schmuck. Außerdem waren die Träger der archaischen Kultur geschickte Keramiker, von denen wir eine Fülle höchst abwechslungsreicher kleiner weiblicher Tonfiguren besitzen, die vielleicht Fruchtbarkeitssymbole darstellen.

Die Endphase der archaischen Kultur um 300 v. u. Z. brachte technische Entwicklungen und Verbesserungen. Jetzt wurden die Felder auf ausgedehnten Hangterrassen oder auf künstlichen Hügeln angelegt; dies hängt sicherlich mit dem feuchter gewordenen Klima und mit der Überflutung des Sees Texcoco zusammen. In der Gesellschaft machten sich soziale Umwälzungen bemerkbar: ›Fachberufe‹ scheinen sich herausgebildet zu haben, was man daraus schließt, daß jetzt Menschen mit ihren Geräten bestattet wurden. Damals wurde die erste Pyramide errichtet, ein ovaler Hügel aus Schutt und Steinen; sie trägt ihren Namen nach der Fundstelle Cuicuilco. Jetzt findet sich auch die erste Götterdarstellung, eine greisenhafte Figur mit einer Schale auf dem Kopf oder Rücken, die als ›alter Feuergott‹ noch bei den Azteken vorkam.

Das Ende der archaischen Kultur führten neue Stämme herbei, die in das mexikanische Hochtal eindrangen. Auf sie gehen große Kultanlagen, unterschiedliche Gottheiten und eine soziale Schichtung der Bevölkerung zurück, doch die wirtschaftliche Grundlage änderte sich nicht. Es begann die Zeit der Priesterherrschaft und des Friedens; es gibt keine Kriegerdarstellungen, Waffenfunde, befestigte Siedlungen und Festungsbauten fehlen. Die Verehrung der Götter, der Bau riesiger Pyramiden und kunstvoller Tempel beanspruchten die Menschen und ihre Arbeitskraft. Sinnfälliger Ausdruck der Priesterherrschaft ist die Kultstätte Teotihuacan nördlich der Stadt Mexiko. Weithin sichtbar überragen zwei große Pyramiden, die sogenannte Sonnen- und Mondpyramide, das flache Land. Zur Zeit der Azteken war der Ort wieder verlassen, doch in ihrer historischen Überlieferung wird Teotihuacan zu einer Stätte des Goldenen Zeitalters, an der Künste, Handfertigkeiten und Götterkult blühten. Die Azteken glaubten, an diesem Ort seien ihre Vorfahren zu Göttern geworden, und zu bestimmten Zeiten brachte ihr Herrscher hier noch Opfer dar.

Welches Volk diese großen Tempelbauten errichtet hat, ist bis heute unbekannt; die Sonnen- und die Mondpyramide entstanden um 300 u. Z. Nach 600 wurde Teotihuacan von fremden Stämmen erobert; sichtbare Zeichen sind Brandspuren und Zerstörungen an den Tempelbauten.

Spätestens vom 7. Jahrhundert an gerieten nördliche Jägerstämme in Bewegung. Ihre auf große Flächen angewiesene Wirtschaftsweise beschränkte durch begrenzte Existenzmittel die Bevölkerungszahl. Kam es jedoch zur Überbevölkerung, so wurde die Lebensfrage durch Abwanderung eines Stammesteils gelöst. Die Verschiedenheit der Wirtschaftsweise und wohl auch andersartige religiöse Anschauungen verhinderten anfangs selbst bei unmittelbarer Nachbarschaft engere Beziehungen zu den feldbautreibenden Stämmen. Andererseits führte deren fortgeschrittene ökonomische Entwicklung zu Spannungen und Feindseligkeiten. Konnte die Wirtschaft der Jäger für die Produkte der Feldbauern nicht mehr die erforderlichen Gegenwerte bieten, so blieben ihnen nur Überfall und Raub. Durch kriegerische Unternehmungen bildeten sich auf beiden Seiten stärkere politische Verbände heraus, und die Stämme schlossen sich zu Stammesbünden zusammen. Bei den Jägerstämmen änderte sich dadurch die Stellung des Stammeshäuptlings; als Kriegsführer wurde er ein unentbehrliches Glied der auf Sippen beruhenden Ordnung der Gentilgesellschaft in ihrem Zerfallsstadium.

In diesem Zusammenhang spielten im 8. und 9. Jahrhundert die Tolteken als eine der Wellen kriegerischer Invasion aus dem Norden eine wichtige Rolle. Im Jahre 856 gründeten sie Tula (Tollan) nördlich der Stadt Mexiko und eroberten von hier aus weitere Gebiete. Schnell wurden sie zu Feldbauern, übernahmen kulturelle Elemente und entwickelten neue; dazu gehörte der Kult der gefiederten Schlange Quetzalcoatl. In dieser Zeit wurde zum erstenmal im Bereich der mittelamerikanisch-mexikanischen Kulturen Metall verarbeitet, doch war es hier für die Entwicklung der Produktionsinstrumente bis zum 16. Jahrhundert kaum von Bedeutung. Man benutzte vor allem Edelmetalle, hauptsächlich für Schmucksachen. Erst in aztekischer Zeit stellte man kleine Geräte aus Kupfer oder Bronze her.

Um 1300 fielen die Azteken von Norden ins Hochland von Mexiko ein, nach ihrer Überlieferung aus einer mythischen Heimat Aztlan, geführt von ihrem Stammesgott Huitzilopochtli (›der Kolibrilinke‹, so genannt nach seiner Tracht); einer der Beinamen des Gottes war Mexitli, worauf wahrscheinlich der Landesname Mexiko zurückgeht. Bald wurden aus nomadisierenden Jägern und Kriegern seßhafte Feldbauern. Sie gründeten auf einer ihnen zugewiesenen Insel im See Texcoco 1325 (oder 1370) Tenochtitlan, die heutige Stadt Mexiko; zunächst eine ärmliche Siedlung, wurde daraus in wenigen Jahrzehnten die Hauptstadt des aztekischen Reiches mit großen Palästen, Tempelbauten und Dämmen, die die Stadt mit dem Festland verbanden. Um das Nutzland zu vergrößern, legten die Azteken sogenannte Chinampas an, mit Erde bedeckte Holzflöße, auf denen Gemüse gezogen wurde; noch heute sind diese ›schwimmenden Gärten‹ von Xochimilco mit ihrer Blumenpracht vielbewunderter Anziehungspunkt. Den Azteken ist eine Reihe von Früchten und Genußmitteln zu verdanken, die aus Europa nicht mehr fortzudenken sind und deren Bezeichnungen so geläufig wurden, daß ihre Herkunft aus dem Aztekischen in Vergessenheit geriet; erinnert sei an die Tomate (tomatl), Kakao (cacauatl) und Schokolade (chocolatl).

Mittelpunkt der gesellschaftlichen Ordnung war der ursprünglich von den Sippenältesten gewählte Kriegshäuptling (tlatoani). Ihm stand ein gleichberechtigter Berater (ciuacoatl) zur Seite, dessen Amt höchstwahrscheinlich aus dem des Friedenshäuptlings hervorgegangen war. Die Stellung des Kriegshäuptlings ging allmählich von konstitutioneller Beschränkung zur absoluten Machtvollkommenheit eines erblichen Monarchen über; so wurden etwa verdiente Krieger von ihm mit Land belehnt, das ehemals Gemeinbesitz gewesen war. Militärische Gefolgschaften, besonders die Krieger des Adler- und Jaguarordens, begannen eine wichtige Rolle zu spielen. Am Ende des 15. Jahrhunderts dehnten die Azteken ihre Kriegszüge bis nach Guatemala aus und waren im Osten und Westen bis an die Küsten der Ozeane vorgestoßen. Bevor ein Eroberungszug unternommen wurde, drangen als Kaufleute verkleidete Kundschafter in die Gebiete ein, angeblich, um Waren des Hochlandes gegen die des Tieflandes zu tauschen; in Wirklichkeit lieferten sie Aufzeichnungen von allen Naturschätzen und zeichneten genaue Wegekarten, die dem nachrückenden Heer den Einmarsch erleichterten und die später auch von den Spaniern benutzt wurden. Die unterworfenen Länder wurden von den Azteken jedoch nicht besiedelt, sondern nur mit Garnisonen belegt, die für pünktliche Tributleistungen zu sorgen hatten; von diesen Garnisonen zeugen viele aztekische Ortsnamen in Gebieten einer anderssprachigen Bevölkerung, besonders solche mit der Endung -tenango, ›mit Mauern umgeben‹. Die Art des Tributes war verschieden, je nach den Erzeugnissen des Landes. Einige Ortschaften mußten die Felder für die Garnisonen bestellen, andere hatten militärische Hilfe zu leisten oder Kriegsgefangene für Opferzwecke zu erbeuten.

Die Azteken zwangen jedoch den unterworfenen Stämmen ihre Sprache und Religion nicht auf. Im Gegenteil, sie nahmen die Götter der Besiegten in ihr eigenes Pantheon auf. Das erklärt die schon den spanischen Missionaren aufgefallene Fülle von Göttern, die zahlreichen Tempel und deren Priesterschaft, da jeder Gott einen eigenen Kult verlangte; das erklärt aber auch die schnelle Übernahme des christlichen Glaubens. Allerdings schien kurz vor der spanischen Eroberung der Kult eines Gottes den aller anderen zurückzudrängen, jedenfalls ist eine Entwicklung zum Eingottglauben erkennbar. Entsprechend der klugen Politik war dies jedoch nicht der alte Stammesgott oder vergöttlichte Ahnherr Huitzilopochtli, sondern Tetzcatlipoca (›Rauchender Spiegel‹), eine Gottheit, die auch in nichtaztekischen Gebieten von großer Bedeutung und daher vielen Stämmen schon vertraut war, so daß sich sein Kult sicherlich leichter durchgesetzt hätte. Die meisten aztekischen Götter verlangten Menschenopfer, vor allem das Opfer des Herzens als Nahrung für die Sonne. Zweifellos sind viele Menschen geopfert worden, doch sind die von den Spaniern angegebenen Zahlen stark übertrieben; jedes Opfer erforderte eine besondere, langwierige Zeremonie, so daß die Angaben von Tausenden innerhalb kurzer Frist Geopferter als unwahrscheinlich angesehen werden müssen.

Der Kult der Götter, die Stellung der Priester und des Kriegeradels erforderten Schmuck als Rangabzeichen. Dies und die Herstellung von Luxusgegenständen für den Adel führten zu einem Stand von Fachhandwerkern; es gab Goldarbeiter, Federarbeiter, Weber, Schriftkünstler, um nur einige zu nennen. Oft stammten diese Handwerker aus unterworfenen Gebieten und wurden in Tenochtitlan in besonderen Quartieren angesiedelt.

Die aus anderen Kulturen bekannte Sklaverei und damit eine Sklavenhaltergesellschaft, in der die Sklaven für die Produktion lebensnotwendiger Güter wichtig waren, gab es bei den Azteken nicht. Eher können wir hier von einer Haussklaverei sprechen. Diese Sklaven — Kriegsgefangene oder Schuldsklaven — wurden auf dem großen Markt von Tenochtitlan zum Kauf angeboten, soweit sie nicht als Opfer für die Götter bestimmt waren.

Das Marktleben, besonders das von Tenochtitlan, bewundern alle Chronisten. Auf dem Markt wurden Hunderte von Waren angeboten, von Erzeugnissen, die aus den heißen Tiefländern stammten, über gewebte Decken und Tongeschirr bis zu fertigen Gerichten in den Garküchen. Bezahlt wurde für einfache Waren mit Kakaobohnen, für kostbare mit Goldstaub, wobei die Menge in einem Federkiel nach dessen Länge und Dicke bestimmt wurde. Beamte des Herrschers wachten über die Marktordnung und erhoben ein Marktgeld. Es wird berichtet, daß sich zu großen Märkten an bestimmten Tagen Tausende von Menschen zusammenfanden.

Wir wir von den Chronisten erfahren, war die Ausbildung der aztekischen Jugend genau vorgeschrieben. Sie erfolgte beim Adel und der Priesterschaft in besonderen Priester- oder Kriegerschulen. Auch den Mädchen wurde eine sorgfältige Erziehung zuteil, die sie auf ihre künftigen Pflichten als Frau und Mutter vorbereiten sollte. Die Ehe galt als heilig; sie wurde im Angesicht der Götter geschlossen und Ehebruch mit dem Tod durch Steinigung geahndet. Beamte mit richterlichen Befugnissen sprachen Recht und setzten die Strafen fest. Als besonders schwere Verbrechen wurden Verstöße gegen die Gemeinschaft angesehen. Über geringere Delikte konnten nach urgesellschaftlicher Sitte noch die Sippenoberhäuptlinge entscheiden.

Unter den geistigen Leistungen der Azteken ist die Kunst ihrer Bilderschrift hervorzuheben; eine Anzahl von Bilderhandschriften auf Agavenpapier oder Hirschhaut sind erhalten. In ihnen sind Stammesgeschichten oder Wahrsagekalender aufgezeichnet; auch die Tributlisten wurden in dieser Form festgehalten. Die ›Schrift‹ besteht entweder aus Abbildungen von Gegenständen oder aus Sinnbildern von Begriffen, die jedoch so gewählt sind, daß man sie schon als Vorläufer einer Lautschrift ansehen kann. Allerdings haben die Azteken diese Schrift nicht selbst entwickelt, sondern knüpften an Übernommenes an. Ihre Zahlzeichen bestanden aus Punkten für die Ziffern 1–19, das Sinnbild für 20 war eine, das für 60 waren drei Fahnen, ein Säckchen Kakaobohnen schließlich bezeichnete die Zahl 8000.

Beachtlich waren die medizinischen Kenntnisse der Azteken. Nach einigen Autoren kannten sie über 400 Heilkräuter; ein Teil davon wurde von den Europäern übernommen und hoch geschätzt. Ferner kannten sie den Aderlaß, das Schienen von Knochenbrüchen, die Schwitzkur, die Massage und vieles andere.

Als Mittel der Zeitrechnung benutzten die Azteken zwei verschiedene Kalender: den volkstümlichen Wahrsagekalender, der ein Jahr von 260 Tagen, das heißt 13 Monaten zu je 20 Tagen, umfaßte und, je nach dem Tageszeichen, gute und böse Tage anzeigte; und den astronomischen Kalender, der das Sonnenjahr zu 360 Tagen und 5 Schalttagen rechnete, deren letztere, die ›nicht gezählten‹, ›unnützen‹, als besonders unheilvoll galten. Beide Zeitrechnungen fallen jeweils nach 52 Jahren zu 365 Tagen zusammen. Da die Azteken aber keinen Fixpunkt besaßen, mit dem ihr astronomischer Kalender begann, ist der indianische Kalender mit dem europäischen schwer in Einklang zu bringen; das erklärt auch die verschiedenen Zeitangaben für die Gründung von Tenochtitlan.

Zu Beginn des 16. Jahrhunderts war die sozialökonomische Entwicklung der Azteken weit vorangeschritten. Die gesellschaftliche Differenzierung hatte zur Entstehung von Klassen geführt. Die herrschende Stellung des Adels und der Priesterschaft hatte sich gefestigt, während die unterdrückten Schichten Tributabgaben und Frondienste leisten mußten. Die Macht des ehemaligen Kriegshäuptlings hatte sich bis zu den Anfängen einer Zentralgewalt über einen sich bildenden Staat auszudehnen begonnen. Dies alles zeugt von der hohen Kultur und dem ausgebildeten Sozialwesen der Azteken. Wenn sie auch zum Teil an Vorgefundenes anknüpften, ist heute doch offenkundig, daß sie nicht als ›geschichtslose Wilde‹ betrachtet werden dürfen, wie Prescott noch glaubte. Der weiteren eigenständigen Entwicklung der aztekischen Gesellschaft bereitete die Eroberung Mexikos durch die Spanier ein Ende.

Ursula Schlenther

PRESCOTTS HAUPTQUELLEN

Acosta, José de (gest. 1599), kam 1571 als Jesuitenpater nach Mexiko. Schrieb ›Historia general y moral de las Indias‹ (Seville 1589). Prescott benutzte die englische Übersetzung (London 1604).

Benavente, Toribio de, genannt Motolinia (azt. ›armer Mann‹), einer der zwölf Franziskaner, die kurz nach der Eroberung in Mexiko eintrafen. Prescott benutzte seine ›Historia de los Indios de la Nueva España‹ im Manuskript (abgeschlossen 1541, gedruckt erst 1941 in Mexiko). Schildert umständlich die Religion, Gebräuche und Opfer der Azteken in vorspanischer Zeit, berichtet über ihre Bekehrung zum Christentum, über den Charakter der Indianer, ihre Zeitrechnung und Sterndeutung, enthält Nachrichten von Städten und Erzeugnissen des Landes.

Boturini Bernaducci, Lorenzo (gest. 1749), kam 1735/36 nach Mexiko, schrieb alte Dokumente der Klosterbibliotheken ab und sammelte Bilderhandschriften.

Camargo, Diego Muñoz, Sohn eines Spaniers und einer Indianerin aus Tlaxcala. Schrieb 1576/85 die ›Historia de Tlaxcala‹ mit zuverlässigen Berichten über Gesellschaft und Glaubensvorstellungen der Tlaxcalteken und über ihre Feindschaft mit den Azteken. Prescott benutzte das Manuskript (gedruckt 1892 in Mexiko, 1966 in Guadalajara).

Clavigero, Francisco Xavier, Jesuitenpater aus Veracruz. Wirkte 25 Jahre in Mexiko bis zur Vertreibung des Ordens 1767. Seine italienisch geschriebene, oft übersetzte ›Storia Antica de Messico‹ (Cesena 1780) schöpft aus früheren Chronisten, sucht jedoch deren Zeitangaben und Ungenauigkeiten zu berichtigen.

Cortés, Hernán. Seine fünf in lapidarem Stil abgefaßten Berichte an Karl V. (Originale in der Österreichischen Nationalbibliothek, Wien) las Prescott in einer Abschrift der Akademie in Madrid. Eine seiner Hauptquellen. Faksimileausgabe der ›Cartas de relación de la conquista de la Nueva España, escritas por Hernán Cortés al Emperador Carlos V‹ Graz 1960.

Díaz del Castillo, Bernal (um 1492–1581), kam 1514 in die Neue Welt. Nahm an allen Kämpfen der Eroberung Mexikos teil und begann 50 Jahre danach seine anschauliche und lebendige, breite und etwas selbstgefällige ›Historia verdadera de la conquista de la Nueva España‹ aus Ärger über die entstellenden Schilderungen der Eroberung durch Nichtteilnehmer. Eine von Prescotts Hauptquellen (erschienen erst 1632 in Madrid).

Gama, Antonio León y (1735–1802), Jurist, Sammler indianischer Altertümer. Verfasser einer ›Descripción de las dos piedras‹ (1832).

Gómara, Francisco López de (1510–1560), seit 1540 Hauskaplan der Familie Cortez. Schrieb nach Cortez' Tod die ›Historia general de las Indias‹ mit dem 2. Teil ›Crónica de la conquista de la Nueva España‹ (Saragossa 1544). Sie stellt die Eroberung jedes amerikanischen Landes für sich, mit völkerkundlichen und kulturgeschichtlichen Erörterungen in einfachem, kultiviertem Stil, doch mit einseitiger Verherrlichung von Cortez' Taten dar. 1553 von der spanischen Regierung verboten.

Herrera y Tordesillas, Antonio de (1559–1625), von Philipp II. zum Historiographen Kastiliens und beider Indien ernannt. Schrieb, ohne in den Kolonien gewesen zu sein, aber auf Grund der amtlichen Berichte und Dokumente seine nach Jahresgeschehnissen geordnete, daher die Schauplätze ständig wechselnde ›Historia general de las Indias occidentales‹ (Madrid 1601/16), die in acht Teilen den Zeitraum von 1492 bis 1554 behandelt und stets für die Maßnahmen der spanischen Regierung Partei nimmt. Ihr Wert beruht auf der Benutzung zahlreicher später verschollener Quellen, so der Denkschrift Alonso de Hojedas.

Ixtlilxochitl, Fernando Alva de (1570–1649 oder 1568–1648), Urenkel des gleichnamigen letzten Herrschers von Texcoco östlich der Stadt Mexiko, Dolmetscher des spanischen Statthalters. Erforschte die alte Geschichte von Texcoco. Seine ›Historia Chichimeca‹ verwendet vorwiegend europäische Feudalbezeichnungen, wohl um den Spaniern den Herrscherrang seiner Vorfahren zu beweisen. Prescott benutzte das Manuskript und die französische Übersetzung von Ternaux-Compans.

Las Casas, Bartolomé de (1474–1566), der ›Freund der Indianer‹, Sohn eines Teilnehmers an der ersten Reise von Kolumbus, kam 1502 nach Amerika, 1510 als erster in der Neuen Welt zum Priester geweiht, 1521 Dominikaner. Beginnt 1527 seine unvollendete ›Historia general de las Indias‹, von Kolumbus bis 1520 reichend, die von Prescott im Manuskript benutzt wurde, und sucht 1542 durch seinen leidenschaftlichen ›Kürzesten Bericht über die Ausplünderung und Verwüstung der indischen Länder‹ (›Indiarum devastationis et excidii narratio brevissima‹, gedruckt 1552) das Gewissen der Welt gegen die Ausbeutung und Greueltaten der spanischen Eroberer aufzurütteln. Das von ihm am spanischen Hof erwirkte Gesetz zum Schutz der Indianer hatte wenig Erfolg.

Martyr, Petrus, eigentlich Pietro Martire d'Anghiera (1455–1525), aus Mailänder Adelsfamilie, Humanist an spanischen Universitäten, Hofmann und Mitglied des Indienrates der spanischen Krone. Durch seine Hände gingen die Berichte von Kolumbus und Cortez, die er auch persönlich kannte. Ohne die Kolonien besucht zu haben, verfaßte er die ›Achtmal zehn Bücher von den überseeischen Dingen und dem neuen Lande‹ (›De rebus oceanis et orbe novo decades octo‹, Buch 1–10 Sevilla 1511, vollständig Alcalá 1530), die unterhaltsame Erzählung mit völkerkundlicher Schilderung verbinden. Wertvoll, da sie die Gesinnung des spanischen Hofes im Verlaufe der Entdeckungen widerspiegeln.

Muñoz, Juan Batista (gest. 1799), königlicher Historiograph, als der er freien Zutritt zu Archiven, Urkundensammlungen und Klosterbibliotheken in

377

Spanien hatte. Ihm verdanken wir die Entdeckung der Originalhandschrift von Sahagún (s. d.) in der Bibliothek des Klosters zu Tolosa in Navarra. Die von ihm angefertige Abschrift benutzte Prescott. Muñoz entdeckte auch die Handschrift von Francisco Hernández, in der die Naturerzeugnisse Mexikos beschrieben und gezeichnet sind.

Oviedo y Valdéz, Gonzalo Hernández (1478—1557), asturischer Adliger, 1513 Inspektor der königlichen Goldminen in Santo Domingo auf Haiti, nach Feldzügen 1535—1545 Gouverneur der Festung Hispaniola ebendort, 1545 zum Chronisten für Amerika ernannt. Schrieb, stark ethnographisch und naturwissenschaftlich interessiert, eine formlose ›Historia general y natural de las Indias‹, die durch Benutzung verschollener Chroniken und andere historische Notizen sehr wertvoll ist. Ihr erster Teil (Sevilla 1535) beschreibt die westindischen Inseln naturgeschichtlich, der zweite (1557) deren Eroberung, die beiden übrigen die Eroberung Mexikos, Perus und anderer amerikanischer Länder ohne Beschönigung, doch mit Parteinahme für die Spanier (vollständig erschienen erst 1851/55 in Madrid). Prescott benutzte die beiden ersten Teile in Ramusios ›Navigationi e Viaggi‹, 1565.

Sahagún, Bernardino de (gest. 1590), kam 1529 als Franziskanermönch nach Mexiko, lebte längere Zeit in einer Ortschaft bei Texcoco. Seine ›Historia general de las cosas de la Nueva España‹ (veröffentlicht erst 1829 in Mexiko) ist eine der wichtigsten und zuverlässigsten Quellen für die Religion, die Sitten und Gebräuche der Azteken, ihren Handel und ihre Handwerke. Er ließ sich seine Fragen von Indianern in Bilderschrift beantworten und diese Bilder von indianischen Stiftszöglingen in aztekischer Sprache mit lateinischen Buchstaben erläutern. Als seine Glaubensbrüder aus Missionsgründen die Drucklegung verweigerten, übersetzte er das Manuskript ins Spanische und reichte es nebst einem von ihm verfaßten aztekisch-spanischen Wörterbuch dem Vorsitzenden des Indienrates ein. Es wurde erst 200 Jahre später von Muñoz (s. d.) in einem spanischen Kloster wiederentdeckt. Besonders wertvoll durch die farbigen Abbildungen.

Sigüenza y Góngora, Carlos de (1645—1700), Jesuitenpater, Sammler alter Malereien und Handschriften. Von seinen Werken sind nur Bruchstücke bei anderen Chronisten erhalten.

Solís, Antonio de (1610—1686), 1661 zum Historiographen für Amerika ernannt, seit 1666 Priester. Seine unkritische, rhetorisch gesteigerte ›Conquista de Méjico‹ (Madrid 1684) ist das Werk eines Glaubenseiferers, für den die ›Heiden‹ dem Teufel verfallene Verbrecher sind, Cortez zum untadeligen Romanhelden wird und die absolutistisch-orthodoxe Regierungspolitik stets im Recht ist. Galt in seiner Zeit als klassisches Geschichtswerk.

Torquemada, Juan de, (1550—1600). Provinzial des Franziskanerordens in Mexiko. Er hielt Sagen, Gebräuche und Erzählungen der Indianer über die Eroberung fest und schrieb unter Benutzung von Sahagúns Werk und anderen Berichten seine mit biblischer Gelehrsamkeit überladene ›Monarchia Indiana‹ (Sevilla 1614), die mit der Erschaffung der Welt beginnt. Sein Interesse galt besonders den halbmythischen Totonakenherrschern an der Südostküste um Veracruz.

Unbekannter Eroberer, Bericht eines Offiziers von Cortez, 1565 zuerst italienisch in Ramusios ›Navigationi e Viaggi‹ erschienen. Wichtige Quelle für
das Heerwesen der Azteken (deutsch unter den Titel ›Das Reich Mexiko
und seine Hauptstadt Temixtitan‹, Leipzig 1918).

Zurita, Alfonso, kam 1554 als juristischer Sachverständiger und Richter nach
Mexiko. Untersuchte im Auftrage Philipps II. das Rechtswesen der Azteken. Seine ›Breve y sumaria relación de los Señores de la Nueva España‹
enthält — wohl als einzige Quellenschrift — auch Mitteilungen über die
Verhältnisse des Bodenbesitzes und über die aztekische Wirtschafts- und
Gesellschaftsordnung. Prescott benutzte die französische Übersetzung von
1840 (spanisch erschienen erst 1891).

Außer diesen literarischen Quellen kannte Prescott einige indianische Bilderhandschriften, konnte sie aber nicht deuten.

Von frühen spanischen Quellen hat er vor allem die folgenden nicht benutzt:
die sogenannten Annalen von Colhuacan, 16. Jahrhundert; des in Mexiko ge-
borenen Dominikaners Diego Duran ›Historia de los Mexicanos‹, 1581; Juan
Baptista Pomars ›Relación de Tezcoco‹, 1582; Alvarado Tezozomocs ›Crónica Mexicana‹, 1598.

ERKLÄRUNG DER ABBILDUNGEN

Die Abbildungen des vorliegenden Bandes sind Wiedergaben aus der Bilderhandschrift ›Lienzo de Tlaxcala‹, einem der Dokumente der frühen Kolonialzeit, die wenige Jahrzehnte nach der spanischen Eroberung von mexikanischen Indianern aufgezeichnet worden sind. Der ›Lienzo de Tlaxcala‹ entstand im Auftrage des zweiten Vizekönigs von Neuspanien, Luis de Velasco, und muß demnach aus der Zeit zwischen 1550 und 1564 stammen. Unter ›Lienzos‹ oder ›Mapas‹ versteht man wandkartenartige ›Bilderbücher‹ auf Leinwand- oder Baumwollstreifen.

Der ›Lienzo de Tlaxcala‹ ist von einem oder mehreren Tlaxcalteken, den spanischen Verbündeten aus dem Freistaat Tlaxcala östlich der Stadt Mexiko, gemalt worden und schildert die Eroberung Mexikos und Guatemalas aus der Sicht des Indianers, der auf seiten der Spanier siegreich gegen die traditionellen Feinde seines Volkes gekämpft hat. Von den 80 Bildern zeigen die ersten 48 die Eroberung des Aztekenreiches; die folgenden 32 beziehen sich auf spätere Feldzüge, an denen tlaxcaltekische Krieger teilnahmen, wie die Expeditionen nach Panuco (1523) und Guatemala (1524). Die 17 Abbildungen des vorliegenden Bandes gehören der ersten Gruppe an und veranschaulichen die Eroberung Mexikos bis zum Fall Tenochtitlans in einer Auswahl, für die Berücksichtigung der Hauptereignisse, thematische Vielfalt und künstlerische Ausführung gleich maßgebend waren.

Insgesamt erweist sich der ›Lienzo‹ als aufschlußreiche ethnographische Quelle, die wesentlich zur Kenntnis altmexikanischer Trachtformen, Waffentypen, sozialer und militärischer Rangabzeichen beigetragen hat. Der Abstand zu den indianischen Handschriften aus voreuropäischer Zeit ist freilich nicht zu übersehen, obwohl sich der Zeichner mitunter altertümlicher Darstellungstechniken bedient hat. Neben Überschriften und Erklärungen in Nahua-Sprache finden sich bilderschriftliche Zeichen, besonders Ortshieroglyphen.

Das Original der Handschrift wurde noch im vorigen Jahrhundert im Stadthaus von Tlaxcala aufbewahrt; es ging während der französischen Besetzung Mexikos (1861/67) verloren. Zur Veröffentlichung war man daher auf Kopien angewiesen. Den Wiedergaben unseres Bandes liegen die Lithographien der von Alfredo Chavero kommentierten Ausgabe des ›Lienzo‹ in den ›Antigüedades Mexicanas‹ (Mexiko 1892) zugrunde: auf die Zählung der Tafeln in dieser Ausgabe beziehen sich im folgenden die eingeklammerten Ziffern hinter den Bildunterschriften.

Die Erklärungen der einzelnen Abbildungen sind nach dem zeitlichen Verlauf der dargestellten Ereignisse geordnet, dem die Reihenfolge der Abbildungen im Buche nicht überall entspricht.

Abb. 1 Die Fürsten Tlaxcalas empfangen einen Gesandten der Spanier (1): Charakteristische Insignien weisen die auf Schemeln sitzenden Männer als die vier obersten Würdenträger der Tlaxcalteken aus, in deren Händen die politische Leitung des Staates lag; drei von ihnen tragen Abzeichen der Krieger (Stirnbinde und Federschmuck), der vierte soll vermutlich den alten Xicotencatl darstellen. Der Bote aus Cempoala, der den Brief in einem gespaltenen Rohr überbringt, ist durch Tatauierung und Lippenschmuck als Angehöriger eines Küstenvolkes, hier der Totonaken, gekennzeichnet.

Abb. 2 Cortez nimmt die Geschenke der Tlaxcalteken entgegen (7): Cortez, mit seiner indianischen Geliebten und Dolmetscherin Marina zur Seite, empfängt tlaxcaltekische Adlige, die ihren neuen Verbündeten wertvolle Geschenke überbringen, darunter die jungen Frauen, deren vornehme Herkunft durch die reiche Kleidung hervorgehoben wird. Die Darstellung der angehäuften goldenen Gefäße, gemusterten Umhänge usw. erinnert an Bildzeichen auf vorspanischen Tributlisten. Die Schriftzeile lautet deutsch: ›Sie erwiesen ihm Gunst.‹

Abb. 3 Die Taufe der tlaxcaltekischen Fürsten (8): Im Vordergrund knien die vier ›Herren‹ (tlatoque) Tlaxcalas und empfangen die Taufe aus der Hand des Priesters Díaz. Hinter diesem warten die Töchter der Fürsten. Cortez, ein Kruzifix in der Rechten, und drei andere Spanier (Pedro de Alvarado, Gonzalo de Sandoval und Cristóbal de Olid) stehen Pate bei den indianischen Verbündeten. Neben dem Muttergottesbild die Erklärung: ›Dann wurden die Herren getauft.‹

Abb. 4 Das Gemetzel von Cholula (9): Unverkennbar ist die Absicht des Zeichners, das von den Spaniern und ihren indianischen Hilfstruppen unter der Bevölkerung Cholulas angerichtete grauenhafte Blutbad zu rechtfertigen. Tlaxcaltekische Krieger haben von einer Verschwörung der im Palast versammelten Priester (rechts oben) erfahren und verständigen Marina davon. Nach blutigen Straßenkämpfen stürmen die Eroberer den Großen Tempel (teocalli) der Stadt, der, wie das Bild der gefiederten Schlange auf dem Dach andeutet, Quetzalcoatl geweiht ist. Der Verteidiger auf der Tempelplattform und der angreifende Tlaxcalteke kämpfen mit der wichtigsten indianischen Nahkampfwaffe auf beiden Seiten, der mit scharfen Obsidiansplittern besetzten hölzernen Schwertkeule (maquahuitl).

Abb. 5 Begegnung zwischen Cortez und Montezuma in Tenochtitlan (11): Das Bild hält die erste Unterredung zwischen dem spanischen Eroberer und dem indianischen Herrscher in der mexikanischen Hauptstadt fest. Montezuma sitzt auf einem von Cortez geschenkten Sessel. Bemerkenswert ist, daß er nicht mit den aztekischen Insignien, der Krone mit dreieckigem Blatt, sondern, ebenso wie die drei Häuptlinge seiner Begleitung, mit der federgeschmückten Stirnbinde der tlaxcaltekischen Fürsten dargestellt ist; dieser Umstand spricht dafür, daß der Zeichner hier wohl nicht als Augenzeuge berichtet. Im Vordergrund sind Lebensmittel für die Spanier ausgebreitet: Hirschfleisch, Vögel in Käfigen, Truthühner und Mais.

Abb. 6 Die Verteidigung der Spanier im Palast Axayacatls (15): Der Palast, Zufluchtsort der Spanier und ihrer Verbündeten, wird von den Azteken heftig
angegriffen; zwei von ihnen kämpfen in der Tracht ihrer militärischen Ge-
folgschaft, des Kriegerordens des Coyoten (Präriewolfs). Ein Vermitt-
lungsversuch Montezumas, der links auf dem Dach des Palastes steht, wird
mit Steinwürfen beantwortet. Auf der gegenüberliegenden Seite des Gebäudes bemüht sich ein Indianer – alten Maltraditionen gemäß auf dem
Kopf stehend dargestellt –, einen Brand zu löschen. In der Überschrift
heißt es: ›Dann eröffneten sie den Kampf in dem Hause, in dem Montezuma ist.‹

Abb. 7 Die Erstürmung des Tempels Huitzilopochtlis (16): Aus dem Palast
Axayacatls machen die Belagerten einen Ausfall gegen den großen Tempel
des aztekischen Kriegsgottes, der ihre Stellung beherrscht. Im Vordergrund rückt eine Schar Tlaxcalteken auf den Kampfplatz; ihre Anführer
tragen standartenähnliche Feldzeichen. Die Besatzung des Tempels, aus
dessen Dach schon die Flammen schlagen, versucht vergeblich, die Angreifer durch Balken- und Steinwürfe abzuwehren. Die Schriftzeilen bedeuten:
›Dann verbrannte der Marqués (Cortez) die Schreckensstätte.‹

Abb. 8 Die geschlagenen Spanier auf dem Marsch nach Tlacopan (19): Die Reste des spanisch-tlaxcaltekischen Heeres retten sich über die nach Westen
führende Dammstraße. Das Bild zeigt eine der auseinandergerissenen Abteilungen unter Pedro de Alvarado auf dem Wege nach Tlacopan; hinter
Marina geht Doña Luisa, Alvarados indianische Frau. Von beiden Seiten
wird der Zug von den Azteken bedrängt. Die Ortschaft ist – ähnlich wie in
vorspanischen Handschriften – durch den Aufriß eines stilisierten Tempels
versinnbildlicht.

Abb. 9 Rückzugsgefecht um eine Tempelanlage (21): Von Tlacopan ziehen die
geschlagenen Spanier weiter in nördlicher Richtung und besetzen eine weitläufige Tempelanlage, Teocalhueyacan genannt, in der sich die Truppen
sammeln können. Ein Angriff der Verfolger wird abgewiesen – rechts unten flieht einer ihrer Anführer –, während einer der beiden Teocalli noch in
aztekischer Hand ist. Auch hier, bei der Darstellung der Tempelanlagen,
die teils im Grundriß, teils im Aufriß zu sehen sind, hat der Zeichner auf alte
indianische Maltraditionen zurückgegriffen.

Abb. 11 Die große Schlacht bei Otumba (26): Auf ihrem Rückzug nach Tlaxcala stoßen die Spanier, nachdem sie die Seen nördlich umgangen und den
Gebirgskranz überschritten haben, bei Petzicatla nahe Otumba in der
Ebene von Temalacatitlan auf eine starke feindliche Streitmacht, die ihnen
den Weg zu verlegen sucht. Durch einen überraschenden Vorstoß können
sie ihre verzweifelte Lage wenden. Eindrucksvoll ist die aztekische Phalanx
durch die Front der mit heraldischen Zeichen geschmückten Rundschilde
angedeutet. Auf der Gegenseite tragen einige Tlaxcalteken Schutzhemden
aus dickem Baumwollstoff. Die drei Pflanzenstengel wiederholen bilder-
schriftlich den Ortsnamen Petzicatla.

Abb. 10 Maxixcatzin empfängt Cortez in Ueyotlipan (28) Der Fürst Maxixcatzin, kenntlich an dem bilderschriftlichen Zeichen über seinem Kopf, und
eine Abordnung vornehmer Tlaxcalteken sind dem spanischen Befehlshaber in den Grenzort des Freistaates entgegengezogen. Der Fürst hat einen

kostbaren Rückenschmuck, ein Beutestück aus der Schlacht bei Otumba, von Cortez zum Geschenk erhalten und überreicht diesem seinerseits Blumen. Lebendes und totes Geflügel, Maiskolben aus den großen Speichern und Körbe voll Maisfladen sind für die Spanier herbeigeschafft worden; auch die Pferde werden mit Mais gefüttert. Die Erklärung heißt deutsch: Da zogen sie aus, um mit den Herren zusammenzutreffen, und gaben ihnen Lebensmittel aller Art.

Abb. 13 Indianische Träger bringen Nachschub von der Küste nach Tlaxcala (30): Von den spanischen Stützpunkten am Golf von Mexiko, der Küste von Chalchicueyeacan, Cortez' Landeplatz, von Cempoala und Villa Rica de Vera Cruz, bewegen sich Trägerkolonnen durch das Bergland nach Tlaxcala, wo sich die Eroberer für einen neuen Feldzug gegen Tenochtitlan rüsten. Die Indianer sind mit Schilden, Lanzen und Geschützen beladen; einer muß einen Spanier auf dem Rücken tragen, ein anderer neben dem Haus rechts, das Villa Rica de Vera Cruz bezeichnet, wird wahrscheinlich wegen Widersetzlichkeit geprügelt, eine ganze Kolonne ertrinkt in einem Fluß. Wie in altamerikanischen Bilderhandschriften sind die Wege der Indianer durch Fußspuren angedeutet.

Abb. 12 Der Fall der mexikanischen Hauptstadt (46): Nach Überwindung der Dämme und Einnahme der Vorstadtstraßen stehen die Spanier und ihre Verbündeten vor dem großen Tempelbezirk im Mittelpunkt Tenochtitlans, dessen Zugang von den Azteken besonders hartnäckig verteidigt wird. Noch einmal treten sie mit Lanzen, Holzschwertern und Keulen den Eindringlingen entgegen und überschütten sie von Mauern und Tempeln mit Pfeilen und Steinen. Der indianische Zeichner erklärt das Bild: ›Dann nahmen sie die Straßen zwischen den Häusern ein.‹

Abb. 14 Cortez in Texcoco (41): Nach mehreren Erfolgen im Süden wenden sich die Spanier nordwärts und ziehen in Texcoco ein, wo Cortez, 25 km von Tenochtitlan entfernt, sein neues Hauptquartier aufschlägt. Das Bild hält verschiedene Begebenheiten während des Aufenthalts der Eroberer in der Stadt fest. Der Träger der Standarte mit den Federn des Quetzals (Pfauentrogons) stellt den jungen Ixtlilxochitl dar, den Freund der Spanier und neuen Herrscher von Texcoco, der Cortez entgegengezogen war; über ihm die Erklärung: ›Ixtlilxochitl geleitete sie durch die Straßen Texcocos.‹ In einem Tempel haben die Einwohner einen Pferdekopf aufgestellt, der von ihnen wie ein Götterbild verehrt wird. Indianer laden aus einem Kanu Gepäckstücke der Spanier aus. Von einem größeren Kampf in Texcoco, wie er, von Cortez, links zu Pferde, selbst geleitet, im Vordergrund dargestellt ist, wird von den zeitgenössischen Geschichtsschreibern nichts erwähnt.

Abb. 15 Eröffnung der Belagerung Tenochtitlans (42): Cortez leitet die Belagerung mit der Einnahme der Küstenorte rings um die Inselstadt ein. Das Bild zeigt vier davon, jeweils bezeichnet durch einen stilisierten Tempel, den Namen in lateinischen Buchstaben und eine Hieroglyphe: Tecpatepec durch einen Feuerstein (tecpatl); Xochimilco durch Blumen (xochitl); Coyoacan durch den Kopf eines Präriewolfs (coyotl); Tlacopan durch ein Halsjoch, das Kennzeichen der Sklaven (tlacotli). Die eingeschlossene Hauptstadt wird von aztekischen Kriegskanus verteidigt.

Abb. 16 Der Kampf auf den Dammstraßen der Inselstadt (45): Auf den breiten Dämmen, die Tenochtitlan mit dem Festland verbinden, dringen die Eroberer gegen die Stadt vor. Sie haben einen Tempel eingenommen, das als Teçiquauhtitlā, eigentlich Toçiquauhtitlan, bezeichnete Heiligtum der Fruchtbarkeitsgöttin Toçi mit dem Kopf eines geopferten Menschen auf dem Dach. An der Spitze der Angreifer stürzt sich der Tlaxcalteke mit der Reiherdevise auf einen Aztekenkrieger des Jaguarordens. Die in Tlaxcala gebauten kanonenbestückten Brigantinen greifen wirksam in den Kampf ein. An Bord der auf dem Bild dargestellten befinden sich Cortez und Marina; Marina, einen spanischen Schild in der Hand, ist ein zweites Mal neben dem Tempel abgebildet. Auf der gegenüberliegenden Seite des Dammes unterstützen mexikanische Kriegskanus die Verteidiger.

Die sechs Vignetten auf den Zwischentiteln sind Wiedergaben nach Fundstükken, meist Stempeln, aus dem Hochtal von Mexiko.

ERLÄUTERUNGEN

Zur Aussprache der Laute in den altmexikanischen Wörtern

c: vor a, o, u, vor Konsonanten und im Auslaut wie k; vor e und i ähnlich wie engl. th in thing.
ch: wie tsch.
h: gewöhnlich stumm; im Anlaut vor u schwach anklingend an engl. w.
i: im Anlaut vor e wie j.
ll: wie ll in Ball.
qu: wie k.
tl: als einheitlicher Laut, nicht wie in At-las.
v: wie u.
x: wie sch.
y: wie i; im Anlaut vor e wie j.
z: ähnlich wie engl. th in thing.

Alguacil: spanischer Gerichtsdiener.
Alguacil Mayor: spanischer höherer Richter.
Alkalde: spanischer Gemeindevorsteher und Ortsrichter.
Anahuac (aztek. ›am Rande des Wassers‹): Bezeichnung der tropischen Küstengebiete am Stillen Ozean und am Golf von Mexiko; von den Spaniern fälschlich auf das mexikanische Hochland übertragen.
Castellano: spanische Münze bis 1497, wahrscheinlich im Wert von 44 Goldmark.
chalchiuitl (aztek.): ein grüner Stein, Diabas, Jadeit oder auch Türkis; für die Azteken Sinnbild des Lebens.
Comendador (span.): Komtur, Verwalter eines Ritterordensbezirkes.
Comunidades (span.): Stadtgemeinden. 1520 erhoben sich Kleinadel, Patriziat und bäuerlich-plebejische Schichten der Stadtgemeinden Kastiliens gegen die absolutistische Politik Karls V. und forderten festen Residenzaufenthalt des Kaisers in der alten Königsstadt Toledo, Unterbindung der Goldausfuhr und Entfernung der Niederländer aus den Staatsämtern; 1521 bei Villalar geschlagen, verloren die Städte endgültig ihre Freiheiten.
Córdoba y Aguilar, Gonzalo Fernández, genannt ›Großer Kapitän‹ (1443–1515): spanischer Feldherr, der sich besonders in den Kriegen mit Frankreich um den Besitz von Neapel auszeichnete.

Cortes: im Mittelalter ständische Vertretung von Geistlichkeit, Adel und Bürgertum in Spanien und Portugal; urspr. zur Steuerbewilligung und Mitsprache in der Gesetzgebung berechtigt, verloren sie mit der wachsenden Macht des Königtums seit Beginn des 16. Jh. immer mehr an Bedeutung.

Cortez, Don Martín (um 1520—1568): Sohn von Hernando Cortez und Marina, Besitzer des Monopols für den Anbau von Indigo in Mexiko; als Teilnehmer an einer Verschwörung zur Loslösung Mexikos von Spanien angeklagt, starb er an den Folgen der Folterung.

Díaz s. S. 376

Española: ursprünglicher Name von Haiti.

Espíritu Santo (span.): Heiliger Geist.

Kazike: Häuptling; das aus der Sprache der Indianer Haitis entlehnte Wort wurde von den Spaniern auf die Dorf- oder Stammeshäuptlinge in fast allen Teilen Lateinamerikas übertragen.

Koschenille: auf Feigenkakteen lebende mexikanische Schildlausart, aus deren scharlachrotem Körpersaft ein Farbstoff (Karmin) gewonnen wird; die Spanier lernten von den Indianern bald die Herstellung der Farbe, die bis zur Entdeckung der Teerfarbstoffe im 19. Jh. von großer wirtschaftlicher Bedeutung war.

Las Casas s. S. 377

Mark: altes Gold- und Silbergewicht, in Spanien gleich 230,471 g.

Nicuesa, Diego de (um 1465—1511): spanischer Eroberer; von der Regierung zur Gründung einer Kolonie im Gebiet des heutigen Nikaragua, Kostarika und Panama ermächtigt, ging er 1509 mit fünf Schiffen unter Segel, wurde aber nach einer Reihe von Rückschlägen auf Betreiben seines Nebenbuhlers Vasco Núñez de Balboa (1475—1517), des ersten Überquerers der Landenge von Panama, auf einem seeuntüchtigen Boot zur Abreise gezwungen und verscholl.

Peso de oro: spanische Münze seit 1497, wahrscheinlich im Wert von 44 Goldmark.

Ponce de León, Juan (um 1460—1521): spanischer Eroberer, Unterwerfer Puerto Ricos und Entdecker Floridas; 1520/21 unternahm er eine zweite Fahrt nach Florida, wo er einen sagenhaften Gesundbrunnen zu finden hoffte, wurde aber durch einen Pfeil verwundet und starb bald darauf.

Regidor: spanischer Stadtrat.

Tierra caliente (span.): heißes Land, Bezeichnung der tropischen Zone im Gegensatz zur Tierra templada, gemäßigte Zone, und Tierra fría, kalte Zone der Berggebiete; diese Einteilung in Zonen ist in ganz Lateinamerika üblich.

INHALT

389

Anhang